Die strafrechtliche Bewertung
von Leveraged-Buyout-Modellen

Europäische Hochschulschriften

European University Studies

Publications Universitaires Européennes

Reihe II **Rechtswissenschaft**

Series II Law

Série II Droit

Band/Volume **5858**

Tobias Beckmann

Die strafrechtliche Bewertung von Leveraged-Buyout-Modellen

Eine Risikoanalyse der Leveraged-Buyout-Modelle bei der GmbH und der Aktiengesellschaft

PL ACADEMIC RESEARCH

Bibliografische Information der Deutschen Nationalbibliothek
Die Deutsche Nationalbibliothek verzeichnet diese Publikation in der Deutschen Nationalbibliografie; detaillierte bibliografische Daten sind im Internet über http://dnb.d-nb.de abrufbar.

Zugl.: Berlin, Humboldt-Univ., Diss., 2015

11
ISSN 0531-7312
ISBN 978-3-631-67296-9 (Print)
E-ISBN 978-3-653-06496-4 (E-Book)
DOI 10.3726/978-3-653-06496-4

PL Academic Research ist ein Imprint der Peter Lang GmbH.
Peter Lang – Frankfurt am Main · Bern · Bruxelles · New York · Oxford · Warszawa · Wien

Diese Publikation wurde begutachtet.

www.peterlang.com

Meiner Mutter

Vorwort

Die vorliegende Arbeit wurde im Wintersemester 2014/2015 durch die Rechtswissenschaftliche Fakultät der Humboldt-Universität zu Berlin als Dissertation angenommen. Literatur und Rechtsprechung befinden sich auf dem Stand März 2015.

Besonderer Dank gilt Herrn Prof. Dr. Bernd Heinrich für die Betreuung dieser Arbeit und seine fortwährende Unterstützung durch konstruktive Fragen und Anregungen während der Erstellung dieser Arbeit.

Frau Prof. Dr. Christine Windbichler, LL.M. (Berkeley), danke ich für die ebenso konstruktive Unterstützung sowie die zügige Erstellung des Zweitgutachtens.

Bedanken möchte ich mich darüber hinaus bei meiner Familie für ihren Zuspruch. Dabei gilt ein ganz besonderer Dank Maren Kästel für ihre stets vorbehaltlose und liebevolle Unterstützung insbesondere während der Erstellung dieser Arbeit. Einen besonderen Dank möchte ich an meine Mutter richten. Ihre Liebe und Fürsorge sowie Ihr Vertrauen haben mich auf meinem Weg stets begleitet. Ihr ist diese Arbeit gewidmet.

Berlin im März 2016 *Tobias Beckmann*

Inhaltsverzeichnis

Abkürzungsverzeichnis

a. A.	anderer Ansicht
Abb.	Abbildung
ABl.	Amtsblatt
ABl. EG	Amtsblatt der Europäischen Gemeinschaften
Abs.	Absatz
Abschn.	Abschnitt
Abt.	Abteilung
AcP	Archiv für die civilistische Praxis (Zeitschrift); zitiert nach Band (Jahrgang)
a. F.	alte(r) Fassung
AG	Die Aktiengesellschaft (Zeitschrift); Aktiengesellschaft; Amtsgericht (mit Ortsnamen)
AK	Anschaffungskosten
AktG	Aktiengesetz
Alt.	Alternative
a. M.	anderer Meinung
Amtl. Begr.	Amtliche Begründung
Anh.	Anhang
Anm.	Anmerkung
AO	Abgabenordnung (AO 1977)
Art.	Artikel
ASC	Accounting Standards Committee des CCAB (Consultative Committee of the Accountancy Bodies der Chartered Accountants von England, Wales, Schottland und Irland)
AT	Allgemeiner Teil
Aufl.	Auflage
BAnz	Bundesanzeiger
BayObLG	Bayerisches Oberstes Landesgericht
BayObLGSt.	Amtliche Sammlung von Entscheidungen des Bayerischen Obersten Landesgerichts in Strafsachen
BayObLGZ	Amtliche Sammlung von Entscheidungen des Bayerischen Obersten Landesgerichts in Zivilsachen
BB	Der Betriebs-Berater (Zeitschrift)
BegrRegE	Begründung zum Regierungsentwurf
Beil.	Beilage
BGB	Bürgerliches Gesetzbuch
BGBl.	Bundesgesetzblatt

BGH	Bundesgerichtshof
BGHSt	Entscheidungen des Bundesgerichtshofs in Strafsache; amtliche Sammlung
BGHZ	Entscheidungen des Bundesgerichtshofs in Zivilsachen; amtliche Sammlung
BImSchG	Bundesimmissionsschutzgesetz
BMJ	Bundesminister(ium) der Justiz
BR	Bundesrat
BR-Drucks.	Drucksache des Deutschen Bundesrates
BReg.	Bundesregierung
BT	Besonderer Teil
BT-Drucks.	Drucksache des Deutschen Bundestages
BT-Prot.	Protokoll des Deutschen Bundestages
Buchst.	Buchstabe
BuW	Betrieb und Wirtschaft (Zeitschrift)
BVerfG	Bundesverfassungsgericht
BVerfGE	Entscheidungen des Bundesverfassungsgerichts; amtliche Sammlung
bzgl.	bezüglich
bzw.	beziehungsweise
c. i. c.	culpa in contrahendo
DB	Der Betrieb (Zeitschrift)
DIW	Deutsches Institut für Wirtschaftsforschung
DJ	Deutsche Justiz (Zeitschrift)
DJZ	Deutsche Juristenzeitung (Zeitschrift)
DNotV	Zeitschrift des Deutschen Notarvereins (Zeitschrift)
DStBl.	Deutsches Steuerblatt
DZWir; DZWIR	Deutsche Zeitschrift für Wirtschaftsrecht; ab 1999: Deutsche Zeitschrift für Wirtschafts- und Insolvenzrecht (Zeitschrift)
E	Entwurf, Entscheidung (in der amtlichen Sammlung)
EG-Richtl.	Richtlinie der Europäischen Gemeinschaft
Einf.	Einführung
Einl.	Einleitung
Erg.	Ergänzung
et al.	et alii bzw. et aliae
EuGH	Gerichtshof der Europäischen Gemeinschaften
EuGHE	Entscheidungen des Gerichtshofes der Europäischen Gemeinschaften; amtliche Sammlung
EuZW	Europäische Zeitschrift für Wirtschaftsrecht (Zeitschrift)

e. V.	eingetragener Verein
EWiR	Entscheidungen zum Wirtschaftsrecht (Zeitschrift)
f., ff.	folgend(e)
FASB	Financial Accounting Standards Board of the Financial Accounting (USA)
FB	Finanzierung und Banken (Zeitschrift)
FDIC	Federal Deposit Insurance Corporation (USA)
FD-MA	Fachdienst Merger & Acquisitions
FiDL	FiDL working papers (Universität Düsseldorf)
FG	Finanzgericht
FG/IdW	Fachgutachten des Instituts der Wirtschaftsprüfer in Deutschland e. V.
Fn.	Fußnote
FR	Finanz-Rundschau (Zeitschrift)
FRB	Federal Reserve Bank (USA)
FS	Festschrift
FTD	Financial Times Deutschland (Tageszeitung)
GA	Goltdammer's Archiv für Strafrecht (Zeitschrift), zitiert nach Band (Jahrgang)
GAAP	Generally Accepted Accounting Principles (s. a. US-GAAP)
GAAS	Generally Accepted Accounting Standards
GBl.	Gesetzblatt
GbR	Gesellschaft des bürgerlichen Rechts
GE	Geldeinheiten
gem.	gemäß
GesR	Gesellschaftsrecht
Ges., ges.	Gesetz, gesetzlich
GmbH	Gesellschaft mit beschränkter Haftung
GmbHG	Gesetz betreffend die Gesellschaften mit beschränkter Haftung
GmbHG-E	Entwurf zum GmbHG für GmbH-Reform
GmbHR	GmbH-Rundschau (Zeitschrift)
GoB	Grundsätze ordnungsmäßiger Buchführung
grds.	grundsätzlich
GrS	Großer Senat
Hdb	Handbuch
HFA IDW	Hauptfachausschuss des IDW
HGB	Handelsgesetzbuch
HLT	high level term
Hrsg., hrsg.	Herausgeber, herausgegeben
Hs.	Halbsatz

i. A.	im Allgemeinen
IAS	International Accounting Standard(s)
IASB	International Accounting Standards Board (seit 2001)
IAS C	International Accounting Standards Committee
ICCAP	International Coordination Committee for the Accountants Profession
i. d. F. (v.)	in der Fassung (vom)
i. d. R.	in der Regel
i. d. S.	in diesem Sinn
IdW	Institut der Wirtschaftsprüfer in Deutschland e. V.
i. E.	im Einzelnen
i. Erg.	im Ergebnis
i. e. S.	im engeren Sinne
IFAC	International Federation of Accountants
IFRS	International Financial Reporting Standards (seit 2001)
IFSB	International Financial Standards Board (seit 2001)
i. G.	in Gründung
i. H. v.	in Höhe von
InsO	Insolvenzordnung
i. S.	im Sinne
i. S. d.	im Sinne des (der)
IStR	Internationales Steuerrecht (Zeitschrift)
i. S. v.	im Sinne von
i. Ü.	im Übrigen
i. V. m.	in Verbindung mit
i. w. S.	im weiteren Sinne
i. Zw.	im Zweifel
JA	Juristische Arbeitsblätter (Zeitschrift)
Jb.	Jahrbuch
JbDStJG	Jahrbuch der Deutschen Steuerjuristischen Gesellschaft e. V.
JbFSt.	Jahrbuch der Fachanwälte für Steuerrecht (1967 ff.)
J. B. L.	Journal of Business Law (Zeitschrift)
Jg.	Jahrgang
Jh.	Jahrhundert
JR	Juristische Rundschau (Zeitschrift)
JStG	Jahressteuergesetz
Jura	Juristische Ausbildung (Zeitschrift)

JurBüro	Das juristische Büro (Zeitschrift)
JuS	Juristische Schulung (Zeitschrift)
Justiz	Die Justiz (Zeitschrift)
JZ	Juristenzeitung (Zeitschrift)
KG	Kammergericht (Berlin); Kommanditgesellschaft
KGaA	Kommanditgesellschaft auf Aktien
Komm	Kommentar
krit.	kritisch
KStG	Körperschaftsteuergesetz
LBO	Leveraged Buyout
LMBO	Leveraged Management Buyout
LG	Landgericht
Lit.	Literatur
Losebl.	Loseblatt(ausgabe)
LS	Leitsatz
max.	maximal
MAH	Münchener Anwaltshandbuch
MBO	Mangement Buyout
MDR	Monatsschrift für Deutsches Recht (Zeitschrift)
m. E.	meines Erachtens
Mio.	Million(en)
Mitt.	Mitteilung(en)
MittBayNot	Mitteilungen des Bayerischen Notarvereins (Zeitschrift)
m. krit. Anm.	mit kritischer Anmerkung
MOMiG	Gesetz zur Modernisierung des GmbH-Rechts und zur Bekämpfung von Missbräuchen
Mrd.	Milliarde
MünchAnwHdB	Münchener Anwaltshandbuch
MünchHbGesR	Münchener Handbuch für Gesellschaftsrecht
m. w. N.	mit weiteren Nachweisen
nachf.	nachfolgend
Nachw.	Nachweis
n. F.	neue Fassung
NJW	Neue Juristische Wochenschrift (Zeitschrift)
NJW-RR	Neue Juristische Wochenschrift Rechtsprechungs-Report Zivilrecht (Zeitschrift)
NJW-Spezial	Neue Juristische Wochenschrift – Spezial (Zeitschrift)
Nr.	Nummer(n)
n. rkr.	nicht rechtskräftig
NRW	Nordrhein-Westfalen
NStZ	Neue Zeitschrift für Strafrecht (Zeitschrift)

NStZ-RR	NStZ-Rechtsprechungs-Report Strafrecht (Zeitschrift)
NWB	Neue Wirtschaftsbriefe, Loseblatt-Sammlung (Zeitschrift)
NZG	Neue Zeitschrift für Gesellschaftsrecht ab 1998 (Zeitschrift)
NZI	Neue Zeitschrift für Insolvenz und Sanierung (Zeitschrift)
o.	oben
o. a.	oben angegeben
OCC	Office of the Comptroller of the Currency (USA)
o. Ä.	oder Ähnliches
OLG	Oberlandesgericht
o.g.	oben genannt
rd.	rund
RiBeG	Risikobegrenzungsgesetz
Rn.	Randnummer(n)
Rdschr.	Rundschreiben
RefE	Referentenentwurf
Reg.	Regierung
RegBegr.	Regierungsbegründung
RegE	Regierungsentwurf
RG	Reichsgericht
RGSt.	Amtliche Sammlung v. Entscheidungen des Reichsgerichts in Strafsachen
RGZ	Amtliche Sammlung v. Entscheidungen des Reichsgerichts in Zivilsachen
Richtl.	Richtlinien/Richtlinie
Rspr.	Rechtsprechung
RStBl.	Reichssteuerblatt
S.	Seite, Satz
s.	siehe
SE	Societas Europaea; Europäische Aktiengesellschaft
SEC	Securities an Exchanges Commission (USA)
SIC	Standing Interpretations Committee
Slg.	Sammlung
s. o.	siehe oben
sog.	sogenannt
Sp.	Spalte
st.	ständig(e)
st. Rspr.	ständige Rechtsprechung
StGB	Strafgesetzbuch

StPO	Strafprozessordnung
str.	streitig
StV	Strafverteidiger (Zeitschrift)
SZ	Die Süddeutsche (Tageszeitung)
s. u.	siehe unten
teilw.	teilweise
u.	und, unten, unter
u. a.	unter anderem, und andere
uÄ	und Ähnliche(s)
u. (v.) a. m.	und (vieles) andere(s) mehr
uE	unseres Erachtens
UmwG	Umwandlungsgesetz
UmwStG	Umwandlungsteuergesetz
unstr.	unstreitig
US-GAAP	United States Generally Accepted Accounting Principles
usw.	und so weiter
u. U.	unter Umständen
v.	vom, von
vAw.	von Amts wegen
Verh.	Verhandlung(en)
Vfg.	Verfügung
vGA	verdeckte Gewinnausschüttung; Verdeckte Vorteilsgewährung
vgl.	vergleiche
v. H.	von (vom) Hundert
Vol.	Volume (= Band)
Voraufl.	Vorauflage
Vorbem.	Vorbemerkung
wistra	Zeitschrift für Wirtschaft, Steuer und Strafrecht
WM	Wertpapiermitteilungen (Zeitschrift)
w. N.	weitere Nachweise
WpHG	Wertpapierhandelsgesetz
z.	zu(m)
ZAP	Zeitschrift für Anwaltspraxis
z.B.	zum Beispiel
ZfB	Zeitschrift für Betriebswirtschaft
ZStW	Zeitschrift für die gesamte Strafrechtswissenschaft
ZGR	Zeitschrift für Unternehmens- und Gesellschaftsrecht
ZHR	Zeitschrift für das gesamte Handels- und Wirtschaftsrecht (bis 1960: Zeitschrift für das gesamte Handelsrecht und Konkursrecht)

ZInsO	Zeitschrift für das gesamte Insolvenzrecht
ZIP	Zeitschrift für Wirtschaftsrecht und Insolvenzpraxis
ZPO	Zivilprozessordnung
z. T.	zum Teil
Zust.	zustimmend
Zutr.	zutreffend
z. Z.	zur Zeit

1. Kapitel Einführung und Grundlagen

A. Einleitung

Die Tätigkeit von Finanzinvestoren steht seit einigen Jahren vermehrt im Fokus der öffentlichen Diskussion, nicht zuletzt, weil ihre Aktivität im letzten Jahrzehnt auf dem deutschen Markt stark zugenommen hat.[1] Hierbei liegt das Augenmerk unter anderem auf dem sogenannten Leveraged Buyout, einem Finanzierungsinstrument zum Erwerb von Unternehmen mit dem Ziel, einen möglichst hohen Gewinn (Rendite) des investierten Geldes unter Ausnutzung des Hebeleffektes (Leverage-Effekt) zu erreichen.[2] Im Rahmen der sog. „Heuschrecken-" oder „Kapitalismusdebatte" wurde das oben genannte Anlageverhalten verurteilt. Tenor dieser Kritik: Die Finanzinvestoren betreiben durch den Erwerb von Unternehmen mittels Leveraged Buyout eine moderne Art der Ausbeutung.[3] Auslöser war nicht zuletzt der Kauf von deutschen Unternehmen durch Finanzinvestoren mittels Leveraged Buyout, die der sog. „Old Economy"[4] in Deutschland angehörten.[5] Irritation löste hierbei vor allem das Agieren der Finanzinvestoren in den Unternehmen nach dem Erwerb mittels Leveraged Buyout aus.

Es entstand zum einen der Eindruck, dass bei dem Einsatz des Leveraged Buyout die Finanzierungslast zum Erwerb des Unternehmens von den Investoren in großem Umfang auf das gekaufte Unternehmen abgewälzt wurde, während sie gleichzeitig Gewinnausschüttungen in überdurchschnittlich hohem Umfang vornahmen und so die finanzielle Leistungsfähigkeit des Unternehmens schwächten. Um diese wieder herzustellen, wurden Arbeitnehmer zu Lohnkürzungen veranlasst; Arbeitsplatzstreichungen waren die Folge.

Kritiker konstatierten, dass nicht mehr das verantwortungsbewusste unternehmerische Handeln im Vordergrund stehe, sondern dass das Handeln der Investoren durch unternehmensfremde finanzielle Eigeninteressen bestimmt sei.[6] Ein Unternehmen war somit für die Finanzinvestoren lediglich eine Art kurzfristige Anlage für einen Teil des ihnen zur Verfügung stehenden Vermögens. Dabei nahmen sie zugunsten

---

1 Vgl. *Mittendorfer*, Akquisitionsfinanzierung, 56 f.; Studie von Ernst & Young, Private Equity 2012 HY1, Pressemitteilung vom 17.7.2012.

2 *Gröger*, in: Hölters, Unternehmenskauf, IV Rn. 274; *Semler*, in: Hölters, Unternehmenskauf VII Rn. 806.

3 Vgl. Stern vom 25.10.2005, Die Namen der Heuschrecken, vgl. unter http://www.stern.de/politik/deutschland/kapitalismusdebatte-die-namen-der-heuschrecken-539759.html; *Hennemann*, Stellungnahme zum RiBeG, BT-Drucks. 16/7438.

4 Dieser Begriff bezeichnet vor allem die Unternehmen aus den klassischen Industriebetrieben wie Maschinenbau, Automobilindustrie sowie Chemie.

5 Beispielsweise die Übernahme durch Finanzinvestoren der Grohe AG, Celanese GmbH sowie der Siemens-Nixdorf AG (später Wincor-Nixdorf AG).

6 *Hennemann*, Stellungnahme zum RiBeG, BT-Drucks. 16/7438.

von kurzfristigen Gewinnen die Zerstörung des Unternehmens in Kauf. Aufgrund dieses Eindrucks wurde die Frage nach der Legitimität dieses Handelns aufgeworfen.[7]

Die betriebswirtschaftliche wie auch die rechtswissenschaftliche Fachliteratur beschäftigt sich seit Ende der 80er Jahre mit dem Finanzierungsinstrument des Leveraged Buyout.[8] Gegenstand der juristischen Untersuchungen war die Erörterung allgemeiner Problemfelder, insbesondere die rechtliche Untersuchung dieses Finanzierungsinstrumentes – vornehmlich in Form des Leveraged Management Buyout – in den Bereichen des Gesellschafts-, Handels- und des allgemeinen Zivilrechts.[9] In diesem Zusammenhang wurden auch zivilrechtliche Haftungsfragen erläutert. Dabei wurde teilweise auch auf die Gefahr einer strafrechtlichen Sanktionierung hingewiesen, diese jedoch nicht weitergehend erläutert.[10] Sofern sich ein juristischer Beitrag mit den strafrechtlichen Wirkungen beschäftigte, wurde das Leveraged Buyout als Teilaspekt bewertet, stellte jedoch auch hier nicht den zentralen Untersuchungsgegenstand dar.[11] Eine umfassende Bewertung fehlt.

B. Problemstellung

Durch den Begriff des Leveraged Buyout wird ein vorwiegend fremdfinanzierter Erwerb einer Unternehmung (Zielgesellschaft)[12] durch ein anderes Unternehmen (Akquisitionsgesellschaft) bezeichnet.[13] Charakteristisch hierfür ist das Konzept der Finanzierung: Der Kauf des Zielunternehmens wird überwiegend durch

7 *Kamp/Krieger*, Finanzinvestoren, 5.

8 *Harbers*, Zivilrechtliche Probleme beim MBO, 1; *Hauschka*, BB 1987, 2169, jeweils mit weiteren Nachweisen.

9 In der jüngeren Vergangenheit beschäftigten sich insbesondere folgende Autoren mit den Leveraged-Buyout-Modellen: *Brosius*, Finanzielle Unterstützung, 1 ff.; *Fridrich*, Fremdfinanzierte Übernahme, 1 ff.; *Holzner*, Gläubigerschutz, 1 ff.; *Meyer*, LBO, 1 ff.; *Waitz*, Existenzvernichtender Eingriff, 1 ff.; *Zeyher*, Merger Buyout, 1 ff.

10 *Harbers*, Zivilrechtliche Probleme beim MBO, 192 f.; *Schäffler*, BB 2006, Beilage 1; *Schriever*, wistra 2006, 404 ff. In der Literatur zum Unternehmens- und Beteiligungskauf finden sich nur vereinzelte Aspekte im Hinblick auf das strafrechtliche Risiko, so z.B. *v. Drygalski*, in: Holzapfel/Pöllath, Rn. 549; *Hölters*, in: Hölters, Unternehmenskauf I Rn. 86;.

11 *Wodicka*, Untreue, 49 ff.

12 Der Begriff der Zielgesellschaft wird nicht einheitlich verwendet. So wird die zu erwerbende Unternehmung auch als Objektgesellschaft (*Kerber*, WM 1989, 473 [473]) oder auch als Target bezeichnet. Im Folgenden soll jedoch in Übereinstimmung mit *Menke*, MBO als Konzept der Unternehmensübernahme, 1, das zu erwerbende Unternehmen als „Zielgesellschaft“ bezeichnet werden.

13 *Hug/Ernst*, M&A Review 2003, 441 (441); *Link*, ZIP 30 (2007), 1397 (1397); *Schäffler*, BB 2006, Beilage 1; *Schriever*, wistra 2006, 404 (405); *Seibt*, ZHR 171 (2007), 282 (282 f.); *Tcherveniachki*, M&A Review 2008, 351 (351 ff.).

Fremdkapital (im Allgemeinen Kredite von Dritten, wie z. B. Banken)[14] finanziert, während der prozentuale Anteil an Eigenkapital des Investors in Bezug auf den zu zahlenden Kaufpreis vergleichsweise gering ist.[15]

I. Die Hebelwirkung (Leverage-Effekt)

Durch die Ausnutzung des durch das Verhältnis zwischen dem Fremd- und Eigenkapitalanteil entstehenden finanzmathematischen Hebeleffektes[16] kann bei sinkendem Eigenkapital und gleichzeitig steigendem Fremdkapitalanteil der Gewinn des eingesetzten Eigenkapitals maximiert werden.[17]

Der Erwerber des Zielunternehmens nutzt die Hebelwirkung des Fremdkapitals für die Rendite seines eingesetzten Eigenkapitals. Dessen Rendite steigt mit wachsender Verschuldung (mit der Höhe des Fremdkapitalanteils), vorausgesetzt die Gesamtkapitalrendite ist größer als die des Fremdkapitals. Dies soll an den folgenden Beispielen verdeutlicht werden:

Der Käufer erwirbt die Zielgesellschaft zum Kaufpreis von 1000 GE.[18] Das eingesetzte Fremdkapital beträgt 700 GE und der Eigenkapitalanteil beläuft sich auf 300 GE. Der Zinssatz für das eingesetzte Fremdkapital beträgt 6 % p.a. Im ersten Jahr tilgt der Käufer aus dem Cashflow der Zielgesellschaft 100 GE. Veräußert der Käufer die Zielgesellschaft nach einem Jahr schuldenfrei – durch Ablösung der Kredite mittels des erhaltenen Kaufpreises – zum Preis von 1000 GE, so muss er zur Tilgung der Kredite 600 GE an die Kreditgeber abführen und ihm verbleiben nach Abzug der für die Kredite zu zahlenden Zinsen von 42 GE noch 358 GE. Seine Eigenkapitalrendite beträgt in einem Jahr 19,3 %.

Beträgt das eingesetzte Eigenkapital hingegen im o.g. Fall 700 GE, der Fremdkapitalanteil jedoch nur 300 GE, der wiederum mit 6 % p.a. verzinst ist, so sinkt auch die Hebelwirkung. Veräußert der Verkäufer die Zielgesellschaft nach einem Jahr wiederum schuldenfrei zum Preis von 1000 GE, so muss er zur Tilgung der Kredite 200 GE an die Kreditgeber abführen; 100 GE hat er bereits aus dem Cashflow getilgt. Es verbleiben ihm nach Abzug der Zinsen von 18 GE noch 782 GE. Seine Eigenkapitalrendite beträgt somit nur 11 %.

Diese Hebelwirkung birgt jedoch Risiken, denn der Hebeleffekt kann sich leicht umkehren. Dies ist der Fall, wenn der Fremdkapitalzinssatz über der Gesamtkapitalrendite liegt (sog. negativer Leverage-Effekt). Dann reichen die erwirtschafteten Mittel des Unternehmens nicht mehr aus, um die Kosten für die Kredite zu decken. Dies führt zu einer Minderung des Eigenkapitals; die Haftungsmasse wird vor allem zulasten der Gläubiger der Gesellschaft verringert. Das Insolvenzrisiko steigt.

---

14 Zur Zusammensetzung der Finanzierung siehe ausführlich unten: 1. Kapitel Teil 1 C. II., Instrumente der Finanzierung.

15 *Raupach*, in: Hölters, Unternehmenskauf, III Rn. 76 ff.

16 Leverage ist das englische Wort für Hebel.

17 *Seibt*, ZHR 2007, 282 (283).

18 GE = Geldeinheiten.

Zu Recht wird aus dem ökonomischen Blickwinkel auf die Vorteile des hohen Einsatzes von Fremdkapital vor allem für die Anteilseigner verwiesen.[19] Diese sind in den hohen Gewinnerwartungen, dem geringen Verlustrisiko für die Anteilseigner, den steuerlichen Vorteilen[20] und der Möglichkeit der Reinvestition des freiwerdenden Kapitals durch die Anteilseigner zu sehen.

Neben dem Erwerb eines Unternehmens durch ein anderes Unternehmen wird diese Art der Fremdfinanzierung ebenfalls genutzt, um die Übernahme des Unternehmens durch das angestellte Management oder durch Arbeitnehmer zu ermöglichen.

II. Folgen und Risiken des Leveraged Buyout

Um die oben genannten Vorteile zu erreichen, werden bei dieser Art des Unternehmenskaufes in der zu erwerbenden Zielgesellschaft die Lasten sowie die Risiken konzentriert. Dies hat zur Folge, dass die Zielgesellschaft sowohl Kaufgegenstand ist als auch die finanziellen Mittel zur Finanzierung des eigenen Kaufes bereitstellt. So kann die Zielgesellschaft sowohl Kreditnehmer als auch Sicherungsgeber für den Kaufpreis sein, den die Anteilseigner der Zielgesellschaft zum Erwerb der Zielgesellschaft an die vormaligen Anteilseigner zahlen müssen.[21] Zur Besicherung werden beispielsweise die vorhandenen Werte der Zielgesellschaft genutzt, und das vorhandene wie auch das erwirtschaftete Kapital der Zielgesellschaft wird an die Akquisitionsgesellschaft als deren Anteilseignerin abgeführt.[22]

Die Kritiker von Leveraged-Buyout-Transaktionen sehen deshalb gerade den hohen Fremdkapitalanteil – das Charakteristikum – als Ursache der erheblichen Gefahren von derartigen Unternehmensfinanzierungen.

So sieht sich das gekaufte Unternehmen einem ungewöhnlich hohen Abfluss an liquiden Mitteln ausgesetzt, ohne für diese ein Äquivalent erhalten zu haben, denn zum einen lassen sich die Finanzinvestoren als mittelbare Anteilseigner der Zielgesellschaft schon während der Investitionsphase liquide Mittel in Form von Ausschüttungen auszahlen[23], zum anderen werden diese und die erwirtschafteten Mittel genutzt, um die hohen Tilgungsraten, resultierend aus dem aufgenommenen

---

19 Vgl. *Holzner,* Gläubigerschutz, 66 ff.

20 Insbesondere die Abzugsfähigkeit der Zinsen für das Fremdkapital. Diese Abzugsfähigkeit wurde jedoch durch die Einführung der Zinsschranke in seinem Umfang beschränkt; vgl. *Eilers/ Ottermann,* in: Lüdike/Sistermann, Unternehmenssteuerrecht, § 8 Rn. 55 ff.

21 *V. Drygalski,* in: Holzapfel/Pöllath, Unternehmenskauf, Rn. 528.

22 Siehe dazu ausführlich 1. Kapitel 1 Teil 2 E. III., Strukturmodelle im Einzelnen.

23 Hierbei besteht das sog. Cash-in-and-run-Phänomen: Die Eigenkapitalgeber lassen sich aufgrund der guten Vermögenslage des Unternehmens, nicht aufgrund seiner tatsächlichen Ertragslage im Verhältnis zum Gewinn hohe Ausschüttungen auszahlen und verkaufen es danach weiter.

Fremdkapital, zu bedienen. Der Abfluss dieser Mittel schränkt die finanzielle Leistungsfähigkeit des Unternehmens ein.[24]

In den Genuss der Vorteile kommt – insbesondere durch eine hohe Gewinnerzielung mittels des Weiterverkaufs des Unternehmens zu einem höheren Preis – der neue Anteilseigner, die Akquisitionsgesellschaft. Die Risiken bzw. die Folgen der Risiken tragen hingegen alle mit dem Zielunternehmen verbundenen Personengruppen. Hier sind neben den (Minderheits)-Anteilseignern die Arbeitnehmer vor allem die Gläubiger der Zielgesellschaft (Stakeholder) zu nennen.

Zwar sollten die veräußernden Anteilseigner grundsätzlich einem Verkauf bzw. dem Einstieg eines Finanzinvestors positiv gegenüberstehen, da das Kaufinteresse ein Beleg dafür ist, dass das Unternehmen rentabel ist. Allerdings bezeichnen Kritiker die Wahl zwischen den Alternativen Verbleib und Verkauf häufig als Dilemma.[25] Zum einen liegen die Kaufangebote zumeist unter dem tatsächlichen Firmenwert, zum anderen würden nach Ansicht mancher Kritiker außenstehende Aktionäre oftmals im Ergebnis zum Verkauf gezwungen.[26]

Ist der Anteilseigner nur Inhaber eines geringen Gesellschaftsanteils, trägt er bei einem börsennotierten Unternehmen das Risiko, dass es von der Börse genommen wird und er seine Anteile nicht mehr auf einem geregelten Markt veräußern kann. Zudem wird er bei Mehrheitsbeschlüssen regelmäßig überstimmt werden. Gleichzeitig besteht das Risiko, dass der Wert der Kapitalanteile aufgrund der geringeren Eigenkapitalquote sinkt.[27]

Zudem wird regelmäßig auf das nicht unerhebliche Insolvenzrisiko der Zielunternehmen hingewiesen.[28] Der Abfluss der liquiden Mittel führt zu einem erheblichen Substanzverlust. Diese Substanz fehlt der Zielgesellschaft dann in wirtschaftlich schwächeren Perioden, in denen ein Umsatz- bzw. Ertragsrückgang kompensiert werden muss.[29] Ist ein Unternehmen bereits in konjunkturell starken Phasen nicht in der Lage, Rücklagen zu bilden und Investitionen vorzunehmen, fehlt in wirtschaftlich schwächeren Phasen ein Puffer, auf den zurückgegriffen werden kann. Dies zeigte sich auch im schwachen Wirtschaftsumfeld im Zuge der Hypotheken- und Finanzkrise. So wurde erwartet, dass bis zu einem Viertel der Unternehmen, die

---

24 *Hennemann,* Stellungnahme zum RiBeG, BT-Drucks. 16/7438.

25 *Fridrich,* Schutz des Kapitals, 47.

26 *Fridrich,* Schutz des Kapitals, 47; *Nietsch,* BB 2003, 2581 (2587); *Schneider/Burgard,* DB 2001, 963 (965);

27 *Fridrich,* Schutz des Kapitals, 48 f.

28 *Brosius,* Finanzielle Unterstützung, 8 Fn. 56; mit Hinweis auf die Insolvenz der amerikanischen Drogeriekette Revco Drug Store; *Eidenmüller,* ZIP 2007, 1729 (1730 ff.); *Oechsler,* ZIP 2006, 1661 (1664); *Rosarius,* Bewertung Leveraged Buyout, 50 f.; *Schriever,* 2006, 404 (406); *Wieneke,* in: Bürger/Körber, AktG, § 71a Rn. 3; vgl. auch *Bayer,* FTD vom 28.4.2009, Unternehmen ringen um Refinanzierung, unter: http://www.ftd.de/unternehmen/finanzdienstleister/:hohe-insolvenzgefahr-unternehmen-ringen-um-refinanzierung/446715.html.

29 *Schäffler,* BB 2006, Beilage 9, 1.

mittels Leveraged Buyout erworben wurden, zumindest zu einem Restrukturierungsfall wurden.[30] Einige bekannte Unternehmen, die Gegenstand eines Leveraged Buyout sind, sind von der Insolvenz bedroht.[31] Die Folgen einer solchen Insolvenz tragen vor allem die Gläubiger, die ihre Forderungen im günstigen Falle noch quotal befriedigt bekommen.

Darüber hinaus besteht ein Risikoanreizproblem.[32] Der hohe Fremdkapitalanteil reduziert zum einen den Anteil am eigenen investierten Vermögen und minimiert das Ausfallrisiko für den Investierenden – er hat im Fall des Scheiterns einen geringeren Verlust zu tragen. Für den Gläubiger bleibt das Ausfallrisiko mindestens gleich. Gleichzeitig wird der mögliche Ertrag des investierten Vermögens für den Investierenden aufgrund des Leveraged-Effekt gesteigert. Aus diesem Grund ist dieser bereit, ein größeres Risiko einzugehen, als er es bereit wäre einzugehen, wenn er mit einem höheren Eigenkapitalanteil an der Unternehmung beteiligt wäre.[33]

Als Begleiterscheinung besteht aus oben genannten Gründen auch ein erhöhtes Missbrauchsrisiko bei Leveraged-Buyout-Transaktionen.[34] Durch die Mehrheitsbeteiligung sind die Anteilseigner der Zielgesellschaft in der Lage, entsprechende Beschlüsse durchzusetzen, um die Finanzierung der Transaktionen zu ermöglichen und zugleich eine möglichst hohe Rendite für die Anteilseigner zu erreichen. Aus diesem Grund können sie daran interessiert sein, ungeachtet der wirtschaftlichen Leistungsfähigkeit des Unternehmens und der Marktlage, das Vermögen der Zielgesellschaft zu verringern und an die Anteilseigner auszuschütten. Es besteht die Möglichkeit, dass das Fremdkapital mit den Vermögenswerten besichert bzw. mit dem Vermögen der Zielgesellschaft auf unterschiedliche Arten finanziert wird. Durch den hohen Fremdkapitalanteil besteht die Gefahr, dass das Eigenkapital in

---

30 *Hesse*, SZ vom 1.2.2009, Angst vor der Pleitewelle, unter: http://www.sueddeutsche.de/wirtschaft/finanzkrise-angst-vor-der-pleitewelle-1.489937.

31 *Meier*, Ende mit Schrecken, FTD vom 13.10.2008, unter: http://www.ftd.de/unternehmen/handel-dienstleister/:agenda-ende-mit-schrecken/425753.html.

32 Dieses Verhalten wird „moral hazard“ genannt. Dieser Begriff bezeichnet die für den Auftraggeber (Principal; Eigentümer/Anteilseigner) nicht direkt beobacht- und kontrollierbaren Handlungen des Auftragnehmers (Agent; Geschäftsführer/Vorstand), mit denen dieser seinen Informationsvorsprung nutzt. Ursprünglich wurde diese Thematik für das Versicherungsgeschäft untersucht, da eine Versicherungsgesellschaft nach Abschluss der Versicherung nicht feststellen kann, ob der Versicherte fahrlässig handelt. Sind eigene Wirtschaftsgüter von einem Verlust nicht betroffen bzw. nur in einem geringen Umfang oder ist man gegen den Verlust versichert, so besteht eine größere Bereitschaft, solche Risiken einzugehen, die mit höherer Wahrscheinlichkeit zu einem Totalverlust führen können. Auch ein Anteilseigner, der nur mit einem geringen Eigenkapitalanteil einen Unternehmenskauf finanziert hat, hat eine solche höhere Risikobereitschaft vgl. *Maurenbrecher*, Sanierung mittelständischer Unternehmungen, 57, mit Hinweis auf Probleme von Finanzinvestoren mit der Belegschaft von erworbenen Unternehmen.

33 Vgl. *Holzner*, Gläubigerschutz, 70.

34 *Fleischer*, AG 1996, 494 (499); *Fridrich*, Kapitalschutz, 55.

einem Umfang reduziert wird, der die Verletzung der gesetzlichen Grenzen, insbesondere die Kapitalerhaltungsregeln im GmbHG und AktG, zur Folge hat. Dies geht ebenfalls zulasten der Gläubiger, da auf diesem Weg die Haftungsmasse der Zielgesellschaft als Schuldnerin verringert wird. Zudem sind die Investoren durch die Mehrheitsbeteiligung auch in der Lage, das Vermögen durch die Veräußerung von Unternehmensgegenständen zu nicht markgerechten Preisen an eine andere, von den Investoren kontrollierte Gesellschaft, zum anderen durch Ankauf überwerteter Aktien von anderen Gesellschaften der Investoren, zu verringern.[35]

Die Arbeitnehmer der Zielgesellschaft sind ebenfalls betroffen. So sind die Arbeitsplätze und ihre Ansprüche auf betriebliche Altersvorsorge[36] gefährdet. Bereits im Falle einer Sanierung zur Abwendung einer Insolvenz aufgrund von finanziellen Schwierigkeiten sind oftmals Entlassungen von Teilen der Belegschaft[37] bzw. Gehaltseinbußen die Folge.

Eine hohe Verschuldung hat regelmäßig auch die Lähmung der unternehmerischen Tätigkeit im Hinblick auf Investitionen zur Folge.[38] Unternehmen sehen sich in diesem Fall daran gehindert, notwendige Anpassungen an veränderte Verhältnisse vorzunehmen bzw. solche Investitionen zu tätigen, die ein positives Unternehmenswachstum bewirken; beispielsweise durch modernere Herstellungsprozesse, die sich in einer besseren Qualität oder in einer höheren Produktivität niederschlagen. Für kostenintensive Entwicklungs- und Erfindungsprozesse wird kein bzw. wenig Kapital bereitgestellt. Dadurch wird die Zukunftsfähigkeit und die weitere Entwicklung infrage gestellt. Diese fehlende Investitionsbereitschaft können auch Konkurrenzunternehmen nutzen, um den Wettbewerb zu verschärfen,[39] sei es durch günstigere Preise, eine bessere Qualität oder innovativere Produkte.

III. Notwendigkeit der rechtswissenschaftlichen Untersuchung

Die Folgen des hohen Fremdkapitaleinsatzes – das Missbrauchspotenzial – sind zugleich Anlass, das Leveraged Buyout hinsichtlich seiner gesellschaftsrechtlichen und strafrechtlichen Grenzen zu untersuchen.

Dem Einsatz von Fremdkapital, dessen Besicherung und der Minimierung des Eigenkapitalanteils sind gesellschaftsrechtliche Grenzen gesetzt.[40] Der Abfluss an liquiden Mitteln an die Anteilseigner wird durch das Kapitalerhaltungsgebot bei

35 *Fridrich,* Kapitalschutz, 55.

36 *Holzner,* Gläubigerschutz, 69; *Seibt,* ZHR 171 (2007), 282 (311 f.).

37 *Holzner,* Gläubigerschutz, 68.

38 *Oechsler,* in: MünchKomm, AktG, § 71a Rn. 2.

39 *Jepsen,* Management-Buyout, 31.

40 Für die GmbH: Vgl. einführend *v. Drygalski,* in: Holzapfel/Pöllath, Unternehmenskauf, Rn. 541 ff.; ausführlich *Holzner,* Gläubigerschutz, 102 ff.; für die AG: vgl. einführend *v. Drygalski,* in: Holzapfel/Pöllath, Unternehmenskauf, Rn. 534 ff.; ausführlich insbesondere *Fridrich,* Schutz des Kapitals, 84 ff.

der GmbH und der AG sowie zusätzlich bei der GmbH noch durch das Existenzvernichtungsverbot begrenzt.[41]

Aufgrund der erheblichen Gewinnmargen, die bei der Anwendung des Leveraged Buyout möglich sind, besteht Anlass zu der Annahme, dass Finanzinvestoren, die sich dem Finanzierungsinstrument des Leveraged Buyout bedienen, durch dessen Ausgestaltung und Umfang die gesellschaftsrechtlichen Grenzen überschreiten.[42]

Werden zivilrechtliche Grenzen überschritten, können sich die verantwortlich handelnden Personen den im allgemeinen Zivilrecht wie auch in Spezialgesetzen verankerten Haftungsansprüchen ausgesetzt sehen.[43] Darüber hinaus erstreckt sich die Haftung aber auch in den strafrechtlichen Bereich hinein und ist mit der des Zivilrechtes verwoben. Im Ergebnis kann durch Verletzung der gesellschaftsrechtlichen Grenzen neben dem Haftungsanspruch auch ein Straftatbestand, insbesondere die Untreue gemäß § 266 StGB sowie der Bankrottstraftatbestand gemäß § 283 StGB durch die Verantwortlichen verwirklicht sein.[44]

Für den Fall, dass Unternehmen, die mittels eines Leveraged Buyout erworben wurden, Insolvenz anmelden müssen, besteht die Gefahr, dass die Beteiligten sich ebenfalls einer strafrechtlichen Sanktionierung im Bereich der Bankrottdelikte ausgesetzt sehen können.

Im Gegensatz dazu urteilte Uwe Schneider, Professor für Wirtschaftsrecht an der TU Darmstadt in einem Interview gegenüber dem Spiegel: „Rechtswidrig sind die Machenschaften nicht. Aber was im Einzelfall rechtmäßig ist, kann in der Masse systemwidrig sein."[45] Er sah keine rechtliche Handhabe der Begrenzung solcher in Einzelfällen erheblichen „Gewinnabschöpfungen", die ohne unternehmerische Intention erfolgten.

Diese Diskrepanz aufzulösen und die wirtschaftspolitische Diskussion mittels einer juristischen Analyse nicht pauschal, sondern in einzelnen, wesentlichen Fallgestaltungen mit Blick vor allem auf das strafrechtliche Risiko bewerten zu können, ist Ziel dieser Arbeit.

Daher soll, nachdem die betriebswirtschaftlichen und die zivilrechtlichen Grundlagen erläutert wurden, der Fokus dieser Arbeit auf die Prüfung der strafrechtlichen Risiken dieses Finanzierungsinstrumentes gerichtet werden. Eine solche ist jedoch nur möglich, sofern auch die gesellschaftsrechtlichen Grenzen definiert und die Haftungsregelungen erläutert wurden. Notwendigerweise wird der strafrechtlichen

---

41 Einführend *Schäffler,* BB 2006, Beilage 9, 3 ff.; für die GmbH: *Holzner,* Gläubigerschutz, 88 ff.; im Hinblick auf das Existenzvernichtungsverbot: *Waitz,* Existenzvernichtung, 181 ff.; für die Aktiengesellschaft: *Fridrich,* Schutz des Kapitals, 84 ff.

42 *V. Drygalski,* in: Holzapfel/Pöllath, Unternehmenskauf, Rn. 535 f. sowie 320 Rn. 542 ff.; *Schäffler,* BB 2006, Beilage 9, 11; *Wessels/König,* M&A Review 2005, 313.

43 *Schäffler,* BB 2006, Beilage 9, 11.

44 *V. Drygalski,* in: Holzapfel/Pöllath, Rn. 549 ff.; *Schäffler,* BB 2006, Beilage 9, 11: Hier werden jedoch nur die allgemeinen strafrechtlichen Folgen angedeutet.

45 Spiegel-Interview vom 18.9.2006, unter: http://www.spiegel.de/spiegel/print/d-48902709.html.

Bewertung daher eine Darstellung der gesellschaftsrechtlichen Grenzen sowie der Haftungsregelungen vorangestellt. Es ergibt sich folgender Gang der Arbeit.

C. Gang der Arbeit

Die Arbeit gliedert sich in drei Teile. Im ersten Teil werden neben den Grundlagen eines Leveraged Buyout die Funktionsweise und der Aufbau von Leveraged-Buyout-Transaktionen dargestellt. Der Schwerpunkt liegt dabei auf der Schilderung der verschiedenen Modellvarianten, die im Anschluss sowohl im gesellschaftsrechtlichen als auch im strafrechtlichen Teil als Grundlage der Untersuchung dienen. Die Darstellung der Modelle beschränkt sich hierbei auf die Varianten, die in der Praxis am häufigsten anzutreffen sind. Gibt es verschiedene Ausgestaltungen dieser Modelle, so sind diese Grundlage der folgenden Untersuchung.

Der gesellschaftsrechtliche Teil gliedert sich in eine Untersuchung der Kapitalerhaltungsregelungen der GmbH sowie der Aktiengesellschaft. Es werden zuerst die gesellschaftsrechtlichen Kapitalschutzregelungen der GmbH sowie der Aktiengesellschaft dargestellt. Daran schließt sich jeweils die Untersuchung der gesellschaftsrechtlichen Zulässigkeit der im ersten Teil dargestellten Modellvarianten von Leveraged-Buyout-Transaktionen an.

Im strafrechtlichen Teil zielt die Untersuchung auf die Strafbarkeit der an einer solchen Transaktion beteiligten Personen in der Ziel- und der Akquisitionsgesellschaft ab. Neben den Mitgliedern der Geschäftsleitungsorgane sind dies die Mitglieder des Aufsichtsrates sowie die Anteilseigner der Zielgesellschaft. Gegenstand der Untersuchung sind dabei die Straftatbestände der Untreue gemäß § 266 StGB sowie des Bankrottstraftatbestands des § 283 StGB. Nach der Feststellung einer etwaigen Vermögensbetreuungspflicht der Beteiligten wird untersucht, ob die vermögensbetreuungspflichtigen Personen durch ihre jeweilige mitwirkende Handlung – sei es die Beschlussfassung oder deren Umsetzung – ihre Pflicht zur Betreuung des Gesellschaftsvermögens durch die Nutzung der einzelnen Modellvarianten verletzen. Abschließend erfolgt die Erörterung, ob durch die Nutzung der Modellvarianten auch der Bankrottstraftatbestand durch die handelnden Personen bei Vorliegen der weiteren Voraussetzungen erfüllt ist.

Teil 1 Das Leveraged Buyout

Das Finanzierungsinstrument des Leveraged Buyout wird in der Praxis in sehr unterschiedlichen Ausprägungen angewandt. Der Untersuchungsgegenstand ist daher zu konkretisieren. In einem ersten Schritt wird der Begriff des Leveraged Buyout erläutert. Im Anschluss wird eine Abgrenzung zu den weiteren Segmenten des Private Equity Marktes vorgenommen. Daran schließt sich die Darstellung der betriebswirtschaftlichen Grundlagen an, die mit der Darstellung des Leveraged Buyout anhand der Entwicklung von Unternehmenskennzahlen und der typischen Transaktionsmodelle abschließt.

A. Begriffsbestimmung

In diesem Abschnitt sollen die unterschiedlichen Erscheinungsformen dargestellt und zudem eine Abgrenzung des Untersuchungsgegenstandes gegenüber anderen Finanzierungsformen vorgenommen werden. Hierzu werden zunächst die unterschiedlichen Leveraged-Buyout-Gestaltungen vorgestellt und soweit möglich voneinander abgegrenzt. Im Anschluss wird das Leveraged Buyout in den Kontext der Aktivitäten von Finanzinvestoren eingeordnet. Auf diesen Erkenntnissen basierend erfolgt dann die Definition des Untersuchungsgegenstandes, der dieser Arbeit zugrunde gelegt wird.

I. Erläuterung des Begriffes

Trotz zahlreicher Veröffentlichungen zum Leveraged Buyout ist eine einheitliche Definition des Begriffes nicht zu finden bzw. zu formulieren.

1) Sprachliche Einordnung

Durch eine Übersetzung der aus dem Angloamerikanischen stammenden Begrifflichkeit kann eine sinngemäße Definition vorgenommen werden. Das englische Verb „to buy out“ kann mit „auskaufen“ übersetzt werden. Im Allgemeinen kann unter diesem Begriff der „Herauskauf“ bzw. „Auskauf“ der bisherigen Eigentümer durch Dritte verstanden werden. In Bezug auf Unternehmensakquisitionen wird er als Obergriff für den Erwerb eines Unternehmens bezeichnet.[46] Dadurch ist jedoch noch keine konkrete Bestimmung im Hinblick auf das Charakteristische dieser Art des Unternehmenskaufes erfolgt. Eine Bestimmung kann erst durch den Zusatz „Leverage“ vorgenommen werden. Ins Deutsche übersetzt bedeutet dieser Begriff „Hebel“.[47] Erst durch die Verwendung dieses Zusatzes ist es möglich, das typische Merkmal von Leveraged-Buyout-Finanzierungen aufzuzeigen.

2) Einordnung anhand des charakteristischen Merkmals

Maßgebendes Charakteristikum ist der Erwerb eines Unternehmens durch Fremdfinanzierung. Da jedoch auch bei traditionellen Unternehmenskäufen Teile des Kaufpreises durch Fremdkapital finanziert werden, kann man die Art eines Unternehmenserwerbes nicht allein schon deshalb als Leveraged Buyout bezeichnen, weil sie mithilfe von Fremdkapital finanziert wird. Begriffsbestimmend muss somit ein bestimmter Verschuldungsgrad[48] sein. In der Literatur wird hinsichtlich des

---

46 *Rosarius,* Bewertung Leveraged Buyout, 33.

47 *Merz,* Langenscheidt Routledge Fachwörterbuch kompakt Wirtschaft Englisch, 185.

48 Der Verschuldungsgrad ist eine unternehmensspezifische Kennzahl. Sie gibt Auskunft darüber, in welchem Umfang das Unternehmen durch fremde Mittel finanziert ist. Dazu wird das eigene Kapital eines Unternehmens zum Fremdkapital in Verhältnis gesetzt. Dieses Verhältnis wird als Verschuldungsgrad bezeichnet.

Verhältnisses zwischen Eigenkapital und Fremdkapital keine eindeutige Aussage vorgenommen.[49] Um dennoch dieses Finanzierungsinstrument anhand des Verschuldungsgrades abgrenzen zu können, verweisen Autoren[50] in diesem Zusammenhang teilweise auf eine Definition von Highly Leveraged Transactions (HLTs) der US-amerikanischen Bankenaufsicht aus dem Jahre 1989. Die Definition wurde für die Zwecke der Berichterstattung von Banken erstellt, die an einem Buyout, einem Unternehmenserwerb oder einer Kapitalumschichtung beteiligt sind.[51] Nach dieser Definition ist eine Transaktion als „Highly Leveraged" zu klassifizieren, wenn

sich der Fremdkapitalbestand durch die Transaktion mindestens verdoppelt und zu einer – in Buchwerten definierten – Fremdkapitalquote von über 50 % führt[52]

oder

nach der Transaktion, unabhängig von einer Steigerung des Fremdkapitalbestands, eine Fremdkapitalquote von mindestens 75 % vorliegt, wobei mindestens 25 % der in die Berechnung eingehenden Verbindlichkeiten im Zuge der Transaktion neu hinzugekommen sind.[53]

Diese Begriffsbestimmung kann jedoch lediglich als Orientierungshilfe herangezogen werden. Sie wurde kurze Zeit nach deren Veröffentlichung durch die US-amerikanische Börsenaufsichtsbehörde SEC im Rahmen einer Regelung zu Publikationspflichten in Jahresabschlüssen mit Verweis auf branchenspezifische Besonderheiten relativiert[54] und letztendlich durch die Bankenaufsichtsbehörden im Jahre 2001 durch eine allgemeinere Erläuterung ersetzt.[55]

Eine Definition anhand von allgemeingültigen, für Leveraged Buyout typischen Kennzahlen kann demnach nicht vorgenommen werden. In Übereinstimmung mit den Ergebnissen einer empirischen Untersuchung von Leveraged-Buyout-Transaktionen[56] kann daher eine Definition nur durch den Gesamtzusammenhang der Transaktion Aufschluss über die Signifikanz der Verschuldung geben.

Als Resümee kann festgehalten werden, dass das Leveraged Buyout

als ein Finanzierungsinstrument zum Erwerb von Unternehmen oder Unternehmensteilen zu verstehen ist, das sich dadurch auszeichnet, dass der Anteil des Fremdkapitals zu einer

---

49 So spricht *Karsunsky,* LMBO, 24, von einer „überwiegend fremdfinanzierten Übernahme", während *Kessel,* LBO, 17, „einen hohen Fremdkapitalanteil" und *Honert,* MBO, 9, einen „überwiegend mit Fremdkapital" finanzierten Kauf verlangt.

50 *Jakoby,* Erfolgsfaktoren d. MBOs, 21; *Scherer,* Interne LBOs, 82; *Schmid,* LMBO, 42.

51 Vgl. hierzu OCC/FDIC/FRB (1989), 2; mit Präzisierung in OCC/FDIC/FRB (1990) 2; *Borio,* Bank's involvement in HLT's, 5.

52 Vgl. hierzu OCC/FDIC/FRB (1989), 2; mit Präzisierung in OCC/FDIC/FRB (1990) 2; *Borio,* Bank's involvement in HLT's, 5.

53 Vgl. hierzu OCC/FDIC/FRB (1989), 2; mit Präzisierung in OCC/FDIC/FRB (1990) 2; *Borio,* Bank's involvement in HLT's, 5.

54 *Rosarius,* Bewertung Leveraged Buyout, 35.

55 OCC et al. (2001), 2; *Rosarius,* Bewertung Leveraged Buyout, 35.

56 *Richter,* M&A, 180–181; *Rosarius,* Bewertung Leveraged Buyout, 35.

deutlichen Veränderung der Verschuldungskennzahlen unter Beachtung der branchentypischen Besonderheiten führt.

II. Darstellung der unterschiedlichen Erscheinungsformen

Eine Konkretisierung des Finanzierungsinstrumentes kann sich zudem an der Zusammensetzung der Erwerbergruppe des Zielunternehmens orientieren. In der Praxis nutzen unterschiedliche Investorengruppen diese Finanzierungsform, um einen Unternehmenskauf durchzuführen.

Sofern die Initiative für den Erwerb des Unternehmens von dem Management der Zielgesellschaft ausgeht – sei es mit oder ohne eine Veräußerungsabsicht des Altgesellschafters –, wird üblicherweise von einem Management Buyout (MBO),[57] einem Leveraged Management Buyout (LMBO) oder Management Leveraged Buyout (MLBO)[58] gesprochen. Für den Fall, dass das übernehmende Management nicht aus dem zu erwerbenden Unternehmen, sondern durch eine von außen kommende Gruppe gestellt wird, spricht man von einem Management Buyin (MBI).[59] Weiterhin besteht auch die Möglichkeit, dass eine Gesellschaft durch die Belegschaft selbst übernommen wird. Hierbei wird von einem Belegschafts-Buyout (BBO) oder von einem Employee Buyout (EBO) gesprochen.[60] Häufig geht die Initiative jedoch von institutionellen Kapitalanlegern aus oder der Erwerb wird von solchen betrieben, nachdem der Altgesellschafter seine Verkaufsabsicht geäußert hat. Diese Form des Buyout wird sowohl als Leveraged Buyout (LBO) oder auch als institutioneller Buyout oder Institutional Buyout (IBO) bezeichnet.[61]

Es hat sich allerdings gezeigt, dass diese unterschiedlichen Erscheinungsformen nicht nur streng voneinander getrennt angewandt werden. So kann neben einem institutionellen Investor auch das Management des Unternehmens Anteile an einem Unternehmen im Wege des Leveraged Buyout erwerben.[62] Zudem gehen mit den einzelnen Konstellationen besondere Probleme einher, die sowohl in der rechts- wie auch betriebswirtschaftlichen Literatur Gegenstand von Veröffentlichungen waren, auf die hier nicht näher eingegangen werden soll. Hierbei ist insbesondere das Management Buyout zu nennen. Bei dieser Art des Buyout treten insbesondere

57 *Böhme,* MBO 1; *Kessel,* Management Buyout, 1.

58 *Hitschler,* BB 1990, 1877; *Hoffmann/Ramke,* MBO in Deutschland, 24; *Kugler,* Anteilsbewertung beim MBO, 7.

59 *Menke,* MBO als Konzept der Unternehmensübernahme, 7; *Hoffmann/Ramke,* MBO in Deutschland, 25, *Kessel B.,* Leveraged Buyout der AG, 6.

60 *Böhme,* MBO, 1 m. w. N.

61 *Böhme,* MBO, 1 m. w. N.

62 Z.B. der Büromöbelhersteller Samas; vgl. Handelsblatt vom 3.7.2009, http://www.handelsblatt.com/unternehmen/industrie/nach-management-buy-out-bueromoebelhersteller-samas-startet-durch/3212252.html

noch arbeitsrechtliche Problemkreise hinzu sowie aus betriebswirtschaftlicher Sicht, Konflikte dadurch auf, dass die leitenden Angestellten auch Anteilseigner sind.[63]

In dieser Arbeit soll von institutionellen Finanzinvestoren als Käufergruppe eines Leveraged Buyout ausgegangen werden. Eine Übernahme durch Finanzinvestoren zum jetzigen Zeitpunkt ist die weitaus häufigste. Darüber hinaus lassen sich anhand dieser Gruppe die hier ins Auge gefassten Probleme gut erläutern und sich dann notwendigenfalls ebenfalls auf die anderen Gruppen übertragen.

B. Abgrenzung zu weiteren Segmenten des Private-Equity-Marktes

Unternehmen, die in Wettbewerb mit anderen Unternehmen stehen, benötigen Kapital – sei es, um neue Anlagen zu kaufen, sei es, um weitere Forschung zu betreiben oder auch um ein anderes Unternehmen im Hinblick auf die Stärkung der eigenen Marktposition zu erwerben. Das hierzu benötigte Kapital kann aus unterschiedlichen Quellen bezogen werden. In der Literatur wird diesbezüglich zwischen dem organisierten/öffentlichen Kapitalmarkt[64] und dem nicht organisierten/privaten Kapitalmarkt[65] unterschieden. Der Begriff des organisierten Marktes umfasst dabei nach der gesetzlichen Definition des § 2 Abs. 5 WpHG jeden Markt, der von staatlich anerkannten Stellen geregelt und auch überwacht wird, regelmäßig stattfindet und für das Publikum unmittelbar oder mittelbar zugänglich ist. Aufgrund dessen wird die Finanzierung, die mittels Platzierung und Veräußerung von Unternehmensanteilen in Form von Aktien an den Wertpapierhandelsplätzen vollzogen wird, auch als Public Equity bezeichnet, während die Bereitstellung von Kapital außerhalb der organisierten Wertpapiermärkte als Private Equity bezeichnet wird.[66]

Die Private-Equity-Investitionen können anhand ihres jeweiligen Tätigkeitsschwerpunktes, die sich an dem „Lebenszyklus" eines Unternehmens[67] im Hinblick auf seine Entwicklungsphase orientieren, in unterschiedliche Segmente eingeteilt werden. Private-Equity-Investoren engagieren sich dabei in folgenden Bereichen: Venture Capital, Development Capital sowie Leveraged Buyout.[68]

---

63 Vgl. nur *Böhme,* MBO; *Harbers,* Probleme MBO; *Karsunsky,* MBO jeweils m. w. N.

64 Vgl. dazu ausführlich *Assmann,* in: Assmann/Schneider; WpHG, § 2 Rn. 158 ff.; *Seiler/Kniehase,* in: Schimansky/Bunte/Lwowski, Bankrechts-Handbuch, Vor § 104 Rn. 43.

65 Dem privaten Kapitalmarkt sind alle Beteiligungstransktionen zuzuordnen, die nicht über diese Wertpapierhandelsplätze abgewickelt werden.

66 *Georgieff/Biagosch,* in: Berens/Brauner/Frodermann, Unternehmensentwicklung, 3;

67 Vgl. *Blome-Drees/Rang,* Peguform GmbH & Co. KG, 13, Abb. 2; *Georgieff/Biagosch,* in: Berens/Brauner/Frodermann, Unternehmensentwicklung, 173, Abb. 1; *Sauermann,* Private-Equity, 5.

68 Differenzierung nach *Georgieff/Biagosch,* in: Berens/Brauner/Frodermann, Unternehmensentwicklung, 172 f.

I. Venture Capital

Bei Venture Capital[69] handelt sich um reine Eigenkapitalfinanzierungen für junge Unternehmen, die sich in der sog. Seed-Phase[70] bzw. in der sog. Start-up-Phase[71] befinden.[72] Hierbei stellt ein Investor einem jungen Beteiligungsunternehmen mit hohem Wachstumspotenzial Eigenkapital für die Gründung, den Aufbau oder den Ausbau des Unternehmens auf begrenzte Zeit zur Verfügung. Ziel des Investors ist es, seine Kapitalrendite nicht durch eine Verzinsung zu erreichen, sondern mittels eines Gewinns aus der Beteiligungsveräußerung nach erfolgter Wertsteigerung des Unternehmens.[73] Diese Finanzierungen zeichnen sich dadurch aus, dass hohe Verlustrisiken bestehen. Diese Risiken sind beispielsweise darin zu sehen, dass nicht sicher ist, ob ein solches Produkt bis hin zur Marktreife entwickelt bzw. dann auf dem Markt platziert werden und gegenüber gleichartigen Produkten von Konkurrenten bestehen kann.[74]

Darüber hinaus stehen den Investoren keine Sachsicherheiten zur Verfügung, wodurch im Falle des Scheiterns ein Totalverlust des eingesetzten Kapitals hinzunehmen ist.[75]

II. Development Capital

Von sog. Developement-Capital-Finanzierungen spricht man, wenn sich ein Unternehmen in einer Wachstums- oder Expansionsphase befindet. Hierbei können die Wünsche nach einer Erweiterung der Produktionskapazitäten, nach einer Vergrößerung des Produktangebotes oder auch das Ziel, neue Märkte zu erschließen, Motive für die Akquisition neuen Kapitals sein.[76]

---

69 Im gewöhnlichen Sprachgebrauch wird der Begriff des „Venture Capital" auch als Synonym für Private-Equity-Investitionen genannt. Diese Verwendung wird der ursprünglichen Bedeutung nicht gerecht. Vielmehr ist Venture Capital, wie hier dargestellt, ein Teilsegment des Private-Equity-Marktes. In dieser Bedeutung wird es auch hier ausschließlich verwendet; vgl. *Blome-Drees/Rang,* Peguform GmbH & Co. KG, 12.

70 Die Seed-Phase bezeichnet die Finanzierungsphase eines Unternehmens, in der eine innovative Idee in verwertbare Resultate bis hin zum Prototyp entwickelt wird. Auf dieser Basis wird dann ein Geschäftsmodell entwickelt.

71 Dieser Begriff bezeichnet die Gründungsphase eines Unternehmens. Es kann sich zu diesem Zeitpunkt noch im Aufbau befinden. Zudem muss es seine Produkte nicht in größerem Umfang am Markt angeboten haben.

72 *Bannier/Müsch,* Leveraged-Buyout-Markt, 19.

73 Vgl. ausführlich *Winkler*, Venture Capital-Finanzierung, 30 ff.

74 *Georgieff/Biagosch,* in: Berens/Brauner/Frodermann, Unternehmensentwicklung, 172.

75 *Georgieff/Biagosch,* in: Berens/Brauner/Frodermann, Unternehmensentwicklung, 172.

76 *Georgieff/Biagosch, in:* Berens/Brauner/Frodermann, Unternehmensentwicklung, 172.

III. Leveraged Buyout

Als drittes Aktionsfeld von Private-Equity-Investoren[77] sind eben die Leveraged-Buyout-Transaktionen zu nennen.[78] Diese Form der Kapitalbereitstellung wird in einer späteren Phase des „Lebenszyklus" eines Unternehmens angewandt.[79] Das oben aufgezeigte Charakteristikum des Leveraged Buyout ermöglicht es Investoren, auch Unternehmen mit einem hohen Unternehmenswert zu kaufen und dies selbst dann, wenn den Finanzinvestoren nicht ausreichend eigene liquide Mittel zur Verfügung stehen. Da das Leveraged Buyout jedoch zwingend eine Besicherung der Kredite durch das Zielunternehmen selbst vorsieht, bedarf es auch entsprechender Vermögenswerte in dem Unternehmen. Dies ist typischerweise erst bei Unternehmen der Fall, die sich außerhalb der Gründungsphase befinden.

C. Definition des Untersuchungsgegenstandes

Ein Leveraged Buyout soll mithin im Folgenden unter Beachtung der Definition des Centre for Management Buy-out Research definiert werden. Dieses geht davon aus, Leveraged Buyout sei *„The takeover of a company by investors who use the company's own assets as collateral to raise the money which finances the bid. Normally the loans are then repaid either from the company's Cashflow, or by selling some of its assets."*[80]

Ein Leveraged Buyout ist somit der Erwerb eines Unternehmens durch einen einzelnen Investor oder eine Gruppe von Finanzinvestoren zum Zwecke der Geldanlage und der mittelfristigen Desinvestition, bei dem der Kaufpreis überwiegend fremdfinanziert wird.

Daher beschränkt sich die anschließende Untersuchung auf die Fälle des Leveraged Buyout, in denen allein institutionelle Finanzinvestoren den Kauf eines Unternehmens mittels Fremdfinanzierung anstreben. Die besondere Konstellation des Management Buyout und die in diesem Zusammenhang zu behandelnden Problemkreise sollen in der folgenden Untersuchung keine nähere Beachtung finden.

Grundlage dieser Arbeit bildet somit im Weiteren nur der Erwerb durch institutionelle Kapitalanleger mit einem überwiegenden Anteil an Fremdkapital.

---

77 Leveraged-Buyout-Transaktionen stehen zwar nicht nur den Private-Equity-Investoren zur Verfügung, jedoch sollen sich die weiteren Ausführungen auf diese beschränken, da sie die Hauptakteure im Markt für Leveraged-Buyout-Transaktionen sind, Rosarius, Leveraged-Buyout, 36.

78 *Georgieff/Biagosch*, in: Berens/Brauner/Frodermann, Unternehmensentwicklung, 172.

79 *Bannier/Müsch*, Leveraged-Buyout-Markt, 19; *Blome-Drees/Rang*, Peguform GmbH & Co. KG, 12.

80 Vgl. die Definition des Centre for Management Buy-out Research für Leveraged Buyout auf www.nottingham.ac.uk/business/cmbor/glossary.phtml.

D. Fazit

Leveraged Buyout ist ein Segment der Private-Equity-Investitionen. Man bedient sich dieses Finanzierungsinstrumentes zum Erwerb von Anteilen von gewachsenen Unternehmen. Es ermöglicht den Finanzinvestoren, Unternehmen mit einem hohen Unternehmenswert, der aus einer guten Marktpositionierung resultiert, zu erwerben. Die Finanzierung ist geprägt durch einen hohen Fremdkapitalanteil.

Das Leveraged Buyout lässt sich daher als der Erwerb eines Unternehmens durch einen einzelnen Investor oder eine Gruppe von Finanzinvestoren zum Zwecke der Geldanlage und der mittelfristigen Desinvestition, bei dem der Kaufpreis überwiegend fremdfinanziert wird, definieren.

Aufgrund des Charakteristikums der Leveraged-Buyout-Transaktionen, insbesondere des hohen Fremdkapitalanteils, besteht ein erhebliches Missbrauchspotenzial. Es besteht die Gefahr der Verringerung der Aktiva des Unternehmens, sei es bewusst durch dessen Verkauf, sei es als Ergebnis des negativen Leverage-Effektes oder aufgrund der Nutzung des Vermögens der Zielgesellschaft zum Zwecke der Finanzierung des notwendigen Fremdkapitals. Im Ergebnis wird stets die Haftungsmasse der Gläubiger verringert werden. Gleichzeitig erhöht sich das Insolvenzrisiko. Insbesondere zum Schutz der Gläubiger wurde durch die Kapitalerhaltungsregelungen und die Existenzvernichtungshaftung ein System geschaffen, welches garantiert, dass in Kapitalgesellschaften Vermögenswerte vorhanden sind und gebunden werden, die zur Befriedigung der Gläubiger verwertet werden können. An diesem Schutzsystem sollen die im Folgenden dargestellten Modellvarianten des Leveraged Buyout im Anschluss daran gemessen werden.

Teil 2 Betriebswirtschaftliche Grundlagen

A. Das Geschäftsmodell eines Finanzinvestors

Nunmehr stellt sich die Frage, wer sich des Finanzierungsinstrumentes Leveraged Buyout bedient; in concreto: Was sind Finanzinvestoren?

Finanzinvestoren i. w. S. sind Investoren, die Kapital in seiner unterschiedlichen Ausprägung in nicht börsennotierte Unternehmen (Private Equity) investieren.[81] Teilweise erwerben die Investoren auch börsennotierte Unternehmen, entfernen diese jedoch dann im Wege des sog. Delistings[82] vom Börsenhandel (sog. Going Private).[83]

Es ist jedoch eine wesentliche Differenzierung vorzunehmen. Bei einer sog. Private-Equity-Fondsgesellschaft und einem Finanzinvestor handelt es sich um

81 *Blome-Drees/Rang*, Peguform GmbH & Co. KG, 15; *Georgieff/Biagosch*, in: Berens/Brauner/Frodermann, Unternehmensentwicklung, 175.

82 Das Delisting ist ein geregeltes Verfahren. Auf Antrag des Emittenten werden die Aktien dauerhaft vom börslichen Handel entfernt.

83 Nachdem BC Partners 1999 die börsennotierte Grohe AG überommen hatte, folgte im Jahr 2000 das Delisting.

zwei voneinander unabhängige Gesellschaften.[84] Die Fondsgesellschaft wird mit dem Ziel gegründet, das von unterschiedlichen Anlegern zeitweilig zur Verfügung gestellte Kapital zu verwalten, während ein Finanzinvestor von einer solchen Gesellschaft beauftragt wird, sie hinsichtlich der Anlage des verwalteten Kapitals zu beraten.[85] Für diese Tätigkeit erhält der Finanzinvestor eine Vergütung von der Fondsgesellschaft.[86] Ist eine solche Fondsgesellschaft gegründet, wirbt der Finanzinvestor bei unterschiedlichen Anlegergruppen dafür[87], der Fondsgesellschaft Kapital zur Verfügung zu stellen. Der Anlagezeitraum des Kapitals beträgt dabei in der Regel zwischen sechs und zehn Jahren.[88] Dieses Kapital setzen die Finanzinvestoren dann ein, um in Unternehmen, die sie nach bestimmten Kriterien auswählen, für einen mittelfristigen[89] Zeitraum von zwei bis acht Jahren[90] zu investieren.[91] Aus diesem Anlageverhalten folgt ein weiteres wesentliches Charakteristikum dieses Geschäftsmodells: Bereits beim Erwerb der Anteile weiß der Finanzinvestor, dass der Verkauf der Unternehmensanteile [92] zu einem bestimmten Zeitpunkt unter Erzielung eines maximalen Gewinns zu erfolgen hat.[93] Regelmäßig erwirbt die Fondsgesellschaft die Mehrheit der Anteile an einer Kapitalgesellschaft. Auf diese Art ist es ihr möglich, Mehrheitsbeschlüsse derart zu fassen, dass sie ihr Investitionsziel unabhängig von anderen Anteilseignern erreichen kann.

---

84 *Blome-Drees/Rang*, Peguform GmbH & Co. KG, 15; *Georgieff/Biagosch*, in: Berens/Brauner/Frodermann, Unternehmensentwicklung, 175.

85 *Georgieff/Biagosch*, in: Berens/Brauner/Frodermann, Unternehmensentwicklung, 175.

86 Für die Verwaltung des Fonds erhält der Finanzinvestor abhängig von einem Erfolg eine Grundvergütung, die sich regelmäßig aus dem Prozentualbetrag des angelegten Kapitals errechnet (1–1,5 %). Darüber hinaus erhält er einen zuvor vereinbarten prozentualen Anteil, sofern sich die von ihm betreuten Investitionen positiver entwickeln als prognostiziert; *Georgieff/Biagosch, in:* Berens/Brauner/Frodermann, Unternehmensentwicklung, 175.

87 Investoren, die Kapital zur Verfügung stellen, können sowohl institutionelle Anleger wie etwa Pensionsfonds, Banken, Versicherungen und Stiftungen sein als auch private Investoren; vgl. *Blome-Drees/Rang*, Peguform GmbH & Co. KG, 14.

88 *Blome-Drees/Rang*, Peguform GmbH & Co. KG, 15; *Georgieff/Biagosch*, in: Berens/Brauner/Frodermann, Unternehmensentwicklung, 175.

89 Durch diesen Anlagezeitraum grenzen sie sich von sog. Hedge Fonds ab, die eine wesentlich kürzere Anlagedauer bevorzugen.

90 *Böttger*, Strukturen und Strategien, 24.

91 *Blome-Drees/Rang*, Peguform GmbH & Co. KG, 15.

92 Dieser Verkauf der Unternehmensanteile wird auch als Exit (Desinvestition) bezeichnet. Die unterschiedlichen Arten eines solchen Exits werden auch als sog. Exit-Strategien bezeichnet; vgl. *Blome-Drees/Rang*, Peguform GmbH & Co. KG, 18, Fn. 25 m. w. N.

93 Der Investitionsprozess lässt sich in unterschiedliche Phasen einteilen, auf die hier nicht näher eingegangen werden soll, vgl. dazu *Blome-Drees/Rang*, Peguform GmbH & Co. KG, 16 ff.

B. Entwicklung des Leveraged Buyout in Deutschland

In Deutschland hat sich der Leveraged-Buyout-Markt nur sehr verzögert und anfänglich in sehr geringem Umfang entwickelt.[94] Zahlen für den Zeitraum vor 1993 liegen nicht vor. Man schätzt jedoch, dass bis 1993 nicht mehr als 250 Leveraged-Buyout-Transaktionen mit einem Gesamtvolumen von 1,5 Mrd. DM (767 Mio. EUR) durchgeführt worden sind.[95] Diese Leveraged-Buyout-Transaktionen wurden vornehmlich in Form des Management Buyout durchgeführt.[96] Zurückzuführen ist dies auf die Privatisierungswelle nach der deutschen Einheit.[97] Ein Vergleich mit den Leveraged-Buyout-Transaktionen in den USA ist jedoch nur bedingt möglich, da die Privatisierungen hierzulande häufig mithilfe staatlicher Unterstützung erfolgten[98] und die erworbenen Unternehmen zudem sanierungsbedürftig waren.[99]

Eine erste Welle von Leveraged-Buyout-Transaktionen erfolgte zum Ende der neunziger Jahre.[100] In den Jahren 2000 und 2001 war eine sehr starke Zunahme sowohl hinsichtlich des Transaktionsvolumens als auch der Anzahl der Transaktionen zu verzeichnen.[101] Zurückzuführen ist dies unter anderem auf die Entstehung der sog. New-Economy-Blase, in der sich die Unternehmensprognosen auf unrealistische Unternehmensbewertungen stützten, deren Platzen und die anschließende Konsolidierung in der Folgezeit. So lag das Volumen der Transaktionen im Jahr 2000 bei ca. 13 Mrd. EUR und 2001 bei 12 Mrd. EUR, während in den Vorjahren das Volumen lediglich bei ca. 4 Mrd. EUR lag. Die Anzahl der Transaktionen stieg von 80 im Jahr 1997 auf 350 im Jahr 2000 und fiel danach wieder. Zwischen 2002 und 2006 ist das Volumen von 6,9 Mrd. EUR bei 59 Transaktionen auf ein Volumen von 50,9 Mrd. EUR bei 186 Transaktionen wieder angestiegen.[102] Durch den Zusammenbruch des US-Hypothekenmarktes und der daraus resultierenden Finanzmarktkrise brach der Markt für Leveraged Buyout förmlich ein.[103]

Untersuchungen zeigen, dass bereits im Jahr 2007 die negativen Entwicklungen des US-Hypothekenmarktes, der Ursprung der Finanzmarktkrise, auch Konsequenzen für den Leveraged-Buyout-Markt mit sich brachten. Bereits zu diesem

---

94 *Menke,* MBO, 19; *Nussbaum,* Leveraged Buyout, 9; vgl. auch DIW Studie, 49.
95 *Nussbaum,* Leveraged Buyout, 9.
96 *Jepsen,* MBO, 15.
97 *Nussbaum,* Leveraged Buyout, 9.
98 Die staatliche Unterstützung erfolgte in Form von Eigenkapitalhilfedarlehen, Treuhandkrediten, Treuhandbürgschaften sowie Investitionskrediten der KfW und der Berliner Industriebank.
99 *Jepsen,* MBO, 15.
100 *Sauermann,* FiDL Nr. 9, 7.
101 *Georgieff/Biagosch,* in: Berens/Brauner/Frodermann, Unternehmensentwicklung, 175; BVK-Statistik, Teilstatistik – Buyouts 2007, 2.
102 Ernst&Young (2007).
103 *Schwanitz,* Wenn Heuschrecken ihre eigenen Kredite verkaufen, managermagazin vom 5.5.2008; unter: http://www.manager-magazin.de/finanzen/artikel/0,2828,550279,00.html.

frühen Zeitpunkt, als das gesamte Ausmaß der Krise noch gar nicht spürbar war, zogen sich Banken aus bereits geschlossenen Transaktionen aus unterschiedlichen Gründen wieder zurück.[104] Im Jahr 2010 verzeichnete die Private-Equity-Branche aufgrund der positiven Entwicklungen auf dem Kapitalmarkt jedoch erneut einen erheblichen Anstieg der Unternehmenskäufe. In Deutschland blieben hingegen die großvolumigen Käufe aus; der Fokus der Finanzinvestoren lag auf mittelständischen Unternehmen.[105] Der Grund für den Anstieg ist insbesondere in den günstigen Rahmenbedingungen, insbesondere den niedrigen Zinssätzen zur Beschaffung von Krediten, zu sehen. Ihr Volumen wuchs um 56 % auf 2,52 Mrd. EUR. Im Jahr 2011 verdoppelte sich das Volumen erneut auf 4,6 Mrd. EUR und stagnierte dort im Jahr 2012. (4,54 Mrd. EUR). Im Jahr 2013 sank das Volumen im Vergleich zum Vorjahr um ein Drittel auf 3,59 Mrd. EUR.[106]

C. Finanzierungsstruktur des Unternehmenskaufes

Die Struktur der Finanzierung trägt im Wesentlichen zu dem Gelingen eines Leveraged Buyout bei und legt darüber hinaus auch die Basis für eine Unternehmensfortführung nach Ausscheiden des Finanzinvestors.[107] Der Struktur der Unternehmensfinanzierung sind nur geringe Grenzen gesetzt. Sie kann individuell ausgestaltet werden. Aufgrund dessen können die zur Verfügung stehenden Finanzierungsarten der Innen- sowie der Außenfinanzierung beliebig eingesetzt werden.[108] Den Investoren stehen im Wesentlichen das Eigenkapital, Fremdkapital und das sog. Mezzanine-Kapital als Finanzierungsinstrumente zur Verfügung.[109] Die Zusammensetzung ist letztendlich das Ergebnis des Kompromisses zwischen den unterschiedlichen Interessen der beteiligten Parteien.

I. Strategie der Finanzierung

Der Anteil des Fremdkapitals überwiegt gegenüber dem des Eigenkapitals. Das Verhältnis zwischen Eigen- und Fremdkapital variiert zwischen einem Verhältnis von 1:2

---

104 Vgl. *Holzner,* Leveraged Buyout, 50 f. m. w. N.

105 A. *Meier,* Die Heuschrecken sind zurück, FTD vom 6.8.2010, unter: http://www.ftd.de/finanzen/:agenda-die-heuschrecken-sind-zurueck/50153040.html.

106 Abgerufen unter: http://www.bvkap.de/privateequity.php/cat/42/title/Aktuelle_Statistiken

107 *Müller-W.,* Leveraged Buyout, 8.

108 *Georgieff/Biagosch,* in: Berens/Brauner/Frodermann, Unternehmensentwicklung, 261.

109 *Georgieff/Biagosch,* in: Berens/Brauner/Frodermann, Unternehmensentwicklung, 261 ff.; *Golland/Gehlhaar,* Venture Capital 2002, 30 (30); *Hug/Ernst,* M&A Review, 441 (444 f.); *Jepsen,* Entlohnung, 22 ff.; *Plankensteiner/Rehbock,* Kreditwesen 2005, 790 (790); *Schwenkedel,* MBO, 76 ff.; *Tcherveniachki,* M&A Review 2008, 351 (352);

bis hin zu 1:10.[110] Grundsätzlich ist eine Tendenz hin zu einer niedrigeren Eigenkapitalquote zu verzeichnen.[111] So ist der Anteil an Fremdkapital in den Boomjahren bis Anfang des Jahres 2007 gestiegen. Dementsprechend ist der durchschnittliche Anteil an Eigenkapital bei Leveraged-Buyout-Transaktionen in Europa von durchschnittlich knapp 40 % zu Beginn des Jahrzehnts auf 34 % im Jahr 2006 gesunken.[112] Die Abnahme des Eigenkapitalanteils ist auf die Attraktivität einer hohen Fremdkapitalquote für den Investor im Rahmen von Leveraged-Buyout-Transaktionen zurückzuführen.[113] Diese bewirkt, wie oben[114] bereits dargestellt, aufgrund des Leverage-Effektes eine Steigerung der Eigenkapitalrendite.[115] Eine höhere Eigenkapitalquote würde die Wirkungen des Leverage-Effektes mindern.[116] Hierbei hat der anhaltend niedrige Kapitalzins begünstigend Einfluss genommen.

II. Instrumente der Finanzierung

1) Eigenkapital

Das Eigenkapital gibt den Kapitalgesellschaften die Existenzberechtigung und zeichnet sich zugleich durch seine Haftungs- und Erhaltungsfunktion aus.[117] Es ist das Kapital, welches der Anteilseigner der Gesellschaft zur Verfügung stellt, und dieses kann durch den Anteilseigner insbesondere aufgrund der Kapitalerhaltungsregelungen der §§ 30 ff. GmbHG und der §§ 57, 71a AktG auch nicht beliebig wieder entzogen werden. In der Bilanz wird es gemäß § 266 Abs. 3 HGB auf der Passivseite ausgewiesen. Es setzt sich aus dem gezeichneten Kapital, der Kapitalrücklage, den Gewinnrücklagen, dem Gewinn- und Verlustvortrag sowie dem Jahresüberschuss bzw. -fehlbetrag zusammen.[118] Aufgrund dieser Charakteristika besteht für das Eigenkapital ein erhöhtes Verlustrisiko, da sich die Verluste zuerst unmittelbar auf das Eigenkapital der Gesellschaft auswirken. Es beinhaltet die Übernahme unternehmerischer Risiken.[119]

---

110 *Bruhns*, FA-HGR, Kapitel 20 Rn. 356; Fridrich, Kapitalschutz, 36; *Schäffler*, Gutachten, 20; *Schwenkedel*, MBO, 31 m. w. N.

111 Vgl. zur Entwicklung der Eigenkapitalquote in Europa und Nordamerika von 1997 bis 2006: DIW Berlin, Bedeutung von Buy-Outs, 41; unter: http://www.diw.de/documents/publikationen/73/diw_01.c.78948.de/diwkompakt_2008-038.pdf.

112 Deutsche Bundesbank, Monatsberichts 04/2007, 20; unter: http://www.bundesbank.de/download/volkswirtschaft/monatsberichte/2007/200704mb_bbk.pdf.

113 Deutsche Bundesbank, Monatsberichts 04/2007, 20; unter: http://www.bundesbank.de/download/volkswirtschaft/monatsberichte/2007/200704mb_bbk.pdf.

114 Siehe dazu ausführlich 1. Kapitel B. I., Die Hebelwirkung (Leverage-Effekt).

115 *Jepsen*, Entlohung, 22.

116 *Jepsen*, Entlohung, 22.

117 *Georgieff/Biagosch*, in: Berens/Brauner/Frodermann, Unternehmensentwicklung, 261; *Schwenkedel*, MBO, 77;

118 *Georgieff/Biagosch*, in: Berens/Brauner/Frodermann, Unternehmensentwicklung, 261.

119 *Tcherveniachki*, M&A Review 2008, 351 (352).

Dem Verlustrisiko des Eigenkapitals wird jedoch durch ein entsprechendes Wertsteigerungspotenzial Rechnung getragen.[120] Aufgrund der gesetzlichen Regelungen in den §§ 32 ff. GmbHG sowie §§ 57 ff. und §§ 71 ff. AktG kann eine Absicherung des Eigenkapitals durch das Unternehmen selbst nicht bereitgestellt werden.[121] Das Fremdkapital hingegen ist nicht in gleichem Maße von dem Erfolg des Unternehmens abhängig. Dies zeichnet sich dadurch aus, dass es unabhängig von dem Erfolg eines Unternehmens zu einem vereinbarten Zinssatz bereitgestellt wird.

Für einen Finanzinvestor bestehen unterschiedliche Möglichkeiten, sich mittels Eigenkapital an einem Unternehmen zu beteiligen. Zum einen kann er sich im Zuge einer Kapitalerhöhung in ein Unternehmen einkaufen und somit dem Unternehmen neues Kapital zuführen. Darüber hinaus kann ein Finanzinvestor die Anteile eines Unternehmens auch von einem oder mehreren Altgesellschaftern erwerben. Diese Variante wird häufig genutzt, wenn durch den Eintritt eines Finanzinvestors auch Nachfolgeprobleme gelöst werden sollen. Für den Unternehmer bedeutet das Engagement eines Finanzinvestors stets den Verlust von Führungsmacht.[122] Der Finanzinvestor hingegen ist im Zuge einer solchen Beteiligung gleichzeitig mit Unternehmenskontrollmechanismen ausgestattet, die es ihm ermöglichen, in das operative Geschäft einzugreifen und auf die Gestaltung der Unternehmenspolitik Einfluss zu nehmen.[123]

2) Fremdkapital

Sofern nicht ausreichend Eigenkapital zur Verfügung steht, muss der restliche Teil der Finanzierung durch die Bereitstellung von Fremdkapital erfolgen.[124] Fremdkapital wird regelmäßig in Form von Darlehen gewährt. Es zeichnet sich dadurch aus, dass es unabhängig von der wirtschaftlichen Entwicklung des Unternehmens zu den vereinbarten Zeitpunkten zurückgezahlt werden muss. Zudem ist die Rendite in Form der zu zahlenden Zinsen nicht an den wirtschaftlichen Erfolg des Unternehmens gebunden, da ein fester Zinssatz bei Gewährung vereinbart wurde.[125] Überdies besteht für Darlehen bei nicht fristgerechter Tilgung ein Kündigungsrecht, welches einen Rückzahlungsanspruch des Darlehensgebers auslöst. Kann das Unternehmen den Rückzahlungsanspruch nicht mehr erfüllen, so sind gegen dieses Ausfallrisiko

120 *Schwenkedel*, MBO, 77.

121 *Georgieff/Biagosch*, in: Berens/Brauner/Frodermann, Unternehmensentwicklung, 261.

122 *Georgieff/Biagosch*, in: Berens/Brauner/Frodermann, Unternehmensentwicklung, 261.

123 *Puccinelli*, M&A Review 2006, 267 (270).

124 *Georgieff/Biagosch*, in: Berens/Brauner/Frodermann, Unternehmensentwicklung, 262; *Jepsen*, Entlohnung, 24; Schäffler, Gutachten, 16;

125 *Georgieff/Biagosch*, in: Berens/Brauner/Frodermann, Unternehmensentwicklung, 262

Sicherheiten bestellt.[126] Hinsichtlich der Qualität der bestellten Sicherheiten wird in der Literatur nochmals innerhalb des Fremdkapitals eine Differenzierung vorgenommen.[127] Es wird zwischen vorrangig besicherten und nachrangig besicherten Darlehen unterschieden.

a) Vorrangiges Darlehen (Senior Debt)

Das vorrangig besicherte Darlehen ist die klassische Art des Fremdkapitals.[128] Sie geht im Fall der Insolvenz allen anderen vorhandenen Kapitalarten vor, da diese Darlehen durch die Aktiva – vorzugsweise durch das Anlagevermögen[129] des Unternehmens – besichert sind.[130] Die Art der Besicherung und die Vorrangigkeit dieser Darlehen wirken sich positiv auf die Kosten dieser Darlehen aus, da die Zinssätze für solche Darlehen vergleichsweise gering sind.[131] Somit bieten diese sog. Senior Debts eine günstige Finanzierungsmöglichkeit. Sie bilden regelmäßig einen wesentlichen Teil der Finanzierung einer Leveraged-Buyout-Transaktion.[132]

b) Nachrangiges Darlehen (Junior Debt)

Darüber hinaus kann Fremdkapital auch durch nachrangige Darlehen, sog. Junior Debts, aufgebracht werden.[133] Im Fall der Insolvenz gehen diese den Senior Debts im Rang nach. Die Definition der rechtlichen Nachrangigkeit obliegt der freien Gestaltung durch die Vertragsparteien.[134] Regelmäßig zeichnen sich diese jedoch durch die vereinbarte Kreditlaufzeit sowie die Möglichkeit aus, auf die bestellten Sicherheiten zuzugreifen.[135]

Fremdkapital in Form von Darlehen kann jedoch aufgrund der oben aufgezeigten Struktur nur insoweit zur Verfügung gestellt werden, wie auch Aktiva und andere liquide Mittel vorhanden sind, die zur Besicherung dienen können. Fremdkapital steht einem Finanzinvestor somit nicht unbegrenzt zur Verfügung, sondern wird nur

---

126 *Georgieff/Biagosch*, in: Berens/Brauner/Frodermann, Unternehmensentwicklung, 262

127 *Hug/Ernst,* M&A Review 2003, 441 (444 f.); *Jepsen,* Entlohnung, 24; *Müller-W.,* Leveraged Buyout, 9.

128 *Hug/Ernst,* M&A Review 2003, 441 (444 f.)

129 In § 247 Abs. 2 HGB wird das Anlagevermögen gegenüber dem Umlaufvermögen dadurch abgegrenzt, dass für das Anlagevermögen bestimmt wird, dass diesem nur die Vermögensgegenstände eines Unternehmens zuzurechnen sind, die dauernd dem Geschäftsbetrieb zuzuordnen sind.

130 *Jepsen,* Entlohnung, 24.

131 *Jepsen,* Entlohnung, 24.

132 *Hug/Ernst,* M&A Review 2003, 441 (444 f.).

133 *Hug/Ernst,* M&A Review 2003, 441 (444 f.).

134 *Hug/Ernst,* M&A Review 2003, 441 (444 f.).

135 *Hug/Ernst,* M&A Review 2003, 441 (444 f.).

insofern von Darlehensgebern zur Verfügung gestellt, wie Besicherungspotenzial in der Zielgesellschaft vorhanden ist.[136]

3) *Mezzanine-Kapital*

Wie oben[137] bereits ausgeführt, ermöglicht erst die entsprechende Finanzierungsstruktur eine Leveraged Buyout-Transaktion. Darüber hinaus ist die Finanzierungsstruktur darauf ausgerichtet, eine entsprechende Rendite des investierten Kapitals zu erhalten.[138] Entsteht eine Finanzierungslücke, da mangels Besicherungspotenzials kein Fremdkapital mehr akquiriert werden kann, die Finanzinvestoren aber auch kein Interesse mehr daran haben, zusätzliches Eigenkapital einzubringen,[139] kann zum Ausgleich zwischen Eigen- und Fremdkapital sog. Mezzanine-Kapital[140] bereitgestellt werden.[141] Dieses Finanzierungsinstrument hat in den letzten Jahren bei Leveraged-Buyout-Transaktionen erheblich an Bedeutung gewonnen. Zum einen, weil es sowohl für den Kapitalnehmer als auch -geber ein alternatives und attraktives Finanzierungsinstrument darstellt,[142] zum anderen, weil darüber hinaus die Finanzierungsstruktur bei einem Leveraged Buyout individueller angepasst werden kann[143] mit dem Ziel, den Leveraged-Effekt zu optimieren.[144]

Je nach Ausgestaltung des Mezzanine-Kapitals kann es bilanzierungstechnisch entweder enger dem Eigenkapital oder dem Fremdkapital zugeordnet werden.[145] Wesentliche Merkmale sind die Nachrangigkeit in der Besicherung des Kapitals[146], die zeitliche Befristung sowie die steuerlichen Vorteile im Vergleich zum Eigenkapital.[147] Die Vergütung setzt sich in der Regel aus drei verschiedenen Elementen zusammen,

136 *Hug/Ernst,* M&A Review 2003, 441 (444 f.); *Jepsen,* Entlohnung, 24.

137 Siehe dazu ausführlich 1. Kapitel B. I., Die Hebelwirkung (Leverage-Effekt).

138 *Golland/Gelhaar,* Venture Capital 08/2002, 30 (31).

139 Das Interesse der Finanzinvestoren, eine bestimmte Eigenkapitalquote nicht zu überschreiten, ist durch Verwässerung des Leverage-Effektes bedingt.

140 „Mezzanine“ ist die englische Bezeichnung für Zwischenstock und leitet sich aus dem Italienischen ab. Dort bezeichnet „Mezzanino“ ein für die Baukunst der Renaissance und des Barock typisches Zwischengeschoss zwischen zwei Hauptetagen eines Gebäudes, vgl. *Schrell/Kirchner,* BKR 2003, 13 (14); Duden, Das Fremdwörtbuch, 657.

141 *Menke,* MBO, 57; *Golland/Gehlhaar,* Venture Capital 08/2002, 30 (31).

142 *Kiethe,* DStR 2006, 1763 (1763 f.).

143 *Sauermann,* Private Equity, 20.

144 *Gehlhaar/Golland,* Venture Capital 2004, 58 (58); *Raupach,* in: Hölters, Unternehmenskauf, III. Rn. 205.

145 Vgl. zu der Darstellung des Mezzanine-Kapitals in der Bilanz: *Hoerning,* Hybrides Kapital, 127 ff.

146 Diese Nachrangigkeit wirkt sich besonders im Insolvenzfall des Unternehmens aus. Tritt dieser Fall ein, so hat der Kapitalgeber nur eine geringe Chance, sein investiertes Kapital zurückzuerhalten.

147 *Herdmann,* Mezzanine-Kapital, 4.

die in ihrer Gewichtung je nach Einzelfall der Transaktion angepasst werden. Neben einer laufenden Verzinsung des Kapitals basiert die Vergütung auf einer auflaufenden Verzinsung des zur Verfügung gestellten Kapitals, die erst am Ende der vereinbarten Laufzeit fällig und gezahlt wird. Darüber hinaus wird regelmäßig ein sog. Equity Kicker vereinbart. Dadurch wird dem Mezzanine-Kreditgeber das Recht gewährt, eine bestimmte Anzahl von Anteilen an der Gesellschaft zu erwerben bzw. die Darlehensschuld in Anteile der Gesellschaft zu wandeln oder auch eine Zusatzverzinsung zu vereinbaren.[148]

D. Das Leveraged Buyout anhand von Unternehmenskennzahlen

Die Struktur eines Unternehmenskaufes mittels Leveraged Buyout soll zuerst anhand von betriebswirtschaftlichen Kennzahlen dargestellt werden, um die (finanzmathematische) Funktionsweise dieses Finanzierungsinstrumentes nachvollziehen zu können.

Die Ausgangsdaten[149] stellen sich wie folgt dar:

Exemplarischer Leveraged Buyout – Ausgangsdaten

Basiszinssatz	0,04 (4 %)
Preis des Unternehmens	100,00 Mio. Euro
Anteil des Fremdkapitals an der Finanzierung	70,0 %
Wachstumsrate des Unternehmenswertes	0,08 (8 %)
Investitionshorizont des Finanzinvestors	7 Jahre

Im folgenden Beispiel wird von einer Zeitspanne von sieben Jahren für den Zeitraum zwischen Ein- und Ausstieg (Kauf und Verkauf des Zielunternehmens) des Finanzinvestors ausgegangen. Für den Preis (Wert) des Zielunternehmens werden vereinfachend 100 Mio. Euro angenommen. Die Wachstumsrate wird auf jährlich 8 % gesetzt. Die Finanzierung des Kaufpreises erfolgt zu 30 % mit dem Eigenkapital der Akquisitionsgesellschaft und zu 70 % mit Fremdkapital. Das Fremdkapital setzt sich aus unterschiedlichen Krediten zusammen, die sich sowohl hinsichtlich der Tilgung als auch der Laufzeit unterscheiden. Das Fremdkapital ist zudem durch Vermögenswerte der Zielgesellschaft, die durch den Finanzinvestor gekauft werden soll, abgesichert. Somit ergibt sich folgende typische Struktur einer Leveraged-Buyout-Finanzierung:

148 *Stamm*, in: Schüppen/Schaup, MAH AktienR, § 21 Rn. 128.

149 Die Daten sind an *Schäfer/Fisher*, Die Bedeutung von Buy-Outs/Ins für unternehmerische Effizienz, Effektivität und Corporate Governance, Anhang 1 angelehnt.

Tranche	Heutiger Wert/ Auszahlung in Mio. Euro	Anteil der Verschuldung in %	Spread[150] (%)	Zins (%)	Laufzeit in Jahren	Art des Darlehens
Darlehen 1 Typ A	7,7	11,0	2	6	7	amortisierend
Darlehen 2 Typ A	21,7	31,0	2,5	6,5	5	endfällig
Darlehen 3 Typ A	21,7	31,0	3,0	7,0	7	endfällig
Insgesamt Darlehen Typ A	51,1					
Nachrangiges Darlehen Typ B	7,7	11,0	4,8	8,8	10	endfällig
Insgesamt Darlehen	58,8					
Mezzanine-Kapital	11,2	16,0	5,0	9,0	10	endfällig
Verschuldung	70,0	100,0				
Eigenkapital	30,0					

Zu einem überwiegenden Anteil wird das Fremdkapital durch vorrangig besicherte endfällige[151] Darlehen zur Verfügung gestellt. Nur ein geringer Anteil der Darlehen ist amortisierend[152] ausgestaltet und somit darauf angelegt, bis zum Ende der Laufzeit zurückgezahlt zu werden. Die Laufzeit ist unterschiedlich ausgestaltet. Daher werden die Darlehen zu unterschiedlichen Zeiten fällig. Einige werden vor Ausstieg, andere mit dem Ausstieg des Investors abgelöst. Ein weiterer Teil der Darlehen wird eine Laufzeit haben, die über den geplanten Investitionszeitraum hinausgeht.[153] Diese werden dann durch den Verkaufserlös abgelöst.

150 Vgl. zu dem Begriff Fn. 155.

151 Ist ein Darlehen endfällig, so ist das Darlehen in einer Summe mit den bis zu diesem Zeitpunkt aufgelaufenen Zinsen zurückzuzahlen.

152 Ist ein Darlehen amortisierend ausgestaltet, so wird es ratenweise zu bestimmten Zeitpunkten teilweise zurückgeführt.

153 *Schäfer/Fisher,* Die Bedeutung von Buy-Outs/Ins für unternehmerische Effizienz, Effektivität und Corporate Governance, 65 f.

Im Beispiel ist das amortisierende Darlehen 1 Typ A innerhalb von sieben Jahren zu tilgen. Darlehen 2 Typ A muss nach fünf Jahren und damit vor dem geplanten Ausstiegszeitpunkt des Finanzinvestors zusammen mit den aufgelaufenen Zinszahlungen abgelöst werden. Die jeweils zehn Jahre laufenden nachrangigen Darlehen sowie das Mezzanine-Kapital[154] (eine besondere Art des Fremdkapitals) sind schlechter besichert. Zum Ausgleich dafür erhält der Kapitalgeber eine höhere Risikoprämie, die sich in einem höheren Zinssatz niederschlägt und sich somit in einem höheren Spread[155] widerspiegelt.

Für das Darlehen 1 Typ A (amortisierend) im Beispiel wird angenommen, dass der Tilgungsbetrag mittels Desinvestition, also durch Zahlung aus einem Teil des Wachstums aufgebracht wird. Die Rückführung dieses Kredites durch Ausschüttung eines Teils des Wachstums beschränkt somit auch die Basis für das Wachstum des Unternehmens in der Folgeperiode. Bei dem vor dem Ausstieg des Finanzinvestors fälligen Darlehen 2 kann man davon ausgehen, dass dieses durch eine Anschlussfinanzierung abgelöst wird.

Gelingt der Verkauf des Unternehmens durch den Finanzinvestor wie geplant, so werden die Kapitalgeber der nachrangigen Darlehen und des Mezzanine-Kapitals nach Ablauf der sieben Jahre zu Altgläubigern. Die dann noch laufenden Kredite werden in das neue Finanzierungskonzept des neuen Eigentümers im Rahmen seiner Finanzplanung integriert.

Zum Zeitpunkt des Ausstiegs des Finanzinvestors beträgt der Wert des Unternehmens 161,7 Mio. Euro. Der Wert des Eigenkapitalanteils beläuft sich mit einer Quote von 36,6 % auf 59,2 Mio. Euro. Das übrige Kapital verbleibt in dem Unternehmen bzw. wird für die abzulösenden Fremdkapitalanteile sowie zur Kompensation der Altschulden des Neueigentümers verwendet.

154 Siehe dazu ausführlich: 1. Kapitel Teil 2 C. II. 3), Mezzanine-Kapital.

155 Als Spread bezeichnet man u.a. die Zinsspanne bzw. die Differenz zwischen zwei unterschiedlichen Zinssätzen, hier die Differenz zwischen dem Basiszinssatz (4%) und dem tatsächlich zu zahlenden Zins. Letzterer ist abhängig von unterschiedlichen Faktoren wie z.B. der Laufzeit und der Art des Darlehens.

	Ende des Jahres							
	0	1	2	3	4	5	6	7
	Wert beim Kauf							Wert bei Verkauf/ Fälligkeit
Unternehmens-wert brutto	100,0	108,0	115,6	123,9	132,6	142,1	152,2	163,0
Unternehmens-wert abzüglich Tilgung		107,1	114,7	122,8	131,6	140,9	151,0	161,7
Fremdkapital								
Darlehen 1	7,7	6,8	5,8	4,8	3,7	2,5	1,3	0,0
Darlehen 2	21,7	23,1	24,6	26,2	27,9	29,7		
Rückzahlung 2						- 29,7		
Ersatzdarlehen 2						29,7	31,5	33,4
Darlehen 3	21,7	23,2	24,8	26,2	28,4	30,4	32,6	34,8
Darlehen Typ B	7,7	8,4	9,1	9,9	10,8	11,7	12,7	13,9
Mezzanine-Kapital	11,2	12,2	13,3	14,5	15,8	17,2	18,8	20,5
Gesamtwert Fremdkapital	70,0	73,7	77,7	82,0	86,6	91,6	96,9	102,6
Eigenkapital	30,0	33,4	37,0	40,8	44,9	49,3	54,1	59,2
Eigenkapital-quote	30,0 %	31,2 %	32,3 %	33,2 %	34,2 %	35,0 %	35,8 %	36,6 %
Eigenkapital-rendite		11,3 %	10,8 %	10,4 %	10,0 %	9,7 %	9,7 %	9,4 %

Anhand des Modellbeispiels lassen sich die Wirkungen des Leveraged Buyout bei einer entsprechend positiven Entwicklung (hier: 8%) erkennen. Während der Investitionsphase ist es dem Finanzinvestor gelungen, die Eigenkapitalquote zu erhöhen, den Unternehmenswert zu steigern und sein investiertes Geld von 30 Mio. Euro auf 59,2 Mio. Euro innerhalb des Investitionszeitraumes fast zu verdoppeln. Eine solche Rendite ist nur schwer zu erwirtschaften. Bei einer Anlage des Geldes auf einem Sparkonto müsste dieses mit 10,2% p.a. (im Jahr) verzinst sein, um denselben Ertrag zu erzielen.

E. Erwerbsmodelle eines LBO

Das renditeorientierte Handeln der Finanzinvestoren spiegelt sich in der Ausgestaltung der Akquisition wieder. Hierbei bestimmt vor allem eine steuerlich optimierte Gestaltung die Struktur für den Unternehmenskauf.[156] Der Erwerber verfolgt insbesondere das Ziel, eine weitgehende und zeitnahe Berücksichtigung des entstehenden Zinsaufwandes zu erreichen.[157] Da diese Kosten einen erheblichen Anteil der Gesamtkosten darstellen, hat die Berücksichtigung dieser Kosten erheblichen Einfluss auf den Erfolg von Leveraged-Buyout-Transaktionen. Deshalb ist es von entscheidender Bedeutung, die Erwerbsstruktur den steuerlichen Gegebenheiten anzupassen. Die in der Praxis angewandten Erwerbsmodelle sind somit Ergebnis einer effizienten Ausgestaltung unter besonderer Beachtung der steuerrechtlichen Rahmenbedingungen.[158] Dementsprechend wurden in der Vergangenheit verschiedenste Erwerbsmodelle entwickelt, um den Unternehmenskauf den sich ständig verändernden steuerrechtlichen Bedingungen anzupassen.[159]

Grundlage der Modelle sind die beiden kaufrechtlichen Grundformen eines Unternehmenskaufes[160], der Asset Deal und der Share Deal. Hinsichtlich der Akquisitionsmodelle kann in einem ersten Schritt zwischen einer einstufigen und einer mehrstufigen Variante differenziert werden.[161] Im Folgenden werden zunächst diese Grundlagen beschrieben, um dann auf die einzelnen Modelle des Leveraged Buyout einzugehen.

I. Unternehmen als Transaktions- und Spekulationsgegenstand

Ein Unternehmen kann Gegenstand eines Kaufvertrages sein.[162] Dabei wird danach unterschieden, ob der Käufer die einzelnen Wirtschaftsgüter des Unternehmens (Asset Deal) erwirbt oder ob die Kapitalanteile des Unternehmens (Share Deal) übertragen werden.[163]

---

156 Vgl. *Lukas*, Zinsschranke, 3, 17 m. w. N.

157 *Lukas*, Zinsschranke, 4 f.

158 *Sollanek*, Finanzinvestoren, 14.

159 *Hauser*, Unternehmensakquisiton, 21; Sollanek, Finanzinvestoren, 16.

160 *Hauser*, Unternehmensakquisition, 6; *Hölters*, in: Semler, Unternehmensübernahmen VI Rn. 5; *K. Schmidt*, Handelsrecht, § 6 II c), 143; *Sollanek*, Finanzinvestoren, 14.

161 *Hauser*, Unternehmensakquisition, 15 f.; *Hölters*, in: Semler, Unternehmensübernahmen VI Rn. 205; *Picot*, in: Picot, I Rn. 183. Teilweise wird auch eine Differenzierung anhand der Begriffe der direkten und indirekten Übernahme vorgenommen, so z.B. *Kerber*, WM 1989, 473 (476 ff.).

162 *Beckmann*, in: Staudinger, BGB, § 453 Rn. 22 ff.; *Berger*, in: Jauernig, BGB, § 453 Rn. 12 ff.; *Hauser*, Unternehmensakquisition, 6; *Westermann*, in: MünchKomm, BGB, § 453 Rn. 17 ff.

163 *Beckmann*, in: Staudinger, BGB, § 453 Rn. 25; *Berger*, in: Jauernig, BGB, § 453 Rn. 12; *Böhme*, MBO, 5 ff; *Hauser*, Unternehmensakquisition, 6; *Sollanek*, Finanzinvestoren, 14.

1) *Asset Deal*

Erfolgt die Übertragung des Unternehmens im Wege eines sog. Asset Deal, werden die einzelnen Vermögensgegenstände und Schulden der Zielgesellschaft im Wege der Singularsukzession auf die erwerbende Gesellschaft übertragen.[164] Diese Form des Unternehmenskaufes fasst somit Einzelpositionen zusammen.[165] Die Zielgesellschaft bleibt dabei weiterhin vermögensleer im Eigentum der ursprünglichen Gesellschafter bestehen.[166] Vertragspartei ist der Unternehmensträger. Aufgrund des im Sachenrecht herrschenden Bestimmtheitsgrundsatzes ist diese Art des Unternehmenserwerbes jedoch von hohem organisatorischem Aufwand.[167] Es müssen alle zu übertragenden Positionen bezeichnet werden. So sind beispielsweise die Vertragsbeziehungen mit Dritten individuell zu benennen.[168] Vorteilhaft ist allerdings, dass verdeckte Risiken aufgrund der Singularsukzession nicht mit übertragen werden können, wodurch der Erwerber die Risiken des Kaufes besser kalkulieren kann.[169]

2) *Share Deal*

Werden die Anteile der das Unternehmen tragenden Gesellschaft und nicht nur einzelne Vermögensgegenstände des Unternehmens übertragen, handelt es sich um einen sog. Share Deal.[170] Bei dieser Form gehen alle Rechte und Pflichten durch die Übertragung der Inhaberrechte vom Verkäufer auf den Erwerber über;[171] die rechtliche Zugehörigkeit der Vermögenswerte zu der Zielgesellschaft wird jedoch aufrechterhalten. Es findet somit ein Wechsel der Anteilseigner des Unternehmens statt, wobei die Struktur der Zielgesellschaft nicht verändert wird.[172] Aufgrund der schnelleren und einfacheren Durchführbarkeit ist ein Share Deal vorteilhaft gegenüber einem Asset Deal.[173] Aufgrund der praktischen Relevanz ist im Weiteren von einem Share Deal als Transaktionsgrundstruktur auszugehen.

II. Ablauf der Leveraged-Buyout-Transaktionen

Im Folgenden werden die Gestaltungsvarianten des Leveraged Buyout beschrieben. Diese sollen im weiteren Verlauf der Arbeit stets Gegenstand einer einzelnen Bewertung sowohl im gesellschaftsrechtlichen als auch im strafrechtlichen Teil sein. Im Hinblick auf die weitere Untersuchung sind diese aufgezeigten Strukturen daran

164 Vgl. *Böhme*, MBO, 118 m. w. N.
165 *Beckmann*, in: Staudinger, BGB, § 453 Rn. 26.
166 *Sollanek*, Finanzinvestoren, 14.
167 *Holzapfel/Pöllath*, Unternehmenskauf, Rn. 230 f.
168 *Hauser*, Unternehmensakquisition, 7.
169 *Pott/Pott*, Entrepreneurship, 311 ff.
170 *Beckmann*, in: Staudinger, § 453 Rn. 25; *Berger*, in: Jauernig, § 453 Rn. 12, 16.
171 *Hauser*, Unternehmensakquisition, 7.
172 *Hauser*, Unternehmensakquisition, 7.
173 Vgl. *Holzapfel/Pöllath*, Unternehmenskauf, Rn. 233.

zu messen, ob diese gegen gesellschaftsrechtliche und/oder strafrechtliche Regelungen verstoßen. Im weiteren Verlauf ist stets von einer Akquisitionsgesellschaft als Käufer und der Zielgesellschaft als Kaufgegenstand auszugehen. Die Grundstruktur eines Leveraged Buyout stellt sich wie folgt dar:

Grundstruktur bei Leveraged Buyout-Transaktionen

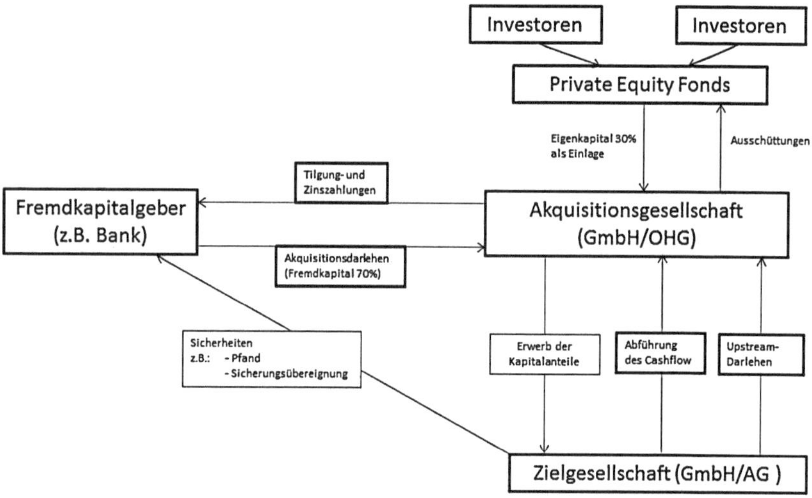

1) Gründungsphase

In einem ersten Schritt wird von den Finanzinvestoren eine Akquisitionsgesellschaft,[174] zumeist als Kapitalgesellschaft in der Rechtsform einer GmbH[175] gegründet.[176] Anteilseigner ist der Finanzinvestor. Die Akquisitionsgesellschaft dient allein dem Zweck, die Anteile an der Zielgesellschaft zu erwerben und zu halten. Hierzu wird sie durch den Anteilseigner mit dem notwendigen Eigenkapital ausgestattet.

174 Die Akquisitionsgesellschaft wird auch als Erwerbergesellschaft sowie NewCo (vgl. *Sollanek*, Finanzinvestoren, 14; *Böhme*, MBO, 6 ff.) oder auch als Erwerberholding (vgl. *Dautel*, FB 2004, 475 [475 ff.]) bezeichnet.

175 *Holzner*, Gläubigerschutz, 89.

176 Zur Wahl der Gesellschaftsform siehe *Weitnauer*, Management Buy-Out, 173 ff.; *Sollanek*, Finanzinvestoren, 14, sieht unter dem Aspekt des steueroptimierten Unternehmenskaufes die Gründung der Akquisitionsgesellschaft in der Rechtsform einer Persoenengesellschaft als vorzugswürdig an.

2) Erwerbsphase

Nachdem die Akquisitionsgesellschaft durch die Investoren gegründet und mit dem notwendigen Eigenkapital ausgestattet wurde, muss das noch fehlende Kapital zum Erwerb der Zielgesellschaft durch Dritte aufgebracht werden. Dieses Fremdkapital in Form von Darlehen wird zumeist von Banken bereitgestellt. Da diese das Fremdkapital jedoch regelmäßig nicht ohne Sicherheiten zur Verfügung stellen werden, verpflichtet sich die Akquisitionsgesellschaft vertraglich, die durch das Fremdkapital erworbenen Kapitalgesellschaftsanteile unmittelbar an die Kapitalgeber als Sicherheit zu verpfänden *(1. Schritt; sog. Pfändungsmodell).* Diese Art Sicherheit ist jedoch sowohl für die Fremdkapitalgeber als auch die Investoren von Nachteil, denn der Wert der Kapitalanteile ist sehr volatil[177] und bei Insolvenz der Zielgesellschaft wertlos.[178] Insofern besteht ein hohes Verlustrisiko bei den Banken, das sich in der Höhe des Zinssatzes für das Fremdkapital niederschlägt.

Im Anschluss beginnt die Akquisitionsgesellschaft, Anteile an der Kapitalgesellschaft zu erwerben. Ziel ist es, die Mehrheit der Gesellschaftsanteile zu halten, um auf diese Weise, die zur Gestaltung des Leveraged-Buyout notwendigen Beschlüsse in der Zielgesellschaft treffen zu können.

Unmittelbar nachdem die Akquisitionsgesellschaft die Mehrheitsanteile an der Zielgesellschaft erworben hat, wird sie die Darlehen zusätzlich durch das Anlage- und das Umlaufvermögen der Zielgesellschaft besichern *(2. Schritt; sog. Sicherheitsmodell).*[179] Erst dadurch wird die Bereitstellung des Fremdkapitals so günstig, dass dessen Einsatz betriebswirtschaftlich sinnvoll ist und der beabsichtigte Leverage-Effekt zum Tragen kommt. Es stellt sich somit nach Abschluss dieser Phase folgende Struktur dar:

177 Aufgrund der Abhängigkeit von der wirtschaftlichen Entwicklung des Unternehmens, vgl. *Schäffler,* BB 2006, Special 9, 1 (2); *Schneider,* Festschrift Döllerer (1988), 537 (539).

178 Die Wertlosigkeit der Anteile folgt aus der strukturellen Nachrangigkeit gegenüber den Forderungen der Gesellschaftsgläubiger in Bezug auf die verbliebenen Vermögensgegenstände in der Zielgesellschaft; vgl. *Brosius,* Finanzielle Unterstützung, 5; *Otto,* in: Assmann/Schütze, Kapitalanlagerecht, § 26 Rn. 86; *Schneider,* Festschrift Döllerer (1988), 537 (53); *Schriever,* wistra 2006, 404 (406).

179 *Becker,* DStR 1998, 1429 (1429); *Bender,* BB 2005, 1492 (1492); *Hölters,* in: Semler, Unternehmensübernahmen IV Rn. 205; *Picot,* in: Picot, Unternehmenskauf, 3. Auflage, I Rn. 167.

Ablauf einer LBO-Transaktion
2. Phase: Erwerbsphase

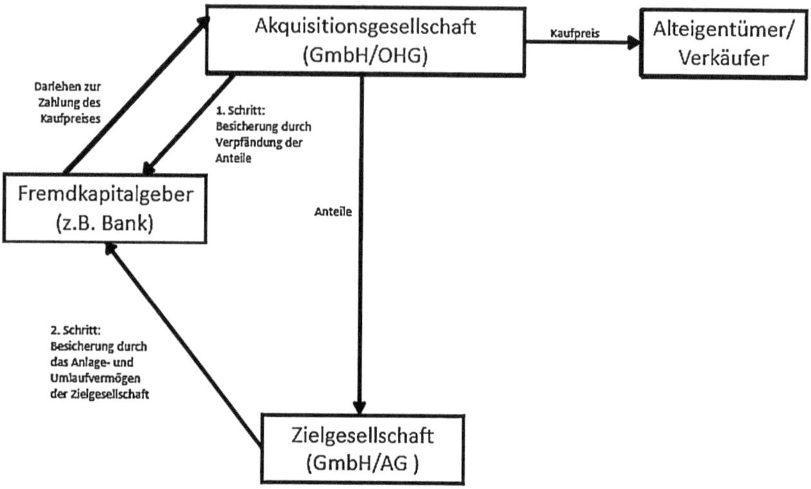

3) Finanzierungsphase/Gewinnausschüttungsphase

Sind die Mehrheitsanteile an der Zielgesellschaft erworben, beginnt die Phase, in der der Leverage-Effekt zum Tragen kommt, indem nunmehr die Zins- und Tilgungsverpflichtungen der Akquisitionsgesellschaft durch den Cashflow der Zielgesellschaft erbracht werden. Zudem wird der Cashflow in der Akquisitionsgesellschaft als Gewinn verbucht und kann als solcher an die Gesellschafter der Akquisitionsgesellschafter ausgeschüttet werden. Für die Ableitung der Liquidität aus der Zielgesellschaft bieten sich unterschiedliche Möglichkeiten. Es kommen folgende Lösungsansätze[180] in Betracht:

- Gewinnausschüttungen
- Beherrschungs- und Gewinnabführungsverträge (in Verbindung mit Organschaften)[181]
- Aufströmende Darlehen (Upstream-Darlehen)
- Verschmelzung zwischen der Akquisitions- und der Zielgesellschaft
- Anwachsung der Ziel- auf die Akquisitionsgesellschaft
- Sog. Debt push-down.

Bei den beiden erstgenannten Maßnahmen handelt es sich um solche, die im Rahmen eines Gesellschaftsverhältnisses üblicherweise angewandt werden. Durch sie

180 Vgl. *Mittendorfer*, Akquisitonsfinanzierung, 92.
181 *Mittendorfer*, Akquisitionsfinanzierung, 92.

kann jedoch nur in einem geringen Umfang Kapital aus der Zielgesellschaft gelöst werden. Im Übrigen liegt die Relevanz im Hinblick auf den Untersuchungsgegenstand bei den letzten vier genannten Maßnahmen. Auf diese wird im Weiteren eingegangen werden. Die Finanzierungsphase stellt sich somit wie folgt dar:

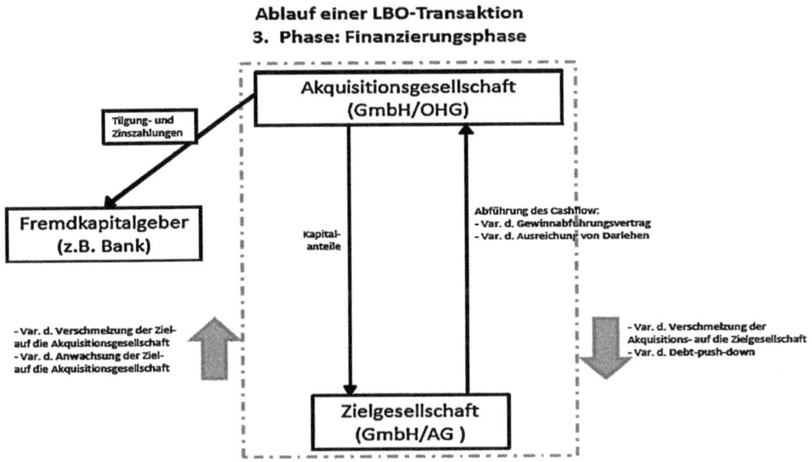

III. Strukturmodelle im Einzelnen

Um die finanziellen Ressourcen der Zielgesellschaft im Hinblick auf eine Rückführung des Fremdkapitalanteils vollständig nutzen zu können, wurden in der Praxis die o.g. Gestaltungen für die Erwerbs- und Finanzierungsphasen entwickelt, die in ihrer jeweiligen Form den charakteristischen Merkmalen eines jeden einzelnen Unternehmenserwerbs angepasst wurden. Die Modelle werden im Folgenden beschrieben.

Die Verwendung des *Sicherheits-* sowie des *Pfändungsmodells* erfolgt häufig in der Erwerbsphase aus den oben genannten Gründen nacheinander.

Im Rahmen der Finanzierungsphase bestehen die oben dargestellten Möglichkeiten, den Cashflow aus der Zielgesellschaft abzuführen. Die Neu- und Weiterentwicklung der Modelle der Finanzierungsphase wurde vor allem durch die häufige Änderung der Steuergesetzgebung in den letzten Jahren forciert. Durch die Neufassung der §§ 4, 18 UmwStG wurden die bis zu diesem Zeitpunkt praktizierten Modelle (Kombinations-, Mitunternehmerschafts- und Umwandlungsmodelle) hinfällig.[182] Unter steuerlichen Aspekten werden in der Praxis aufgrund der optimierten Nutzung von steuerlichen Abschreibungspotenzialen die Anwendung des *Verschmelzungsmodells* in Form des *Upstream Merger* sowie des *Downstream Merger* und des

182 *Sollanek*, Finanzinvestoren, 16.

sog. *Organschaftsmodells* bevorzugt.[183] Neben diesen sind vor allem der sog. *Interne Asset Deal*[184] und das *Debt push-down-Modell*[185] anzutreffen. Im Rahmen des Letztgenannten wird häufig ein sog. *Upstream-Darlehen*[186] gewährt; ein solches Darlehen kann auch eigenständig gewährt werden.[187]

Im Folgenden beschränkt sich die Arbeit auf die Darstellung der im Hinblick auf den Untersuchungsgegenstand und auf die praxis-relevanten Modelle.

1) Organschaftsmodell

Das Organschaftsmodell nutzt die steuerrechtlichen Wirkungen aus, die bei Bildung einer Organschaft i.S.d. §§ 14 ff. KStG zwischen der Akquisitionsgesellschaft und der Zielgesellschaft entstehen.[188] Liegt eine Organschaft i.S.d. §§ 14 ff. KStG vor, können die operativen Gewinne der Zielgesellschaft mit dem Zinsaufwand „verrechnet" werden.[189] Folge ist, dass der Gewinn sinkt, sich die effektive Steuerlast verringert und somit letztendlich der Cashflow vergrößert wird. Dieser größere Cashflow ermöglicht dann eine schnellere Rückführung des Fremdkapitalanteils, was letztendlich zu einem höheren Erlös beim Ausstieg des Finanzinvestors führt.

Um die Wirkungen des Organschaftsmodells nutzen zu können, wird die Zielgesellschaft durch die zuvor gegründete Akquisitionsgesellschaft, die aufgrund von steuerlichen Vorteilen in Form einer Personengesellschaft geführt wird, mittels Asset Deal erworben. In einem zweiten Schritt schließen die beiden Gesellschaften einen Beherrschungs- und Ergebnisabführungsvertrag. Durch diesen Vertrag wird die Zielgesellschaft in die Akquisitionsgesellschaft finanziell eingegliedert und verpflichtet, ihren Gewinn an den Organträger, die Akquisitionsgesellschaft, abzuführen.[190] Hierfür erscheint es nach § 14 Abs. 1 Satz 1 Nr. 1 KStG ausreichend, wenn dem Organträger die Mehrheit der Stimmrechte an der Organgesellschaft zustehen. Aufgrund dieses Vertrages werden dann die Gewinne aus dem Verkauf der Wirtschaftsgüter sowie die stillen Reserven der Zielgesellschaft an die Akquisitionsgesellschaft ausgeschüttet.

---

183 *Holzner*, Gläubigerschutz, 292 m. w. N.; *Sollanek*, Finanzinvestoren, 16;

184 *Schäffler*, BB 2006, Special 9, 1 (3).

185 *Mittendorfer*, Akquisitionsfinanzierung, 92.

186 *Mittendorfer*, Akquisitionsfinanzierung, 92; zur Gestaltung des Debt push-down vgl. außerdem unten: 1. Kapitel Teil 2 E. III 4) Debt push-down und *Mittendorfer*, Akquisitionsfinanzierung, 92, Fn. 88.

187 *Mittendorfer*, Akquisitionsfinanzierung, 92.

188 *Birk*, Steuerrecht, § 6 Rn. 1220 m. w. N.

189 *Kreft*, BB 2004, 1191; hierbei muss § 8a KStG beachtet werden. Liegen dessen Voraussetzungen vor, so können die Finanzierungsaufwendungen nicht verrechnet werden, da ansonsten eine *verdeckte Gewinnausschüttung vorliegt.*

190 *Birk*, Steuerrecht, § 6 Rn. 1220 m. w. N.

Da die Wirkungen einer Organschaft i. S. d.§§ 14 ff. KStG erst mit Beginn des neuen Geschäftsjahres eintreten, geht mit den erwerbsrechtlichen Umstrukturierungen häufig auch ein Wechsel des Geschäftsjahres einher.[191]

2) *Verschmelzung der Gesellschaften*

Diese Modelle nutzen die Verschmelzung zwischen der Akquisitionsgesellschaft und der Zielgesellschaft in der Finanzierungsphase aus, um die Schulden, die durch den Erwerb der Anteile der Zielgesellschaft entstanden sind, mit den Erträgen bzw. dem Vermögen der Zielgesellschaft zu verrechnen.[192] Es gibt zwei Varianten der Verschmelzung. Zum einen kann die Zielgesellschaft auf die Akquisitionsgesellschaft verschmolzen werden (Upstream Merger), zum anderen kann die Akquisitionsgesellschaft auf die Zielgesellschaft verschmolzen werden (Downstream Merger). Zum Schutz der durch eine solche Verschmelzung betroffenen Personengruppen – Gläubiger, Anteilseigner und Arbeitnehmer – bedarf die Verschmelzung eines im UmwG besonders geregelten Verfahrens.[193] Gemäß § 20 Abs. 1 UmwG wird mit der Eintragung im Register des übernehmenden Rechtsträgers die Verschmelzung wirksam. Dadurch treten die in § 20 Abs. 1 UmwG normierten Wirkungen ein. Insbesondere erlischt der übertragende Rechtsträger und das Vermögen des übertragenden Rechtsträgers geht im Wege der Gesamtrechtsnachfolge einschließlich aller Verbindlichkeiten auf den übernehmenden Rechtsträger über, § 20 Abs. 1 Nr. 1 und Nr. 2 UmwG.

a) Upstream Merger

Sofern die Zielgesellschaft auf die Akquisitionsgesellschaft verschmolzen wird, spricht man von einem Upstream Merger Buyout oder auch von einem Umwandlungsmodell.[194] In diesem Fall geht das Vermögen der Zielgesellschaft mittels Gesamtrechtsnachfolge auf die Akquisitionsgesellschaft über. Die Zielgesellschaft erlischt. Den Gesellschaftern der Zielgesellschaft wird im Wege des Anteilstausches eine Beteiligung an der Akquisitionsgesellschaft gewährt.[195]

b) Downstream Merger

Wird hingegen die Akquisitionsgesellschaft auf die Zielgesellschaft verschmolzen, spricht man von einem Downstream Merger. In diesem Fall bleibt die von der Akquisitionsgesellschaft aufgekaufte Zielgesellschaft bestehen, während die Akquisitionsgesellschaft untergeht. Dies führt gemäß § 20 Abs. 1 Satz 1 Nr. 1

---

191 *Von Braunschweig,* M&A Review 2004, 253 (254).

192 *Hauser,* Unternehmensakquisition, 24; *Sollanek,* Finanzinvestoren, 16; *Wessels/König,* M&A Review 2005, 312 (316).

193 Vgl. zum Verfahren einer Verschmelzung: *Diem,* Akquisitionsfinanzierungen, 337 f.

194 *Dautel,* FB 2001, 423 (423).

195 *Rödder/Hötzel,* FR 1994, 285 (286).

UmwG dazu, dass auf die Zielgesellschaft die Verbindlichkeiten und somit die Darlehensverbindlichkeiten der Akquisitionsgesellschaft übergehen. Da nunmehr sowohl die Verbindlichkeiten aus dem Kauf der Zielgesellschaft als auch der Erlös in einer Gesellschaft vereint sind, ist es möglich, den Erlös mit den Kosten gewinnmindernd zu verrechnen und im Ergebnis auch steuermindernd geltend zu machen.

3) Interner Asset Deal

Bei dem sog. internen Asset Deal werden in der Finanzierungsphase die einzelnen Vermögenswerte aus der Zielgesellschaft herausgelöst und auf die Akquisitionsgesellschaft übertragen. Nach der Eigentumsübertragung besichert sie das zur Kaufpreisfinanzierung aufgenommene Fremdkapital mit den erworbenen Vermögenswerten.[196] Hinsichtlich des Kaufpreises bestehen erhebliche Gestaltungsmöglichkeiten. Zum einen kann der Wert der Vermögensgegenstände unter dem tatsächlichen Wert angesetzt werden, zum anderen ist es möglich, dass die Gegenleistung nicht gezahlt wird, sondern zwischen der Akquisitions- und der Zielgesellschaft eine Stundung des Kaufpreises vereinbart wird.[197] Wird tatsächlich ein Kaufpreis an die Zielgesellschaft geleistet, so wird der regelmäßig als Cashflow an die Akquisitionsgesellschaft auf Anweisung der Akquisitionsgesellschaft im Anschluss durch die Zielgesellschaft an die Akquisitionsgesellschaft ausgekehrt werden.

4) Debt push-down

Bei einem sog. Debt push-down werden das Fremdkapital und die Sicherungsgegenstände auf Ebene der Zielgesellschaft zusammengeführt. Die Akquisitionsgesellschaft nimmt zuerst einen kurzfristigen Kredit zum Erwerb der Zielgesellschaft auf und bringt als Sicherheit die Anteile der Zielgesellschaft ein. Sobald die Akquisitionsgesellschaft die Anteile an der Zielgesellschaft erlangt hat und somit Einfluss auf die Zielgesellschaft nehmen kann, wird auf Ebene der Zielgesellschaft ein entsprechendes langfristiges Darlehen aufgenommen. Die Liquidität, die durch die Aufnahme des Darlehens erlangt wurde, wird dann durch Ausschüttung oder durch ein *Upstream-Darlehen* an die Akquisitionsgesellschaft weitergereicht und zur Ablösung des kurzfristig aufgenommenen Darlehens verwendet. Dadurch wird die Kaufpreisfinanzierung im Ergebnis auf die Ebene der Zielgesellschaft verlagert.[198]

5) Darlehensmodell

Bei diesem Modell nimmt die Akquisitionsgesellschaft bei der Zielgesellschaft ein Darlehen auf, um den Kauf der Anteile der Zielgesellschaft zu finanzieren. Da jedoch der Zielgesellschaft regelmäßig nicht ausreichend Eigenkapital zur Verfügung steht,

---

196 *Schäffler,* BB 2006, Special 9, 1 (3).
197 Vgl. *Waitz,* Existenzvernichtungshaftung, 203.
198 Vgl. *Mittendorfer,* Akquisitionsfinanzierung, 92 Fn. 88.

um ein solches Darlehen zu geben, muss die Zielgesellschaft selbst ein Darlehen bei einem Kreditinstitut aufnehmen. Dieses verlangt dann auch die Bestellung von Sicherheiten durch die Zielgesellschaft. Hier werden die Aktiva der Zielgesellschaft als Sicherheiten bestellt.[199]

Darlehensmodell

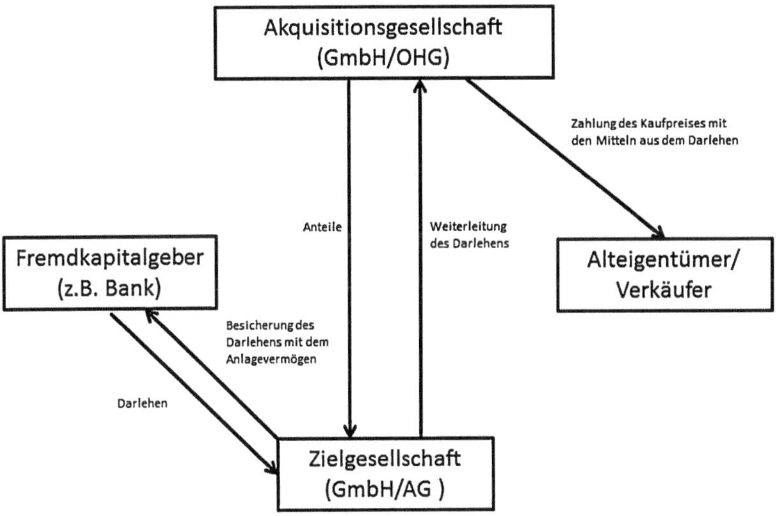

Quelle: Picot in Picot, Unternehmenskauf, I Rn. 166

6) Sicherheitsmodell

Beim Sicherheitsmodell nimmt die Akquisitionsgesellschaft ein Darlehen bei einer Bank auf. Da eben die Akquisitionsgesellschaft regelmäßig nicht mit Aktiva ausgestattet ist, die als Sicherheiten dienen könnten, stellt die Zielgesellschaft der Bank die Sicherheiten zur Verfügung.[200]

199 *Picot*, in: Picot, Unternehmenskauf, 3. Auflage, I Rn. 166; *Wittkowski*, GmbHR 1990, 544 (545).

200 *Picot*, in: Picot, Unternehmenskauf, 3. Auflage, I Rn. 167; *Wittkowski*, GmbHR 90, 544 (545).

Sicherheitsmodell

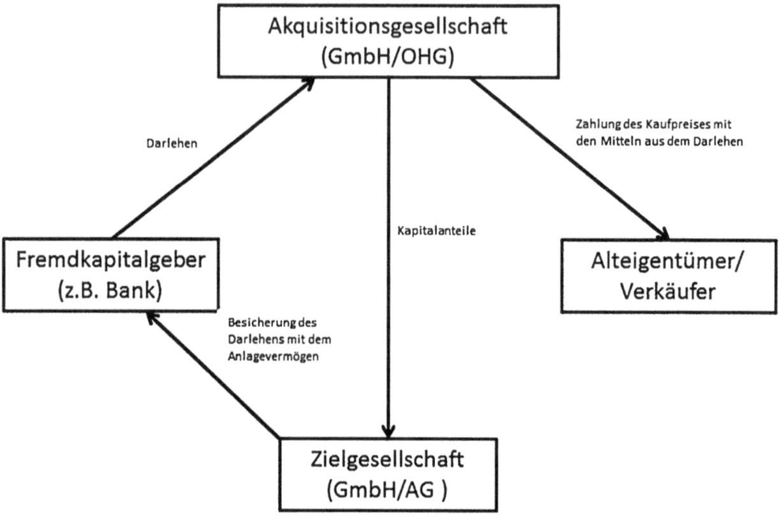

Quelle: Picot in Picot, Unternehmenskauf, I Rn. 167

7) Pfändungsmodell

Die Verpfändung von Gesellschaftsanteilen ist aufgrund der nachrangigen Gläubigerstellung im Fall der Insolvenz unzureichend. Diese Sicherungsmöglichkeit findet daher in der Praxis nur als Übergangslösung für den Fall Anwendung, dass die Zielgesellschaft mangels Einfluss durch die Akquisitionsgesellschaft noch keine Sicherheiten bereitstellen kann. In diesem Fall ist es möglich, dass Kreditinstitute für eine kurze Zeit die Verpfändung der Anteile als ausreichend ansehen, bevor dann die Aktiva der Zielgesellschaft zusätzlich besichert werden können.[201] Aufgrund des erhöhten Ausfallrisikos sind Kredite, die nur mittels der Verpfändung der Anteile besichert werden, erheblich teurer.

201 *Picot*, in: Picot, Unternehmenskauf, 3. Auflage, I Rn. 168.

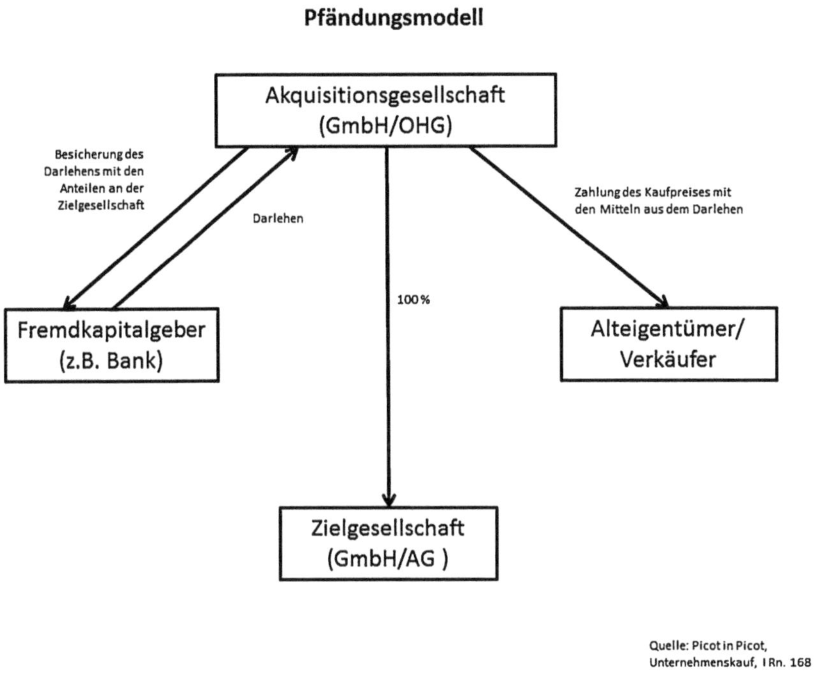

IV. Konsequenzen für die Untersuchung

Die soeben dargestellten Modelle sollen die Anwendung des Leveraged Buyout verdeutlichen. Bei den Modellen ist in unterschiedlicher Intensität und Weise das Vermögen der Zielgesellschaft betroffen. Mit der Nutzung dieses Vermögens sind auch die Grenzen der Kapitalerhaltung in unterschiedlicher Intensität tangiert. In den folgenden Kapiteln werden jeweils in einem ersten Schritt die gesellschafts- bzw. strafrechtlichen Grenzen definiert und sodann, in einem Zweiten, die einzelnen Modelle auf ihre Vereinbarkeit mit diesen Grenzen untersucht.

Teil 3 Fazit

Als Ergebnis des ersten Teils dieser Arbeit lässt sich somit festhalten:

Leveraged Buyout ist als ein Finanzierungsmittel zum Erwerb von Unternehmen oder Unternehmensteilen zu verstehen, welches sich dadurch auszeichnet, dass der Anteil des Fremdkapitals zu einer deutlichen Veränderung der Verschuldungskennzahlen unter Beachtung der branchentypischen Besonderheiten führt.

Hinsichtlich der Definition des Untersuchungsgegenstandes ist aufgrund der vielfältigen Erscheinungsformen eine Einschränkung gegenüber der allgemeinen Begriffsbestimmung vorzunehmen.

Der Untersuchungsgegenstand des Leveraged Buyout ist zu verstehen

als der Erwerb eines Unternehmens durch einen einzelnen Investor oder eine Gruppe von Finanzinvestoren zum Zwecke der Geldanlage und mittelfristigen Desinvestition, bei dem der Kaufpreis überwiegend fremdfinanziert wird.

Somit beschränkt sich die anschließende Untersuchung auf die Fälle des Leveraged Buyout, in denen institutionelle Finanzinvestoren den Kauf eines Unternehmens mittels Fremdfinanzierung anstreben.

Mit Hilfe der Hebelwirkung lässt sich die Eigenkapitalrendite durch eine Erhöhung des Fremdkapitalanteils erreichen, sofern die Gesamtkapitalrentabilität höher ist als die Fremdkapitalzinsen. Tritt jedoch der gegenteilige Fall ein, eine negative Hebelwirkung, führt dies zu entsprechenden Verlusten in dem Unternehmen.

Im Rahmen eines Leveraged Buyout kann das Verhältnis zwischen Eigen- und Fremdkapital individuell gestaltet werden. Mit zunehmendem Fremdkapitalanteil steigt jedoch auch das Verlustrisiko.

Der Einsatz des Leveraged Buyout bringt erhebliche Risiken für das Unternehmen mit sich. Durch die hohe Tilgungslast und den Abfluss der liquiden Mittel ist die finanzielle Leistungsfähigkeit des Unternehmens stark eingeschränkt. Ist dies der Fall, besteht ein erhebliches Insolvenzeintrittsrisiko.

Das Fremdkapital wird nur dann bereitgestellt, wenn ausreichend Sicherheiten zur Verfügung stehen. Hierzu werden bei Leveraged-Buyout-Transaktionen ausschließlich die Vermögenswerte des Zielunternehmens genutzt, zum einen, weil in der Akquisitionsgesellschaft keine Vermögenswerte vorhanden sind, zum anderen und im Wesentlichen, weil das Ausfallrisiko auf diese Weise auf die Zielgesellschaft verlagert werden kann.

Die Haftungsmasse kann dadurch insbesondere zulasten der Gläubiger der Kapitalgesellschaft verringert und die Kapitalerhaltungsgrenzen können dadurch verletzt werden.

2. Kapitel Gesellschaftsrechtliche Grenzen des Leveraged Buyout

Im Hinblick auf das Stamm- bzw. Grundkapital von GmbH und Aktiengesellschaft wurden unterschiedlich ausgestaltete Schutzvorschriften in Form der Kapitalaufbringungs- sowie der Kapitalerhaltungsregeln geschaffen, die die Anteilseigner zur tatsächlichen Aufbringung des Stamm- bzw. Grundkapitals bei Gründung verpflichten und darüber hinaus die Erhaltung eines Teils des Gesellschaftskapitals garantieren.

Wie bereits im vorangegangenen Abschnitt dargestellt, gibt es vielerlei Gestaltungsmöglichkeiten eines Leveraged Buyout. Regelmäßig wird der Investor die Akquisitionsgesellschaft mit einem Eigenkapitalanteil ausstatten. Dieses reicht jedoch nicht aus, um die Zielgesellschaft zu erwerben. Die Differenz zwischen dem Eigenkapital und dem Kaufpreis finanziert er durch die Aufnahme von Fremdkapital.

Somit stellt sich die Frage, inwieweit das Einbringen und die Nutzung des Vermögens der Zielgesellschaft im Rahmen des Finanzierungsprozesses eines Leveraged Buyout dem Kapitalerhaltungsgrundsatz widersprechen kann. Hierbei ist auf drei Handlungen des Investors einzugehen:

- die Kreditgewährung der Zielgesellschaft an die Akquisitionsgesellschaft (Upstream-Darlehen)
- die Bestellung von Sicherheiten der Zielgesellschaft zugunsten der Akquisitionsgesellschaft (Upstream-Sicherheit)
- die Auskehr der Liquidität der Zielgesellschaft in den aufgezeigten unterschiedlichen Varianten.

Der Gegenstand der Untersuchung beschränkt sich hierbei auf die Kapitalerhaltungsvorschriften der AG und der GmbH. Die Kapitalerhaltungsvorschriften in Bezug auf Leveraged-Buyout-Transaktionen waren in den letzten Jahren sowohl bei der AG als auch bei der GmbH Gegenstand einzelner Untersuchungen.[202] Vorliegend werden die Grenzen dargestellt, die zum Verständnis und der Bestimmung des strafrechtlichen Schutzes notwendig sind. Die einschlägigen gesellschaftsrechtlichen Rahmenbedingungen sind in den letzten Jahren sowohl durch die Rechtsprechung[203]

202 *Fridrich,* Schutz des Kapitals, 1 ff.; *Holzner,* Gläubigerschutz, 1 ff.; *Waitz,* Existenzvernichtungshaftung, 1 ff.

203 BGH vom 16.7.2007, II ZR 3/04 (Trihotel), BGHZ 173, 246–269 = NJW 2007, 2689–2695; BGH vom 1.12.2008, II ZR 102/07 (MPS), BGHZ 179, 71–84 = NJW 2009, 850–853; BGH vom 28.4.2008, II ZR 264/06 (GAMMA), BGHZ 176, 204–221 = NJW 2008, 2437–2441; BGH vom 9.2.2009, II ZR 292/07 (Sanitary), BGHZ 179, 344–361 = NJW 2009, 2127–2132.

als auch den Gesetzgeber[204] einem Wandel unterlegen. Diese Veränderungen wurden in der Literatur facettenreich, im Wesentlichen mit dem Schwerpunkt auf die Konzernfinanzierung (sog. Cash Pooling)[205] und den Auswirkungen im Hinblick auf die Akquisitionsfinanzierung diskutiert.[206]

Im folgenden Abschnitt werden zunächst die einschlägigen Vorschriften der unabhängigen GmbH sowie AG dargestellt, um sodann zu prüfen, ob die unterschiedlichen Leveraged-Buyout-Vorgänge mit den entsprechenden Vorschriften vereinbar sind, ohne jedoch Streitfragen zu entscheiden.

Teil 1 Der Kapitalschutz in der GmbH

Als Reflex auf die für die Gesellschafter der GmbH vorteilhafte Haftungsbeschränkung hat der Gesetzgeber im Hinblick auf einen Interessenausgleich Schutzvorschriften geschaffen.[207] Das Gegenstück zu dem Grundsatz der Kapitalaufbringung, normiert in den §§ 5 Abs. 4, 7 Abs. 2 und 3, 8 Abs. 2 und 9 ff. sowie 19 GmbHG,[208] stellen die in den §§ 30, 31 GmbHG getroffenen Regelungen der Kapitalerhaltung dar. Die Kapitalerhaltung ist einer der für die GmbH zentralen Gedanken.[209] Dabei bildet das Auszahlungsverbot des § 30 Abs. 1 GmbHG das Kernstück des GmbH-Rechts.[210]

---

204 Gesetz zur Modernisierung des GmbH-Rechts und zur Bekämpfung von Missbräuchen (MoMiG) vom 23.10.2008, BGBl. I 2008, 2026 ff.

205 Das Instrument des Cash Pooling dient dem Liquiditätsausgleich zwischen Unternehmen, die in einem Konzern verbunden sind. Der Liquiditätsausgleich erfolgt über ein zentrales Konto der Konzernmutter bzw. einer Finanzierungsgesellschaft. Jeweils taggenau werden sämtliche Konten der Tochtergesellschaften auf null gestellt. Der Vorteil ist darin zu sehen, dass allen Tochtergesellschaften die nötige Liquidität zur Verfügung steht. Dadurch können insbesondere die Verwaltungs- und Fremdkapitalkosten reduziert sowie höhere Erträge bei Überschüssen erzielt werden. Vgl. *Fuchs/Seinmassl*, Business & Law München 2007, 26; *Henze*, WM 2005, 717 (717); *Sieger/Hasselbach*, BB 1999, 645.

206 An dieser Stelle sei insbesondere auf die Dissertation von *Holzner*, Private Equitiy, Der Einatz von Fremdkapital und Gläubigerschutz, 2009, auf die Disseration von *Waitz*, Existensvernichtender Eingriff bei der GmbH durch Leveraged-Buyout-Transaktionen, 2009, sowie auf *Fridrich*, Der Schutz des Kapital bei fremdfinanzierter Übernahme, 2010, verwiesen, die die veränderten gesellschaftsrechtlichen Rahmenbedingungen im Hinblick auf Leveraged-Buyout-Transaktionen untersuchen.

207 *Böhme*, MBO, 89; *Mayer/Fronhöfer*, MünchHbGesR GmbH, § 51 Rn. 1; *Verse*, in: Scholz, GmbHG, § 30 Rn. 2; *Wilhelm*, Festschrift Flume (1978), 337 (363).

208 *Heidinger*, in: Michalski, GmbHG, § 30 Rn. 1; *Hommelhoff*, in: Lutter/Hommelhoff, GmbHG, § 30 Rn. 1.

209 *Altmeppen*, in: Roth/Altmeppen, GmbHG, § 30 Rn. 1; *Fleck*, Festschrift 100 Jahre GmbHG (1992), 391 f.; *Fastrich*, in: Baumbach/Hueck, GmbHG, § 30 Rn. 1; *Hommelhoff*, in: Lutter/Hommelhoff, GmbHG, § 30 Rn. 1; *Pentz*, in: Rowedder/Schmidt-Leithoff, GmbHG, § 30 Rn. 2.

210 BGH vom 4.6.1958, V ZR 304/56, NJW 1958, 1351.

Zweck dieser Norm ist der Schutz der Gläubiger der Gesellschaft.[211] Dies wird dadurch erreicht, dass das aufzubringende Stammkapital hilft, in Krisenzeiten Verluste aufzufangen und damit der Insolvenzprophylaxe dient.[212] Die Existenz des gebundenen Kapitals wirkt auf die Gesellschafter disziplinierend und risikodämpfend, da die Gefahr der Eingehung von unverantwortlichen Risiken umso geringer ist, je mehr Eigenkapital der Gesellschafter durch die Haftung umfasst wird.[213] Zudem sichert die Ausschüttungssperre die Vorrangstellung der Gläubiger in der Insolvenz der Gesellschaft ab.[214] Der Kapitalschutz beschränkt sich hierbei nicht nur auf das Verbot von Auszahlungen an Gesellschafter, in Höhe des Betrages, der zur Deckung des Stammkapitals erforderlich ist.[215] Zudem werden durch das durch die Rechtsprechung geschaffene Rechtsinstitut des existenzvernichtenden Eingriffs auch bestimmte Zahlungen untersagt. Dies ist dann der Fall, wenn durch der Gesellschaft Vermögen ohne Rücksichtnahme auf die Zweckbindung in einem Umfang entnommen wird, der die Fähigkeit der Gesellschaft, ihre Verbindlichkeiten zu erfüllen, erheblich beeinträchtigt.[216] Darüber hinaus wird das Schutzsystem durch die Insolvenzverursachungshaftung des neu geschaffenen § 64 Satz 3 GmbHG ergänzt. Nach dieser Regelung sind die Geschäftsführer einer GmbH dieser gegenüber grundsätzlich zur Erstattung von Leistungen verpflichtet, die sie an Dritte nach Eintritt der Zahlungsunfähigkeit der Gesellschaft oder nach Feststellung ihrer Überschuldung geleistet haben.

A. Der Schutz durch § 30 Abs. 1 GmbHG

Die §§ 30 ff. GmbHG normieren zwar eine Vermögensbindung, jedoch kein generelles Auszahlungsverbot. Geschützt wird nicht das gesamte, sondern nur ein Teil des Gesellschaftsvermögens – das Stammkapital. Der Begriff des Stammkapitals ist hierbei lediglich als eine Rechengröße in der Bilanz zu verstehen, die ihre Grundlage in dem Gesellschaftsvertrag hat.[217]

Darüber hinaus hat der Gesetzgeber eine Verminderung des Stammkapitals nur dahingehend untersagt, dass er Leistungen an die Gesellschafter verbietet, nicht jedoch Geschäfte mit Dritten.[218] Ein Schutz der Gläubiger wird somit nicht dadurch gewährleistet, dass das Stammkapital eine Art Garantiekapital für den Ausfall darstellt – es besteht somit kein allgemeines Auszahlungsverbot und daher ebenfalls

---

211 *Greitemann*, in: Saenger/Inhester, GmbHG, § 30 Rn. 2; *Verse*, in: Scholz, GmbHG, § 30 Rn. 2.
212 *Verse*, in: Scholz, GmbHG, § 30 Rn. 2.
213 *Verse*, in: Scholz, GmbHG, § 30 Rn. 2 m. w. N.
214 *Verse*, in: Scholz, GmbHG, § 30 Rn. 2.
215 *Verse*, in: Scholz, GmbHG, § 30 Rn. 1.
216 BGH vom 24.6.2002, II ZR 300/00, BGHZ 151, 181 (188) = NJW 2002, 3024 (3026) = ZIP 2002, 1578 (1580).
217 *Fastrich*, in: Baumbach/Hueck, GmbHG, § 3 Rn. 15.
218 *Jung/Otto*, in: Müller/Winkeljohann, Beck'sches Handbuch der GmbH, § 8 Rn. 2

keine absolute Grenze.[219] Somit kann das Stammkapital zum einen durch Verluste vermindert oder auch aufgebraucht werden, zum anderen kann es unter bestimmten Voraussetzungen ausgezahlt werden. Die Möglichkeit der Auszahlung des Kapitals ist allerdings an Voraussetzungen geknüpft.[220]

I. Voraussetzungen

1) Leistung im Sinne des § 30 GmbHG

Auszahlungen i.S.d. § 30 Abs. 1 GmbHG sind nicht nur Geldleistungen. Vielmehr werden darüber hinaus Leistungen aller Art erfasst, die bei einer wirtschaftlichen Betrachtungsweise zu einer Verringerung des Gesellschaftsvermögens führen.[221] Eine weite Auslegung der Vorschrift ist bereits wegen ihrer Qualität als zentrale Norm des Kapitalerhaltungsschutzes des GmbH-Rechtes erforderlich.[222] Entscheidend ist daher unter Berücksichtigung des Sinn und Zwecks des § 30 GmbHG, ob auf Seiten der Gesellschaft eine Vermögensminderung stattgefunden hat,[223] unerheblich ist hingegen eine Vermögensmehrung bei den Gesellschaftern.[224] Zudem werden nur solche Vermögensminderungen erfasst, durch welche eine Leistung durch die Gesellschaft selbst veranlasst worden ist. Eine Auszahlung umfasst daher nicht den Fall, dass der Gesellschafter einen Diebstahl oder eine Unterschlagung zum Nachteil der Gesellschaft begeht.[225]

Nach dem Wortlaut sind durch § 30 Abs. 1 GmbHG nur Zahlungen aus dem Gesellschaftsvermögen an die Gesellschafter verboten. In weiter Auslegung der Norm, die aufgrund eines umfassenden Gläubigerschutzes geboten ist,[226] werden von § 30 Abs. 1 GmbHG jedoch nicht nur unmittelbare, sondern auch mittelbare Leistungen an Gesellschafter sowie Umgehungsgeschäfte erfasst.[227]

Eine mittelbare Leistung liegt dann vor, wenn die Zuwendung zwar einen Dritten, jedoch indirekt den Gesellschafter wirtschaftlich begünstigt.[228] Dies wäre der

219 *Harbers*, MBO, 176.

220 *Altmeppen*, in: Roth/Altmeppen, GmbHG, § 30 Rn. 6; *Habersack*, in: GroßKomm, GmbHG, § 30 Rn. 2.

221 BGH vom 14.12.1959, II ZR 187/57, BGHZ 31, 258 (276); *Fastrich*, in: Baumbach/Hueck, GmbHG, § 30 Rn. 33; *Greitemann*, in: Saenger/Inhester, GmbHG, § 30 Rn. 17; *Verse*, in: Scholz, GmbHG, § 30 Rn. 18.

222 *Ekkenga*, in: MünchKomm, GmbHG, § 30 Rn. 127; *Heidinger*, in: Michalski, GmbHG, § 30 Rn. 60; *Theissen*, in: Bork/Schäfer, GmbHG, § 30 Rn. 35.

223 *Heidinger*, in: Michalski, GmbHG, § 30 Rn. 59.

224 *Heidinger*, in: Michalski, GmbHG, § 30 Rn. 59 m. w. N.

225 *Greitemann*, in: Saenger/Inhester, GmbHG, § 30 Rn. 18; *Heidinger*, in: Michalski, GmbHG, § 30 Rn. 63.

226 *Ekkenga*, in: MünchKomm, GmbHG, § 30 Rn. 127.

227 *Greitemann*, in: Saenger/Inhester, GmbHG, § 30 Rn. 45 ff.; *Heidinger*, in: Michalski, GmbHG, § 30 Rn. 109.

228 *Heidinger*, in: Michalski, GmbHG, § 30 Rn. 109.

Fall, wenn die Gesellschaft eine Verbindlichkeit des Gesellschafters gegenüber einem Dritten erfüllen würde.[229] Ebenso ist eine Auszahlung dann anzunehmen, wenn sich die Gesellschaft durch den Gesellschafter zu einer Leistung gegenüber einem Dritten veranlasst sieht, dieser aber keinen Anspruch auf Leistung gegenüber der Gesellschaft, sondern nur gegenüber dem Gesellschafter hat.[230]

Unter Beachtung des Sinn und Zwecks der Vorschrift können ebenfalls Leistungen, die durch die Gesellschaft vor dem Erwerb sowie nach dem Verlust der Mitgliedschaft an den Gesellschafter erbracht werden, durch das Verbot des § 30 Abs. 1 GmbHG erfasst werden.[231] Das Verbot erstreckt sich jedoch nur dann auf den Zeitraum vor Erwerb der Gesellschaftsanteile, sofern eine Leistung aufgrund der zukünftigen Gesellschaftereigenschaft erfolgt ist.[232] Dies ist der Fall, wenn die Leistung in einem sachlichen und zeitlichen Zusammenhang mit der künftigen Gesellschafterstellung steht.[233] Scheidet ein Gesellschafter aus, so ist entscheidend, ob er bei der Begründung der Verbindlichkeit Gesellschafter war, unerheblich hingegen, wenn er bei der Erfüllung der Verbindlichkeit bereits ausgeschieden ist.[234]

2) Verminderung des geschützten Vermögens

Die Kapitalbindung des § 30 GmbHG umfasst das für das Stammkapital erforderliche Gesellschaftsvermögen und ist dann einschlägig, wenn eine Auszahlung zur Verringerung dieses Vermögens führt[235] und als Ergebnis einer solchen Verminderung eine Unterbilanz[236] entsteht.[237] Eine solche liegt dann vor, wenn das Aktivvermögen der Gesellschaft in der Summe geringer ist als die Summe der Verbindlichkeiten und des Stammkapitals.[238] Eine solche Vermögensminderung kann auf unterschiedliche

---

229 *Greitemann*, in: Saenger/Inhester, GmbHG, § 30 Rn. 45 ff.

230 *Heidinger*, in: Michalski, GmbHG, § 30 Rn. 109.

231 *Pentz, in:* Rowedder/Schmidt-Leithoff; GmbHG, § 30 Rn. 18.

232 BGH vom 18.6.2007, II ZR 86/06, NJW-RR 2008, 51 (52); *Altmeppen*, in: Roth/Altmeppen, GmbHG, § 30 Rn. 25, 141; *Canaris*, Festschrift Fischer (1979), 31, 32 ff.; *Fastrich*, in: Baumbach/Hueck, GmbHG, § 30 Rn. 22; *Fischer*, LM § 30 Nr. 2; *Pentz*, in: Rowedder/Schmidt-Leithoff; GmbHG, § 30 Rn. 18.

233 *Greitemann*, in: Saenger/Inhester, GmbHG, § 30 Rn. 46.

234 BGH vom 24.3.1954, II ZR 23/53, BGHZ 13, 49 (54) = NJW 1954, 1157 (1157); *Greitemann*, in: Saenger/Inhester, GmbHG, § 30 Rn. 46; *Heidinger*, in: Michalski, GmbHG, § 30 Rn. 112 m. w. N.

235 *Greitemann*, in: Saenger/Inhester, GmbHG, § 30 Rn. 19; *Heidinger*, in: Michalski, GmbHG, § 30 Rn. 59 m. w. N.

236 Eine Unterbilanz entsteht, wenn das Reinvermögen (Nettoaktivvermögen) der Gesellschaft unter das Stammkapital absinkt. Dies ist der Fall, wenn Aktivvermögen der Gesellschaft in der Summe geringer ist als die Summe der Verbindlichkeiten und des Stammkapitals; vgl. zur Ermittlung ausführlich: *Verse*, in: Scholz, GmbHG, § 30 Rn. 52.

237 *Mayer/Fronhöfer*, MünchHbGesR GmbH, § 51 Rn. 17.

238 *Altmeppen*, in: Roth/Altmeppen, GmbHG, § 30 Rn. 9.

Weise stattfinden. So tritt eine solche Verminderung nicht nur durch den Abfluss von Aktiva ein, sondern auch dann, wenn eine Verbindlichkeit begründet wird oder eine Sicherheit[239] bestellt wird.[240]

3) *Gesellschafter als Zahlungsempfänger*

Entsprechend der Regelung des § 30 GmbHG ist der Gesellschafter i.S.d. § 16 GmbHG Adressat des Auszahlungsverbotes.[241] Das geschützte Vermögen darf nicht an den Gesellschafter ausgezahlt werden.[242] Ein Verstoß liegt daher grundsätzlich nur dann vor, wenn der Zahlungsempfänger zum Zeitpunkt der Auszahlung Gesellschafter ist.[243] Unter dem Aspekt des Schutzes vor Umgehungen wird das Verbot auch auf Gesellschafter übertragen, die diese Eigenschaft kurz vorher bzw. kurz nach der Auszahlung aufgeben bzw. innehaben.[244] Gleichfalls ist eine Zahlung, die zwar an einen Dritten geleistet wird, den Gesellschafter jedoch wirtschaftlich begünstigt, von dem Schutz des § 30 Abs. 1 GmbHG umfasst.[245]

4) *Auszahlung aufgrund des Gesellschaftsverhältnisses*

Weitere (ungeschriebene) Voraussetzung ist, dass die Auszahlung aufgrund des Gesellschaftsverhältnisses erfolgt. Hierdurch werden die Leistungen i. S. d. § 30 GmbHG von solchen Auszahlungen an Gesellschafter abgegrenzt, in denen zwar an einen Gesellschafter geleistet wird, dieser in dem betreffenden Rechtsverhältnis hingegen wie ein Dritter behandelt wird und daher einem Vergleich mit diesem standhält.[246]

5) *Keine Kompensation der Auszahlung*

Gemäß § 30 Abs. 1 Satz 2 GmbHG ist eine Auszahlung einschränkend dann nicht verboten, wenn die Leistung im Rahmen eines Austauschgeschäftes erbracht wird und der Auszahlung ein vollwertiger Gegenleistungs- oder Rückgewähranspruch gegenübersteht.[247] Dies folgt aus der Überlegung, dass in solchen Fällen das

---

239 Siehe dazu ausführlich: 2. Kapitel Teil 1 A. II. 2), Sicherheitsleistungen der Gesellschaft.

240 *Thiessen*, in: Bork/Schäfer, GmbHG, § 30 Rn. 36.

241 *Altmeppen*, in: Roth/Altmeppen, GmbHG, § 30 Rn. 23; *Theissen, in:* Bork/Schäfer, GmbHG, § 30 Rn. 93.

242 *Theissen*, in: Bork/Schäfer, GmbHG, § 30 Rn. 93.

243 *Theissen*, in: Bork/Schäfer, GmbHG, § 30 Rn. 93.

244 *Theissen*, in: Bork/Schäfer, GmbHG, § 30 Rn. 93; 96.

245 BGH vom 29.3.1973, II ZR 25/70, BGHZ 60, 324 (330) = NJW 1973, 1036 (1038); BGH vom 29.9.2008, II ZR 234/07, NJW 2009, 68 (69) = ZIP 2008, 2217 (2218); *Theissen*, in: Bork/Schäfer, GmbHG, § 30 Rn. 97 m. w. N.

246 *Fastrich*, in: Baumbach/Hueck, GmbHG, § 30 Rn. 23; *Holzner*, Gläubigerschutz, 105; Verse, in: Scholz, GmbHG, § 30 Rn. 30.

247 *Thiessen*, in: Bork/Schäfer, GmbHG, § 30 Rn. 49 f.

Gesellschaftsvermögen und in der Folge auch das Stammkapital nicht gemindert wird.[248] Ist der Gegenleistungsanspruch werthaltig, so findet bilanztechnisch lediglich ein Aktivtausch statt, der bilanziell als ergebnisneutral behandelt wird.[249] In einem bilanzneutralen Vorgang kann aber keine verbotene Auszahlung liegen.[250]

Ob ein Gegenanspruch werthaltig ist, ist nach dem Willen des Gesetzgebers nach den „allgemeinen Bilanzierungsgrundsätzen" zu bewerten, da das Stammkapital eine „bilanzielle Ausschüttungssperre" darstellt.[251] Der Gesetzgeber hat durch das MoMiG diese Ermittlungsmethode – die bilanzielle Betrachtungsweise – ausdrücklich normiert und im Rahmen des Gesetzgebungsverfahrens das Kriterium der Vollwertigkeit betont.[252] In der Begründung wird angeführt, dass die Durchsetzbarkeit und damit die Vollwertigkeit der Rückzahlungsforderung regelmäßig dann verneint werden müsse, wenn der Gesellschafter eine mit geringen Mitteln ausgestattete Akquisitionsgesellschaft sei.[253]

II. Relevante Fallgestaltungen bei Leveraged Buyout

Im Hinblick auf die Fallgestaltungen bei Leveraged-Buyout-Finanzierungen ist fraglich, ob durch entsprechende Finanzierungsmaßnahmen ein Verstoß gegen § 30 GmbHG angenommen werden kann. Maßgebendes Kriterium ist hierbei sowohl die Vollwertigkeit eines Rückzahlungsanspruches sowie die Verminderung des Stammkapitals per se.

1) Darlehensleistungen der Zielgesellschaft

Ein Verstoß gegen § 30 Abs. 1 GmbHG kann in der Gewährung von Darlehen durch die Zielgesellschaft an die Akquisitionsgesellschaft zu sehen sein, soweit es an einem vollwertigen Rückzahlungsanspruch mangelt und diese Darlehensgewährung zu einer Unterbilanz[254] führt oder eine bestehende bereits vertieft, weil sich das Gesellschaftsvermögen durch die Auszahlung der Darlehenssumme an die Gesellschafter verringert.[255]

---

248 *Ekkenga,* in: MünchKomm GmbHG, § 30 Rn. 5.
249 *Ekkenga,* in: MünchKomm GmbHG, § 30 Rn. 238.
250 *Thiessen,* in: Bork/Schäfer, GmbHG, § 30 Rn. 49 f.
251 BegrRegE MoMiG, BT-Drucks. 16/6140 v. 27.5.2007, 94.
252 BegrRegE MoMiG, BT-Drucks. 16/6140 v. 27.5.2007, 94.
253 BegrRegE MoMiG, BT-Drucks. 16/6140 v. 25.7.2007, 98.
254 Eine Unterbilanz entsteht, wenn das Reinvermögen (Nettoaktivvermögen) der Gesellschaft unter das Stammkapital absinkt. Dies ist der Fall, wenn Aktivvermögen der Gesellschaft in der Summe geringer ist als die Summe der Verbindlichkeiten und des Stammkapitals; vgl. zur Ermittlung ausführlich: *Verse,* in: Scholz, GmbHG, § 30 Rn. 52.
255 *Fastrich,* in: Baumbach/Hueck, § 30 GmbHG, Rn. 54 f.; *Holzner,* Gläubigerschutz, 106; *Verse,* in: Scholz, GmbHG, § 30 Rn. 84 f.

Charakteristisches Merkmal einer Leveraged-Buyout-Transaktion ist die besondere Struktur, in der die Akquisitionsgesellschaft die Aufgabe hat, die Anteile an der Zielgesellschaft zu erwerben und zu halten, hierzu jedoch neben der notwendigen Ausstattung mit Eigenkapital über keine werthaltigen Vermögensgegenstände verfügt.[256] Sie wird weder durch die Ausschüttung der Liquiditätsüberschüsse durch die Zielgesellschaft finanzielle Rücklagen aufbauen können, da sie diese zur Rückzahlung der Akquisitionsdarlehen nutzen wird, die durch die Banken bereitgestellt wurden, noch werden die Gesellschaftsanteile an der Zielgesellschaft als werthaltige Vermögenswerte betrachtet werden können. Eine Verwertung dieser Anteile würde faktisch einen Rückgriff der Zielgesellschaft auf die eigenen Vermögenswerte darstellen.[257]

Bedingt durch diese Struktur ist anzunehmen, dass ein Darlehen bei Fälligkeit durch die Akquisitionsgesellschaft nicht an die Zielgesellschaft zurückgezahlt werden kann. Daher besteht kein vollwertiger Rückgewähranspruch im Sinne der objektiven Ex-ante-Prognose.[258]

Da es bei Darlehensgewährungen im Rahmen der Akquisitionsfinanzierung an der Vollwertigkeit mangelt, stellt ein Upstream-Darlehen bei solchen Leveraged-Buyout-Transaktionen, sofern durch die Darlehensgewährung eine Unterbilanz vertieft oder herbeigeführt wird, nach § 30 Abs. 1 GmbHG eine verbotene Auszahlung dar.[259]

2) Sicherheitsleistungen der Gesellschaft

Abgesehen von dem Fall, dass sich die Akquisitionsgesellschaften das Fremdkapital durch Gewährung von Darlehen durch die Zielgesellschaft beschaffen, ist es ebenfalls möglich, dass die Zielgesellschaft die Sicherheiten für die Kredite der Akquisitionsgesellschaft zur Verfügung stellt. Der Gesetzgeber hat in der Regierungsbegründung des MoMiG ausdrücklich die Anwendbarkeit der bilanziellen Betrachtungsweise im Hinblick auf Darlehen angeordnet.[260] Er versäumte es jedoch, weitergehende Ausführungen hinsichtlich der Bestellung von Sicherheiten vorzunehmen.[261]

Der BGH hat zur Frage des Leistungszeitpunktes lediglich im Hinblick auf schuldrechtliche Sicherheiten Stellung genommen, wobei er sich jedoch darauf beschränkt

---

256 Siehe dazu ausführlich: 1. Kapitel Teil 1 A. I. 2), Einordnung anhand des charakteristischen Merkmals.

257 *Riegger,* ZGR 2008, 233 (238); *Tilmann,* NZG 2008, 401 (405).

258 So auch *Holzner,* Gläubigerschutz, 118.

259 So auch *Holzner,* Gläubigerschutz, 118; vgl. *v. Braunschweig,* FD-MA 2009, 273906; *Otto,* DB 1989, 1389 (1392); *Söhner,* ZIP 2011, 2085 (2087); *Thun,* in: Bunnemann/Zirngibl, GmbH, § 6 Rn. 130. A. A.: *Käpplinger,* NZG 2010, 1411 (1412f.); *Winter,* DStR 2007, 1484 (1486).

260 BegrRegE MoMiG, BT-Drucks. 16/6140 v. 25.7.2007, 99.

261 Vgl. *Holzner,* Gläubigerschutz, 132 f.

hat, festzustellen, dass nicht auf den Zeitpunkt der Eingehung der Verbindlichkeit abzustellen sei.[262] Hinsichtlich dinglicher Sicherheiten ließ er eine Entscheidung ausdrücklich offen.[263] Insofern bestehen diese Unsicherheiten fort.

a) Sicherheitsleistungen als Auszahlung i.S.d. § 30 GmbHG

Im Hinblick auf die Kapitalerhaltungsvorschrift des § 30 Abs. 1 GmbHG ist zu überprüfen, ob die Leistung der Zielgesellschaft, die Besicherung der Forderungen, als eine Auszahlung i.S.d. § 30 Abs. 1 GmbHG anzusehen ist. Fragwürdig erscheint dies deshalb, da auf den ersten Blick eine Leistung der Zielgesellschaft nur an den Dritten in Form der Bestellung der Sicherheiten und nicht an die Akquisitionsgesellschaft als Anteilseigner der Zielgesellschaft erfolgt.

Durch die Bestellung der Sicherheit wird jedoch nicht nur eine Leistung an den Dritten erbracht; vielmehr wird auch die Akquisitionsgesellschaft, die Gesellschafterin der Zielgesellschaft ist, durch die Bestellung begünstigt. Ohne die Bestellung der Sicherheiten zugunsten des Dritten würde dieser das Darlehen auch nicht an den Empfänger, die Akquisitionsgesellschaft, auszahlen bzw. nicht zu den Konditionen zur Verfügung stellen. Die Bestellung der Sicherheit zugunsten des Dritten findet ihre Grundlage somit in dem Gesellschaftsverhältnis, erfolgt daher causa societatis.[264] Insofern ist in der Bestellung der Sicherheiten zugunsten des Dritten zugleich auch eine mittelbare Leistung an den Gesellschafter zu sehen, zu dessen Gunsten die Sicherheit bestellt wird.[265] Unter dem Aspekt der Ausfallhaftung ist dies auch konsequent, denn das Risiko bleibt das gleiche. In jedem Fall muss beim Ausfall des Gesellschafters die Zielgesellschaft für den Gesellschafter einstehen. Dies gilt unabhängig davon, ob die Besicherung für einen Dritten und somit nur mittelbar für den Gesellschafter oder unmittelbar für den Gesellschafter bestellt wurde.[266]

b) Die Bestimmung des Leistungszeitpunktes i.S.d. § 30 GmbHG

Während somit sowohl das Darlehen als auch die Bestellung einer Sicherheit gleichermaßen als Leistung i.S.d. § 30 GmbHG aufgefasst wird, ist der Leistungszeitpunkt bei der Bestellung einer Sicherheit hingegen nicht eindeutig zu bestimmen.

---

262 BGH vom 18.6.2007, II ZR 86/06, BGHZ 173, 1 (3) = NJW-RR 2007, 51 (52) = DStR 2007, 1875 (1877); vgl. Ausführungen bei *Holzner*, Gläubigerschutz, 132 f.

263 BGH vom 18.6.2007, II ZR 86/06, BGHZ 173, 1(3) = NJW-RR 2007, 51 (52) = DStR 2007, 1875 (1877).

264 *Ekkenga*, in: MünchKomm, GmbHG, § 30 Rn. 146; *Fastrich*, in: Baumbach/Hueck, GmbHG, § 30 Rn. 29; *Pentz*, in: Rowedder/Schmidt-Leithoff, § 30 Rn. 31; *Verse*, in: Scholz, GmbHG, § 30 Rn. 30.

265 BGH vom 10.12.2001, II ZR 30/00, GmbHR 2002, 329 (331) = ZIP 2002, 436 (438); *Altmeppen*, in: Roth/Altmeppen, GmbHG, § 30 Rn. 29; *Holzner*, Gläubigerschutz, 120; *Schön*, ZHR 159 (1995), 351 (351 ff.); *Sonnenhol/Groß*, ZHR 159 (1995), 388 (388 ff.)

266 Vgl. ebenso *Holzner*, Gläubigerschutz, 120.

Steht dieser bei einem Darlehen – durch den Zeitpunkt der Auszahlung[267] – fest, bestehen bei der Bestellung einer Sicherheit hinsichtlich des Auszahlungszeitpunktes verschiedene Ansatzmöglichkeiten.[268] Die Bestimmung ist für die Beurteilung, ob ein Auszahlungsverbot i.S.d. § 30 Abs. 1 GmbHG vorliegt, notwendig. Würde man erst den Zeitpunkt der Verwertung der Sicherheit bzw. die Aufnahme der Sicherheit in die Passivseite der Bilanz[269] als Leistung im Sinne des § 30 Abs. 1 GmbHG ansehen, so wäre eine Bestellung der Sicherheiten möglich, ohne dass die Höhe durch das Stammkapital begrenzt wäre. Von dem Umfang der Bestellung der Sicherheiten ist die Höhe des Zinses für die bereitgestellten Darlehen abhängig.

Weder zum Zeitpunkt der Verpflichtung zur Bestellung einer Sicherheit noch im Zeitpunkt der Sicherheitenbestellung tritt ein realer Vermögensabfluss ein.[270] Vielmehr besteht durch die Verpflichtung und die Bestellung nur die Wahrscheinlichkeit eines Vermögensabflusses. Auch in dem Zeitpunkt, in dem eine Rückstellung § 249 Abs. 1 S. 1 HGB gebildet werden muss, weil sich eine Inanspruchnahme als hinreichend wahrscheinlich abzeichnet[271], tritt ein solcher Abfluss noch nicht ein. Ein realer Abfluss findet erst zum Zeitpunkt der Verwertung statt. Dieser Zeitpunkt muss jedoch nicht zwingend eintreten; der Schuldner hofft vielmehr, dass eine Verwertung niemals eintreten wird.[272]

Somit kommen im Hinblick auf den Leistungszeitpunkt bei der Bestellung von Sicherheiten im Wesentlichen vier unterschiedliche Ansätze in Betracht: Zum einen kann bereits in der Verpflichtung zur Sicherheitsbestellung gegenüber dem Sicherungsnehmer eine verbotswidrige Auszahlung zu sehen sein. Zudem kann auch die Bestellung der Sicherheit als solche verstanden werden. Im Gegensatz dazu kann als verbotene Auszahlung i.S.d. § 30 Abs. 1 GmbHG erst die drohende Inanspruchnahme sowie die Verwertung der Sicherheit erfasst werden, wenn bei letzterem erst der reale Vermögensabfluss als Leistung i.S.d. § 30 Abs. 1 GmbHG verstanden wird.

(1) Verpflichtung zur Sicherheitsbestellung

Zum Teil wird die Ansicht vertreten, dass bereits die schuldrechtliche Abrede als Leistung i.S.d. § 30 Abs. 1 GmbHG anzusehen sei. [273] Der Ursprung der späteren

---

267 *Tillmann,* NZG 2008, 401 (404).

268 *Habersack,* in: Großkommentar GmbHG, § 30 Rn. 52 ff., *Holzner,* Gläubigerschutz, 121; *Verse,* in: Scholz, GmbHG, § 30 Rn. 96 ff.; *Weitnauer,* ZIP 2005, 790 (791).

269 Aufnahme als sog. Drohverlustrückstellung gem. § 249 HGB; vgl. *Merkt,* in: Hopt/Merkt, Bilanzrecht, § 249 Rn. 2; *Schrimpf-Dörges,* in: Heidel/Schall, HGB, § 249 Rn. 24.

270 *Fastrich,* in: Baumbach/Hueck, GmbHG, § 30 Rn. 28.

271 Dies ist der Fall, wenn mehr Gründe für die Inanspruchnahme als gegen die Inanspruchnahme sprechen, vgl. *Merkt,* in: Hopt/Merkt, Bilanzrecht, § 249 Rn. 2 m. w. N.

272 Vgl. *Holzner,* Gläubigerschutz, 121.

273 *Altmeppen,* in: Roth/Altmeppen, GmbHG, § 30 Rn. 98; *Bender,* BB 2005, 1492 (1493); *Habersack/Schürnbrand,* NZG 2004, 689 (695); *Hommelhoff,* in: Lutter/Hommelhoff, GmbHG, § 30 Rn. 35.

Veränderung der Bilanz durch Bildung einer Rückstellung und auch die Passivierung der Verpflichtung haben ihren Ursprung in der schuldrechtlichen Verpflichtung zur Bestellung einer Sicherheit. Durch die Verschlechterung der finanziellen Situation sowohl der Tochter- als auch der Muttergesellschaft sei durch den Verzehr des freien Vermögens eine Realisierung in den überwiegenden Fällen nicht mehr möglich.[274] Insofern sei auf die schuldrechtliche Abrede abzustellen.

(2) Bestellung der Sicherheit

Zum Teil wird die Ansicht vertreten, dass die dingliche Bestellung der Sicherheit eine Leistung im Sinne des § 30 GmbHG darstelle.[275] Bereits durch die Bestellung werde der Zielgesellschaft ein Teil des Gesellschaftsvermögens entzogen, ohne eine Gegenleistung zu erhalten. Im Ergebnis ist somit in der Bestellung ein Vermögensnachteil zu sehen.[276] Die Befürworter dieser Ansicht sehen in der bilanziellen Betrachtungsweise die Gläubiger der Gesellschaft durch § 30 GmbHG in unzureichender Weise geschützt.[277] Durch die Übernahme des Ausfallrisikos sei die Bestellung bereits eine Leistung i.S.d. § 30 GmbHG.[278] Darüber hinaus finde durch die Bestellung der Sicherheit eine formale Übereignung des Gesellschaftsvermögens statt, sodass bereits zu diesem Zeitpunkt ein Vermögensabfluss vorliege.[279] Spätere negative nicht vorhersehbare Entwicklungen der Forderung und bilanzielle Abwertungen würden aufgrund der Ausführungen in der Gesetzesbegründung zur Regelung des § 30 GmbHG nicht nachträglich zu einer verbotenen Auszahlung führen.[280] Die vom Gesetzgeber normierte bilanzielle Betrachtungsweise beziehe sich dabei erst auf die Kompensation durch eine Gegenleistung.[281]

(3) Drohverlustrückstellung

Bilanzrechtlich ist die Bestellung von Sicherheiten unterschiedlich zu passivieren, abhängig davon, ob die Inanspruchnahme der Sicherheit gewiss oder noch ungewiss ist. Ungewiss ist eine Verbindlichkeit, wenn sie in Grund, Höhe oder in Bezug auf

---

274 *Bender*, BB 2005, 1492 (1493).

275 Vgl. *Drygala/Kramer*, ZIP 2007, 1289 (1295); *Fastrich*, in: Baumbach/Hueck, GmbHG, § 30 Rn. 62; *Freitag*, WM 2007, 1681 (1685), *Verse*, in: Scholz, GmbHG, § 30 Rn. 107 jeweils m. w. N.

276 *Drygala/Kramer*, ZIP 2007, 1289 (1295); *Fastrich*, in: Baumbach/Hueck, GmbHG, § 30 Rn. 62; *Verse*, in: Scholz, GmbHG, § 30 Rn. 107 jeweils m. w. N.

277 *Schön*, ZHR 159 (1995), 351 (359 ff.); *Stimpel*, Festschrift 100 Jahre GmbHG (1992), 335.

278 *Schön*, ZHR 159 (1995), 351 (359 ff.).

279 *Schön*, ZHR 159 (1995), 351 (359 ff.).

280 *Diem*, Akquisitionsfinanzierungen, § 43 Rn. 49.

281 *Fastrich*, in: Baumbach/Hueck, GmbHG, § 30 Rn. 62; *Schön*, ZHR 159 (1995), 351 (359 ff.).

den Zeitpunkt ihres Entstehens nicht feststeht.[282] Erstmalig ist daher eine Verbindlichkeit nicht erst dann in die Bilanz aufzunehmen, wenn die Gesellschaft tatsächlich in Anspruch genommen wird, sondern bereits dann, wenn mit der Inanspruchnahme mit an Sicherheit grenzender Wahrscheinlichkeit zu rechnen ist.[283] Dies ist der Fall, wenn die Wahrscheinlichkeit mehr als 50% beträgt.[284] Bilanzrechtlich ist der Leistungszeitpunkt somit nicht der Zeitpunkt der Bestellung der Sicherheit, sondern der Zeitpunkt, an dem mit einer Inanspruchnahme gerechnet werden muss. Dieser Ansatz beinhaltet einen erheblichen Einschätzungsspielraum.

Dieser Zeitpunkt, in dem eine Verminderung des Gesellschaftsvermögens durch die mögliche Inanspruchnahme der bestellten Sicherheit erstmals bilanzwirksam abgebildet wird und das Gesellschaftsvermögen aus diesem Grund erstmals tatsächlich gefährdet ist, soll nach zum Teil vertretener Ansicht als Auszahlung i.S.d. § 30 Abs. 1 GmbHG zu qualifizieren sein.[285] Aufgrund des Gläubigerschutzes müsse auf den Zeitpunkt der drohenden Verwertung abgestellt werden. Anderenfalls würden nachträgliche Änderungen der Beurteilung nicht mehr erfasst werden.[286] Im entscheidenden Zeitpunkt, der tatsächlichen Gefährdung des Gesellschaftsvermögens, würde der Kapitalschutz dann nicht mehr eingreifen.[287] Die Kapitalschutzregelung würde ihren Schutzzweck verfehlen.

(4) Tatsächliche Verwertung der Sicherheit

Zum Teil wird auch erst die Verwertung der Sicherheit als Auszahlung i.S.d. § 30 Abs. 1 GmbHG angesehen.[288] Auch die Vertreter dieser Ansicht führen zur Begründung den Gläubigerschutz an. Denn bei der Qualifizierung des Zeitpunktes der Bestellung der Sicherheit würden nachträgliche Veränderungen nicht mehr berücksichtigt werden. Ein lückenhafter Gläubigerschutz würde entstehen.[289] Zudem treffe den Geschäftsführer keine punktuelle, sondern eine fortlaufende Kontroll- und Überwachungspflicht. Insofern dürfe zu keinem Zeitpunkt eine Gefährdung des Gesellschaftsvermögens der Zielgesellschaft vorhanden sein.[290]

Zum Teil werden im Hinblick auf die Akquisitionsfinanzierung auch praktische Gründe angeführt. Nur mit der bilanziellen Betrachtungsweise sei der notwendige

---

282 *Merkt*, in: Hopt/Merkt, Bilanzrecht, § 249 Rn. 2 m. w. N.

283 *Schrimpf-Dörges*, in: Heidel/Schall, HGB, § 249 Rn. 24.

284 BFH vom 22.11.1988, VIII R 62/85, BFHE 155, 322, BStBl II 1989 359; BGH vom 1.8.1984, I R 88/80, *BFHE 142, 226* BStBl. II 1985, 44; *Schrimpf-Dörges*, in: Heidel/Schall, HGB, § 249 Rn. 24.

285 *Desch*, in: Bunnemann/Zirngibl, § 7 Rn. 124; *Söhner*, ZIP 2011, 2085 (2088); *Tillmann*, NZG 2008, 401 (404).

286 *Desch*, in: Bunnemann/Zirngibl, § 7 Rn. 124.

287 *Desch*, in: Bunnemann/Zirngibl, § 7 Rn. 124.

288 *Grigoleit/Rieder*, MoMiGRn. 217ff.; *Komo*, GmbHR 2010, 230 (234); *Vetter*, in: Goette/Habersack, MoMiG, Rn. 4.79ff.;

289 *Komo*, GmbHR 210, 230 (233).

290 *Komo*, GmbHR 210, 230 (233).

Umfang von Sicherheitenbestellungen möglich. *Holzner* verweist darauf, dass der Gefahr der Verletzung der Kapitalerhaltungsvorschriften im Zeitpunkt der Inanspruchnahme in ausreichender Art und Weise durch die Vereinbarung einer Limitation Language[291] begegnet werde.[292]

c) Vollwertigkeit des Rückgewähranspruches

Eine verbotene Auszahlung i.S.d. § 30 Abs. 1 GmbHG liegt dann nicht vor, wenn der Rückgriffsanspruch vollwertig ist. Die Bestellung bzw. die Inanspruchnahme der Sicherheit führt nicht zwangsläufig zu einer verbotenen Auszahlung, da ein solcher Verstoß erst vorliegt, wenn die Zielgesellschaft keinen vollwertigen Rückgriffsanspruch gegenüber der Akquisitionsgesellschaft hat.[293] Der Rückgriffsanspruch entsteht mit der Inanspruchnahme zugunsten des Sicherheitsgebers gegen den Begünstigten der Sicherheitenbestellung.[294] Bilanzrechtlich ist dieser auf der Aktivseite auszuweisen.[295] Regelmäßig ist dieser jedoch nicht werthaltig. Wäre dies der Fall, würde die Sicherheit nicht in Anspruch genommen werden. Der Darlehensgeber nimmt die Sicherheit gerade aus dem Grunde in Anspruch, weil der Darlehensnehmer seiner Tilgungsverpflichtung nicht mehr nachkommen kann. Insofern wird auch der Rückgriffsanspruch in diesem Fall regelmäßig in Leere gehen. Mangels Vollwertigkeit eines Rückgriffsanspruchs der Zielgesellschaft gegenüber der Akquisitionsgesellschaft wird im Rahmen der bilanziellen Betrachtungsweise eine verbotene Auszahlung i.S.d. § 30 Abs. 1 GmbHG regelmäßig zu bejahen sein.

Was jedoch für den Zeitpunkt der Drohverlustrückstellung gilt, ist auch auf den Zeitpunkt der Bestellung der Sicherheit zu übertragen. Eine Sicherheitsgewährung kann nur dann zulässig sein, wenn das Risiko durch einen entsprechenden Rückgewähranspruch gedeckt ist. Ist dies jedoch nicht der Fall – und so liegt es bei einer vermögenslosen Akquisitionsgesellschaft -, mangelt es bereits zum Zeitpunkt der Sicherheitenbestellung an einem vollwertigen Rückgewähranspruch.[296] Zudem ist zu erwarten, dass auch zu einem späteren Zeitpunkt ein vollwertiger Rückgewähranspruch nicht bestehen wird.

---

291 Hierbei handelt es sich um eine vertragliche Abrede, die die Verwertung auf einen vertraglich vereinbarten Umfang beschränkt. Die im Markt gebräuchliche Limitation Language sieht vor, dass eine Inanspruchnahme von Sicherheiten nicht erfolgen darf, soweit dies zur Entstehung oder Vertiefung einer Unterbilanz führen würde. Hierzu ist grundsätzlich zunächst das Reinvermögen zu bestimmen, welches das Stammkapital nach Inanspruchnahme der Sicherheiten nicht unterschreiten oder eine Unterschreitung nicht vertiefen darf; vgl. *Theusinger/Kapteina*, NZG 2011, 881 (886).

292 *Holzner*, Gläubigerschutz, 134.

293 *Diem*, ZIP 2003, 1283 (1286); *Holzner*, Gläubigerschutz, 122; *Peltzer/Bell*, ZIP 1993, 1758 (1760 f.).

294 *Diem*, ZIP 2003, 1283 (1286); *Peltzer/Bell*, ZIP 1993, 1758 (1760 f.).

295 *Winnefeld*, in: Winnefeld, Bilanz-Hdb, D Rn. 2165.

296 *Fastrich*, in: Baumbach/Hueck, GmbHG, § 30 Rn. 62.

d) Folgen für Leveraged-Buyout-Transaktionen

Gerade vor dem Hintergrund der Akquisitionsfinanzierung wird der Unterschied zwischen den Auffassungen und deren erheblichen Folgen für die Finanzierungspraxis deutlich.

Wird die Verpflichtung bzw. die Bestellung der Sicherheit bereits als Leistung anerkannt, so ist bereits in diesem Zeitpunkt eine Bewertung der Vollwertigkeit des Rückgriffsanspruches vorzunehmen.[297] Da aufgrund der Vermögenslosigkeit der Akquisitionsgesellschaft es regelmäßig an einem werthaltigen Rückgriffsanspruch fehlen wird, ist die Bestellung der Sicherheit von vorneherein erheblich eingeschränkt.[298] Entscheidend ist daher, ob eine Unterbilanz bereits zum Zeitpunkt des Vertragsschlusses durch die Bestellung entsteht oder vertieft wird.[299] Demnach können somit nur Sicherheiten in dem Umfang tatsächlich bestellt werden, als bereits bei der Bestellung eine Unterbilanz nicht entsteht. Besteht jedoch eine solche bereits, so können auch keine Sicherheiten mehr bestellt werden. Jedoch können nach dieser Ansicht solche Sicherheiten, die wirksam bestellt wurden, auch verwertet werden, denn die Verwertung kann dann keine weitere Leistung im Sinne des § 30 GmbHG mehr darstellen.[300] Ist als Leistung erst der Zeitpunkt der Passivierung bzw. der tatsächlichen Inanspruchnahme entscheidend, ist auch erst zu diesem Zeitpunkt eine Bewertung des Rückgriffsanspruches hinsichtlich seiner Vollwertigkeit vorzunehmen. In diesem Falle stellt sich das Problem, dass der Rückgriffsanspruch im Rahmen von Leveraged-Buyout-Transaktionen mangels Vermögen in der Akquisitionsgesellschaft nicht werthaltig ist, erst später. Das Problem wird dadurch verlagert. Eine Bestellung von Sicherheiten kann jedoch in diesem Fall in weitaus größerem Umfang vorgenommen werden. Hinsichtlich der Konsequenzen dieser Sichtweise ist auf die Ausführungen zu den Upstream-Darlehen zu verweisen.[301] Dies hat zur Folge, dass die Inanspruchnahme bilanzwirksam wird und somit eine Unterbilanz i.S.d. § 30 GmbHG entsteht, sofern in entsprechendem Umfang Vermögenswerte als Sicherheiten bestellt werden.

e) Stellungnahme

Für das Auszahlungsverbot ist auf den Zeitpunkt der Sicherheitenbestellung abzustellen. Nur auf diese Weise kann ein dem gesetzgeberischen Willen entsprechender Schutz erreicht werden. Insofern kann dem Argument von *Holzner* nicht gefolgt werden, soweit er feststellt, dass die Vermögensgefährdungstheorie einer umfassenden

---

297 *Drygala/Kremer*, ZIP 2007, 1287 (1295).

298 So auch *Holzner*, Gläubigerschutz mit Verweis auf *Drygala/Kremer*, ZIP 2007, 1287 (1295); *Tillmann*, NZG 2008, 401 (403); *Weitnauer*, ZIP 2005, 790 (792).

299 *Holzner*, Gläubigerschutz, 128.

300 *Holzner*, Gläubigerschutz, 128 mit Verweis auf *Dampf*, DK 2007, 157 (166); *Tillmann*, NZG 2008, 401 (403).

301 Siehe dazu ausführlich: 2. Kapitel Teil 1 A. II. 1), Darlehensleistungen der Zielgesellschaft.

Sicherheitenbestellung, wie sie für die Akquisitionsfinanzierung benötigt wird, entgegenstehe und daher nicht praktikabel sei.[302] Ob gegen die Kapitalerhaltungsvorschriften verstoßen wird und damit der Umfang der Zulässigkeit der Sicherheitenbestellung bestimmt werden kann, kann nicht von einer vertraglichen Vereinbarung abhängig gemacht werden, die zwar die Bestellung solcher Sicherheiten zulässt, jedoch nicht die Verwertung der in die vertragliche Vereinbarung einbezogenen Vermögenswerte.

Für die hier vertretene Ansicht spricht, aufgrund des umfassenden Leistungsbegriffes die Bestellung von Sicherheiten bereits als Leistung zu erfassen. Denn bereits zu diesem Zeitpunkt ist die „Verfügungsfähigkeit" dieser Vermögenswerte durch die Zielgesellschaft eingeschränkt. Zudem ist die Reichweite einer Norm an ihrem Schutzbereich zu messen. Der Schutz besteht hier in der Erhaltung des Gesellschaftsvermögens. Dieser würde erheblich aufgeweicht, wenn nicht bereits die Bestellung der Sicherheiten durch § 30 Abs. 1 GmbHG erfasst wäre. Denn in diesem Falle hinge die Beachtung der Grenzen des § 30 Abs. 1 GmbHG von der „Durchsetzungsfähigkeit" der Vertragsparteien ab. Insofern ist die Bestellung der Sicherheit als Leistungszeitpunkt anzusehen.

3) Upstream Merger

Wird die Leveraged-Buyout-Transaktion im Wege einer Verschmelzung der Zielgesellschaft auf die Akquisitionsgesellschaft durchgeführt, wird das gesamte Vermögen der Zielgesellschaft durch die Gesamtrechtsnachfolge auf die Akquisitionsgesellschaft gemäß § 20 Abs. 1 Nr. 1 UmwG übertragen. Die Verbindlichkeiten der Akquisitionsgesellschaft werden mit dem Vermögen der Zielgesellschaft „verrechnet". Zugleich erlischt gemäß § 20 Abs. 1 Nr. 2 UmwG die Zielgesellschaft. Da die Zielgesellschaft mit der Eintragung der Verschmelzung in das Handelsregister erlischt, kann ein Verstoß gegen die Kapitalerhaltungsvorschriften ebenfalls nur noch bei der Akquisitionsgesellschaft erfolgen. Eine Verletzung der Kapitalerhaltungsvorschriften bei der Zielgesellschaft durch den Verschmelzungsvorgang ist nicht mehr möglich.

4) Downstream Merger

Die Akquisitionsgesellschaft hält im Rahmen von Leveraged-Buyout-Transaktionen nur die Anteile an der Zielgesellschaft als Vermögenswerte. Diese gehen jedoch nicht auf die Zielgesellschaft, sondern auf die Gesellschafter der Akquisitionsgesellschaft bei dem Verschmelzungsvorgang über.[303] Die Verbindlichkeiten gehen hingegen durch die Verschmelzung auf die Zielgesellschaft über. Die Zielgesellschaft übernimmt somit die Verbindlichkeiten, ohne dass sie dafür eine ausreichende Kompensation erhält. Insofern wird davon ausgegangen, dass im Falle eines

302 *Holzner*, Gläubigerschutz, 134.

303 *Holzner*, Gläubigerschutz, 295 Fn. 1179; *Hörtnagl*, in: Schmitt/Hörtnagl/Stratz, UmwG, § 24 Rn. 47; *Müller*, in: Kallmeyer, UmwG, § 24 Rn. 40.

Schuldenüberhangs bei einem Downstream Merger der Anwendungsbereich der Kapitalerhaltungsvorschriften gemäß §§ 30 ff. GmbHG eröffnet ist.[304]

Regelmäßig wird aufgrund der Konstellation bei Leveraged-Buyout-Transaktionen davon auszugehen sein, dass lediglich negatives Vermögen bei der Akquisitionsgesellschaft vorhanden ist und dieses auf die GmbH verschmolzen wird. Insofern ist entscheidend, ob die Schulden in einer Weise durch andere Werte der Zielgesellschaft kompensiert werden können.[305] Wird durch die übertragenen Verbindlichkeiten der Akquisitionsgesellschaft das Stammkapital der aufnehmenden Zielgesellschaft in Form einer GmbH angegriffen bzw. sind die freien Rücklagen zur Deckung des Schuldenüberhangs unzureichend, liegt ein Verstoß gegen die Kapitalerhaltungsvorschriften des GmbHG vor.[306] Eine solche Verschmelzung ist nach überwiegender Ansicht in der Literatur unzulässig. Eine Verschmelzung ist nur zulässig, soweit der Übernahmeverlust durch über das Stammkapital hinaus vorhandenes Eigenkapital gedeckt werden kann.[307]

5) Debt push-down

Wird der Kauf der Zielgesellschaft im Wege eines Debt push-down finanziert, sind zwei Finanzierungsalternativen möglich. Zum einen können die Forderungen der Akquisitionsgesellschaft im Wege eines Upstream-Darlehens an die Zielgesellschaft weitergereicht werden, zum anderen ist auch die Generierung von liquidem Vermögen in der Zielgesellschaft durch Aufnahme von Krediten möglich. Das so erlangte Kapital kann dann aufgrund einer Anweisung an die Akquisitionsgesellschaft ausgekehrt werden.

Hinsichtlich des Upstream-Darlehens ist auf das oben Gesagte zu verweisen.[308] Wird ein Darlehen in dem entsprechenden Umfang gewährt, so wird dadurch regelmäßig die Kapitalerhaltungsvorschrift des § 30 Abs. 1 GmbHG verletzt, da es an einem vollwertigen Rückzahlungsanspruch mangelt.

Hinsichtlich der Auskehrung des Cashflow ist ebenfalls zu differenzieren. Die Grenze des § 30 GmbHG ist erst dann überschritten, wenn durch die Auskehr der

---

304 *Hörtnagl*, in: Schmitt/Hörtnagl/Stratz, UmwG, § 24 Rn. 52; *Holzner*, Gläubigerschutz, 297; *Müller*, in: Kallmeyer, UmwG, § 24 Rn. 40; *Priester*, in: Lutter, UmwG, § 24 Rn. 62.

305 *Hörtnagl*, in: Schmitt/Hörtnagl/Stratz, UmwG, § 24 Rn. 52; *Müller*, in: Kallmeyer, UmwG, § 24 Rn. 40; *Priester*, in: Lutter, UmwG, § 24 Rn. 62.

306 *Hörtnagl*, in: Schmitt/Hörtnagl/Stratz, UmwG, § 24 Rn. 52; *Müller*, in: Kallmeyer, UmwG, § 24 Rn. 40; *Priester*, in: Lutter, UmwG, § 24 Rn. 62.

307 *Hörtnagl*, in: Schmitt/Hörtnagl/Stratz, UmwG, § 24 Rn. 52; *Klein/Stephanblome*, ZGR 2007 351 (383 ff.); *Müller*, in: Kallmeyer, UmwG, § 24 Rn. 40; *Priester*, in: Lutter, UmwG, § 24 Rn. 62. A. A.: *Bock*, GmbHR 2005, 1023 ff.; *Enneking/Heckschen*, DB 2006, 1099 (1100); *Widmann*, in: Widmann/Mayer, UmwR, 90. Aktualisierung, 9.2006, § 24 UmwG Rn. 388 Fn. 4.

308 Siehe dazu ausführlich: 2. Kapitel Teil 1 A. II. 1), Darlehensleistungen der Zielgesellschaft.

Liquidität eine Unterbilanz verursacht wird. Hierbei ist jedoch zu beachten, dass gerade die Grenze des § 30 GmbHG variabel ist. Das Stammkapital kann bis auf den in § 5 Abs. 1 GmbHG geregelten Mindestbetrag des Stammkapitals in Höhe von 25.000 EUR im Wege der Kapitalherabsetzung gemäß § 58 GmbHG oder im Wege der vereinfachten Kapitalherabsetzung gemäß § 58a-f GmbHG vermindert werden. So kann erreicht werden, dass das über den Mindestbetrag des Stammkapitals hinausgehende Gesellschaftsvermögen nicht durch den Schutz des § 30 GmbHG erfasst und somit nicht gegen die Vermögensverschiebungen geschützt ist.[309]

6) Interner Asset Deal

Im Rahmen des internen Asset Deal ist fraglich, ob die Zahlung eines nicht marktgerechten Kaufpreises, die Stundung des Kaufpreises bzw. die Abführung des so generierten Cashflow als eine Verletzung der Kapitalerhaltungsgrenze des § 30 GmbHG zu qualifizieren ist.

Die Zahlung eines nicht marktgerechten Kaufpreises stellt regelmäßig einen Verstoß gegen das Kapitalerhaltungsgebot des § 30 GmbHG dar. Denn ein Veräußerungsgeschäft mit einem Gesellschafter muss einem Drittvergleich[310] standhalten und darf sich bilanziell nicht zulasten des Stammkapitals auswirken.[311]

Sofern dem gegenüber ein Kaufpreis nicht geleistet wird, sondern eine Stundung des Kaufpreises vereinbart wird, ist fraglich, ob ein solcher Kaufpreisanspruch als Gegenleistungsanspruch werthaltig ist im Sinne des § 30 GmbHG. Dies wird bei Leveraged-Buyout-Strukturen jedoch zu verneinen sein, denn mangels Vermögenswerten der Akquisitionsgesellschaft wird ein solcher Anspruch gerichtlich nicht durchgesetzt werden können. Das notwendige Vermögen zur Begleichung des Kaufpreises wird auch zu einem beliebigen zukünftigen Zeitpunkt nicht vorhanden sein. Hinsichtlich der Abführung der auf diese Weise generierten Liquidität kann auf das oben Gesagte verwiesen werden.[312]

III. Rechtsfolgen

Eine Auszahlung an die Gesellschafter ist verboten, soweit durch die Auszahlung gegen die Kapitalerhaltungsregelung des § 30 Abs. 1 GmbHG verstoßen wird. Nach überwiegender Auffassung hat ein Verstoß gegen die Kapitalerhaltungsvorschriften weder die Nichtigkeit des Verfügungsgeschäftes noch des Verpflichtungsgeschäftes

---

309 Vgl. *Holzner*, Gläubigerschutz, 137.

310 Zur Notwendigkeit des Drittvergleichs im Rahmen des § 30 GmbHG vgl. *Ekkenga*, in: MünchKomm, GmbHG, § 30 Rn. 237.

311 *Ekkenga*, in: MünchKomm, GmbHG, § 30 Rn. 5, 236 ff.

312 Siehe dazu ausführlich: Kapitel 2 Teil 1 A. II. 5) Debt push-down, (Auskehr der Liquidität im Wege des Cashflow).

wegen eines Verstoßes gegen ein gesetzliches Verbot gemäß § 134 BGB zur Folge.[313] Begründet wird dies mit dem Argument, dass die Nichtigkeit des Rechtsgeschäftes durch § 134 BGB nicht vorgesehen werde, soweit der Sinn und Zweck des Verbotsgesetzes auch durch andere Sanktionen erreicht werden könne. Im vorliegenden Fall seien die Gläubiger durch die Regelungen des § 31 Abs. 1 und Abs. 3 GmbHG ausreichend geschützt.[314]

Der Verstoß gegen die Kapitalerhaltungsregelungen berechtigt bzw. verpflichtet zum einen zur Leistungsverweigerung,[315] zum anderen wird unmittelbar eine Haftung ausgelöst, die im Gegensatz zu den erweiterten Haftungsregelungen, nicht an andere – weitere – Voraussetzungen geknüpft ist. Als erweiterte Haftungsregelungen sind der existenzvernichtende Eingriff und die Insolvenzverursachungshaftung zu nennen. Hinsichtlich der Haftung ist zwischen dem engen Haftungskreis der mit der Zielgesellschaft verbundenen Organe sowie dem erweiterten Haftungskreis, den Organen der Akquisitionsgesellschaft, zu differenzieren.

1) *Leistungsverweigerungsrecht*

Der Auszahlungsanspruch der Gesellschafter gegen die Gesellschaft erlischt nicht. Der Gesellschaft steht ein Leistungsverweigerungsrecht zu. Dieses ist als von Amts wegen zu berücksichtigende Einwendung zu behandeln.[316] Ein gegen das Kapitalerhaltungsgebot des § 30 Abs. 1 GmbHG verstoßender Gesellschafterbeschluss ist nicht vollziehbar.[317] Weisungen der Gesellschafter, die auf eine solche Auszahlung gerichtet sind, sind für den Geschäftsführer nicht verbindlich.[318] Das Leistungsverweigerungsrecht besteht solange fort, wie die Auszahlung eine Unterbilanz herbeiführen oder vertiefen würde. Sie entfällt zu dem Zeitpunkt, in dem sich die finanzielle Lage der Gesellschaft derart verbessert, dass die Auszahlung aus dem ungebundenen Vermögen vorgenommen werden kann.[319] Die Leistung

313 BGH vom 25.6.2001, II ZR 38/99, BGHZ 148, 167 (171) = NJW 2001, 3123 (3124); BGH vom 23.6.1997, II ZR 220/95, BGHZ 136, 125 (129 f.) = NJW 1997, 2599 (2600); *Fastrich*, in: Baumbach/Hueck, GmbGH, § 30 Rn. 67; *Greitemann*, in: Saenger/Inhester, GmbHG, § 30 Rn. 118 ff.; *Heidinger*, in: Michalski, GmbHG, § 30 Rn. 134; 139; *Verse*, in: Scholz, GmbHG, § 30 Rn. 120.

314 *Greitemann*, in: Saenger/Inhester, GmbHG, § 30 Rn. 120.

315 *Fastrich*, in: Baumbach/Hueck, GmbHG, § 30 Rn. 67; *Verse*, in: Scholz GmbHG, § 30 Rn. 117 jeweils m. w. N.

316 *Fastrich*, in: Baumbach/Hueck, GmbHG, § 30 Rn. 67; *Greitemann*, in: Saenger/Inhester, GmbHG, § 30 Rn. 121; *Verse*, in: Scholz GmbHG, § 30 Rn. 117 jeweils m. w. N.

317 *Greitemann*, in: Saenger/Inhester, GmbHG, § 30 Rn. 121; *Heidinger*, in: Michalski, GmbHG, § 30 Rn. 140; *Verse*, in: Scholz GmbHG, § 30 Rn. 117. Ausnahme: Bei kollusiven Zusammenwirken soll der Beschluss gemäß § 241 Nr. 3 AktG analog nichtig sein, vgl. dazu *Verse*, in: Scholz, GmbHG, § 30 Rn. 119 m. w. N.

318 *Greitemann*, in: Saenger/Inhester, GmbHG, § 30 Rn. 121.

319 *Fastrich*, in: Baumbach/Hueck, GmbHG, § 30 Rn. 67; *Greitemann*, in: Saenger/Inhester, GmbHG, § 30 Rn. 122.

kann grundsätzlich nur gegenüber dem Gesellschafter verweigert werden, da die Verbotsübertretung nur im Verhältnis Gesellschafter und Gesellschaft stattfindet. Ausnahmsweise kann auch gegenüber einem Dritten die Auszahlung verweigert werden, wenn dieser aufgrund wirtschaftlicher oder persönlicher Nähe mit einem Gesellschafter gleichzustellen ist.[320]

2) Rückerstattungsanspruch gemäß § 31 GmbHG

Gemäß § 31 Abs. 1 GmbHG müssen Leistungen, die entgegen § 30 Abs. 1 GmbHG geleistet werden, der GmbH zurückerstattet werden. Ab dem Zeitpunkt einer verbotenen Auszahlung im Sinne dieser Vorschrift hat die Gesellschaft gegen den Gesellschafter, der die verbotene Leistung i.S.d. § 30 Abs. 1 GmbHG empfangen hat, einen Erstattungsanspruch.[321] Dieser Erstattungsanspruch richtet sich selbst dann gegen die Gesellschafter, wenn eine Leistung an einen Dritten erfolgt, diese dem Gesellschafter jedoch zuzurechnen ist, da auch in diesem Fall der Gesellschafter Leistungsempfänger i.S.d. § 30 Abs. 1 GmbHG ist.[322] Ausnahmsweise soll ein Dritter selbst Schuldner eines Rückzahlungsanspruches sein. Nach der überwiegenden Auffassung bedarf es dazu eines besonderen persönlichen und wirtschaftlichen Näheverhältnisses zwischen dem Dritten und dem Gesellschafter und als weitere Voraussetzung die Kenntnis bzw. das Kennenmüssen des Verbotes.[323] Ein Rückerstattungsanspruch kann demgegenüber nicht auf § 43a GmbHG analog gegen die Gesellschafter gestützt werden. Die Regelung des § 43a GmbHG verbietet die Gewährung von Krediten aus dem Stammkapital einer GmbH an Geschäftsführer und andere gesetzliche Vertreter. Wird ein solcher Kredit geleistet, ist dieser sofort gemäß § 43a Satz 2 GmbHG zurückzugewähren. Hinsichtlich des Kredites wird dieser Begriff in der Literatur einheitlich weit ausgelegt, sodass darunter die Übernahme von Darlehen anderer Kreditgeber sowie die Besicherung von Verbindlichkeiten zu erfassen sind.[324] Kredite, die an die Gesellschafter gewährt werden, sind nicht durch eine analoge Anwendung des § 43a GmbHG unmittelbar zurückzugewähren. Diesem Ansatz steht der ausdrückliche Wille des Gesetzgebers entgegen.[325]

---

320 *Greitemann*, in: Saenger/Inhester, GmbHG, § 30 Rn. 123.

321 *Fastrich*, in: Baumbach/Hueck, GmbHG, § 31 Rn. 35.

322 *Hommelhoff*, in: Lutter/Hommelhoff, GmbHG, § 31 Rn. 6; *Verse*, in: Scholz, GmbHG, § 31 Rn. 13.

323 *Fastrich*, in: Baumbach/Hueck, § 31 Rn. 13; *Hommelhoff*, in: Lutter/Hommelhoff, GmbHG, § 31 Rn. 6; *Fleck*, 100 Jahre GmbHG, 1992, 391 (412–415). A. A.: *Altmeppen*, in: Roth/Altmeppen, GmbHG, § 30 Rn. 51.

324 Vgl. *Kleindiek*, in: Lutter/Hommelhoff, GmbHG, § 43a Rn. 6; *Altmeppen*, in: Roth/Altmeppen, GmbHG, § 43a Rn. 2.

325 Vgl. BT-Drucks. 8/1347, 74; *Diem*, Akquisitionsfinanzierungen, § 43 Rn. 117.

3) § 43 Abs. 2 und 3 GmbHG

Gemäß § 43 Abs. 1 GmbHG hat der Geschäftsführer in Angelegenheiten der Gesellschaft die Sorgfalt eines ordentlichen Geschäftsführers anzuwenden. Sofern diese Sorgfaltsanforderung verletzt wird, ist der Geschäftsführer gemäß § 43 Abs. 2 GmbHG der Gesellschaft gegenüber zu Schadensersatz verpflichtet. In § 43 Abs. 3 Satz 1 GmbHG wird eine Sorgfaltspflichtverletzung unterstellt, wenn der Geschäftsführer durch Zahlungen das Stammkapital i.S.d. § 30 GmbHG gemindert hat.[326]

Zu den Sorgfaltspflichtverletzungen i.S.d. § 43 Abs. 1 GmbHG gehört auch die Prüfung der Vollwertigkeit des Gegenanspruches,[327] wobei dem Gesellschafter hierbei ein Beurteilungsspielraum zusteht.[328] Unterlässt er diese Prüfung, so macht er sich schadensersatzpflichtig, und zwar selbst dann, wenn eine Weisung bzw. ein Beschluss der Gesellschafter gemäß § 43 Abs. 3 Satz 3 GmbHG vorliegt. Im Hinblick auf die Leveraged-Buyout-Konstellationen ist jedoch aufgrund der Vermögenslosigkeit der Akquisitionsgesellschaft regelmäßig von einer Vermögenslosigkeit und somit von einem nicht vollwertigen Gegenanspruch auszugehen. Aufgrund des typischen Charakteristikums ist die Vermögenslosigkeit dem Geschäftsführer auch bekannt, sodass eine Sorgfaltspflichtverletzung regelmäßig zu bejahen ist.

4) Eintragungshindernis bei Verschmelzungsvorgängen

Führt die Verschmelzung von zwei Gesellschaften zur Verletzung der Kapitalerhaltungsvorschriften i.S.d. § 30 GmbHG, so ist der Verschmelzungsbeschluss der Gesellschafterversammlung der GmbH gemäß § 241 Nr. 3 AktG analog nichtig, denn die Kapitalerhaltungsregeln, die dem Schutz der Gläubiger dienen, sind zwingende Regelungen des GmbHG. Insofern ist in einem solchen Beschluss ein schutzrechtswidriger Beschluss i.S.d. § 241 Nr. 3 AktG zu sehen.[329] Die Nichtigkeit des Gesellschafterbeschlusses stellt in soweit ein Eintragungshindernis dar.[330] Aufgrund der materiellen Prüfungskompetenz des Registergerichts hat es das Vorliegen eines Nichtigkeitsgrundes von Amts wegen zu prüfen und einen nichtigen Gesellschafterbeschluss nicht in das Handelsregister einzutragen.[331]

---

326 OLG Brandenburg vom 23.9.1998 7 U 78/98, GmbHR 1999, 297 (299); *Haas*, in: Michalski, GmbHG, § 43 Rn. 217; *Zöllner/Noack*, in: Baumbach/Hueck, GmbHG, § 43 Rn. 49.

327 BGH vom 1.12.2008 (MPS), II ZR 102/07, BGHZ 179, 71 (83), NJW 2009, 850 (851) zu § 311 AktG; *Lips/Randel/Werwigk*, DStR 2008, 2220 (2222); *Zöllner/Noack*, in: Baumbach/Hueck, GmbHG, § 43 Rn. 49a.

328 Zur Bestellung von Sicherheiten vgl. *Zöllner/Noack*, in: Baumbach/Hueck, GmbHG, § 43 Rn. 49 Fn. 424 m. w. N. Nichts anderes kann für andere Leistungen der Gesellschaft an die Gesellschafter gelten.

329 *Bayer*, in: Lutter/Hommelhoff, GmbHG, Anh. zu § 47 Rn. 16, 18.

330 *Hüffer*, in: MünchKomm, AktG, § 241 Rn. 95 m. w. N.

331 BGH vom 24.6.1982, III ZR 19/81, BGHZ 84, 285 (287) = NJW 1983, 222 (222); *Hüffer*, in: MünchKomm, AktG, § 241 Rn. 95 m. w. N.

B. Die Insolvenzverursachungshaftung § 64 Satz 3 GmbHG

Neben der Haftung aus §§ 30, 31 GmbHG hat der Gesetzgeber mit Art. 1 Nr. 43 MoMiG einen neuen Haftungstatbestand in Satz 3 des § 64 GmbHG eingefügt. Hiernach haftet der Geschäftsführer gegenüber der Gesellschaft für Zahlungen, die er an die Gesellschafter einer Gesellschaft geleistet hat, sofern diese Zahlungen zur Zahlungsunfähigkeit der Gesellschaft führen mussten. Diese Haftung tritt jedoch gemäß § 64 Satz 2 GmbHG dann nicht ein, wenn der Geschäftsführer mit der Sorgfalt eines ordentlichen Geschäftsmannes gehandelt hat.[332]

I. Reichweite und Schutz

Welchen Zweck der Gesetzgeber mit dem Haftungstatbestand des § 64 Satz 3 GmbHG verfolgt hat, wird unterschiedlich bewertet. Zum Teil wird die Einführung dieses Haftungstatbestandes als das deutsche Pendant zu der englischen „Wrongful-Trading-Haftung", als Ausprägung der Existenzvernichtungshaftung,[333] als Beleg für einen „Insolvency Test" oder einen Beitrag des deutschen Gesetzgebers zur Reduzierung des Insolvenzverursachungsrisikos der GmbH bezeichnet.[334] Zum Teil wird § 64 Satz 3 GmbHG aber auch als eine insolvenzrechtliche Ergänzung des Haftungssystems angesehen, das der vorrangigen Befriedigung der Gläubiger vor den Gesellschaftern dient.[335]

Insbesondere letzter Ansicht ist zuzugeben, dass die Kapitalerhaltungsvorschriften nur einen lückenhaften Schutz des Gesellschaftsvermögens gewährleisten[336] und somit diese Lücke der §§ 30, 31 GmbHG durch den Gesetzgeber geschlossen werden sollte.[337] Während die Kapitalerhaltungsvorschriften aufgrund der von dem Gesetzgeber angeordneten bilanziellen Betrachtungsweise nicht die wirkliche Gefährdung der Gläubiger zum Ausdruck bringen, beabsichtigte der Gesetzgeber durch Einführung des § 64 Abs. 3 GmbHG, diesen Mangel auszugleichen. So können die Gläubiger bei Leistungen der Geschäftsführer an die Gesellschafter die Geschäftsführer unter bestimmten – engen – Voraussetzungen in Anspruch nehmen. Der Schutz wird dadurch erreicht, dass das Auszahlungsverbot des § 64 Satz 3 GmbHG zeitlich nach vorne verlagert wird und insofern der Zeitpunkt der Leistung maßgebend ist. Somit fügt sie sich in das Haftungssystem ein und ergänzt die § 43 GmbHG, §§ 133, 134 InsO, §§ 823 II, 826 BGB sowie §§ 266, 283 f. StGB.[338]

---

332 Vgl. *Holzner*, Gläubigerschutz, 151 Fn. 533 m. w. N.
333 *Waitz*, Existenzvernichtungshaftung, 149.
334 *Knof*, DStR 2007, 1536 (1537).
335 *Schall*, Kapitalgesellschaftsrechtlicher Gläubigerschutz, 2009, 190.
336 *Haas*, in: Baumbach/Hueck, GmbHG, § 64 Rn. 2.
337 *Waitz*, Existenzvernichtungshaftung, 149.
338 *Haas*, in: Baumbach/Hueck, GmbHG, § 64 Rn. 2.

II. Voraussetzungen

Die Insolvenzverursachungshaftung des § 64 Satz 3 GmbHG stellt einen Erstattungs- und keinen Schadensersatzanspruch dar. Infolgedessen besteht nur eine Ersatzpflicht hinsichtlich der Zahlungen an die Gesellschafter, aber nicht weiterer, darüber hinausgehender Schäden.[339]

1) Zahlung an Gesellschafter

Die Insolvenzverursachungshaftung greift dann ein, wenn Zahlungen an die Gesellschafter ohne eine Kompensationsleistung geleistet werden. Der Begriff der Zahlungen erfasst in Anlehnung an § 64 Satz 1 GmbHG nicht nur Geldzahlungen, sondern jedwede Art von Leistungen, die das Gesellschaftsvermögen belasten und im Ergebnis geeignet sind, der Gesellschaft Liquidität zu entziehen.[340] Die Vorschrift des § 64 Satz 3 GmbHG nimmt hinsichtlich des Merkmals der Zahlung Bezug auf § 64 Satz 1 GmbHG. Bereits dadurch wird deutlich, dass die Regelung an den bestehenden Begriff anknüpft und ein neues bzw. anderes Begriffsverständnis nicht eingeführt werden sollte.[341] Somit sind auch Sachleistungen als Zahlungen im Sinne des § 64 Satz 3 GmbHG zu verstehen.[342]

2) Keine Gegenleistung durch den Empfänger

Weitere Voraussetzung ist – aufgrund des gleichen Verständnisses des Zahlungsbegriffes wie in § 64 Satz 1 GmbH –, dass eine Gegenleistung durch den Empfänger nicht erbracht wurde. Insofern kann auf die dort aufgestellten Grundsätze zurückgegriffen werden. Eine Gegenleistung liegt nach überwiegender Ansicht[343] somit nur dann vor, wenn im Gegenzug zu der Zahlung an die Gesellschafter (Akquisitionsgesellschaft) in das Gesellschaftsvermögen der Zielgesellschaft ein Gegenwert aufgenommen wurde und dieser Wert dort auch voll erhalten geblieben ist.[344] Dies entspricht dem Willen des Gesetzgebers. Denn dieser hat in der Regierungsbegründung bei der Reichweite der Kompensationszahlungen auf die Regelung in § 64 Satz 1 GmbHG verwiesen. Insofern sind die o.g. Grundsätze des § 64 Satz 1 GmbHG auf die Anforderungen des § 64 Satz 3 GmbHG zu übertragen. Hierbei wird jedoch nicht

339 *Waitz*, Existenzvernichtungshaftung, 149.

340 *Haas*, in: Baumbach/Hueck, GmbHG, § 64 Rn. 97.

341 *Bork*, in: Bork/Schäfer, GmbHG, § 64 Rn. 49.

342 *Knof*, DStR 2007, 1536 (1538).

343 BGH vom 18.3.1974, II ZR 2/72, NJW 1974, 1088 (1089); BGH vom 16.3.2009, II ZR 32/08, NZI 2009, 486, bezogen auf § 64 S. 1 GmbHG n. F.; *Casper*, in: Ulmer/Habersack/Winter, GmbHG, § 64 Rn. 43; *Holzner*, Gläubigerschutz, 147; K. *Schmidt*, in: Scholz, GmbHG, § 64 Rn. 24; ablehnend: *Altmeppen*, in: Roth/Altmeppen, GmbHG, § 64 Rn. 58; *Haas*, in: Baumbach/Hueck, GmbHG, § 64 Rn. 80.

344 BGH vom 18.3.1974, II ZR 2/72, NJW 1974, 1088 (1089) zu § 64 Abs. 2 GmbHG a. F. der dem heutigen § 64 Satz 1 und 2 GmbHG entspricht. Die Regelung wurde durch Art. 1 Nr. 43 Buchst. b MoMiG um die Regelung des Satzes 3 ergänzt.

eine Zeitpunkt- sondern eine Zeitraumbetrachtung durch den BGH zur Bewertung vorgenommen.[345]

3) *Herbeiführung der Zahlungsunfähigkeit*

Die Gesellschaft muss zu einem späteren Zeitpunkt objektiv zahlungsunfähig geworden sein. Die Eröffnung des Insolvenzverfahrens ist kein Tatbestandsmerkmal.[346] Die Überschuldung gemäß § 19 InsO oder die drohende Zahlungsunfähigkeit gemäß § 18 InsO sind mit der Zahlungsunfähigkeit nicht gleichzusetzen, da es vorliegend um den Liquiditätsschutz geht.[347]

4) *Kausalität*

Nach dem Wortlaut des § 64 Satz 3 GmbHG „muss" die Zahlungsunfähigkeit die Folge der Zahlung des Geschäftsführers an die Gesellschafter sein.[348] Die Haftung des Geschäftsführers tritt daher nicht zwingend bei jeder Zahlungsunfähigkeit der Gesellschaft ein, sondern verlangt einen engen Kausalzusammenhang zwischen der Zahlung an die Gesellschafter sowie dem Eintritt der Gesellschaft in die Insolvenz.[349] Insofern muss nach dem Willen des Gesetzgebers bereits im Zeitpunkt der Zahlung deutlich erkennbar sein, dass die Gesellschaft bei einem wirtschaftlich normalen Verlauf nicht mehr in der Lage sein wird, ihre Verbindlichkeiten erfüllen zu können.[350] Ausweislich des Regierungsentwurfes sind einschränkend nur solche Zahlungen untersagt, die „ohne Hinzutreten weiterer Kausalbeiträge zur Zahlungsunfähigkeit der Gesellschaft führen".[351] Der Gesetzgeber[352] hat mit seiner ausführlichen Begründung des Anwendungsbereichs den restriktiven Umgang mit der Anwendung dieser Vorschrift nochmals betont.[353] Die Insolvenzverursachungshaftung setzt damit einen

---

345 BGH vom 16.3.2009, II ZR 32/08, NZI 2009, 486 (486) mit Anmerkung *Haas*, NZI 2009, 489.

346 *Kohlmann*, in: Saenger/Inhester, GmbHG, § 64 Rn. 86; *K. Schmidt, in:* Scholz, GmbHG, § 64 Rn. 80 ff.

347 *Haas*, in: Baumbach/Hueck, GmbHG, § 64 Rn. 102; *Kleindiek*, in: Lutter/Hommelhoff, GmbHG, § 64 Rn. 27; *Müller*, in: MünchKomm, GmbHG, § 64 Rn. 166; *K. Schmidt*, in: Scholz, GmbHG, § 64 Rn. 81; a. A.: *Casper*, in: Ulmer/Habersack/Winter, Erg MoMiG, § 64 Rn. 117.

348 *Haas*, in: Baumbach/Hueck, GmbHG, § 64 Rn. 104.

349 *Haas*, in: Baumbach/Hueck, GmbHG, § 64 Rn. 102 ff.; *Knof*, DStR 2007, 1536 (1539).

350 BegrRegE BR-Drucks. 354/07 v. 25.5.2007, 107.

351 BegrRegE BR-Drucks. 354/07 v. 25.5.2007, 106.

352 BegrRegE BR-Drucks. 354/07 v. 25.5.2007, 112.

353 Teilweise wurde eine weitere Einschränkung der Kausalität gefordert; vgl. *Böcker/Poertzgen*, WM 2007, 1203 (1207 f.); *Hölzle*, GmbHR 2007, 729 (731); *Kleindiek*, Festschrift K. Schmidt, (2009), 893 (905). Hinsichtlich der Gesetzesbegründung der Bundesregierung ist anzumerken, dass eine enge Auslegung des Wortlautes eine nicht mehr hinnehmbare Einschränkung des Haftungsinstitutes des § 64 Satz 3 GmbHG zur Folge hätte und den Bedürfnissen gerade auch im Hinblick auf die

unmittelbaren Kausalzusammenhang zwischen der Zahlung an die Gesellschafter und der Insolvenz voraus.

5) *Solvenzprognose des Geschäftsführers*

Um den Anforderungen des § 64 Satz 3 GmbHG gerecht zu werden und eine Inanspruchnahme nach § 64 Satz 3 GmbHG zu vermeiden, muss der Geschäftsführer nachweisen, im Vorfeld der Vornahme von Zahlungen der GmbH an die Gesellschafter eine Solvenzprognose vorgenommen zu haben und die Insolvenz trotz Einhaltung der Sorgfalt eines ordentlichen Geschäftsmanns nicht erkennbar gewesen ist.[354] Hinsichtlich des Umfanges bestehen aber Unsicherheiten, da die Art und Weise der Prüfung nicht gesetzlich normiert ist.[355] Es lässt sich jedoch konstatieren, dass eine Prüfung darüber stattzufinden hat, ob die Gesellschaft nach Leistung der Zahlung an die Gesellschafter weiterhin in der Lage sein wird, ihre Verbindlichkeiten zu erfüllen.

Ob die Solvenzprognose ordnungsgemäß durchgeführt wurde, ist eine Frage, die im Rahmen des Haftungsprozesses als wertende Entscheidung aufgrund der Umstände des Einzelfalles getroffen wird.[356] Dabei ist hinsichtlich der Prognose darauf abzustellen, ob im Zeitpunkt der Leistung bereits die Zahlungsunfähigkeit der Gesellschaft für den Geschäftsführer überwiegend wahrscheinlich war.[357] Hierbei jedoch den Prognosezeitraum schematisch auf das laufende und sich darauf anschließende Jahr zu beschränken[358] und auf diesem Wege eine zeitliche Abgrenzung vorzunehmen,[359] würde den bereits engen Anwendungsbereich nochmals einschränken. Der Schutzzweck der Vorschrift wäre dadurch nicht mehr gewährleistet.

Im Hinblick auf Leveraged-Buyout-Transaktionen lässt sich festhalten, dass hier regelmäßig ein Finanzierungsplan für einen längeren Finanzierungszeitraum vorliegen wird. Bei der Erstellung der Finanzierung war die wirtschaftliche Entwicklung des Unternehmens regelmäßig Grundlage. Insofern sollte der Finanzierungszeitraum,

---

vorliegende Problematik der Praxis nicht gerecht werden würde. Es erscheint aufgrund des heutigen komplexen Zahlungsverkehrs und dessen Abwicklung nicht möglich, ein monokausales Ereignis als Auslöser der Insolvenz bestimmen zu können; vgl. *Bruns,* WM 2003, 815 (820); *Haas, in:* Gottwald; § 92 InsOHdb, Rn. 25.

354 Allgemeine Ansicht vgl. *Bork*, in: Bork/Schäfer, GmbHG, § 64 Rn. 59 f.; *Greulich/ Brunnemann*, NZG 2006, 681 (685 f.); *Haas*, in: Baumbach/Hueck, GmbHG, § 64 Rn. 95; *Knof*, DStR 2007, 1536 (1540); *Wicke*, GmbHG, § 64 Rn. 25.

355 *Haas*, in: Baumbach/Hueck, GmbHG, § 64 Rn. 95.

356 *Kleindiek,* in: Lutter/Hommelhoff, GmbHG, § 64 Rn. 37.

357 *Bork*, in: Bork/Schäffer, GmbHG, § 64 Rn. 55; *Haas*, in: Baumbach/Hueck, GmbHG, § 64 Rn. 104; *Kleindiek*, in: Lutter/Hommelhoff, GmbHG, § 64 Rn. 36 f.; *K. Schmidt*, in: Scholz, GmbHG, § 64 Rn. 86.

358 Vgl. FN-IDW 2009. 161, Tz.. 51 (Prüfungsstandard PS 800);

359 Befürwortend: *Görg*, in: Festschrift Streck (2011), 823 (825); *Müller*, in: MünchKomm, GmbHG, § 64 Rn. 171 m. w. N.; a. A.: *Haas*, in: Baumbach/Hueck, GmbHG, § 64 Rn. 103; *Kleindiek*, in: Lutter/Hommelhoff, GmbHG, § 64 Rn. 37.

den der Finanzierungsplan umfasst, als Grundlage für die Prognose und zur Überprüfung dieser herangezogen werden.

6) Sorgfaltsanforderungen

§ 64 Satz 3 GmbHG sieht vor, dass eine Haftung des Geschäftsführers dann ausgeschlossen ist, wenn die Insolvenzverursachung mit der Sorgfalt eines ordentlichen Geschäftsmannes nicht erkennbar war. Diese Sorgfaltsanforderung muss in Einklang mit dem sanktionsfreien unternehmerischen Ermessen stehen. Insofern kann sie nicht im Einzelnen an bestimmte Voraussetzungen geknüpft sein, sondern es muss ersichtlich sein, dass der Geschäftsführer in umfassender Art und Weise aufgrund seiner bisherigen Erfahrungen eine Prognose unter realistischen ökonomischen Faktoren erstellt hat. Die Prognose ist dabei mit einem gewissen Sicherheitsabschlag zu versehen.[360]

III. Schuldner des Anspruchs

1) Geschäftsführer der Gesellschaft

Nach dem Wortlaut des § 64 GmbHG richtet sich dieser Anspruch zuvorderst an den wirksam bestellten Geschäftsführer.[361]

2) Gesellschafter als faktischer Geschäftsführer

Fraglich ist weiterhin, ob die Insolvenzverursachungshaftung gemäß § 64 Satz 3 GmbHG auch auf die Gesellschafter zu erstrecken ist. Eine Erweiterung des Hafterkreises erscheint dann als angebracht, wenn diese wie faktische Geschäftsführer handeln.[362]

a) Voraussetzungen der faktischen Geschäftsführung

Die Rechtsprechung stellt an die Erweiterung des Haftungskreises auf den faktischen Geschäftsführer erhebliche Anforderungen. Nur eine natürliche unbeschränkt geschäftsfähige Person kann faktischer Geschäftsführer sein.[363] Voraussetzung ist zwar nicht die vollständige Übernahme der gesetzlichen Geschäftsführung, jedoch muss der Handelnde die Führung der Gesellschaft wesentlich bestimmen. Während in der Literatur teilweise eine vollständige Übernahme der rechtsgeschäftlichen Handlungen des Geschäftsführers durch den Handelnden verlangt wird,[364] ist es nach der Rechtsprechung des BGH ausreichend, wenn ein wesentlicher Teil der Geschäftsführeraufgaben durch den Dritten übernommen werden und nebenher

---

360 *Holzner*, Gläubigerschutz, 173 f.
361 *Haas*, in: Baumbach/Hueck, GmbHG, § 64 Rn. 175 f.; *Wicke*, GmbHG, § 64 Rn. 25.
362 *Holzner*, Gläubigerschutz, 217.
363 BGH vom 25.2.2002, II ZR 196/00, BGHZ 150, 61 (63 f.) = NJW 2002, 1803 (1805).
364 *Stein*, Das faktische Organ, 184 ff.

in einem begrenzten Umfang der tatsächliche Geschäftsführer seine Aufgaben weiterhin ausübt.[365] Entscheidend stellt der BGH nicht darauf ab, wer die laufende Geschäftsführung übernimmt, sondern wer die für den Fortbestand der Gesellschaft relevanten Entscheidungen trifft.[366]

Darüber hinaus verlangt die Rechtsprechung mehr als nur die interne Einflussnahme auf den Geschäftsführer. Vielmehr muss der Betreffende mit seinem Handeln nach außen auftreten und als ein Geschäftsführer in für einen Geschäftsführer typischen Bereichen entsprechend handeln.[367] Die Literatur lehnt die Notwendigkeit eines Handels nach außen als notwendige Voraussetzung ab.[368] Das Gesetz setze aus Gläubigerschutzgründen der Einwirkung auf den Geschäftsführer klare Grenzen. Dieser Schutz wäre nicht umfassend, wenn nicht auch das Handeln eines Dritten sanktioniert werde, wenn dieser sich kraft seines faktischen Einflusses über diese Grenzen hinwegsetze.[369] Die Einschränkung der Haftung, insbesondere einer Gesellschafterhaftung, durch diese zusätzliche Voraussetzung fehle der Grund. Aspekte eines Vertrauensschutzes, die eine solche Verknüpfung rechtfertigen würden, seien dieser Regelung fremd.[370]

Der letztgenannten Ansicht ist zuzustimmen. Nur sofern die Haftung als faktischer Geschäftsführer nicht an zusätzliche Voraussetzungen, wie ein Auftreten im Außenverhältnis geknüpft wird, kann ein umfassender Schutz zugunsten der Gläubiger erreicht werden. Auch durch eine nicht nach außen auftretende Einflussnahme kann der Geschäftsführer erheblich in seinen Entscheidungen durch die Gesellschafter beschnitten werden, ohne dass dies nach außen sichtbar wird. Insofern sollte eine Haftung über die Figur des faktischen Geschäftsführers nicht über die Frage einer nach außen erkennbaren Einflussnahme erfolgen, sondern über das Maß der Einflussnahme auch im Innenverhältnis entschieden werden.[371]

Abzugrenzen ist diese Einflussnahme, mit der Folge einer umfassenden Haftung, von dem Weisungsrecht der Gesellschafterversammlung. Der Geschäftsführer einer GmbH unterliegt den Weisungen der Gesellschafterversammlung (§ 37 Abs. 1 GmbH). Hierbei können die Weisungen im Gesellschaftsvertrag bereits verankert sein, oder durch Beschlüsse der Gesellschafterversammlung gefasst werden. Die Weisungen können sich dabei inhaltlich auf alle Angelegenheiten der Geschäftsführung

365 BGH vom 11.7.2005, II ZR 235/03, BB 2005, 1869 (1869); BGH vom 25.2.2002 II ZR 196/00, BGHZ 150, 61; BGH vom 21.3.1988, II ZR 194/87, BGHZ 104, 44 (48).
366 BGH vom 11.7.2005, II ZR 235/03, BB 2005, 1869 (1869); BGH vom 25.2.2002, II ZR 196/00, BGHZ 150, 61 (69); BGH vom 21.3.1988, II ZR 194/87, BGHZ 104, 44 (48).
367 BGH vom 11.7.2005, II ZR 235/03, BB 2005, 1869 (1869); BGH vom 25.2.2002, II ZR 196/00, BGHZ 150, 61 (69); BGH vom 21.3.1988, II ZR 194/87, BGHZ 104, 44 (48).
368 *Fleischer*, GmbHR 2011, 337 (342); *Haas*, in: Baumbach/Hueck, GmbHG, § 64 Rn. 10; *ders.*, NZI 2006, 494 (497); *Kleindiek*, in: Lutter/Hommelhoff, GmbHG, § 43 Rn. 2; *Klöhn*, in: Bork/Schäfer, GmbHG, § 43 Rn. 11 jeweils m. w. N.
369 *Haas*, in: Baumbach/Hueck, GmbHG, § 64 Rn. 10.
370 *Haas*, in: Baumbach/Hueck, GmbHG, § 64 Rn. 10.
371 *Holzner*, Gläubigerschutz, 221.

beziehen.[372] Ausgenommen sind davon jedoch Aufgaben, deren Erfüllung der Gesetzgeber den Geschäftsführern in eigener Verantwortlichkeit zuweist.[373] Zu diesen Aufgaben zählt insbesondere das Vereiteln von stammkapitalmindernden Auszahlungen i.S.d. § 30 GmbHG.[374] Sofern die Gesellschafterversammlung durch Entscheidungen in diesen Verantwortungsbereich des Geschäftsführers eingreift, sind diese Handlungen nicht mehr durch das Weisungsrecht geschützt. Somit können dann die Gesellschafter, die durch die Entscheidung in der Gesellschafterversammlung die Grenzen des Weisungsrechts überschreiten, als faktische Geschäftsführer in Haftung genommen werden. Werden die Gesellschaftsanteile durch eine Personen- oder Kapitalgesellschaft gehalten, so sind die verantwortlichen Organe als faktische Geschäftsführer in Anspruch zu nehmen.

b) Anwendung auf Leveraged-Buyout-Transaktionen

Mit dem Ziel, Solvenzprognosen des Geschäftsführers gegenüber der Einflussnahme durch Gesellschafter zu schützen, ist eine solche Ausweitung der Haftung über die Figur des faktischen Geschäftsführers auf die Gesellschafter sachgerecht.[375] Dies erscheint gerade im Hinblick auf Leveraged-Buyout-Transaktionen und dessen Struktur sinnvoll und notwendig. Regelmäßig liegt bei Auszahlungen der Zielgesellschaft an die Akquisitionsgesellschaft zum Zweck der Finanzierung dieser Gesellschaft eine Einflussnahme in der oben beschriebenen Intensität vor. Nach der Übernahme wird die Entwicklung der Zielgesellschaft nicht mehr in der Leitung der Zielgesellschaft entschieden, sondern wesentlich durch die hinter der Akquisitionsgesellschaft stehenden Investoren. Der Entscheidungsspielraum der Geschäftsführung in der Zielgesellschaft bleibt auf die Führung der laufenden Geschäfte beschränkt. Insofern dürfte das Erfordernis der wesentlichen Einflussnahme in solchen Fällen regelmäßig erfüllt sein.[376]

IV. Insolvenzverursachungshaftung aufgrund eines Leveraged Buyout

Auf die Ausnutzung der Ertragslage einer Zielgesellschaft und der daraus resultierenden Haftung wurde bereits an anderer Stelle hingewiesen.[377]. Die Verringerung der liquiden Mittel zum Zwecke der Finanzierung der Leveraged-Buyout-Transaktion auf der einen und die fehlerhafte Einschätzung – eine zu positive Erwartung – der wirtschaftlichen Entwicklung der Zielgesellschaft auf der anderen Seite, sind regelmäßig

372 *Jacoby*, in: Bork/Schäfer, GmbHG, § 37 Rn. 12 m. w. N.
373 *Jacoby*, in: Bork/Schäfer, GmbHG, § 37 Rn. 12; *Kleindiek*, in: Lutter/Hommelhoff, GmbHG, § 37 Rn. 5.
374 *Jacoby*, in: Bork/Schäfer, GmbHG, § 37 Rn. 12; *Kleindiek*, in: Lutter/Hommelhoff, GmbHG, § 37 Rn. 5.
375 So auch *Holzner*, Gläubigerschutz, 219.
376 Vgl. *Holzner*, Gläubigerschutz, 219.
377 Siehe dazu ausführlich: 1. Kapitel A. 2) II, Folgen und Risiken des Leveraged Buyout.

zumindest mitursächlich für die Insolvenz der Gesellschaft. Daher ist zu erwarten, dass aus diesem Grund auch die notwendigen Sorgfaltsanforderungen nicht eingehalten wurden. Vorliegend kann im Rahmen dieser Untersuchung nur festgestellt werden, ob aufgrund der typischen Leveraged-Buyout-Struktur eine Zahlung im Sinne des § 64 Satz 3 GmbHG vorliegt und es an der erforderlichen Gegenleistung fehlt.

1) Upstream-Darlehen

Durch den Zahlungsbegriff in § 64 Satz 3 GmbHG werden die Upstream-Darlehen an die Akquisitionsgesellschaft erfasst. Mangels Vermögens in der Akquisitionsgesellschaft liegt eine adäquate Gegenleistung nicht vor.

2) Upstream-Sicherheiten

Gleiches gilt bei den sog. Upstream-Sicherheiten. Aufgrund des weiten Zahlungsbegriffes ist auch diesbezüglich der Anwendungsbereich des § 64 Satz 3 GmbHG eröffnet. Hinsichtlich der Gegenleistung gilt das oben Gesagte.

3) Upstream Merger

In diesem Fall wird die Zielgesellschaft auf die Akquisitionsgesellschaft verschmolzen. Dabei geht das Vermögen der Zielgesellschaft mittels Gesamtrechtsnachfolge auf die Akquisitionsgesellschaft über. Das gesamte Vermögen der Zielgesellschaft fließt somit in die Akquisitionsgesellschaft und die Zielgesellschaft erlischt gemäß § 20 Abs. 1 Nr. 2 UmwG. Sie setzt sich im Prinzip in der zuvor vermögenslosen Hülle der Akquisitionsgesellschaft fort. Sofern der Verschmelzungsvorgang selbst als Zahlung i.S.d. § 64 S. 3 GmbHG verstanden werden kann, wird regelmäßig der Nachweis der Kausalität zwischen der Zahlung in Form des Verschmelzungsvorgangs und der Herbeiführung der Zahlungsunfähigkeit nicht mehr möglich sein. Aufgrund des Erlöschens der Zielgesellschaft kann die Zahlungsunfähigkeit dieser nicht mehr eintreten. Somit kann die notwendige Kausalität zwischen dem Eintritt der Zahlungsunfähigkeit und der Zahlung selbst nicht mehr nachgewiesen werden. Ein haftungsauslösender Eingriff bei Zielgesellschaft findet somit nicht statt.

4) Downstream Merger

Im Rahmen eines Downstream Merger werden die Anteile der Zielgesellschaft an die Gesellschafter der Akquisitionsgesellschaft übertragen. Die Verbindlichkeiten der Akquisitionsgesellschaft, die durch den Erwerb der Anteile an der Zielgesellschaft entstanden sind, gehen hingegen durch die Verschmelzung auf die Zielgesellschaft über. Fraglich ist, ob im Rahmen einer solchen Transaktionsstruktur eine Leistung als Zahlung i.S.d. § 64 Satz 3 GmbHG qualifiziert werden kann. Eine solche Zahlung könnte zum einen in der Übertragung der Anteile der Zielgesellschaft, die vor der Verschmelzung die Akquisitionsgesellschaft hielt, an die Gesellschafter der Akquisitionsgesellschaft gesehen werden. Zum anderen könnte aber auch die

Übertragung der Verbindlichkeiten auf die Zielgesellschaft als eine solche Zahlung qualifiziert werden.

Die Entscheidung über die Verschmelzung der Akquisitionsgesellschaft mit der Zielgesellschaft liegt nicht im Aufgabenbereich des Geschäftsführers. Die Entscheidung über die Verschmelzung fällt als Strukturangelegenheit in die Zuständigkeit der Gesellschafterversammlung. Die Zuständigkeit der Gesellschafterversammlung für solche Angelegenheiten ist ein allgemeines Rechtsprinzip, welches sich aus der Gesamtschau von GmbH-Rechten ableitet.[378] Insofern können entsprechende Entscheidungen nicht durch den Geschäftsführer getroffen werden. Er kann daher auch nicht für Vorgänge in Anspruch genommen werden, die nicht in seinem Einflussbereich liegen.

5) Debt push-down

Die Abführung des Cashflow an die Akquisitionsgesellschaft als Gesellschafter stellt eine Zahlung im Sinne des § 64 Satz 3 GmbHG dar.[379] Sie erfolgt auch ohne Gegenleistung. Es entspricht gerade der typischen Leveraged-Buyout-Struktur, dass eine Gegenleistung durch die Akquisitionsgesellschaft nicht erfolgen kann und auch nicht soll. Für das Upstream-Darlehen im Rahmen eines Debt push-down gilt das oben Gesagte. Insofern eröffnet ein Debt push-down in beiden Varianten eine Haftung nach § 64 Satz 3 GmbHG.

6) Interner Asset Deal

Im Rahmen des internen Asset Deal ist fraglich, ob die Zahlung eines nicht marktgerechten Kaufpreises, die Stundung des Kaufpreises bzw. die Abführung des auf diese Weise generierten Cashflow als eine ausreichende Gegenleistung für den Verkauf der Vermögensgegenstände – die Leistung – im Sinne des § 64 Satz 3 GmbHG angesehen werden kann.

Die Zahlung eines unangemessenen Kaufpreises ist als unzureichende Gegenleistung zu qualifizieren, denn dadurch wird das Vermögen der Zielgesellschaft vermindert. Es wird zwar nicht in dem Umfang des Wertes des Vermögensgegenstandes gemindert, jedoch in der Differenz zwischen dem tatsächlich gezahlten Kaufpreis und dem tatsächlichen Wert des Gegenstandes. Eine Minderung ist somit gleichermaßen festzustellen. Insofern führt eine derartige Veräußerung zu einer Haftung des Geschäftsführers gemäß § 64 Satz 3 GmbHG.

Eine Stundung kann ebenfalls als eine nicht angemessene Gegenleistung qualifiziert werden. Eine solche hält einem Drittvergleich nicht stand. Einem vermögenslosen Dritten würde man einen Kaufpreis regelmäßig nicht stunden, denn eine spätere Zahlung des Kaufpreises erscheint bei einem vermögenslosen Schuldner nicht wahrscheinlich. Der Gegenleistungsanspruch ist insofern nicht werthaltig.

---

378 *Liebscher*, in: MünchKomm, GmbHG, § 46 Rn. 294 f.

379 *Holzner*, Gläubigerschutz, 161 f.

Insofern ist auch diese Variante als verbotene Zahlung i.S.d. § 64 Satz 3 GmbHG anzusehen.

Hinsichtlich des durch den Verkauf der Vermögensgüter generierten Cashflow ist dieser selbst als Zahlung durch die Zielgesellschaft zu qualifizieren. Er erfolgt jedoch ohne Gegenleistung. Demzufolge wird durch ihn die Haftung des § 64 Satz 3 GmbHG ausgelöst.[380]

C. Existenzvernichtungshaftung durch Leveraged-Buyout-Transaktionen

Neben der oben dargestellten Haftung durch Verletzung der Kapitalerhaltungsvorschriften und der Insolvenzverursachungshaftung ist der Vermögensschutz einer GmbH durch das Verbot des existenzvernichtenden Eingriffes flankiert.

Unter dem Begriff des existenzvernichtenden Eingriffes versteht die Rechtsprechung die Beseitigung der Fähigkeit einer GmbH, ihren Verpflichtungen gegenüber den Gläubigern nachkommen zu können.[381] Dieser Zeitpunkt entspricht dem Eintritt oder der Vertiefung der Insolvenz der Gesellschaft.[382] Haftungsauslösend wirkt dabei, dass Gesellschafter der GmbH Vermögen in einem solchen Umfang entziehen, dass dies zur Insolvenz der GmbH führt. Ziel der Haftung ist es, wie bei den Kapitalerhaltungsvorschriften, die Fähigkeit der Gesellschaft, ihren Verbindlichkeiten nachkommen zu können, zu erhalten.[383]

Durch das Rechtsinstitut der Haftung aufgrund eines existenzvernichtenden Eingriffes werden die Lücken des Kapitalerhaltungsgebotes bei der GmbH geschlossen.[384] Solche Lücken bestehen in zweierlei Hinsicht. Zum einen können aufgrund der bilanziellen Betrachtungsweise bilanzneutrale Handlungen nicht durch § 30 GmbHG erfasst werden.[385] Zum anderen besteht unzureichender Schutz auf der Rechtsfolgenseite des Kapitalschutzrechtes dadurch, dass weder durch eine Rückgewähr der Leistungen nach § 31 GmbHG noch durch eine Haftung ex post die Insolvenz der Zielgesellschaft vermieden werden kann.[386]

---

380 Vgl. ebenfalls *Holzner*, Gläubigerschutz, 162.

381 BGH vom 16.7.2007, II ZR 3/04 (Trihotel), BGHZ 173, 246 (258) = NJW 2007, 2689 (2692) = DStR 2007, 1586 (1590).

382 BGH vom 16.7.2007, II ZR 3/04 (Trihotel), BGHZ 173, 246 (258) = NJW 2007, 2689 (2692) = DStR 2007, 1586 (1590).

383 *Zöllner*, Festschrift Konzen (2006), 999 (1004).

384 BGH vom 16.7.2007, II ZR 3/04 (Trihotel), BGHZ 173, 246 (258) = NJW 2007, 2689 (2692) = DStR 2007, 1586 (1590); *Bitter*, in: Scholz, GmbHG, § 13 Rn. 155 ff.

385 Zu diesen Maßnahmen sind beispielsweise die Verlagerung der Produktion in ein anderes Unternehmen oder der Entzug der Liquidität zu zählen, vgl. *Diem*, Akquisitionsfinanzierungen, § 47 Rn. 36.

386 *Diem*, Akquisitionsfinanzierungen, § 47 Rn. 36; *Waitz*, Existenzvernichtungshaftung, 8.

Das Rechtsinstitut des existenzvernichtenden Eingriffes wurde als Folge der Aufgabe der Rechtsprechung zum qualifizierten faktischen Konzern durch das Urteil „Bremer Vulkan" des BGH vom 17.09.2001[387] geschaffen und in darauffolgenden Urteilen des BGH weiter konkretisiert.[388] Durch dieses Rechtsinstitut betonte der BGH die vornehmliche Bedeutung des Gesellschaftsvermögens einer GmbH als Haftungsmasse der Gläubiger. Er stellte fest, dass den Gesellschaftern ebenso wie im Liquidations- und Insolvenzverfahren nicht das gesamte Gesellschaftsvermögen zur Verfügung stehe, sondern nur der Überschuss, der nicht zur Erfüllung der Gesellschaftsverbindlichkeiten benötigt wird. Bei einer Auskehr von Gesellschaftsvermögen haben die Gesellschafter einer GmbH somit immer mit Rücksicht auf die Zweckbindung des Vermögens zu handeln. Wird dieses Gebot der Rücksichtnahme durch Entnahmen verletzt und dadurch die Möglichkeit der Befriedigung der Gesellschafter verhindert, so ist dies als ein existenzvernichtender Eingriff zu werten.[389] Zunächst war der Haftungstatbestand als Durchgriffshaftung, geknüpft an den Missbrauch der Rechtsform, ausgestaltet. Seit der Trihotel-Entscheidung[390] knüpft der BGH an die missbräuchliche Schädigung des im Gläubigerinteresse zweckgebundenen Gesellschaftsvermögens an[391] und betrachtet sie als eine besondere Fallgruppe der sittenwidrigen vorsätzlichen Schädigung des § 826 BGB.[392] Auch das Anspruchsverhältnis zwischen der Existenzvernichtungshaftung und den §§ 30 ff. GmbHG wurde durch den BGH in der Trihotel-Entscheidung revidiert und neu definiert. Vor der Trihotel-Entscheidung ging der BGH noch von einer Subsidiarität der Ansprüche[393] aus. Seit der o.g. Entscheidung stellt der BGH fest, dass entgegen der früheren Rechtslage die Gesellschafter sich bei entsprechendem Verstoß sowohl einem Anspruch auf Herausgabe des Erlangten nach § 31 Abs. 1 GmbHG sowie einem Schadensersatzanspruch nach § 826 BGB ausgesetzt sehen können.[394] Somit besteht

387 BGH vom 17.9.2001, II ZR 178/99 (Bremer Vulkan), BGHZ 149, 10 (10), NJW 2001, 3622 (3622 ff.).

388 Vgl. ausführlich zur Entwicklung des existenzvernichtenden Eingriffes: *Waitz*, Existenzvernichtungshaftung, 8 ff. Hinsichtlich der Konkretisierung des Rechtsinstitutes sind des Weiteren BGH vom 25.2.2002, II ZR 196/00 (L-Kosmetik), BGHZ 150, 61 ff.; BGH vom 24.6.2002, II ZR 300/00 (KBV), BGHZ 151, 181 ff.; BGH vom 25.7.2005, II ZR 390/03 (Rheumaklinik), NJW 2005, 145; BGH vom 13.12.2004, II ZR 206/02, NJW-RR 2005, 335, (BMW-Vetragshändler) = NZG 2005, 177 f.; BGH vom 13.12.2004, II ZR 256/02 (Handelsvertreter), NZG 2005, 214 f. zu nennen.

389 BGH vom 24.6.2002, II ZR 300/00 (KBV), BGHZ 151, 181 ff.

390 BGH vom 16.7.2007, II ZR 3/04 (Trihotel), BGHZ 173, 246 (258) = NJW 2007, 2689 (2692).

391 *Diem*, Akquisitionsfinanzierungen, § 47 Rn. 39.

392 *Diem*, Akquisitionsfinanzierungen, § 47 Rn. 39.

393 BGH vom 24.6.2002, II ZR 300/00 (KBV), BGHZ 151, 181 ff.; BGH vom 13.12.2004, II ZR 206/02, NJW-RR 2005, 335, (BMW-Vetragshändler) = NZG 2005, 177 f.; BGH vom 13.12.2004, II ZR 256/02 (Handelsvertreter), NZG 2005, 214 f.

394 BGH vom 16.7.2007, II ZR 3/04 (Trihotel), BGHZ 173, 246 (262) = NJW 2007, 2689 (2693).

nunmehr zwischen den Ansprüchen eine Anspruchskonkurrenz.[395] Zudem sieht der BGH seit der Trihotel-Entscheidung die Haftung der Gesellschafter nicht mehr als eine Außenhaftung an, sondern betrachtet die Existenzvernichtungshaftung als eine Innenhaftung der Gesellschafter gegenüber der Gesellschaft.[396] Dies begründet der BGH durch die Auffassung, dass die Existenzvernichtungshaftung auf einer Ebene mit dem Schutzsystem der Kapitalerhaltungsvorschriften stehe und somit nur eine Verlängerung des Schutzsystems auf das Deliktsrecht darstelle. Hierbei würde eine Existenzvernichtungshaftung, die als Außenhaftung ausgestaltet sei, im Widerspruch zu den Kapitalschutzvorschriften der §§ 30, 31 GmbHG stehen.[397]

I. Voraussetzungen des existenzvernichtenden Eingriffes

Ein Anspruch aus § 826 BGB setzt auf objektiver Tatbestandsebene eine missbräuchliche Schädigung des Vermögens im Sinne eines Verstoßes gegen die guten Sitten einer abhängigen GmbH durch den beherrschenden Gesellschafter[398] und auf subjektiver Tatbestandsebene das vorsätzliche Handeln der Gesellschafter voraus.[399]

1) Sittenwidriger Eingriff

Den sittenwidrigen Eingriff definiert der BGH als eine planmäßige Entziehung des Vermögens der Gesellschaft, die den Eintritt der Insolvenz zur Folge hat und zugleich den Gesellschafter selbst oder einen Dritten begünstigt.[400]

a) Schädigung des Gesellschaftsvermögens

Eine Schädigung des Gesellschaftsvermögens setzt voraus, dass der Gesellschaft ohne rechtfertigenden Grund oder angemessenen Ausgleich Vermögenswerte entzogen werden.[401]

395 BGH vom 16.7.2007, II ZR 3/04 (Trihotel), BGHZ 173, 246 (262) = NJW 2007, 2689 (2693).

396 BGH vom 16.7.2007, II ZR 3/04 (Trihotel), BGHZ 173, 246 (252) = NJW 2007, 2689 (2690).

397 Dazu näher *Holzner*, Gläubigerschutz, 203 m. w. N. Vgl. dazu insbesondere *Waitz*, Existenzvernichtender Eingriff, 181 ff. sowie *Holzner*, Gläubigerschutz, 185 ff.

398 BGH vom 16.7.2007, II ZR 3/04 (Trihotel), BGHZ 173, 246 (263) = NJW 2007, 2689 (2693).

399 *Diem*, Akquisitionsfinanzierungen, § 47 Rn. 40.

400 BGH vom 16.7.2007, II ZR 3/04 (Trihotel), BGHZ 173, 246 (252) = NJW 2007, 2689 (2690).

401 BGH vom 16.7.2007, II ZR 3/04 (Trihotel),BGHZ 173, 246 (252) = NJW 2007, 2689 (2690); siehe auch *Weller*, DStR 2007, 116 (118).

(1) Eingriffshandlung

Die Eingriffshandlung wird durch das Entziehen des Gesellschaftsvermögens verwirklicht. Dieses Entziehen kann auf jegliche Art und Weise durch positives Handeln erfolgen, während ein Entziehen durch Unterlassen nicht haftungsauslösend ist.[402] Der BGH verlangt einen kompensationslosen, zur Insolvenz führenden oder diese vertiefenden Eingriff in das Gesellschaftsvermögen.[403]

(2) Zweckgebundenes Gesellschaftsvermögen

Das durch die Existenzvernichtungshaftung geschützte Vermögen der GmbH umfasst nach Auffassung des BGH das Vermögen, das zur vorrangigen Befriedigung der Gesellschaftsgläubiger dient.[404] Im Hinblick auf das Ziel der Existenzvernichtungshaftung, eine Ergänzung der Kapitalerhaltungsvorschriften der §§ 30, 31 GmbHG zum Schutz der GmbH vor der Insolvenz zu schaffen, ist von einem weiten Vermögensbegriff auszugehen.[405] Der Schutz der Existenzvernichtungshaftung umfasst daher alle Vermögenswerte, deren einzelner Entzug dazu führen kann, die Solvenz einer GmbH zu gefährden.[406] Somit sind auch bilanzneutrale Vermögenswerte einzubeziehen, da deren Entzug ebenfalls geeignet ist, die Insolvenz der Gesellschaft auszulösen.[407] Infolgedessen stuft der BGH beispielsweise sowohl die Übertragung des Kundenstammes als auch die Verlagerung von Geschäftschancen als haftungsrelevanten Eingriff ein.[408]

Daher umfasst das Gesellschaftsvermögen im Ergebnis, sämtliche Vermögenswerte, soweit sie zur Erfüllung der Forderungen von Gesellschaftsgläubigern notwendig sind.[409] Hierzu zählen nach Auffassung des BGH jedoch nicht nur liquide Mittel, sondern auch Sicherheiten zur Besicherung von Gesellschafterverbindlichkeiten sowie solche geschäftlichen – personellen wie materiellen – Ressourcen, die der Gewinnerzielung und damit mittelbar der Erfüllung der Forderungen von

---

402 *Haas*, WM 2003, 1929 (1936); *Habersack*, in: Emmerich/Habersack, Konzernrecht; Anh. § 318 AktG Rn. 38; *Waitz*, Existenzvernichtungshaftung, 101 f.

403 BGH vom 16.7.2007, II ZR 3/04 (Trihotel), BGHZ 173, 246 (252) = NJW 2007, 2689 (2690).

404 BGH vom 16.7.2007, II ZR 3/04 (Trihotel), BGHZ 173, 246 (252) = NJW 2007, 2689 (2690);

405 Vgl. *Waitz*, Existenzvernichtungshaftung, 103 als Folgerung aus dem vom BGH beabsichtigten Schutzzweck der Existenzvernichtungshaftung.

406 *Waitz*, Existenzvernichtungshaftung, 103 f.

407 *Benecke*, BB 2003, 1190 (1194); *Waitz*, Existenzvernichtungshaftung, 104; *Wiedemann*, ZGR 2003, 283 (293).

408 Vgl. *Waitz*, Existenzvernichtungshaftung, 104 mit Verweis auf BGH vom 13.12.2004, II ZR 206/02, NJW-RR 2005, 335 (337) = ZIP 2005, 117 (119); BGH vom 13.12.2004, II ZR 256/02, BB 2005, 286 (288) = ZIP 2005, 250 (252) sowie BGH vom 17.9.2001, II ZR 178/99, BGHZ 149, 10 (16).

409 BGH vom 13.12.2004, II ZR 206/02, NJW-RR 2005, 335 (337) = DStR 2005, 162; BGH vom 16.7.2007, II ZR 3/04 (Trihotel), BGHZ 173, 246 (256) = NJW 2007, 2689 (2691).

Gesellschaftsgläubigern dienen.[410] In der Folge steht den Gesellschaftern nur das Vermögen zur Verfügung, das nicht zur Erfüllung von Gesellschaftsverbindlichkeiten benötigt wird.[411]

(3) Fehlende Kompensation

Der Entzug der oben genannten Vermögenswerte ist aber nur dann haftungsauslösend, wenn den Vermögenswerten keine angemessene Kompensationsleistung gegenübersteht oder der Vermögensentzug in sonstiger Weise gerechtfertigt ist.[412] In diesem Falle wäre der Vermögensentzug nicht sittenwidrig.[413] Maßstab für eine angemessene Kompensation ist hierbei derselbe, der auch bei der verbotenen Auszahlung gemäß § 30 GmbHG angewandt wird.[414] Eine Kompensation ist dann zu bejahen, wenn die entsprechende Gegenleistung auch durch einen unabhängigen Dritten akzeptiert worden wäre.[415] Somit kann die Gegenleistung sowohl in Form eines finanziellen Ausgleiches als auch im Abschluss eines Ausgleichsgeschäfts gesehen werden.[416] Maßstab in diesem Zusammenhang ist auch hier wieder die Angemessenheit der Gegenleistung. Die Bewertung der Angemessenheit ist anhand der Bewertung des Einzelfalles vorzunehmen.[417] Sofern die Gesellschaft durch die Gesellschafter eine angemessene Gegenleistung erhält, entfällt eine Schädigung der Gesellschaft, da die Gesellschaft durch das Erhaltene ebenso die Gläubiger der Gesellschaft befriedigen kann.[418]

b) Gezielte Vermögensminderung

Als weitere tatbestandliche Voraussetzung wird bei einem existenzvernichtenden Eingriff verlangt, dass die Entziehung zielgerichtet sein muss. Als gezielte Vermögensminderung kann das Verhalten der Gesellschafter bewertet werden, wenn aufgrund eines Gesamtplanes, der darauf gerichtet ist, der Gesellschaft Vermögen zu entziehen, die Insolvenz der Gesellschaft verursacht wird.[419] Das Merkmal dient der Abgrenzung der Existenzvernichtungshaftung zu Insolvenz verursachenden

---

410 Vgl. *Waitz*, Existenzvernichtungshaftung, 106 m. w. N.

411 BGH vom 24.6.2002, II ZR 300/00, BGHZ 151, 181 (186).

412 BGH vom 13.12.2004, II ZR 206/02, NJW-RR 2005, 335 = DStR 2005, 162.

413 BGH vom 13.12.2004, II ZR 206/02, NJW-RR 2005, 335 = DStR 2005, 162; BGH vom 16.7.2007, II ZR 3/04, DStR 2007, 1586 (1592); BGH vom 9.2.2009, II ZR 292/07, NJW 2009, 2127 (2129); *Waitz*, Existenzvernichtungshaftung, 107 m. w. N.

414 Vgl. *Waitz*, Existenzvernichtungshaftung, 107 m. w. N.

415 *Waitz*, Existenzvernichtungshaftung, 107.

416 *Waitz*, Existenzvernichtungshaftung, 107.

417 *Waitz*, Existenzvernichtungshaftung, 107.

418 *Waitz*, Existenzvernichtungshaftung, 108.

419 Vgl. *Waitz*, Existenzvernichtungshaftung, 109.

Managementfehlern.[420] Managementfehler sind solche Maßnahmen, die zwar auch zu einer Vermögensminderung führen, jedoch nicht gezielt darauf ausgerichtet sind.[421] Der BGH verlangt einen gezielten, betriebsfremden Zwecken dienenden Entzug von Vermögenswerten.[422] Insofern nimmt er eine Abgrenzung anhand der Gesamtumstände des Einzelfalles zwischen dem operativen Tagesgeschäft und betriebsfremden Zwecken vor.[423] Planmäßigkeit liegt daher dann vor, wenn die vermögensmindernden Maßnahmen in ihrer Intensität das operative Tagesgeschäft überschreiten und infolgedessen eine Wahrnehmung der Gesellschaftsinteressen nicht mehr gewährleistet ist, da die Minderung des Gesellschaftsvermögens ökonomisch nicht mehr dem Interesse der Gesellschaft dient, sondern nur eine Verschiebung des Gesellschaftsvermögens hin zu den Gesellschaftern darstellt.[424]

c) Insolvenz der Gesellschaft

Darüber hinaus muss der kompensationslose Entzug des Gesellschaftsvermögens zur Insolvenz führen oder die bereits vorhandene vertiefen.[425] Erforderlich ist somit die Insolvenzreife, die bei Vorliegen eines der Insolvenzgründe, der Zahlungsunfähigkeit gemäß § 17 InsO bzw. der Überschuldung gemäß § 19 InsO, gegeben ist. Ebenso ist auch die Vertiefung einer bereits bestehenden Insolvenz mittels Begründung von Verbindlichkeiten in nicht unerheblichem Umfang als Tatbestandsmerkmal ausreichend.[426]

Das Tatbestandsmerkmal der Insolvenz dient somit auch als Abgrenzungsmerkmal zwischen einer Existenzvernichtung auf der einen Seite und der bloßen haftungsrechtlich nicht relevanten Existenzgefährdung der GmbH, die nicht zu einer Insolvenzreife führt, auf der anderen Seite.[427] Dieser Abgrenzung sowie der daraus resultierenden Begrenzung der Haftung auf die Existenzvernichtung der GmbH ist zuzustimmen. Der Grund hierfür liegt nicht nur in den praktischen Problemen, die sich bei der Feststellung einer haftungsauslösenden Existenzgefährdung

---

420 Vgl. *Waitz*, Existenzvernichtungshaftung, 109 mit Verweis auf die Handelsvertreter-Entscheidung (BGH, DStR 2005, 340 [342]), indem er eine Abgrenzung zwischen Managementfehlern und einem existenzvernichtenden Eingriff vornimmt.

421 Vgl. *Waitz*, Existenzvernichtungshaftung, 109.

422 BGH vom 16.7.2007, II ZR 3/04 (Trihotel), BGHZ 173, 246 (256) = NJW 2007, 2689 (2691).

423 *Waitz*, Existenzvernichtungshaftung, 110.

424 *Waitz*, Existenzvernichtungshaftung, 110.

425 BGH, Urteil v. 16.7.2007, II ZR 3/04 (Trihotel), BGHZ 173, 246 (256) = NJW 2007, 2689 (2691).

426 Eine Insolvenzvertiefung kann dann eintreten, wenn der Gesellschafter eine bereits tatsächlich insolvente GmbH dazu nutzt, dieser weitere Verbindlichkeiten zu übertragen, um sich dieser Verpflichtung zu entziehen; vgl. *Waitz*, Existenzvernichtungshaftung, 114.

427 BGH vom 16.7.2007, II ZR 3/04 (Trihotel), BGHZ 173, 246 (256) Rn. 25, NJW 2007, 2689 (2690 f.).

ergeben, sondern vor allem auch im Hinblick auf den Schutzzweck der Haftung, der nicht auf eine ausreichende Ausstattung des Haftungsfonds ausgerichtet ist, sondern dazu dient, die Vernichtung der Existenz mittels betriebsfremder Eingriffe zu verhindern.[428]

Nicht erforderlich ist die Eröffnung eines Insolvenzverfahrens. Der BGH hat für den Fall der Nichteröffnung des Insolvenzverfahrens die Gläubiger auf den „Umweg“ der Pfändung und Überweisung der Gesellschaftsansprüche gegen die Gesellschafter verwiesen.[429]

Eine Haftung scheidet hingegen dann aus, wenn ein Eingriff der Gesellschafter nur zu einer Existenzgefährdung führt, eine Insolvenzantragspflicht daher nicht besteht. Der BGH setzt für die Existenzvernichtungshaftung stets das Herbeiführen oder die Vertiefung einer Insolvenz voraus.[430]

2) Kausalität

Ferner muss Kausalität zwischen der Handlung und der Schädigung im Sinne des Erfolges bestehen.[431] Insofern muss der Vermögensentzug conditio sine qua non für die Insolvenz oder deren Vertiefung sein.[432] Die Haftung ist hierbei jedoch auf adäquate Verursachungen begrenzt,[433] um die Haftung der Gesellschafter nicht auf solche Fälle auszudehnen, in denen die Insolvenz nur durch die ganz ungewöhnliche und unwahrscheinliche Verkettung von Umständen eintritt.[434] Maßstab ist hierbei die Betrachtung ex post eines Beobachters, der alles weiß, was die Erfahrung lehrt und was der Schädiger weiß oder wissen muss.[435]

3) Objektive Zurechnung

Darüber hinaus muss die Insolvenz auch dem Handeln des Gesellschafters objektiv zurechenbar sein.[436] Der BGH verlangt ein Verhalten, das „zwangsläufig auf die

---

428 Vgl. *Gehrlein*, WM 2008, 761 (763); *Waitz*, Existenzvernichtungshaftung, 115.

429 BGH vom 16.7.2007, II ZR 3/04 (Trihotel), BGHZ 173, 246 (256) = NJW 2007, 2689 (2691).

430 BGH vom 9.2.2009, II ZR 292/07 (Sanitary); NJW 2009, 2127 (2129); BGH vom 7.1.2008, II ZR 314/05, NJW-RR 2008, 629 (630); BGH vom 16.7.2007, II ZR 3/04 (Trihotel), BGHZ 173, 246 (256) = NJW 2007, 2689 (2691).

431 Vgl. *Waitz*, Existenzvernichtungshaftung, 116.

432 Vgl. *Waitz*, Existenzvernichtungshaftung, 116; *Weller*, in: Bork/Schäfer, GmbHG, § 13 Rn. 49.

433 Vgl. *Waitz*, Existenzvernichtungshaftung, 116 f.

434 *Heinrichs*, in: Palandt, BGB, Vorb. v. § 249 Rn. 59; *Schubert*, in: Bamberger/Roth, BGB, § 249 Rn. 46 f.; *Teichmann*, in: Jauernig, BGB, Vor § 249–253 Rn. 27 f.

435 *Heinrichs*, in: Palandt, BGB, Vorb. v. § 249 Rn. 60; *Schubert*, in: Bamberger/Roth, BGB, § 249 Rn. 47.

436 *Drygala*, GmbHR 2003, 729 (735 f.); *Fleck*, ZGR 1990, 31 (36); *Hartmann*, GmbHR 1999, 1061 (1068); *Ihrig*, DStR 2007, 1170 (1173); *Waitz*, Existenzvernichtungshaftung, 117.

Insolvenz der Schuldnerin" hinausläuft.[437] Der Tatbestand sei daher nur dann verwirklicht, wenn als Folge des Eingriffs der Gesellschafter die Insolvenz der GmbH „bereits zu jenem Zeitpunkt praktisch unausweichlich war."[438] Diese Zurechenbarkeit ist dann gegeben, wenn für den Gesellschafter zum Zeitpunkt des Eingriffes objektiv erkennbar war, dass dieser Eingriff zwangsläufig – ohne das Hinzutreten weiterer Kausalfaktoren – zur Insolvenz der Gesellschaft führen würde.[439] Es muss sich für den Gesellschafter aufdrängen, dass bei einem normalen Fortgang der Unternehmensentwicklung die Gesellschaft nicht mehr in der Lage sein wird, ihre Verbindlichkeiten zu erfüllen.[440] Hierbei ist als Maßstab[441] die Ex-ante-Betrachtung eines vernünftigen Gesellschafters im Zeitpunkt des Eingriffes anzulegen und eine Zurechnung zu bejahen, wenn diesem das Eintreten der Insolvenz zu diesem Zeitpunkt unvermeidbar erschien.[442] Bei dieser Prognose ist zugunsten des Gesellschafters ein Beurteilungsspielraum einzuräumen, der erst dann überschritten ist, wenn die Solvenzprognose als unvertretbar anzusehen ist.[443]

4) Schaden

Der Eingriff muss bei der Gesellschaft zu einem Schaden führen. Im Hinblick auf die Ausgestaltung der Existenzvernichtungshaftung als Innenhaftung ist der von der Gesellschaft kausal erlittene Schaden maßgeblich, der im Wege der Differenzhypothese zu ermitteln[444] ist, um in einem zweiten Schritt festzustellen, inwieweit der Schaden tatsächlich auf dem existenzvernichtenden Eingriff beruht und daher auszugleichen ist.[445]

5) Vorsatz als subjektives Tatbestandselement

Notwendig ist neben den objektiven Tatbestandsvoraussetzungen das Vorliegen des subjektiven Tatbestands. Dieser Tatbestand ist bei der Haftung wegen eines existenzvernichtenden Eingriffes erfüllt, sofern dem „handelnden Gesellschafter

---

437 BGH vom 16.7.2007, II ZR 3/04 (Trihotel), BGHZ 173, 246 (256) = NJW 2007, 2689 (2691).

438 BGH vom 16.7.2007, II ZR 3/04 (Trihotel), BGHZ 173, 246 (256) = NJW 2007, 2689 (2691).

439 *Drygala*, GmbHR 2003, 729 (735 f.); *Fleck*, ZGR 1990, 31 (36); *Hartmann*, GmbHR 1999, 1061 (1068); *Ihrig*, DStR 2007, 1170 (1173); *Vetter*, BB 2007, 1965 (1967); *Waitz*, Existenzvernichtungshaftung, 117.

440 Vgl. *Waitz*, Existenzvernichtungshaftung, 117.

441 Zum Meinungsstand der Rechtsprechung und Literatur vgl. *Waitz*, Existenzvernichtungshaftung, 119 ff. m. w. N.

442 Vgl. *Waitz*, Existenzvernichtungshaftung, 138.

443 Vgl. *Waitz*, Existenzvernichtungshaftung, 138.

444 *Weller*, in: Bork/Schäfer, GmbHG, § 13 Rn, 52.

445 Vgl. *Waitz*, Existenzvernichtungshaftung, 138 f.

bewusst ist, dass durch die von ihm selbst oder mit seiner Zustimmung veranlassten Maßnahmen das Gesellschaftsvermögen sittenwidrig geschädigt wird."[446]

Hierbei ist nicht notwendig, dass dem Handelnden die Sittenwidrigkeit bewusst ist, ausreichend ist, dass ihm die Tatsachen, die zu dem sittenwidrigen Eingriff führen, bewusst sind und er mit einer Schädigung des Gesellschaftsvermögens durch Eintritt oder Vertiefung der Insolvenz rechnet.[447] Das billigende Inkaufnehmen (Eventualvorsatz) des Insolvenzeintrittes infolge des Eingriffes ist darüber hinaus für das Vorliegen des Vorsatzes ausreichend.[448]

II. Haftungsadressaten des existenzvernichtenden Eingriffes

Als Haftungsadressaten kommen, da bei der Durchführung einer Leveraged-Buyout-Transaktion eine Vielzahl von Personen mitwirken, auch mehrere Anspruchsgegner in Betracht. Diese können als Täter und auch als Teilnehmer bei der Verwirklichung agieren; die Teilnehmer haften gemäß § 830 Abs. 2 BGB.[449] Gleichwohl können auch Nicht-Gesellschafter der geschädigten GmbH Haupttäter sein, denn gerade aufgrund der Einordnung des existenzvernichtenden Eingriffes als Unterfall des § 826 BGB ist der Adressatenkreis der Haftung nicht auf die Gesellschafter und Geschäftsführer einer GmbH beschränkt.[450] Voraussetzung einer solchen Haftung ist allerdings, dass die betreffenden Nicht-Gesellschafter einen solchen Einfluss auf die Gesellschaft ausüben, dass auch durch sie der Tatbestand des existenzvernichtenden Eingriffes erfüllt wird.[451]

1) Gesellschafter der Zielgesellschaft

Haftungsadressat kann in erster Linie der Gesellschafter der Zielgesellschaft als unmittelbarer Gesellschafter der insolventen GmbH sein, da dieser den existenzvernichtenden Eingriff selbst durchgeführt oder zumindest veranlasst hat.[452] Gleiches gilt für das kollusive Zusammenwirken von mehreren Gesellschaftern.[453] In diesem

---

446 BGH vom 16.7.2007, II ZR 3/04, BGHZ 173, 246 (258) = NJW 2007, 2689 (2692).

447 Vgl. *Waitz*, Existenzvernichtungshaftung, 141 m. w. N.

448 BGH vom 16.7.2007, II ZR 3/04, BGHZ 173, 246 (258) = NJW 2007, 2689 (2692); *Waitz*, Existenzvernichtungshaftung, 141 m. w. N.

449 Vgl. *Waitz*, Existenzvernichtungshaftung, 143 m. w. N.

450 *Heitsch*, ZinsO 2007, 961 (962 f.); *Waitz*, Existenzvernichtungshaftung, 144.

451 Vgl. *Waitz*, Existenzvernichtungshaftung, 144; dies ist vornehmlich darauf zurückzuführen, dass der existenzvernichtende Eingriff nicht als Sonderdelikt behandelt wird, da eine Sittenwidrigkeit gerade keine Begünstigung voraussetzt, sondern die Insolvenz Folge der Sittenwidrigkeit ist; vgl. BGH vom 16.7.2007, II ZR 3/04 (Trihotel), BGHZ 173, 246 (256) = NJW 2007, 2689 (2691).

452 *Waitz*, Existenzvernichtungshaftung, 145.

453 BGH vom 13.12.2004, II ZR 206/02, NJW-RR 2005, 335, DStR 2005, 162 ff.; BGH vom 24.6.2002, II ZR 300/00, BGHZ 151, 181 ff.; BGH vom 25.2.2002, II ZR 196/00, BGHZ 150, 61 ff.; BGH vom 17.9.2001, II ZR 178/99, BGHZ 149, 10 ff.

Fall haftet jeder der Gesellschafter, der die Tatbestandsvoraussetzungen erfüllt, gegenüber der Gesellschaft für den entstandenen Schaden. Gegebenenfalls haften mehrere Gesellschafter als Gesamtschuldner gemäß § 840 Abs. 1 BGB.[454]

2) Gesellschafter der Akquisitionsgesellschaft

Die Gesellschafter der Akquisitionsgesellschaft können als mittelbare Gesellschafter ebenfalls in die Haftung genommen werden, wenn sie einen beherrschenden Einfluss auf die geschädigte Gesellschaft haben und durch sie der Eingriff erst veranlasst wurde.[455] Notwendig ist eine Ausdehnung der Haftungsadressaten schon allein unter dem Aspekt, dass die Gesellschaft und die Gesellschaftsgläubiger umfassend geschützt werden.[456] Würde sich der Haftungsanspruch auf die unmittelbaren Gesellschafter beschränken, so könnte ein Gesellschafter sich durch Nutzung einer Holdingstruktur seiner Verantwortung entledigen, obwohl er zugleich aufgrund der Anteilsstruktur und damit der Stimmrechte einen wesentlichen Einfluss auf die Gesellschaft hat.[457]

3) Minderheitsgesellschafter

Differenzierter ist demgegenüber die Haftung eines Minderheitsgesellschafters zu beurteilen. Dieser kann im Gegensatz zu einem Mehrheitsgesellschafter allein keinen entscheidenden Einfluss auf die Geschäftsführung ausüben und daher auch allein nicht prägend auf den existenzvernichtenden Eingriff einwirken.[458] Ein Minderheitsgesellschafter haftet jedoch dann als Täter, wenn er an einem Mehrheitsbeschluss mitwirkt. Die Mitwirkung kann darin liegen, dass er zusammen mit einem Mehrheitsgesellschafter einen Beschluss fasst oder dass er mit anderen Minderheitsgesellschaftern gemeinschaftlich abstimmt und auf diesem Weg die notwendige Mehrheit erreicht. Es ist kein Grund ersichtlich, warum ein Minderheitsgesellschafter in diesen Fällen nicht in gleichem Umfang haften soll wie der Mehrheitsgesellschafter, wenn er aktiv an einer solchen Entscheidung mitwirkt.

Ebenfalls kommt eine Haftung des Minderheitsgesellschafters als Teilnehmer in Betracht. Hierfür ist ein Beitrag psychischer oder intellektueller Art ausreichend.[459] Ein ausreichender qualitativer Tatbeitrag ist in der Duldung des Minderheitsgesellschafters zum Vermögensentzug in der Gesellschafterversammlung zu sehen. Durch diese Duldung wird zum Ausdruck gebracht, dass er keine Maßnahmen gegen das

---

454 *Waitz*, Existenzvernichtungshaftung, 145.

455 BGH vom 16.7.2007, II ZR 3/04 (Trihotel), BGHZ 173, 246 (256) = NJW 2007, 2689 (2691); BGH vom 13.12.2004, II ZR 206/02, NJW-RR 2005, 335 = DStR 2005 162 (163); *Fastrich*, in: Baumbach/Hueck, GmbHG, § 13 Rn. 19.

456 BGH vom 13.12.2004, II ZR 206/02, NJW-RR 2005, 335 = ZIP 2005 117 (118).

457 *Waitz*, Existenzvernichtungshaftung, 145.

458 Vgl. *Waitz*, Existenzvernichtungshaftung, 146.

459 Vgl. *Waitz*, Existenzvernichtungshaftung, 146.

Handeln der anderen Gesellschafter ergreifen wird[460] und sie die beschlossenen Maßnahmen erfolgreich werden umsetzen können.[461]

Im Hinblick auf den subjektiven Tatbestand setzt eine Teilnehmerhaftung des Minderheitsgesellschafters stets einen doppelten Vorsatz voraus.[462] Der Teilnehmer muss sowohl mindestens einen bedingten Vorsatz hinsichtlich der Förderung der Haupthandlung als auch der Haupttat, der Verwirklichung des existenzvernichtenden Eingriffes, haben.[463]

4) Geschäftsführung

In der Praxis nimmt der Geschäftsführer eine zentrale Rolle in der Ablauforganisation ein. Ohne das Mitwirken des Geschäftsführers einer GmbH wird ein existenzvernichtender Eingriff nur schwerlich durchzuführen sein. Die Geschäftsführung verfügt über die Konten der GmbH, sodass Auszahlungen an die Gesellschafter ohne die Mitwirkung der Geschäftsführung nur schwer möglich sind. Auch als vertretungsberechtigtes Organ der GmbH ist es ohne die Geschäftsführung nicht möglich, schuldrechtliche oder dingliche Geschäfte zu tätigen. Somit haftet auch der Geschäftsführer als Täter gemäß § 826 BGB.[464]

5) Dritte

Dritte können ebenfalls als Teilnehmer in die Haftung einbezogen werden. Als Dritte, die an einem solchen existenzvernichtenden Eingriff beteiligt sind, kommen vor allem Banken, Berater und Verkäufer einer Gesellschaft in Betracht.[465] Hinsichtlich der Haftung ist im Rahmen des subjektiven Tatbestandes ebenfalls der doppelte Teilnehmervorsatz notwendig. Dieser kann nur dann bejaht werden, wenn ein bewusstes Zusammenwirken stattgefunden hat, welches die Dritten in das Haftungssystem

---

460 *Paefgen*, DB 2007, 1907 (1909).

461 *Schaefer/Steinmetz*, WM 2007, 2265 (2271); a. A. vgl. *Waitz*, Existenzvernichtungshaftung, 147 Fn. 653

462 *Spindler*, in: Bamberger/Roth, BGB, § 830 Rn. 10; *Staudinger*, in: Schulze, BGB, § 830 Rn. 14.

463 *Waitz*, Existenzvernichtungshaftung, 147.

464 *Tröger/Dangelmeyer*, ZGR 2011, 558 ff.; *Waitz*, Existenzvernichtungshaftung, 149; a. A.: *Altmeppen*, in: Roth/Altmeppen, GmbHG, § 13 Rn. 102; *Arends/Möller*, GmbHR 2008, 169 (173); *Bitter, in:* Scholz, GmbHG, § 13 Rn. 157; *Liebscher, in:* MünchKomm, GmbHG, § 13 Anh. Rn. 591; *Lutter/Bayer*, in: Lutter/Hommelhoff, GmbHG, § 13 Rn. 44; *Paefgen*, DB 2007, 1907 (1911); *Raiser*, in: Ulmer/Habersack/Löbbe, GmbHG, § 13 Rn. 170; *Weller*, in: Bork/Schäfer, GmbHG, § 13 Rn. 54; Haftung nur als Teilnehmer einer solchen Tat gemäß §§ 826, 830 Abs. 2, 840 BGB;.zum Verhältnis zwischen der Haftung des Geschäftsführers gemäß §§ 826, 830 Abs. 2 BGB und aus §§ 43 Abs. 2, 3; 64 Satz 3 GmbH, vgl. *Bitter*, in: Scholz, GmbHG, § 13 Rn. 157, 173 m. w. N.

465 Vgl. *Waitz*, Existenzvernichtungshaftung, 150.

einbezieht.[466] Die Beteiligung Dritter soll vorliegend nicht weiter verfolgt werden. Die Arbeit beschränkt sich dabei auf die in den Organen handelnden Personen.

III. Existenzvernichtung durch Leveraged-Buyout-Transaktionen

Im Anschluss stellt sich die Frage, inwieweit eine Leveraged-Buyout-Transaktion eine Existenzvernichtung auslösen kann. Dabei sollen anhand der oben aufgestellten Grundsätze die bereits bekannten Leveraged-Buyout-Formen beurteilt werden. Entscheidend ist hierbei die Frage, ob die einzelne Ausgestaltung einen Eingriff in das zweckgebundene Gesellschaftsvermögen der Zielgesellschaft darstellt und wann die Insolvenz der Zielgesellschaft den Investoren objektiv zurechenbar ist.[467]

Durch eine Leveraged-Buyout-Transaktion müsste der Zielgesellschaft das Vermögen kompensationslos und gezielt entzogen und dadurch zugleich die Zahlungsfähigkeit der Gesellschaft beseitigt werden.[468] Der zielgerichtete Entzug ist durch eine Leveraged-Buyout-Transaktion in der Regel dadurch gegeben, dass einer solchen Transaktion ein Plan der Gesellschafter der Zielgesellschaft zugrunde liegt.[469] *Waitz* sieht die Vorteilhaftigkeit bereits durch den beschriebenen Leveraged-Effekt erfüllt.[470] Dem gegenüber wird die Vorteilhaftigkeit regelmäßig auch in der Minimierung des Verlustrisikos, beschränkt auf das durch die Inverstoren in der Akquisitionsgesellschaft zur Verfügung gestellte Eigenkapital, zu sehen sein.[471] Im Hinblick auf die erforderliche Kausalität zwischen dem Eintritt der Insolvenz und einer Leveraged-Buyout-Transaktion ist festzuhalten, dass eine solche zwar stets vom Einzelfall abhängt, aber für diese Untersuchung ebenfalls unterstellt wird.

Entscheidend ist somit im Hinblick auf die einzelnen Leveraged-Buyout-Strukturen, ob durch sie ein sittenwidriger Eingriff erfolgt ist.

1) Darlehensleistungen der Zielgesellschaft

Bei den sog. Upstream-Darlehen fungiert die Zielgesellschaft als Kreditgeber und somit als Kapitalgeber für die Akquisitionsgesellschaft, damit diese den Fremdkapitalanteil reduzieren und die Kosten für das Fremdkapital, die Zinsen, begleichen kann.

Bei Auszahlung des Darlehensbetrages durch die Zielgesellschaft an die Akquisitionsgesellschaft werden liquide Mittel an die Akquisitionsgesellschaft ausgereicht. Die Geschäftsführung wird durch die Gesellschafter angewiesen, das Darlehen der Akquisitionsgesellschaft zur Verfügung zu stellen. Dies ist als Eingriffshandlung zu qualifizieren. Somit wird durch die Darreichung der Darlehen

466 Vgl. *Waitz*, Existenzvernichtungshaftung, 150.
467 *Waitz*, Existenzvernichtungshaftung, 179.
468 BGH vom 16.7.2007, II ZR 3/04, DStR 2007, 1586 (1590).
469 *Waitz*, Existenzvernichtungshaftung, 207.
470 *Waitz*, Existenzvernichtungshaftung, 208.
471 Siehe dazu ausführlich: 1. Kapitel Teil 2 C. II., Instrumente der Finanzierung

an die Akquisitionsgesellschaft stets in haftungsrelevanter Art und Weise der Zielgesellschaft Vermögen entzogen.

Ein solcher Eingriff durch Ausreichung der Darlehen wäre dann unbeachtlich, wenn die Zielgesellschaft eine entsprechende Kompensation enthielte. Dies ist jedoch im Hinblick auf den vorliegenden Untersuchungsgegenstand ausgeschlossen, da die Zielgesellschaft im Rahmen der Leveraged-Buyout-Transaktionen keinen werthaltigen Ausgleich der entzogenen Vermögenswerte erhält. Denn aufgrund der Vermögenslosigkeit der Akquisitionsgesellschaft und der üblichen Praxis im Transaktionsgeschäft erhält die Zielgesellschaft einen Rückforderungsanspruch, doch ist dieser regelmäßig nicht werthaltig. Daher ist die Ausreichung des Darlehens als sittenwidriger Eingriff zu qualifizieren.

2) Sicherheitsleistungen der Zielgesellschaft

Entsprechendes gilt bei Sicherheitsleistungen der Zielgesellschaft zugunsten der Akquisitionsgesellschaft. Regelmäßig werden durch die Bestellung solcher Sicherheiten (sog. Upstream-Darlehen) Verbindlichkeiten der Akquisitionsgesellschaft besichert. Durch Beschluss der Investoren wird die Geschäftsführung der Zielgesellschaft angewiesen, für die Verbindlichkeiten der Akquisitionsgesellschaft Sicherheiten zu bestellen. Dies ist als eine Eingriffshandlung im Sinne des existenzvernichtenden Eingriffes zu qualifizieren, da der Zielgesellschaft durch die Besicherung von Vermögenswerten stets in haftungsrelevanter Art und Weise Vermögen entzogen wird.[472] Dieser Entzug ist auch dazu geeignet, die Solvenz der Gesellschaft zu beeinträchtigen. Hierbei stellt sich jedoch, wie bereits bei den Kapitalerhaltungsvorschriften, das Problem, wann ein konkreter Vermögensentzug anzunehmen ist – bereits zum Zeitpunkt der Besicherung oder erst zum Zeitpunkt der Inanspruchnahme der Sicherheiten.[473] Eine Kompensation ist jedenfalls, wie oben bereits erläutert,[474] aufgrund der Vermögenslosigkeit der Akquisitionsgesellschaft und der üblichen Praxis im Transaktionsgeschäft regelmäßig nicht vorhanden. Daher stellt die Bestellung der Sicherheiten einen sittenwidrigen Eingriff dar.

3) Upstream Merger

Bei einem Upstream Merger wird die Zielgesellschaft auf die Akquisitionsgesellschaft verschmolzen, nach Abschluss des Verschmelzungsvorganges erlischt die Zielgesellschaft gemäß § 20 Abs. 1 Nr. 2 UmwG. Somit fließt das gesamte Vermögen der Zielgesellschaft in die Akquisitionsgesellschaft. Die Verbindlichkeiten, die durch den Erwerb der Anteile der Zielgesellschaft entstanden sind, werden mit dem

---

472 Vgl. *Waitz*, Existenzvernichtungshaftung, 192.

473 Hierbei ist nach der hier vertretenen Auffassung auf den Zeitpunkt der Bestellung der Sicherheiten und nicht auf den Zeitpunkt ihrer Verwertung abzustellen; siehe dazu ausführtlich: 2. Kapitel Teil 1 A II. 2), Sicherheitsleistungen der Zielgesellschaft.

474 Siehe dazu ausführlich: 2. Kapitel Teil 1 A II. 2), Sicherheitsleistungen der Zielgesellschaft.

Vermögen der Zielgesellschaft „verrechnet". Da sich die Zielgesellschaft im Prinzip in der zuvor vermögenslosen Hülle der Akquisitionsgesellschaft fortsetzt, werden die Verbindlichkeiten der Zielgesellschaft aufgebürdet. Da die Zielgesellschaft als Übertragungsgegenstand nach § 20 Abs. 1 Nr. 2 UmwG erlischt, kann ein existenzvernichtender Eingriff auch nur noch bei der Akquisitionsgesellschaft erfolgen.[475] Ein relevanter Eingriff bei der Zielgesellschaft findet nicht statt.

4) Downstream Merger

Im Zuge eines Downstream Merger gehen, da die Akquisitionsgesellschaft neben der Beteiligung über kein weiteres Vermögen verfügt, lediglich die Verbindlichkeiten auf die Zielgesellschaft über. Die Anteile an der Zielgesellschaft gehen dabei durch die Verschmelzung der Akquisitionsgesellschaft auf die Gesellschafter der Akquisitionsgesellschaft über.[476] Insofern verbleiben bei der Verschmelzung auf die Zielgesellschaft bei dieser nur Verbindlichkeiten. Das Aufbürden von Verbindlichkeiten steht dem Entzug von Vermögensgegenständen gleich.[477] Insofern stellt die Durchführung eines Downstream Merger einen haftungsbegründenden Eingriff dar.[478]

5) Debt push-down

Wie oben bereits erläutert, vollzieht sich der Debt push-down in drei Schritten, wobei bezüglich eines existenzvernichtenden Eingriffes nur der zweite Schritt, die Auskehr des erlangten liquiden Vermögens an die Akquisitionsgesellschaft, relevant ist. Dieser kann auf unterschiedliche Arten durchgeführt werden. Sofern das Vermögen als Gewährung eines Upstream-Darlehens an die Akquisitionsgesellschaft weitergereicht wird, ist auf die dazu gemachten Ausführungen zu verweisen. Andernfalls kann das Vermögen auch auf Anweisung der Gesellschafter an die Akquisitionsgesellschaft abgeführt werden (Abführung des Cashflow).[479] Da der systematische Liquiditätsentzug die Zahlungsunfähigkeit zur Folge hat, ist er als ein kompensationsloser Entzug des Gesellschaftsvermögens hin zu den Gesellschaftern zu qualifizieren. Es fehlt in beiden Fällen aus oben genanntem Grund an einem kompensierenden Gegenanspruch bzw. Gegengeschäft. Insofern ist darin ebenfalls ein haftungsrelevanter Eingriff zu sehen.[480]

---

475 Vgl. *Waitz*, Existenzvernichtungshaftung, 200 f.

476 *Priester*, in: Lutter, UmwG, § 24 Rn. 61; *Stratz*, in: Schmitt/Hörtnagel/Stratz, UmwG/UmwStG, § 11 Rn. 72.

477 Vgl. *Ennenking/Heckschen*, DB 2006, 1099 (1101); *Müller*, in: Kallmeyer, § 24 Rn. 40; *Waitz*, Existenzvernichtungshaftung, 200.

478 Vgl. *Ennenking/Heckschen*, DB 2006, 1099 (1101); *Müller*, in: Kallmeyer, § 24 Rn. 40; *Waitz*, Existenzvernichtungshaftung, 200.

479 Vgl. ebenfalls *Waitz*, Existenzvernichtungshaftung, 201 f.

480 Vgl. ebenfalls *Waitz*, Existenzvernichtungshaftung, 201 f.

6) Interner Asset Deal

Im Hinblick auf einen existenzvernichtenden Eingriff ist fraglich, ob die Zahlung eines nicht marktgerechten Kaufpreises, die Stundung des Kaufpreises bzw. die Abführung des so generierten Cashflow als ein solcher Eingriff zu qualifizieren ist.[481]

Ein Eingriff liegt dann vor, wenn für die Übereignung der Vermögensgegenstände kein marktgerechter Kaufpreis gezahlt wird, da es bereits dadurch an einer angemessenen Kompensation fehlt. Insofern greift dann der Schutz des § 826 BGB ein. Wird jedoch eine angemessene Gegenleistung vereinbart, so wird die Akquisitionsgesellschaft regelmäßig nicht in der Lage sein, diese unmittelbar zu zahlen, da sie ihre liquiden Mittel dazu benötigt, die Kredite der Fremdkapitalgeber zu tilgen. Insofern muss die Gegenleistung regelmäßig gestundet werden. Unter marktüblichen Konditionen ist eine Stundung jedoch nur dann üblich, wenn dafür eine Sicherheit bereitgestellt wird. Diese kann die Akquisitionsgesellschaft regelmäßig nicht aufbringen, da die Vermögensgegenstände, die vorhanden sind, bereits der Besicherung der Kredite der Fremdkapitalgeber dienen. Somit liegt mangels Kompensation auch in dieser Konstellation ein haftungsauslösender Eingriff vor.[482]

Auch die Abführung des durch die Veräußerung der Vermögensgegenstände der Zielgesellschaft erzielten Cashflow kann als existenzvernichtender Eingriff qualifiziert werden. Der systematische Liquiditätsentzug bis zur Zahlungsunfähigkeit stellt eine Konstellation dar, die als ein kompensationsloser Entzug des Gesellschaftsvermögens hin zu den Gesellschaftern zu qualifizieren ist.

D. Deliktische Haftung gemäß § 823 Abs. 2 BGB

Neben den speziellen Haftungsinstituten des GmbHG sowie des § 826 BGB kann sich ein Schadensersatzanspruch auch aus § 823 Abs. 2 BGB ergeben.[483] Unabhängig von dem Bestehen der übrigen Voraussetzungen setzt dies jedoch das Vorliegen eines Schutzgesetzes voraus.

I. § 30 GmbHG

Ein Anspruch aus § 823 Abs. 2 BGB i. V. m. § 30 Abs. 1 GmbHG wird nach allgemeiner Ansicht abgelehnt, weil es sich bei dem Auszahlungsverbot des Kapitalerhaltungsrechtes nicht um ein Schutzgesetz im Sinne des § 823 Abs. 2 BGB handelt.[484] Die Bestimmung des § 30 GmbHG soll zwar gewährleisten, dass der Gesellschaft

---

481 Vgl. *Schäffler*, BB 2006 Sepzial Nr. 9, 1 (9); *Waitz*, Existenzvernichtungshaftung, 203, die sich jedoch nur auf die ersten beiden Varianten des internen Asset Deals beziehen.

482 Vgl. so auch *Waitz*, Existenzvernichtungshaftung, 203.

483 *Diem*, Akquisitionsfinanzierungen, § 47 Rn. 75; *Meyer*, Besicherung, 199 f.

484 BGH vom 19.2.1990, II ZR 268/88, BGHZ 110, 342 (359); *Altmeppen*, in: Roth/Altmeppen, GmbHG, § 30 Rn. 1; *Fastrich*, in: Baumbach/Hueck, GmbHG, § 30 Rn. 1; *Hommelhoff*, in: Lutter/Hommelhoff, GmbHG, § 30 Rn. 1; *Peltzer/Bell*, ZIP 1993,

im Interesse ihrer Gläubiger das gezeichnete Kapital erhalten bleibt; deren Schutz ist aber in ausreichendem Maße dadurch gewährleistet, dass die unberechtigte Entgegennahme haftenden Kapitals oder auf diese abzielende Weisungen an die Geschäftsführer zu Erstattungs- oder Schadensersatzansprüchen der Gesellschafter führen, die der Gläubiger jederzeit pfänden und sich zur Einziehung überweisen lassen kann. Eine dem § 62 Abs. 2 AktG entsprechende Regelung, die den Gläubigern unter bestimmten Voraussetzungen einen unmittelbaren Anspruch gegen den Gesellschafter gibt, kennt das GmbH-Recht nicht. Sie kann auch nicht auf dem Umweg über § 823 Abs. 2 BGB geschaffen werden.[485] Durch § 31 GmbHG und sonstige Sanktionen ist zudem ein ausreichend spezieller Schutz gewährleistet.[486]

II. § 15a Abs. 1 InsO

Demgegenüber ist die Norm des § 15a Abs. 1 InsO als Schutzgesetz i.S.d. § 823 Abs. 2 BGB anerkannt. Die Geschäftsführer einer Gesellschaft unterliegen einer Insolvenzantragspflicht. Tritt bei einer juristischen Person die Zahlungsunfähigkeit ein oder wird diese festgestellt, so ist der Geschäftsführer dieser juristischen Person zur Stellung eines Insolvenzantrages „ohne schuldhaftes Zögern" verpflichtet. Durch diese Verpflichtung soll die Masse der juristischen Person zugunsten der Gläubiger gesichert und eine Ausplünderung in der Insolvenz verhindert werden.[487] Kommt der Geschäftsführer der Insolvenzantragspflicht nicht nach, so kann der Insolvenzverwalter einen Ersatz des sogenannten Quotenschadens geltend machen.[488] Der Quotenschaden ist der Schaden, um den sich die auf den einzelnen Gläubiger entfallende Insolvenzquote infolge der schuldhaft verspäteten Stellung des Insolvenzantrages verringert hat.[489]

III. Strafrechtliche Normen als Schutzgesetze

Daneben kommen strafrechtliche Normen als Schutzgesetz in Betracht.[490] Diese sind jedoch Gegenstand des nachfolgenden Kapitels. Insofern sei darauf verwiesen.

1757 (1765); *Pentz*, in: Rowedder/Schmidt-Leithoff, GmbHG, § 30 Rn. 44; a. A. *Canaris*, Festschrift Fischer (1979), 31 (56).

485 BGH vom 19.2.1990, II ZR 268/88, BGHZ 110, 342 (359).

486 BGH vom 19.2.1990, II ZR 268/88, BGHZ 110, 342 (359); *Fastrich*, in: Baumbach/Hueck, GmbHG, § 30 Rn. 1; *Hommelhoff*, in: Lutter/Hommelhoff, GmbHG, § 30 Rn. 1.

487 *Haas*, in: Baumbach/Hueck, GmbHG, § 64 Rn. 1; *K. Schmidt*, in: Scholz, GmbHG, § 64 Rn. 1.

488 *Holzner*, Gläubigerschutz, 142.

489 BGH vom 3.2.1987, VI ZR 268/85, BGHZ 100, 19 (23).

490 *Diem*, Akquisitionsfinanzierungen, § 47 Rn. 79, 83 f.; *Meyer*, Besicherung, 199 f.; *Schäffler*, BB 2006, Special 9, 1 (10 f.).

E. Zwischenergebnis zum Kapitalschutz der GmbH

Als Ergebnis der Untersuchung der Grenzen von Leveraged-Buyout-Transaktionen bei einer Zielgesellschaft in der Form einer GmbH kann festgehalten werden:

Sowohl Darlehens- als auch Sicherheitsleistungen der Zielgesellschaft verstoßen gegen die Kapitalerhaltungsvorschriften des § 30 GmbHG, sofern das zur Deckung des Stammkapitals erforderliche Vermögen vermindert wird. Sie lösen somit die Haftung des § 31 GmbHG aus. Ebenfalls sind diese Leistungen als Zahlungen im Sinne des § 64 Satz 3 GmbHG zu qualifizieren, sodass bei Eintritt der Insolvenz ein Haftungsanspruch des § 64 Satz 3 GmbHG gegen den Geschäftsführer besteht. Diese Leistungen sind als sittenwidrige Eingriffe im Sinne eines existenzvernichtenden Eingriffes des § 826 BGB zu qualifizieren.

Die Verschmelzung der Zielgesellschaft auf die Akquisitionsgesellschaft ist aufgrund der gesetzlichen Lex-specialis-Regelung des § 68 UmwG zulässig. Daher ist dieser Verschmelzungsvorgang gesetzeskonform und verstößt nicht gegen die Kapitalerhaltungsregelungen des § 30 GmbHG. Der Geschäftsführer der Zielgesellschaft kann aufgrund einer Insolvenz der Zielgesellschaft gemäß § 64 Satz 3 GmbHG nicht mehr in Anspruch genommen werden, da die Zielgesellschaft nach dem Verschmelzungsvorgang nicht mehr existiert und eine Insolvenz nicht mehr eintreten kann. Gleiches gilt für einen existenzvernichtenden Eingriff. Das Handeln kann zwar als ein sittenwidriger Eingriff in die Zielgesellschaft zu qualifizieren sein; hinsichtlich der Insolvenz als weitere notwendige Tatbestandsvoraussetzung wird es jedoch regelmäßig, sowohl hinsichtlich der Insolvenzverursachungshaftung als auch des existenzvernichtenden Eingriffes an einer solchen, bei der Zielgesellschaft mangeln.

Die Verschmelzung der Akquisitionsgesellschaft auf die Zielgesellschaft ist nicht durch die Regelung des § 68 UmwG erfasst. Insofern sind die allgemeinen Regelungen der §§ 30 ff. GmbHG anwendbar. In der Folge führt die Verschmelzung der Akquisitionsgesellschaft auf die Zielgesellschaft im Fall von Leveraged-Buyout-Transaktionen zu einem Verstoß gegen den Grundsatz der Kapitalerhaltung des § 30 GmbHG, wenn dadurch Verbindlichkeiten in einem Umfang übertragen werden, dass das Stammkapital der Zielgesellschaft vermindert wird. Der Vorgang kann zudem zu einer Inanspruchnahme des Geschäftsführers gemäß §§ 826, 830 BGB führen, da sein Handeln als Teilnahmehandlung zu einem existenzvernichtenden Eingriff der Gesellschafter i.S.d. § 826 BGB zu qualifizieren ist.

Ein Debt push-down bei Durchführung im Wege eines Upstream-Darlehens verstößt gegen die Kapitalerhaltungsvorschriften; die Haftung des Geschäftsführers nach § 64 Satz 3 GmbHG wird ausgelöst, und die Verlagerung der Verbindlichkeiten ist als ein existenzvernichtender Eingriff zu qualifizieren. Wird der Debt push-down durch Abführung des Cashflow erreicht, so wird die Auszahlung der liquiden Mittel regelmäßig nicht zu einem Verstoß gegen die Regelung des § 30 GmbHG führen, löst jedoch die Haftung des Geschäftsführers nach § 64 Satz 3 GmbHG aus und ist auch als existenzvernichtender Eingriff anzusehen.

Die Durchführung eines internen Asset Deal verstößt sowohl bei Vereinbarung eines geringeren Kaufpreises als auch bei Stundung desgleichen gegen § 30 GmbHG.

Die Haftung gemäß § 64 Satz 3 GmbHG wird ausgelöst. Dieser interne Asset Deal stellt einen existenzvernichtenden Eingriff dar. Hinsichtlich des generierten Cashflow gilt das oben Gesagte. Ein Verstoß gegen § 30 GmbHG wird bei Beachtung der Stammkapitalgrenze nicht festzustellen sein, als eine haftungsauslösende Zahlung i.S.d. § 64 Satz 3 GmbHG und existenzvernichtender Eingriff wird die Auszahlung des Cashflow gleichwohl zu qualifizieren sein.

Teil 2 Der Kapitalschutz in der Aktiengesellschaft

Im Fokus von Unternehmensübernahmen mittels Leveraged-Buyout-Transaktionen stehen auch Unternehmen, die in der Rechtsform der Aktiengesellschaft geführt werden. Bei einer Aktiengesellschaft wird der Kapitalerhaltungsschutz durch zwei Normen erreicht. Zum einen ist das Verbot der Einlagenrückgewähr in § 57 Abs. 1 und 3 AktG verankert, zum anderen besteht gemäß § 71a Abs. 1 Satz 1 AktG das Verbot der finanziellen Unterstützung zum Zweck des Erwerbs von Aktien der Gesellschaft. Neben der nicht abschließend geklärten Reichweite der beiden Normen wurden durch das MoMiG § 57 AktG und § 71a AktG reformiert.[491] Insoweit ist sowohl das Verhältnis beider Vorschriften zueinander sowie deren Rechtsfolgen klärungsbedürftig.[492]

Während im GmbHG die Aufbringung und Erhaltung des Stammkapitals geschützt sind, ist die Aufbringung und die Erhaltung des Grundkapitals ein Wesensmerkmal der Aktiengesellschaft.[493] Zum Schutz der Gläubiger soll gewährleistet werden, dass das im Handelsregister ausgewiesene Kapital aufgebracht wurde und dass es der Erfüllung von Verbindlichkeiten der Aktiengesellschaft dient und nicht an die Anteilseigner zurückfließt.[494] Beide Prinzipien sind der fehlenden persönlichen Haftung der Anteilseigner geschuldet. Daher verbietet § 57 Abs. 1 AktG die Rückgewähr von Einlagen an die Anteilseigner. Durch die § 57 Abs. 3 AktG ist die Auszahlung von Aktienvermögen an die Anteilseigner auf den Bilanzgewinn beschränkt.

A. Die Kapitalstruktur der Aktiengesellschaft

Das Vermögen der Aktiengesellschaft wird in der Bilanz dargestellt. Grundsätzlich ist jeder Kaufmann zur Aufstellung einer Bilanz am Schluss eines jeden Geschäftsjahres

491 Fragen, die durch das sog. Novemberurteil, bei dem es um die Gewährung von Krediten der Gesellschaft an die Gesellschafter ging (BGH vom 24.11.2003, II ZR 171/01, BGHZ 157, 72 ff.), hinsichtlich der Bewertung aufgeworfen wurden, sind nach dem Inkrafttreten der Änderungen durch das MoMiG auch durch den BGH beseitigt worden. Dieser hat sich ausdrücklich der bilanziellen Betrachtungsweise angeschlossen; vgl. BGH vom 1.12.2008, II ZR 102/07, BGHZ 179, 71.

492 Vgl. ausführlich zu vorliegender Problematik: *Fridrich*, Schutz des Kapitals, 1 ff.

493 *Bayer*, in: MünchKomm, AktG, § 57 Rn. 1.

494 *Bayer*, in: MünchKomm, AktG, § 57 Rn. 1.

verpflichtet, in der gemäß § 242 Abs. 1 Satz 1 HGB das Verhältnis des Vermögens und der Schulden der Gesellschaft gegenübergestellt wird. Neben den allgemeinen Vorschriften zur Aufstellung einer Bilanz gemäß §§ 238 ff. HGB, sind zudem die für Aktiengesellschaften geltenden Spezialvorschriften der §§ 264 ff. HGB anzuwenden. Die Bilanz teilt sich in die Aktiv- und die Passivseite auf. Dabei sind auf der Aktivseite gemäß § 266 Abs. 2 HGB die Vermögenswerte der Aktiengesellschaft, differenziert nach Anlage- und Umlaufvermögen, abzubilden. Hierbei umfasst das Anlagevermögen diejenigen Wirtschaftsgüter, die dauernd in der Gesellschaft gebunden und dieser zu dienen bestimmt sind.[495] Im Umlaufvermögen werden dem gegenüber die Vermögenswerte dargestellt, die zur Veräußerung, zum Verbrauch oder zur Verarbeitung in dem Unternehmen bestimmt sind.[496]

Dem gegenüber ist auf der Passivseite gemäß § 266 Abs. 3 HGB das Vermögen anhand der Kapitalarten Eigenkapital, Rückstellungen und Verbindlichkeiten aufzuschlüsseln. Das Eigenkapital bildet dabei mittelbar den Anteil der Aktionäre an der Gesellschaft ab, während die Verbindlichkeiten den Anteil der Gesellschaftsgläubiger an dem Vermögen der Aktiengesellschaft darstellen.[497] Die Verbindlichkeiten bilden zusammen mit den Rückstellungen für ungewisse Verbindlichkeiten und den Verbindlichkeiten für drohende Verluste aus schwebenden Geschäften gemäß § 249 Abs. 1 HGB das Fremdkapital der Gesellschaft.[498]

Aus Sicht der Kapitalerhaltung ist das Passivvermögen der Aktiengesellschaft in entsprechende Schichten zu unterteilen, die jeweils mehr oder weniger vor dem Zugriff der Aktionäre geschützt sind.[499] Keinen Zugriff haben die Aktionäre auf das Fremdkapital, das den Gläubigern der Aktiengesellschaft zuzuordnen ist. Hinsichtlich des Eigenkapitals der Aktiengesellschaft ist zu differenzieren. Es ist in Grundkapital, die Kapitalrücklage und die Gewinnrücklage zu unterteilen.[500] Das Grundkapital ist der Betrag, der bei Gründung der Aktiengesellschaft mindestens aufzubringen ist. Der Betrag berechnet sich bei Nennbetragsaktien aus der Summe aller Aktiennennbeträge und muss mindestens 50.000 Euro betragen (§§ 6, 7 AktG). Das Grundkapital ist in der Satzung zu bestimmen (§ 23 Abs. 3 AktG) und in das Handelsregister einzutragen (§ 39 AktG). Es bildet die Vermögensbasis der Aktiengesellschaft.[501] Die Kapitalrücklagen erfassen die Beträge, die von Anteilseignern in das Eigenkapital der Gesellschaft geleistet werden i.S.d. § 272 Abs. 2 HGB oder im Rahmen bestimmter Kapitalherabsetzungen i.S.d. § 229 ff., 237 Abs. 5 AktG anfallen. Die Gewinnrücklagen gemäß §§ 272 Abs. 3, 266 Abs. 3 A III HGB hingegen werden aus dem Ergebnis der Unternehmenstätigkeit gebildet.[502] Sie sind getrennt voneinander

495 *Wiedemann*, in: Ebenroth/Boujong/Joost/Strohn, HGB, § 266 Rn. 14 ff.
496 *Wiedemann*, in: Ebenroth/Boujong/Joost/Strohn, HGB, § 266 Rn. 27 ff.
497 Vgl. *Fridrich*, Schutz des Kapitals, 86.
498 Vgl. *Bezzenberger*, Das Kapital der Aktiengesellschaft, 14.
499 Vgl. *Bezzenberger*, Das Kapital der Aktiengesellschaft, 23.
500 Vgl. *Fridrich*, Schutz des Kapitals, 88.
501 Vgl. *Hüffer*, in: Hüffer, AktG, § 1 Rn. 10.
502 *Zellner*, in: Grigoleit, AktG, § 150 Rn. 3.

auszuweisen. Diesbezüglich wird durch das Gesetz zwischen der gesetzlichen Rücklage (Nr. 1), der Rücklage für eigene Aktien (Nr. 2), der satzungsmäßigen Rücklage (Nr. 3) sowie anderen Gewinnrücklagen (Nr. 4) differenziert. Bei den sog. anderen Gewinnrücklagen handelt es sich um den sog. „ausschüttungsfähigen", „freien" oder auch „verteilbaren" und für die Untersuchung maßgeblichen Gewinn.[503]

B. Kapitalerhaltungsgebot im AktG

I. Vermögensbindung des § 57 Abs. 1 und Abs. 3 AktG

Die in § 57 AktG normierte aktienrechtliche Vermögensbindung stellt den Grundsatz der Kapitalerhaltung dar. Dieser ist die Ergänzung der in § 1 Abs. 1 Satz 2 AktG verankerten Regelung, die den Haftungsfonds der Gesellschaftsgläubiger auf das Gesellschaftsvermögen beschränkt.[504] Die aktienrechtliche Vermögensbindung dient durch die Erhaltung des Haftungsfonds vornehmlich dem Schutz der Gläubiger.[505]

Die im Hinblick auf den Untersuchungsgegenstand relevanten Regelungen sind in erster Linie die Regelungen des § 57 Abs. 1 und 3 AktG. Erstere untersagt die Rückgewähr von Einlagen an die Aktionäre. Zweite wiederum beschränkt die Auszahlung des Vermögens der Aktiengesellschaft an die Aktionäre auf den Bilanzgewinn.[506] Somit stellt der Bilanzgewinn die Obergrenze derjenigen Leistungen dar, die an Aktionäre erbracht werden dürfen. Die Regelung des § 57 Abs. 3 AktG ist bereits in der Regelung des § 57 Abs. 1 AktG enthalten. Insofern stellt § 57 Abs. 3 AktG inhaltlich eine Wiederholung des § 57 Abs. 1 AktG dar; er dient nach überwiegender Ansicht nur der Betonung der in § 57 Abs. 1 Satz 1 AktG getroffenen Regelung.[507] Die folgenden Ausführungen beschränken sich daher auf 57 Abs. 1 AktG.

1) Voraussetzungen

Nach dem Wortlaut des § 57 Abs. 1 Satz 1 AktG dürfen Einlagen nicht an die Aktionäre ausgeschüttet werden. Im Hinblick auf den Anwendungsbereich des § 57 Abs. 1 AktG sind Inhalt und Umfang fraglich. So sind die Art der Leistungen und auch der durch die Regelung erfasste Personenkreis umstritten. Darüber werfen auch die Anforderungen an die Gegenleistung weitere Fragen auf.

a) Leistung

Nach dem Wortlaut müsste der Einlagenbegriff in § 57 Abs. 1 AktG der Definition des § 54 Abs. 1 AktG entsprechen. Somit dürfte den Aktionären nur das Grundkapital und das entsprechende Aufgeld, die zusammen die Einlage bilden, nicht ausgezahlt

503 *Fridrich*, Schutz des Kapitals, 89.
504 *Bayer*, in: MünchKomm, AktG, § 57 Rn. 1; *Hüffer*, in: Hüffer, AktG, § 57 Rn. 1.
505 *Cahn/Senger*, in: Spindler/Stilz, AktG, § 57 Rn. 6; *Fleischer*, WM 2007, 909 (910).
506 *Fleischer*, in: K. Schmidt/Lutter, AktG, § 57 Rn. 2.
507 *Bayer*, in: MünchKomm, AktG, § 57 Rn. 131; *Hüffer*, in: Hüffer, AktG, § 57 Rn. 22

werden. Sowohl die Rechtsprechung als auch Teile der Literatur sehen den sachlichen Anwendungsbereich des § 57 Abs. 1 Satz 1 AktG zutreffend aber nicht nur auf die Einlagen im eigentlichen Sinne beschränkt, sondern legen den Wortlaut dahin gehend aus, dass durch § 57 Abs. 1 Satz 1 AktG die Aktiengesellschaft jede Zuwendung der Gesellschaft an einen Aktionär außerhalb der Verteilung des Bilanzgewinns, die nicht durch eine besondere gesetzliche Regelung gestattet ist, verboten ist.[508] Einlagen sind somit nicht im Sinne des § 54 Abs. 1 AktG als Einlageschuld der Aktionäre zu verstehen, sondern darunter ist grundsätzlich das gesamte Vermögen zu fassen. Somit ist durch das Ausschüttungsverbot auch umfasst, was mittels Verwendung der Einlagen die Gesellschaft aus diesen gemacht hat.[509] Insofern sind an den Leistungsbegriff keine allzu hohen Anforderungen zu stellen.[510]

Die Ableitung einer umfassenden Vermögensbindung aus der Regelung des § 57 Abs. 1 Satz 1 AktG wird unterschiedlich begründet.[511] Die Rechtsprechung sieht den Wortlaut als missverständlich an und statuiert deswegen eine umfassende Vermögensbindung durch § 57 Abs. 1 Satz 1 AktG.[512] Zum Teil wird davon ausgegangen, dass das Verbot der Einlagenrückgewähr über den eigentlichen Wortlaut hinaus grundsätzlich weit zu verstehen ist.[513] Einigkeit besteht jedoch dahin gehend, dass durch § 57 Abs. 1 AktG zum Schutz der Gesellschaftsgläubiger eine umfassende Vermögensbindung normiert wird. Es darf über den Bilanzgewinn hinaus kein Vermögen der Aktiengesellschaft an die Aktionäre ausgeschüttet werden; § 57 Abs. 3 AktG hat insofern klarstellende Funktion.

b) Leistungsempfänger

Das Ausschüttungsverbot des § 57 Abs. 1 und 3 AktG greift dann ein, wenn Aktionäre Empfänger einer Leistung sind. Im Hinblick auf Leveraged-Buyout-Transaktionen werden jedoch auch Leistungen an Personen erbracht, die nicht Aktionäre im eigentlichen Sinn sind. Dies können beispielsweise der faktische Aktionär oder der beherrschende Gesellschafter einer Gesellschaft, die ihrerseits an der AG beteiligt sind, sein. Somit stellt sich die Frage nach dem persönlichen Anwendungsbereich. Insofern ist fraglich, ob auch Leistungen an Dritte sowie zukünftige und ehemalige Aktionäre durch die Regelung erfasst sind.

---

508 BGH vom 14.5.1992, II ZR 299/90, AG 1992, 317 (317); *Bayer*, in: MünchKomm, AktG, § 57 Rn. 7; *Cahn/Senger*, in: Spindler/Stilz, AktG, § 57 Rn. 14; *Hüffer*, in: Hüffer, AktG, § 57 Rn. 2; *Lutter*, in: KölnKomm, AktG, § 57 Rn. 5 jeweils m. w. N. So sind zum Beispiel Treueprämien für langjährige Mitgliedschaft sowie Bonuszahlungen für das Erscheinen zur Hauptversammlung hierunter zu fassen, vgl. *Fleischer*, in: K. Schmidt/Lutter, AktG, § 57 Rn. 10.

509 OLG Hamburg vom 23.5.1980, 11 U 117/79, AG 1980, 275 (278); *Bayer*, in: MünchKomm, AktG, § 57 Rn. 7 ff.; *Fridrich*, Schutz des Kapitals, 91.

510 *Rothley/Weinberger*, NZG 2010, 1001 (1002).

511 Vgl. zum Meinungsstand *Fridrich*, Schutz des Kapitals, 91 f.

512 BGH vom 14.5.1992, II ZR 299/90, AG 1992, 317 (317).

513 *Wiesner*, in: MünchHdbGesR, § 16 Rn. 1.

(1) Gegenwärtiger Aktionär

Sofern der Vermögenstransfer in einem Zeitraum vorgenommen wird, in dem die Akquisitionsgesellschaft die Anteile an der Zielgesellschaft hält, treten keine Probleme auf.[514] § 57 AktG untersagt, durch Leistungen der Zielgesellschaft an den zukünftigen Verkäufer mittelbar die Akquisitionsgesellschaft finanziell zu unterstützen, denn der Empfänger der Leistungen ist zum Zeitpunkt der Leistung noch Aktionär und somit von dem Anwendungsbereich des § 57 AktG umfasst.[515]

(2) Zukünftiger und früherer Aktionär

Sowohl in der Literatur[516] als auch in der Rechtsprechung[517] wird der Anwendungsbereich des § 57 AktG nicht von der formellen Aktionärseigenschaft abhängig gemacht. Würde der Anwendungsbereich nur dann eröffnet werden, wenn die Zuwendung an eine Person geleistet wird, die formal die Aktionärseigenschaft inne hat, würde der Anwendungsbereich stark eingeschränkt werden, die Grenzen des § 57 AktG durch zeitlich versetzte Zahlungen ausgehebelt und in der Folge der Schutz des § 57 AktG ausgehöhlt.[518] Insofern erstreckt sich der Anwendungsbereich des § 57 AktG aufgrund des Schutzzweckes der Norm auch auf Leistungen, die an zukünftige sowie ehemalige Aktionäre[519] erbracht werden.[520] Denn solche Leistungen können auch dem neuen Aktionär zugutekommen, etwa durch die Minderung seiner Kaufpreisschuld. Insofern wird auch von einer sog. „Doppelwirkung" der Leistung gesprochen, und daher sind sie auch in den Anwendungsbereich mit einzubeziehen.[521]

Hierbei muss die Leistung jedoch in der Aktionärsstellung des Leistungsempfängers begründet sein. Dies ist dann der Fall, wenn ein Zusammenhang sowohl

514 Vgl. *Fridrich*, Schutz des Kapitals, 110.

515 OLG Koblenz vom 10.2.1977, 6 U 847/75, DB 1977, 816; *Michalski*, AG 1980. 261 (267).

516 *Cahn/v. Spannenberg*, in: Spindler/Stilz, AktG, § 57 Rn. 54; *Hüffer*, in: Hüffer, AktG, § 57 Rn. 14.

517 BGH vom 13.11.2007 XI, ZR 294/07, ZIP 2008, 118 (119)

518 BGH vom 13.11.2007 XI, ZR 294/07, ZIP 2008, 118 (119) (der dies als allgemeine Meiunng bezeichnet); OLG Frankfurt v. 30.11.1995, 6 U 192/91, BB 1996, 445 = AG 1996, 324; *Bayer*, in: MünchKomm, AktG, § 57 Rn. 57; *Freitag*, AG 2007, 157 (163); *Fridrich*, Schutz des Kapitals, 111 Fn. 136 m. w. N.; *Habersack*, Festschrift Röhricht (2005), 155 (162 f.); *Hüffer*, in: Hüffer, AktG, § 57 Rn. 14.

519 A. A. vgl. *Fridrich*, Schutz des Kapitals, 112. Dieser sieht Leistungen an den ehemaligen Aktionär als nicht von der Regelung des § 57 AktG erfasst, sofern diese nach Ausscheiden an den ehemaligen Aktionär gezahlt werden.

520 Vgl. BGH vom 13.11.2007, XI ZR 294/07, ZIP 2008, 118 (119); OLG Frankfurt v. 30.11.1995, 6 U 192/91, BB 1996, 445 = AG 1996, 324; *Bayer*, in: MünchKomm, AktG, § 57 Rn. 57; *Freitag*, AG 2007, 157 (163); *Fridrich*, Schutz des Kapitals, 111 Fn. 136 m. w. N.; *Habersack*, Festschrift Röhricht (2005), 155 (162 f.); *Hüffer*, AktG, § 57 Rn. 14

521 Vgl. *Lutter/Wahlers*, AG 1989, 1 (10 f.).

in zeitlicher als auch in sachlicher Hinsicht zwischen der Leistung und der Aktionärseigenschaft des Leistungsempfängers besteht, die sog. societatis causa.[522] Ein solcher Zusammenhang mit der Aktionärsstellung wird in Anlehnung zum Recht der verdeckten Sacheinlage[523] vermutet.[524]

Ein Zusammenhang mit der Aktionärsstellung wird vermutet,[525] wenn die Leistung im engen sachlichen und zeitlichen Zusammenhang mit der Beendigung oder der Begründung der Beteiligung steht. Eine feste zeitliche Grenze hat sich hier noch nicht herausgebildet; diskutiert werden Zeiträume von bis zu sechs Monaten bis hin zu maximal drei Jahren.

Im Hinblick auf Leveraged-Buyout-Transaktionen ist der sachliche Zusammenhang stets zu bejahen. Bei dieser Konstellation beruht die Leistung an die Akquisitionsgesellschaft auf ihrer künftigen Stellung als Aktionär und der damit verbundenen gesellschaftsrechtlichen Einflussmöglichkeit.[526]

(3) Dritte als Leistungsempfänger

Durch den Wortlaut des § 57 AktG sind nur solche Leistungen verboten, die durch die Gesellschaft an die Aktionäre i.w.S. geleistet werden. Bei Leveraged-Buyout-Transaktionen sind jedoch auch Fallvarianten vorstellbar, in denen ein Leistungsaustausch nicht direkt zwischen der Gesellschaft und der Akquisitionsgesellschaft als Aktionär stattfindet, sondern Leistungen durch die Zielgesellschaft an Dritte erbracht werden. Hinsichtlich der vorliegend diskutierten Modelle ist hier vornehmlich an die Fremdkapitalgeber (z. B. Banken) oder auch die Investoren, die Gesellschafter der Akquisitionsgesellschaft, zu denken.

Fraglich ist, ob diese Konstellationen ebenfalls in den Anwendungsbereich des § 57 AktG einbezogen werden. Diese Frage ist im Hinblick auf etwaige Haftungsansprüche gemäß § 57 i.V. m. § 62 AktG entscheidend.

---

522 BGH vom 13.11.2007, XI ZR 294/07, ZIP 2008, 118 (119); *Bayer*, in: MünchKomm, AktG, § 57 Rn. 57; *Cahn/v. Spannenberg*, in: Spindler/Stilz, AktG, § 57 Rn. 54; *Drygala*, in: KölnKomm. AktG, § 57 Rn. 14; *Fleischer*, in: K. Schmidt/Lutter, § 57 Rn. 33; *Fridrich*, Schutz des Kapitals, 111; H*enze*, in: Großkomm. AktG, § 57 Rn. 80; *Hüffer, in:* Hüffer, AktG, § 57 Rn. 14.

523 BGH vom 4.3.1996, II ZR 89/95, BGHZ 132, 133 = GmbHR 1996, 283; *A. Arnold*, in: KölnKomm. AktG, § 27 Rn. 96; *Bayer*, in: K. Schmidt/Lutter, AktG, § 27 Rn. 63; *Heidinger/Benz*, in: Spindler/Stilz, AktG; § 27 Rn. 170; *Hüffer*, in: Hüffer, AktG, § 27 Rn. 30; *Peifer*, in: MünchKomm. AktG, § 183 Rn. 28.

524 *Ziemons/Herchen*, in: Nirk/Ziemons/Binnewies, Handbuch der AG, 64. Lieferung, D. Kapitlerhaltung, 5.663.

525 *Ziemons/Herchen*, in: Nirk/Ziemons/Binnewies, Handbuch der AG, 64. Lieferung, D. Kapitlerhaltung, 5.663 (parallel zum Recht der verdeckten Sacheinlage, dazu bei Rn. I 5.603 ff.).

526 Vgl. *Fridrich*, Schutz des Kapitals, 112.

(a) Leistung an Dritte zugunsten des Aktionärs

Entsprechend den Ausführungen zu den Kapitalschutzregeln des § 30 GmbHG gilt auch hier aufgrund des Schutzzwecks der Norm, dass eine Leistung an einen Dritten dann als Leistung an den Aktionär angesehen wird, sofern die Leistung an den Dritten dem Aktionär zugerechnet wird.[527] Hinsichtlich der Zurechnung wird teilweise auf die Rechtsbeziehung zwischen dem Leistungsempfänger und dem Aktionär abgestellt,[528] teilweise auf das Vorliegen eines wirtschaftlichen Vorteils beim Aktionär[529] bzw. auf die Tatsache als Kriterium Bezug genommen, dass die Veranlassung dieses Vermögenstransfers durch den Aktionär erfolgte.[530] Die hier dargestellten Merkmale werden jedoch bei Leveraged-Buyout-Transaktionen kumulativ auftreten. Grund hierfür ist, dass der Aktionär als Veranlasser der Leistung an den Dritten im Ergebnis den wirtschaftlichen Wert realisieren wird.[531] Im Hinblick auf den Regelungszweck des § 57 AktG, einen umfassenden Kapitalschutz zu gewährleisten, ist daher darauf abzustellen, ob der wirtschaftliche Erfolg des Vermögenstransfers den Aktionär – sei es mittelbar oder unmittelbar – begünstigt.

(b) Investoren als aktionärsgleicher Dritter

Die Besonderheit bei den an einer Leveraged-Buyout-Transaktion beteiligten Investoren liegt darin, dass sie zu keinem Zeitpunkt eine formale Aktionärsstellung innehaben werden, faktisch jedoch durch die komplexen Holdingstrukturen Entscheidungen in der Akquisitionsgesellschaft treffen und auf diese Weise den Vermögenstransfer aus der Zielgesellschaft auf die Akquisitionsgesellschaft und letztendlich auf sich selbst lenken; eine direkte Leistungsbeziehung zwischen den Investoren und der Zielgesellschaft besteht jedoch nicht.[532] Daher stellt sich die Frage, ob diese Investorengruppen trotz fehlender Aktionärsstellung zugleich *Verpflichtete* i.S.d. §§ 57, 62 AktG sein können und somit zur Rückgewähr verpflichtet sind. Entscheidend ist insofern, ob eine Leistungsbeziehung zwischen den Investoren und der Zielgesellschaft gesehen werden kann.[533]

Eine Haftung wäre allenfalls im Falle einer analogen Anwendung der §§ 57, 62 AktG denkbar. Dem steht allerdings das Fehlen einer für eine Analogie – unter anderem – erforderlichen planwidrigen Regelungslücke entgegen. Denn Investorengruppen werden nach der hier vertretenen Ansicht bereits aufgrund des Wortlautes

---

527 *Fridrich*, Schutz des Kapitals, 117.

528 *Cahn/Senger*, in: Spindler/Stilz, AktG, § 57 Rn. 54.

529 OLG Hamburg vom 24.7.1984, 11 U 182/86, WM 1987, 1163 (1167).

530 *Bayer*, in: MünchKomm, AktG, § 57 Rn. 68; *Cahn/Senger, in:* Spindler/Stilz, AktG, § 57 Rn. 54.

531 *Cahn/Senger*, in: Spindler/Stilz, AktG, § 57 Rn. 69.

532 Vgl. *Fridrich*, Schutz des Kapitals, 120.

533 Vgl. *Fridrich*, Schutz des Kapitals. 120.

von § 71a AktG erfasst.[534] Danach ist ein Rechtsgeschäft, das die Gewährung eines Darlehens zum Gegenstand hat, welches dem Zweck des Erwerbes von Aktien der Aktiengesellschaft dient, nichtig. Insofern sei auf die dortigen Ausführungen verwiesen.[535] Demzufolge kommen Investorengruppen nicht als Leistungsempfänger im Sinne des § 57 AktG in Betracht.

c) Kompensatorischer Gegenleistungsanspruch

Das Vermögen der Aktiengesellschaft ist nur dann i.S.d. § 57 Abs. 1 AktG gebunden, wenn der Leistung an den Aktionär nicht ein vollwertiger Anspruch gegenübersteht. Durch die Neufassung des § 57 Abs. 1 Satz 1 AktG durch den im Rahmen des MoMiG neu eingeführten Ausnahmetatbestands des § 57 Abs. 1 Satz 3 Alt. 2 AktG sollte die Parallele zum § 30 GmbHG gezogen werden.[536] Somit gilt auch hier nunmehr die durch den Gesetzgeber angeordnete bilanzielle Betrachtungsweise.[537] Der notwendige Schutz wird auch hier – ebenso wie im GmbHG – mit dem Vollwertigkeitskriterium als Maßstab erreicht. Das Vollwertigkeitskriterium dient als Schutzschwelle. In der Gesetzesbegründung betont der Gesetzgeber, dass eine solche Vollwertigkeit nicht bejaht werden kann, sofern der Gesellschafter eine mit geringen Mitteln ausgestattete Erwerbsgesellschaft (i.S.d. Akquisitionsgesellschaft) ist.[538]

Somit beschränken sich aufgrund des Gleichklangs zwischen dem GmbHG und AktG nunmehr die Unterschiede hinsichtlich der Kapitalerhaltung auf den Umfang der Vermögensbindung. Während bei der GmbH das Stammkapital geschützt ist, beschränkt sich die Auszahlung in der Aktiengesellschaft auf den auszahlungsfähigen Bilanzgewinn.[539] Hinsichtlich des Vollwertigkeitsgebotes kann auf die zu § 30

534 Siehe dazu ausführlich: 2. Kapitel Teil 2 B. II. 1) b), Personelle Reichweite des Verbotes.

535 Siehe dazu ausführlich: 2. Kapitel Teil 2 B. II. 2), Rechtsfolgen des § 71a Abs. 1 Satz 1 AktG.

536 BegrRegE BT-Drucks. 16/6140 vom 25.7.2007, 125. Diese Intention des Gesetzgebers wird dadurch deutlich, dass er bei den Ausführungen zu den Änderungen des § 57 AktG in Gänze auf die Ausführungen zu § 30 GmbHG verweist; vgl. *Holzner*, Gläubigerschutz, 235 Fn. 951.

537 Auch der BGH hat sich bei gleichzeitiger ausdrücklicher Abkehr von der wirtschaftlichen Betrachtungsweise, die er im sog. Novemberurteil (Urteil vom 24.11.2003, II ZR 171/01, BGHZ 157, 72) vertrat, nunmehr der bilanziellen Betrachtungsweise angeschlossen; BGH vom 1.12.2008, II ZR 102/07, BGHZ 179, 71.

538 BegrRegE BT-Drucks. 16/6140 vom 25.7.2007, 125, 98.

539 Vgl. *Fridrich*, Schutz des Kapitals, 151; *Holzner*, Gläubigerschutz, 236; *Habersack/ Schürnbrand*, NZG 2004, 689 (690).

GmbHG gemachten Ausführungen verwiesen werden.[540] Der Gegenleistungsanspruch muss gemäß 57 Abs. 1 AktG vollwertig sein.[541]

2) Rechtsfolge des § 57 AktG

Die Rechtsfolge eines Verstoßes gegen das Verbot der Einlagenrückgewähr ist in der Literatur Gegenstand einer anhaltenden Auseinandersetzung. Zum Teil wird die Auffassung vertreten, dass im Falle eines Verstoßes sowohl das Verpflichtungs- als auch das Erfüllungsgeschäft wegen eines Verstoßes gegen § 134 BGB nichtig seien.[542] Zum Teil wird die Ansicht vertreten, nur das Verpflichtungsgeschäft sei nichtig.[543] Nach anderer Ansicht in der Literatur führt der Verstoß gegen § 57 AktG weder zur Nichtigkeit des Erfüllungs- noch des Verpflichtungsgeschäfts.[544] Letztgenannter Ansicht hat sich der BGH[545] angeschlossen. Zwar sei das Verbot der Einlagenrückgewähr als ein gesetzliches Verbot im Sinne des § 134 BGB einzuordnen, jedoch führe ein Verstoß vorliegend nicht zur Nichtigkeit, da die Rechtsfolgen eines Verstoßes in § 62 AktG ausdrücklich als spezialgesetzliche Vorschrift geregelt seien. Danach hat die Aktiengesellschaft gegen den Empfänger der Leistungen einen Rückgewähranspruch in dem Umfang, in dem die Leistung nicht in Einklang mit § 57 Abs. 1 AktG stand.[546] Diese Ausführungen stehen im Einklang mit der Systematik des Gesetzes und sind daher zu befürworten. Zum einen würde durch die Annahme einer Nichtigkeit die Verjährungsfrist des § 62 Abs. 3 AktG unterlaufen werden. Zudem ließe sich eine differenzierte Behandlung der aktienrechtlichen Regelungen der §§ 57, 62 AktG gegenüber denen der GmbH-rechtlichen Regelungen der §§ 30, 31 AktG normativ nicht rechtfertigen. Soweit die Unzulässigkeit von Leistungen

---

540 Siehe dazu ausführlich: 2. Kapitel Teil 1A. I. 5), Keine Kompensation der Auszahlung.

541 *Drygala/Kremer*, ZIP 2007, 1289 (1293); *Fleischer*, in: K. Schmidt/Lutter, AktG, § 57 Rn. 47;

542 *Henze*, in: Großkomm AktG, 4. Auflage, § 57 Rn. 201; *Hüffer, in:* Hüffer, AktG, § 57 Rn. 23; (jedenfalls für das Verpflichtungsgeschäft: RG vom 25.9.1911 I 441/10, RGZ 77, 71 [72]); *Lutter*, in: KölnKomm, AktG, 2. Auflage, § 57 Rn. 62.

543 *Flume*, ZHR 144 (1980), 18 (23ff.); *Wilhelm*, Festschrift Flume (1978), 337 (383); *Geßler*, Festschrift Fischer (1979), 131 (142ff.);

544 *Bayer*, in: MünchKomm, AktG, § 57 Rn. 162; *Cahn/v. Spannenberg*, in: Spindler/Stilz, AktG, § 57 Rn. 87; *Drinhausen*, in: Heidel, AktG, § 57 Rn. 53; *Drygala*, in: KölnKomm, AktG, § 57 Rn. 133 f.; *Fleischer*, in: K. Schmidt/Lutter, AktG, § 57 Rn. 74; *Rachlitz*, in: Grigoleit, AktG, § 57 Rn. 20; *Solveen*, in: Hölters, AktG, § 57 Rn. 28.

545 BGH vom 12.3.2013, II ZR 179/12, BGHZ 196, 312 314 = NJW 2013, 1742 (1743) = AG 2013, 431 = NZG 2013, 496 (497).

546 Vgl. *Diem*, Akquisitionsfinanzierungen, § 45 Rn. 40; *Koch, in:* Hüffer, AktG, § 62 Rn. 9.

an die Anteilseigner unabhängig von der Gesellschaftsform feststeht, müssen auch die Rechtsfolgen die gleichen sein.[547]

Nach überwiegender Ansicht handelt es sich bei § 57 AktG um ein Verbotsgesetz im Sinne des § 134 BGB.[548] Daher wird zum Teil vertreten, der Aktiengesellschaft stehe ein Leistungsverweigerungsrecht bzw. ein Leistungsverbot zu.[549] Dem steht jedoch die abschließende Regelung des § 62 AktG entgegen. Eine Nichtigkeitsanordnung ist damit überflüssig. Hierfür spricht zum einen die parallele Regelung der §§ 30 und 31 GmbHG,[550] zum anderen aber würde eine Nichtigkeit dem wertmäßigen Verständnis der aktienrechtlichen Vermögensbindung widersprechen.[551]

II. Das Auszahlungsverbot des § 71a Abs. 1 Satz 1 AktG

Neben dem Kapitalerhaltungsgebot des § 57 AktG ist bei der Finanzierung von Unternehmenskäufen, die den Kauf eines Unternehmens in Form einer Aktiengesellschaft zum Gegenstand haben, auch das Verbot der Financial Assistance des § 71a Abs. 1 Satz 1 AktG zu beachten.[552] Nach dieser Regelung sind Rechtsgeschäfte nichtig, die darauf gerichtet sind, eine Leistung durch die Aktiengesellschaft an einen anderen zum Zwecke des Erwerbs von Aktien dieser Gesellschaft zu gewähren. Bedeutung erlangt die Vorschrift gerade im Hinblick auf die Zulässigkeit einzelner Ausschüttungen durch die Regelung des § 57 AktG und die dadurch entstehenden Schutzlücken.[553]

Zurückzuführen ist die § 71a Abs. 1 Satz 1 AktG auf Art. 23 Abs. 1 der Kapitalrichtlinie 77/91 EWG, aufgrund derer eine Gesellschaft im Hinblick auf den Erwerb ihrer Aktien durch einen Dritten weder Vorschüsse geben, noch Darlehen

---

547 Vgl. dazu ausführlich: *Bayer/Scholz*, AG 2013, 426 (426 ff.); *Nodoushani*, NZG 2013, 687 (689).

548 A. A. *Bayer*, in: MünchKomm, AktG, § 57 Rn. 162.

549 Vgl. *Lutter/Drygala*, in: KölnKomm, AktG, § 57 Rn. 136; *Bayer*, in: MünchKomm, AktG, § 57 Rn. 154.

550 Vgl. *Solveen*, in: Hölters, AktG, § 57 Rn. 28 m. w. N.

551 Vgl. *Solveen*, in: Hölters, AktG, § 57 Rn. 28 m. w. N.

552 Die folgende Untersuchung des § 71a Abs. 1 AktG beschränkt sich auf die aktuelle Gesetzeslage. Eine darüber hinausgehende Diskussion wird vorliegend nicht verfolgt; vgl. zur Reform der Kapitalrichtlinie und die daran anschließende Diskussion über den Anwendungsbereich des § 71a AktG: *Fridrich*, Schutz des Kapitals, 196 ff. Für die Untersuchung und die Ermittlung des Schutzzweckes ist somit allein Art. 23 Abs. 1 der Kapitalrichtlinie von 1976 (77/91/EWG, ABl. EG 1977 vom 31.1.1977, Nr. L 26/1, 1 ff.) maßgebend. Die Regelung ist durch Art. 1 Nr. 15 des Gesetzes zur Durchführung der Zweiten Richtlinie des Rates der Europäischen Gemeinschaften zur Koordinierung des Gesellschaftsrechts in das Aktiengesetz eingeführt worden und trat am 1.7.1979 in Kraft; vgl. zur Entstehungsgeschichte *Fridrich*, Schutz des Kapitals, 186 ff.

553 Siehe dazu ausführlich: *Fridrich*, Schutz des Kapitals, 185; *Holzner*, Gläubigerschutz, 238.

gewähren, noch Sicherheiten leisten darf.[554] Die Kapitalrichtlinie wurde durch die Änderungsrichtlinie 2006/68 EG modifiziert.[555] Aufgrund dieser Richtlinie ist es den Mitgliedstaaten nunmehr erlaubt, das strikte Verbot in ein Verbot mit Erlaubnisvorbehalt umzuwandeln.[556] Von dieser Möglichkeit hat der deutsche Gesetzgeber bisher keinen Gebrauch gemacht.[557] Insofern verbleibt es in Deutschland bei der alten Regelung.

Nach allgemeiner Auffassung verfolgt die Regelung des § 71a Abs. 1 AktG zwei unterschiedliche Schutzzwecke:[558] Zum einen den Schutz vor der Umgehung des in § 71 AktG normierten Verbotes des Erwerbes eigener Aktien[559] sowie andererseits den von § 71 AktG unabhängigen Schutz des Gesellschaftsvermögens im Hinblick auf Übernahmesachverhalte.[560]

Der erste Schutzzweck lässt sich sowohl aus der systematischen Stellung des § 71a Abs. 1 Satz 1 AktG, der zweite aus der Regelung des § 71 AktG folgenden Norm, die unter der amtlichen Überschrift „Umgehungsgeschäfte“ steht, ableiten.[561]

1) Voraussetzungen

a) Verbotene Finanzierungsgeschäfte

Durch den Wortlaut des § 71a Abs. 1 Satz 1 AktG werden sowohl der Vorschuss, das Darlehen als auch die Sicherheit erfasst, welche die Aktionäre zum Zwecke des Erwerbs der Aktien der Gesellschaft begünstigen. Diese Geschäfte sind durch die Norm ausdrücklich verboten und mit der Nichtigkeit als Rechtsfolge versehen.

Unter dem Vorschuss ist dabei die vorfällige Zahlung auf eine erst künftig fällig werdende Verbindlichkeit der Aktiengesellschaft zu verstehen, die ein Dritter im Zusammenhang mit dem Erwerb eigener Aktien der Aktiengesellschaft eingegangen ist oder eingehen wird.[562]

---

554 Vgl. dazu ausführlich *Holzner*, Gläubigerschutz, 239 ff.; *Schroeder*, Finanzielle Unterstützung, 10 ff.

555 Vgl. dazu ausführlich *Brosius*, Finanzielle Unterstützung, 253 ff.

556 Vgl. *Oechsler*, ZHR 170 (2006), 72 (84).

557 Vgl. *Brosius*, Finanzielle Unterstützung, 292.

558 Vgl. *Brosius*, Finanzielle Unterstützung, 16 ff.; *Fridrich*, Schutz des Kapitals, 198.

559 Vgl. LG Düsseldorf vom 28.10.2005, 39 O 180/04, ZIP 2006, 516 (518); *Hefermehl/Bungeroth*, in: Geßler/Hefermehl/Eckardt/Kropff, AktG, § 71a Rn. 1; *Lutter/Drygala*, in: KölnKomm, AktG, § 71a Rn. 6; *Oechsler*, in: MünchKomm, AktG, § 71a Rn. 3 f.

560 *Bezzenberger*, in: K. Schmidt/Lutter, AktG, § 71a Rn. 2; *Oechsler*, in: MünchKomm, AktG, § 71a Rn. 3 f.

561 Vgl. *Fridrich*, Schutz des Kapitals, 198 ff. m. w. N.

562 *Brosius*, Finanzielle Unterstützung, 59; *Lutter/Drygala*, in: KölnKomm, AktG, § 71a Rn. 28; *Oechsler*, in: MünchKomm, AktG, § 71a Rn. 16; *Schroeder*, Finanzielle Unterstützung, 161; *Wieneke*, in: HeidelKomm, AktG, § 71a Rn. 4.

Der Begriff des Darlehens im Sinne des § 71a Abs. 1 Satz 1 AktG umfasst dabei sowohl die Kreditgewährung im Sinne des § 488 BGB[563] wie das Belassen vertretbarer Sachen im Sinne des § 607 BGB[564] auf Zeit gegen Entgelt. Darüber hinaus ist hierunter jedoch auch jede andere Ausgestaltung, die die Einräumung eines Zahlungsziels zum Inhalt hat, von dem Verbotstatbestand erfasst.[565]

Die Sicherheitsleistung im Sinne des § 71a Abs. 1 Satz 1 AktG ist gleichfalls weit zu fassen.[566] Eine Sicherheit liegt stets dann vor, wenn durch die Aktiengesellschaft dem potenziellen Aktienerwerber ein Kredit gewährt wird, der diesem durch einen Dritten zur Verfügung gestellt und durch die Aktiengesellschaft abgesichert wird und somit das Ausfallrisiko des Kreditgebers durch die Aktiengesellschaft übernommen oder zumindest gemindert wird.[567] In diesem Fall ist die Aktiengesellschaft durch Stellung der Sicherheit am Insolvenzrisiko in gleichem Ausmaß beteiligt, als würde sie den Aktienkauf selbst finanzieren.[568] Welche Mittel zum Zwecke der Sicherheitenbestellung eingesetzt werden und welche Form diese Sicherheit hat, ist gleichgültig; unter den Verbotstatbestand des § 71a Abs. 1 Satz 1 AktG sind alle Personal- sowie Realsicherheiten zu fassen.[569] Durch den Wortlaut des § 71a Abs. 1 Satz 1 AktG ist bereits die Bestellung entsprechender Sicherheiten verboten.[570]

Die Anwendung auf andere, in § 71a Abs. 1 Satz 1 AktG nicht benannte Rechtsgeschäfte ist umstritten. Zum Teil wird § 71a Abs. 1 Satz 1 AktG als abschließende Regelung,[571] teilweise aber auch als offener Tatbestand[572] angesehen oder gar gefordert, den Anwendungsbereich der Vorschrift im Wege einer analogen Anwendung zu erweitern.

Einer Ausweitung der Vorschrift auf andere, nicht in § 71a Abs. 1 Satz 1 AktG genannte Fälle, steht jedoch entgegen, dass weder bei dem Gesetzgeber auf europäischer noch auf deutscher Ebene eine Absicht zu erkennen ist, die Regelung auf andere als die in der Norm genannten Sachverhalte zu erstrecken.[573] Auch aus dem Telos der

---

563 *Broisus*, Finanzielle Unterstützung, 60 m. w. N.; *Hüffer*, in: Hüffer, AktG, § 71a Rn. 2; *Oechsler*, in: MünchKomm, AktG, § 71a Rn. 17; *Schroeder*, Finanzielle Unterstützung, 157.

564 Vgl. *Hüffer*, in: Hüffer, AktG, § 71a Rn. 2.

565 Hierzu zählen insbesondere auch die Stille Gesellschaft, die Stundung und die Leihe; vgl. dazu im Einzelnen ausführlich: *Brosius*, Finanzielle Unterstützung, 60 ff.

566 Vgl. *Broisus*, Finanzielle Unterstützung, 68 m. w. N.; *Hüffer*, in: Hüffer, AktG, § 71a Rn. 2.

567 *Brosius*, Finanzielle Unterstützung, 69; *Hüffer*, in: Hüffer, AktG, § 71a Rn. 2; *Schäffler*, BB 2006, Special 9, 1 (3).

568 Vgl. *Holzner*, Gläubigerschutz, 241.

569 *Brosius*, Finanzielle Unterstützung, 70 m. w. N.; *Hüffer*, in: Hüffer, AktG, § 71a Rn. 2; *Lutter/Drygala*, in: KölnKomm, AktG, § 71a Rn. 33; *Oechsler*, in: MünchKomm, AktG, § 71a Rn. 18.

570 Vgl. *Holzner*, Gläubigerschutz, 241.

571 *Habersack*, Festschrift Röhricht (2005), 155 (161 f.).

572 *Oechsler*, in: MünchKomm, AktG, § 71a Rn. 19.

573 Vgl. *Brosius*, Finanzielle Unterstützung, 107.

Norm ist eine solche Reichweite nicht zu erkennen.[574] Der Zweck der Norm liegt nicht in einem Verbot des Leveraged Buyout und damit in der Unterbindung sämtlicher Finanzierungsmaßnahmen.[575] Die Norm dient der Kapitalerhaltung.[576] Hinsichtlich einer analogen Anwendung wiederum mangelt es an der Vergleichbarkeit des Tatbestandes der Norm und des Sachverhaltes. Voraussetzung des Tatbestandes ist eine Vermögensbeeinträchtigung. Sie setzt daher stets eine das Vermögen der Gesellschaft abstrakte Gefährdung voraus. Diese ist den Leveraged-Buyout-Transaktionen aber gerade nicht immanent.[577] Zudem ist fraglich, ob eine Regelungslücke überhaupt besteht, da die Regelung des § 57 Abs. 1 AktG ebenfalls einschlägig ist.[578] Insofern ist § 71a Abs. 1 Satz 1 AktG nur auf die genannten Fälle anwendbar.

b) Personelle Reichweite des Verbotes

Im Gegensatz zum Wortlaut des § 57 AktG, nach dessen Regelung nur die Aktionäre Empfänger der Leistung sein können, ist der Personenkreis, der durch den Wortlaut des § 71a Abs. 1 Satz 1 AktG erfasst ist, nicht auf die Aktionäre beschränkt.[579] Die Formulierung „an einen anderen" macht deutlich, dass hierunter alle Rechtssubjekte fallen, die sich von der unterstützenden Aktiengesellschaft unterscheiden.[580] Es werden daher durch die Regelung auch solche Fälle erfasst, in denen der Aktienerwerber nicht zugleich der Leistungsempfänger ist.[581] Ebenfalls werden daher durch die Norm die Leistung einer Sicherheit wie z. B. die Sicherungsübereignung oder die Bürgschaft durch die Aktiengesellschaft für Kredite beliebiger anderer an den Dritten erfasst, wenn dies den Erwerb von Aktien der Aktiengesellschaft zum Gegenstand hat.[582] Im Hinblick auf Leveraged-Buyout-Transaktionen erstreckt sich das Verbot in personeller Hinsicht daher nicht nur auf die Akquisitionsgesellschaft, sondern zugleich auch auf die dahinter stehenden Beteiligungsgesellschaften und die Private Equity Fonds sowie die beteiligten Banken, die das Fremdkapital zur Verfügung stellen.[583] Insofern geht der personelle Schutzbereich dieser Regelung über den des § 57 Abs. 1 AktG hinaus.

---

574 Vgl. *Brosius*, Finanzielle Unterstützung, 107 f.

575 Vgl. *Brosius*, Finanzielle Unterstützung, 107.

576 Siehe dazu ausführlich: *Brosius*, Finanzielle Unterstützung, 108 ff.

577 *Brosius*, Finanzielle Unterstützung, 109 f.

578 Vgl. dazu ausführlich *Brosius*, Finanzielle Unterstützung, 103 ff.

579 Vgl. *Fridrich*, Schutz des Kapitals, 208.

580 Vgl. *Fridrich*, Schutz des Kapitals, 208.

581 *Cahn*, in: Spindler/Stilz, AktG, § 71a Rn. 34; *Oechsler*, in: MünchKomm, AktG, § 71a Rn. 32; *Schroeder*, Finanzielle Unterstützung, 186 f.

582 Vgl. *Lutter/Drygala*, in: KölnKomm, AktG, § 71a Rn. 33.

583 Vgl. *Fridrich*, Schutz des Kapitals, 208.

c) Sachlicher Zusammenhang

Durch den Wortlaut „zum Zwecke des Erwerbs von Aktien dieser Gesellschaft" wird der Anwendungsbereich dahin eingeschränkt, dass nicht jede finanzielle Unterstützung von Dritten verboten ist, sondern lediglich die Unterstützung, die dem Kauf der Aktien der unterstützenden Gesellschaft dient.[584] Nach allgemeiner Ansicht ist das dann der Fall, wenn die Aktiengesellschaft und der Begünstigte sich darüber geeinigt haben, dass die gewährten Mittel zum Zweck des Erwerbes der Aktien der Gesellschaft eingesetzt werden.[585] Die Vereinbarung muss jedoch weder ausdrücklich noch konkludent die Zweckbindung der bereitgestellten Mittel enthalten.[586] Ausreichend ist es, wenn objektiv die Finanzierung der Ermöglichung des Aktienerwerbs dient und subjektiv die Aktiengesellschaft und der Empfänger der Leistung um diesen Zweck wissen.[587] Ist objektiv ein Funktionszusammenhang zu bejahen, so wird der entsprechende Wille der Vertragsparteien stets vermutet, ist jedoch widerlegbar.[588]

d) Zeitlicher Zusammenhang

Weiterhin ist für die Begründung eines Funktionszusammenhangs ein zeitlicher Zusammenhang zwischen der Finanzierungsleistung und dem Erwerb erforderlich.[589]

Dabei ist es unerheblich, ob die Finanzierungshandlung zeitlich nach dem Aktienerwerb vorgenommen wird.[590] Es kann weder auf die zeitliche Abfolge der Geschäfte[591] ankommen, noch muss ein Wille der Parteien bei dem Erwerb der Aktien über das nachfolgende Finanzierungsgeschäft vorhanden sein.[592]

Wenngleich dem Wortlaut der Norm zu entnehmen ist, dass das Verbot auf unterstützende Finanzierungsmaßnahmen vor Aktienerwerb anwendbar ist, lässt sie

---

584 Anknüpfungspunkt des Erwerbes im Hinblick auf das Verbot der finanziellen Unterstützung kann sowohl das verpflichtende Rechtsgeschäft (beispielsweise ein Kaufvertrag) als auch das Verfügungsgeschäft sein; vgl. *Fridrich*, Schutz des Kapitals, 208 m. w. N.

585 *Cahn*, in: Spindler/Stilz, AktG, § 71a Rn. 35; *Lutter*, in: KölnKomm, AktG, § 71a Rn. 6; *Oechsler*, in: MünchKomm, AktG, § 71a Rn. 35

586 *Bezzenberger*, in: K. Schmidt/Lutter, AktG, § 71a Rn. 14; *Oechsler*, in: MünchKomm, AktG, § 71a Rn. 35; a. A. *Hefermehl/Bungeroth*, in: Geßler/Hefermehl/Eckardt/Kropff, AktG, § 71a Rn. 6.

587 *Bezzenberger*, in: K. Schmidt/Lutter, AktG, § 71a Rn. 14; *Oechsler*, in: MünchKomm, AktG, § 71a Rn. 35; a. A. *Hefermehl/Bungeroth*, in: Geßler/Hefermehl/Eckardt/Kropff, AktG, § 71a Rn. 6.

588 *Oechsler*, in: MünchKomm, AktG, § 71a Rn. 35; *Schröder*, Finanzielle Unterstützung des Aktienerwerbs, 203 f.

589 Vgl. *Brosius*, Finanzielle Unterstützung, 89; *Holzner*, Gläubigerschutz, 242.

590 So aber *Otto*, DB 1989, 1389 (1395).

591 So aber *Bezzenberger*, in: K. Schmidt/Lutter, AktG, § 71a Rn. 14; *Lutter/Drygala, in:* KölnKomm, AktG, § 71a Rn. 40;

592 So aber *Brosius*, Finanzielle Unterstützung, 89 m. w. N.

jedoch offen, ob hierunter auch Finanzierungsgeschäfte fallen, die erst nach dem Erwerb der Aktien vorgenommen werden.[593] Der weit gefasste Wortlaut des Art. 23 Abs. 1 der Kapitalrichtlinie erfasst jedes Finanzierungsgeschäft, das „im Hinblick auf den Erwerb" vorgenommen wird. Somit ist daraus im Wege der richtlinienkonformen Auslegung des Wortlautes der Richtlinie „im Hinblick auf den Erwerb" der Schluss zu ziehen, dass auch Fälle erfasst sind, bei denen der Aktienerwerb vor dem Finanzierungsgeschäft vorgenommen wurde.[594] Hierfür spricht auch, dass anderenfalls eine Umgehung des Verbotstatbestandes des § 71a Abs. 1 Satz 1 AktG durch eine kurze anderweitige Finanzierung ausgehebelt werden könnte.[595]

Im Hinblick auf den Zweck der Norm sowie den Wortlaut der Richtlinie sind somit im Wege der richtlinienkonformen Auslegung alle Finanzierungsgeschäfte unter den Anwendungsbereich zu fassen, die dem Aktienerwerb vorausgehen, sowie solche, die diesem nachfolgen.

2) Rechtsfolgen des § 71a Abs. 1 Satz 1 AktG

Bei Verstoß gegen das Verbot des § 71a Abs. 1 Satz 1 AktG ordnet das Gesetz die Nichtigkeit des Rechtsgeschäfts an, das die unterstützende Finanzierung zum Gegenstand hat. Umstritten ist, ob die Rechtsfolge des § 71a Abs. 1 Satz 1 AktG lediglich das Kausalgeschäft[596] oder auch das Erfüllungsgeschäft erfasst.[597] Die Entscheidungserheblichkeit dieses Streites wird vor dem Hintergrund der Rückabwicklungen der Finanzierungshilfen deutlich, die durch § 71a Abs. 1 Satz 1 AktG verboten sind. Gegen eine Erstreckung auf das Erfüllungsgeschäft spricht jedoch nicht nur der insofern klare Wortlaut,[598] sondern auch die Ausgestaltung des § 71a Abs. 1 Satz 1 AktG als lex specialis gegenüber § 134 BGB. Vor diesem Hintergrund ist zwischen

---

593 Ablehnend *Otto*, DB 1989, 1389 (1395).

594 *Brosius*, Finanzielle Unterstützung, 90; *Cahn*, in: Spindler/Stilz, AktG, § 71a Rn. 37; *Diem*, Akquisitionsfinanzierungen, 243; *Holzner*, Gläubigerschutz, 242; *Hüffer*, in: Hüffer, AktG, § 71a Rn. 3; *Oechsler*, in: MünchKomm, AktG, § 71a Rn. 36.

595 *Fleischer*, AG 1996, 494 (501); *Holzner*, Gläubigerschutz, 242; *Hüffer*, in: Hüffer, AktG, § 71a Rn. 3; *Oechsler*, in: MünchKomm, AktG, § 71a Rn. 36; *Schroeder*, Finanzielle Unterstützung des Aktienerwerbes, 195 ff.

596 *Diem*, Akquisitionsfinanzierungen, § 46 Rn. 40 Fn. 82; *Hüffer, in:* Hüffer, AktG, § 71a Rn. 3; *Lutter/Drygala*, in: KölnKomm; AktG, § 71a Rn. 6; *Oechsler*, in: MünchKomm, AktG, § 71a Rn. 36.

597 *Cahn*, in: Spindler/Stilz, AktG, § 71a Rn. 49; *Joost*, ZHR 149 (1985), 419 (430); *Schmidt/Spindler*, Finanzinvestoren, 164 f.

598 Vgl. *Brosius*, Finanzielle Unterstützung, 93. Nach *Brosius* deute der Wortlaut vielmehr auf eine Differenzierung zwischen Kausal- und Verfügungsgeschäft unter Beachtung des Abstraktionsprinzips hin. A. A.: *Cahn*, in: Spindler/Stilz, AktG, § 71a Rn. 49. Dieser führt ebenfalls den Wortlaut und den Zweck der Vorschrift an.

dem Kausal- und dem Verfügungsgeschäft unter Beachtung des Abstraktionsprinzips zu differenzieren.[599]

In der Folge, dass nur das Verpflichtungsgeschäft durch die Regelung des § 71a Abs. 1 Satz 1 AktG nichtig ist, wird teilweise vertreten, dass die von der Gesellschaft erbrachten Leistungen nach den § 812 ff. BGB zurückzugewähren seien, da § 62 Abs. 1 Satz 1 AktG nur die Rückabwicklung für Verstöße gegen die Regelung des § 57 Abs. 1 Satz 1 AktG regele.[600] Demgegenüber ist der Ansicht zu folgen, dass die Regelung des § 62 Abs. 1 Satz 1 AktG nicht nur auf Verstöße gegen die Regelung des § 57 AktG anzuwenden ist, sondern ebenfalls bei einem Verstoß gegen § 71a Abs. 1 Satz 1 AktG, sofern die Voraussetzungen des Rückgewähranspruches vorliegen, da ein Grund für einen eingeschränkten Anwendungsbereich aufgrund der systematischen Stellung nicht erkennbar ist. [601] Dafür spricht zudem der Wortlaut des § 62 AktG. Die Norm setzt nicht notwendigerweise einen Verstoß gegen § 57 Abs. 1 Satz 1 voraus, sondern verlangt eine Zahlung, die „entgegen den Vorschriften dieses Gesetzes" gewährt wurde.[602]

Insofern ist in der Folge davon auszugehen, dass bei einem Verstoß gegen § 71a Abs. 1 Satz 1 AktG zunächst ein Rückgewähranspruch nach § 62 Abs. 1 Satz 1 AktG zu prüfen ist. Der aktienrechtliche Rückgewähranspruch verpflichtet nach dem Wortlaut jedoch nur die Aktionäre einer Gesellschaft zur Rückgewähr der empfangenen Leistungen und hat insofern einen beschränkten Adressatenkreis.[603] Aktionär i.S.d. § 62 Abs. 1 Satz 1 AktG ist allerdings nicht nur der aktuelle Aktionär, sondern auch der ehemalige sowie der zukünftige.[604] Entscheidend ist diesbezüglich nicht die formelle Aktionärseigenschaft, sondern es ist ein zeitlicher und sachlicher Zusammenhang zwischen der Vornahme der Leistung und der Aktionärsstellung, ein Funktionszusammenhang, erforderlich.[605]

Nach § 62 Abs. 2 Satz 1 AktG haben die Gläubiger der Aktiengesellschaft die Möglichkeit, den Rückgewähranspruch der Aktiengesellschaft geltend zu machen,

---

599 Vgl. *Brosius*, Finanzielle Unterstützung, 93, ebenfalls zur Rechtsfolge im Dreipersonenverhältnis bei Nichtigkeit ausschließlich des Kausalgeschäftes sowie *Holzner*, Gläubigerschutz, 244 ff. bei Nichtigkeit des Kausal- und Verpflichtungsgeschäftes.

600 *Lutter/Wahlers*, AG 1989, 1 (10).

601 Vgl. *Broisus*, Finanzielle Unterstützung, 97 mit Verweis auf *Bezzenberger*, in: K. Schmidt/Lutter, AktG, § 71a Rn. 16 f.; *Hüffer*, in: Hüffer, AktG, § 71a Rn. 4;

602 Vgl. *Oechsler*, in: MünchKomm, AktG, § 71a Rn. 41; *Schroeder*, Finanzielle Unterstützung, 256 ff.

603 Vgl. *Brosius*, Finanzielle Unterstützung, 98.

604 OLG Frankfurt vom 30.11.1995, 6 U 192/91, AG 1996, 324 (325); *Bayer*, in: MünchKomm, AktG, § 62 Rn. 13; *Brosius*, Finanzielle Unterstützung, 98; *Cahn*, in: Spindler/Stilz, AktG, § 62 Rn. 8; *Drygala*, in: KölnKomm, § 62 Rn. 34. *Fleischer*, in: K. Schmidt/Lutter, AktG, § 62 Rn. 11.

605 Vgl. *Brosius*, Finanzielle Unterstützung, 98.

soweit sie von dieser keine Befriedigung erlangen können.[606] Gläubiger i.S.d. § 62 Abs. 2 Satz 1 AktG ist jeder, der eine Forderung gegen die Aktiengesellschaft hat, ungeachtet des Gegenstandes oder des Entstehungsgrundes.[607] Voraussetzung für die Geltendmachung ist die teilweise Uneinbringlichkeit des Anspruches, ohne dass das Verfolgungsrecht auf einen Insolvenz- oder Sachwalter übergegangen ist.[608] Der Aktionär kann demgegenüber alle Einwendungen und Einreden geltend machen, die auch der Aktiengesellschaft gegenüber dem Gläubiger zustehen.[609]

Aufgrund des eindeutigen Wortlautes kann die Regelung des § 62 Abs. 1 Satz 1 AktG nicht auf andere Personen ausgedehnt werden.[610] Da gleichwohl durch das Verbot des § 71a Abs. 1 Satz 1 AktG auch Leistungen an außenstehende Dritte erfasst werden, die nicht die Stellung eines Aktionärs innehaben, greift § 62 Abs. 1 Satz 1 AktG nicht ein, wenn Leistungen an diese Personen geflossen sind. Diese Leistungen sind wiederum nach §§ 812 ff. BGB zurückzufordern.[611] Folge ist, dass damit auch die Haftungserleichterungen des Bereicherungsrechts nach §§ 814, 817 Satz 2, 818 Abs. 3 BGB Anwendung finden. Somit wird regelmäßig bei der Rückgewähr zwischen Aktionären und Dritten differenziert. Diese Differenzierung ist auch angemessen, da ein Fremdkapitalgeber regelmäßig nicht in dem Umfang Einblicke in die Erwerbsvorgänge hat wie ein Anteilseigner.[612]

III. Verhältnis von § 57 Abs. 1 Satz 1 AktG zu § 71a Abs. 1 Satz 1 AktG

Während das Verbot der Einlagenrückgewähr des § 57 Abs. 1 Satz 1 AktG, durch den Gesetzgeber im Rahmen des MoMiG konkretisiert, derart ausgestaltet ist, dass Leistungen der Gesellschaft an ihre Aktionäre dann zulässig sind, wenn der Leistung ein vollwertiger Rückgewähranspruch gegenübersteht, ist § 71a Abs. 1 Satz 1 AktG durch den Gesetzgeber als abstrakter Gefährdungstatbestand ausgestaltet. Dies hat zur Folge, dass Darlehen und Sicherheiten ohne die einschränkende Voraussetzung

606 Das Verfolgungsrecht ist nach einhelliger Meinung als prozessuales Recht aufzufassen; vgl. nur *Bayer*, in: MünchKomm, AktG, § 62 Rn. 79; *Drygala*, in: KölnKomm, AktG, § 62 Rn. 101; *Fleischer*, in: K. Schmidt/Lutter, AktG, § 62 Rn. 27; *Grigoleit/Rachlitz*, in: Grigoleit, AktG, § 62 Rn. 7; *Hüffer*, in: Hüffer, AktG, § 62 Rn. 13 jeweils m. w. N.

607 *Bayer*, in: MünchKomm, AktG, § 62 Rn. 87 ff.; *Drygala*, in: KölnKomm, AktG, § 62 Rn. 104; *Grigoleit/Rachlitz*, in: Grigoleit, AktG, § 62 Rn. 6.

608 *Bayer*, in: MünchKomm, AktG, § 62 Rn. 90 ff.; *Drygala*, in: KölnKomm, AktG, § 62 Rn. 106; *Grigoleit/Rachlitz*, in: Grigoleit, AktG, § 62 Rn. 6;

609 *Bayer*, in: MünchKomm, AktG, § 62 Rn. 93 ff.; *Drygala*, in: KölnKomm, AktG, § 62 Rn. 107; *Grigoleit/Rachlitz*, in: Grigoleit, AktG, § 62 Rn. 6.

610 So aber *Cahn*, in: Spindler/Stilz, § 71a Rn. 51; *Oechsler*, in: MünchKomm, AktG, § 71a Rn. 41.

611 Vgl. *Brosius*, Finanzielle Unterstützung, 98; in der Folge der Anwendung des §§ 812 ff. BGB sind somit auch die Haftungserleichterungen zu beachten.

612 *Brosius*, Fianzielle Unterstürzung, 98.

eines vollwertigen Rückzahlungsanspruches des § 57 Abs. 1 AktG durch § 71a Abs. 1 Satz 1 verboten sind.[613]

Darüber hinaus bestehen Unterschiede im Hinblick auf den personellen Anwendungsbereich des § 57 AktG im Verhältnis zum § 71a Abs. 1 Satz 1 AktG. Letzterer beschränkt den Anwendungsbereich nicht nur auf Aktionäre – seien es ehemalige, gegenwärtige oder auch zukünftige –, sondern bezieht auch Dritte mit ein und ist somit weiter gefasst.[614] § 71a Abs. 1 Satz 1 AktG ist demzufolge nicht als redundante Vorschrift, sondern vielmehr als eine Sonderregelung im Verhältnis zu § 57 AktG anzusehen.[615] Teilweise wird dennoch ein weiterreichender Gläubigerschutz durch § 71a Abs. 1 Satz 1 AktG nicht gesehen, da durch die vertraglichen Verwertungsvorbehalte das Verbot der Einlagenrückgewähr auch auf Dritte erweitert werden kann.[616] Dem ist zu entgegnen, dass bei der Bewertung des Schutzbereiches nicht auf die Möglichkeit der Einschränkung des Anwendungsbereiches durch individualvertragliche Vereinbarungen – beispielsweise durch eine Limitation Language[617] – abzustellen ist. Solche Aspekte sind in die Betrachtung nicht einzubeziehen. Sind Regelungen unterschiedlich ausgestaltet, so ist darin ein Indiz für eine durch den Gesetzgeber differenzierte Regelung zu sehen. Dies gilt auch bei der Bewertung des Verhältnisses zwischen § 57 AktG und § 71a Abs. 1 Satz 1 AktG. Solche Aspekte müssen bei der Bewertung außer Betracht bleiben, denn hierdurch käme es zu einer Umgehung des durch den Gesetzgeber bezweckten Schutzes.

Im Ergebnis ist festzuhalten, dass die beiden Normen hinsichtlich ihres Schutzbereiches teilweise unterschiedlich ausgestaltet sind. § 71a Abs. 1 Satz 1 AktG hält für den Fall des Erwerbs von Aktien einen weiteren personellen Anwendungsbereich bereit und bietet somit auch einen weiteren Schutzbereich.

IV. Konsequenzen für die Transaktionsstrukturen

Zum Zweck der Finanzierung des Kaufpreises der Zielgesellschaft soll das Vermögen der Zielgesellschaft genutzt werden. Hierzu ist ein Vermögenstransfer auf die Akquisitionsgesellschaft notwendig. Hierbei stehen die o.g. kapitalschützenden

613 Vgl. *Holzner*, Gläubigerschutz, 248.
614 Vgl. *Holzner*, Gläubigerschutz, 248 f.
615 So auch *Cahn*, in: Spindler/Stilz, AktG, § 71a Rn. 11; *Oechsler*, in: MünchKomm, AktG, § 71a Rn. 10 sowie *Holzner*, Gläubigerschutz, 248 m. w. N.
616 Vgl. *Holzner*, Gläubigerschutz, 249.
617 Vgl. *Holzner*, Gläubigerschutz, 249. Hierbei handelt es sich um eine vertragliche Abrede, die die Verwertung auf einen vertraglich vereinbarten Umfang beschränkt. Die im Markt gebräuchliche Limitation Language sieht vor, dass eine Inanspruchnahme von Sicherheiten nicht erfolgen darf, soweit dies zur Entstehung oder Vertiefung einer Unterbilanz führen würde; vgl. *Theusinger/Kapteina*, NZG 2011, 881 (886).

Regelungen des AktG den Interessen der Investoren hinsichtlich der Finanzierung von Leveraged-Buyout-Transaktionen entgegen.[618]

Fraglich ist, inwiefern diese Strukturen gegen den Kapitalerhaltungsgrundsatz des AktG verstoßen.

1) Upstream-Darlehen und Upstream-Sicherheit

Sowohl das Upstream-Darlehen als auch die Upstream-Sicherheit stellen Zahlungen im Sinne des § 57 Abs. 1 AktG dar.

Im Rahmen eines Upstream-Darlehens erfolgt die Leistung direkt an die Akquisitionsgesellschaft, während im Fall der Bestellung einer Sicherheit die Leistung an einen Dritten erfolgt. Sofern die Sicherheit zugunsten eines Dritten bestellt wird, begünstigt diese Bestellung gleichwohl die Akquisitionsgesellschaft als Aktionär der Zielgesellschaft, denn nach der Bestellung wird das Fremdkapital vom Dritten ausgezahlt. Auch diese Leistung unterliegt dem Verbot des § 57 Abs. 1 AktG. Ebenfalls ist die Akquisitionsgesellschaft als gegenwärtiger oder zukünftiger Aktionär durch das Leistungsverbot des § 57 Abs. 1 AktG erfasst.

Entscheidendes Kriterium ist somit wiederum die Vollwertigkeit der Gegenleistung.[619] Daran wird es regelmäßig fehlen, da die Akquisitionsgesellschaft nicht mit dem notwendigen Vermögen ausgestattet sein wird. Insofern verstößt sowohl die Darlehensgewährung als auch die Sicherheitenbestellung[620] durch die Zielgesellschaft an die Akquisitionsgesellschaft im Rahmen von Leveraged-Buyout-Transaktionen gleichermaßen gegen die § 57 Abs. 1 Satz 1 und 3 sowie Abs. 3 AktG.[621]

Ein Upstream-Darlehen ist ebenfalls als verbotenes Geschäft im Sinne des § 71a Abs. 1 Satz 1 AktG zu bewerten. Im Rahmen des § 71a Abs. 1 Satz 1 AktG ist hinsichtlich der Bewertung nicht auf einen etwaigen Rückgewähranspruch abzustellen, da es sich um einen abstrakten Gefährdungstatbestand handelt.[622] Der Schutzzweck des § 71a Abs. 1 Satz 1 AktG, die Gewährleistung der Einflussnahme der Gesellschaft auf die Zusammensetzung ihrer Aktionäre, könnte nicht erfüllt werden, wenn nur Darlehen, die nicht besichert sind oder einem nicht werthaltigen Rückgewähranspruch gegenüberstehen, durch die Norm erfasst würden.[623]

---

618 *Fridrich*, Schutz des Kapitals, 109.

619 Vgl. zum Vollwertigkeitsgebot in der Aktiengesellschaft im Besonderen: *Fridrich*, Schutz des Kapitals, 152 ff.

620 Im Hinblick auf den Leistungszeitpunkt bei der Bestellung der Sicherheiten gelten die Ausführungen, die zu § 30 GmbHG gemacht wurden, in Bezug auf den § 57 AktG dementsprechend; siehe dazu ausführlich: 2. Kapitel 2 Teil 1 A. II. 2) b), Die Bestimmung des Leistungszeitpunktes i.S.d. § 30 GmbHG.

621 *Fridrich*, Schutz des Kapitals, 162 f. und 167 f.; *Holzner*, Gläubigerschutz, 237 f. jeweils m. w. N.

622 *Holzner*, Gläubigerschutz, 241; *Oechsler*, in: MünchKomm, AktG, § 71a Rn. 38.

623 *Habersack*, Festschrift Röhricht (2005), 155 (164); *Holzner*, Gläubigerschutz, 240 f.

Die Bestellung einer Upstream-Sicherheit im Rahmen von Leveraged-Buyout-Transaktionen ist ebenfalls als ein verbotenes Geschäft im Sinne des § 71a Abs. 1 Satz 1 AktG zu qualifizieren. Der funktionale Zusammenhang zwischen der Bestellung der Sicherheit und dem Aktienerwerb der Akquisitionsgesellschaft ist bei Leveraged-Buyout-Transaktionen stets zu bejahen, weil die Besicherung zur Finanzierung des Aktienerwerbes benutzt wird. Ohne die Bestellung des Vermögens oder der Vermögensgegenstände der Zielgesellschaft könnte die Akquisitionsgesellschaft das Fremdkapital für den Aktienerwerb nicht aufbringen.[624] Der zeitliche Zusammenhang ist ebenfalls gegeben.

2) Upstream Merger

Wird die Zielgesellschaft auf die Akquisitionsgesellschaft verschmolzen, geht das gesamte Vermögen im Wege einer Gesamtrechtsnachfolge auf die Akquisitionsgesellschaft gemäß § 20 Abs. 1 Nr. 1 UmwG über. Zwar könnte der Verschmelzungsvorgang als Rückzahlung im Sinne des § 57 Abs. 1 AktG anzusehen sein, es würde dann das oben Gesagte gelten.[625] Da die Zielgesellschaft mit der Eintragung der Verschmelzung in das Handelsregister erlischt, kann ein Verstoß gegen die Kapitalerhaltungsvorschriften ebenfalls nur noch bei der Akquisitionsgesellschaft erfolgen. Eine Verletzung der Kapitalerhaltungsvorschriften bei der Zielgesellschaft durch den Verschmelzungsvorgang ist nicht mehr möglich.

Demgegenüber ist fraglich, ob ein Upstream Merger ebenfalls gemäß § 71a Abs. 1 Satz 1 AktG zulässig ist. Zu prüfen ist insoweit, ob der Verschmelzungsbeschluss der Zielgesellschaft als unzulässige Finanzierungshilfe § 71a Abs. 1 AktG zu qualifizieren ist. Im Schrifttum bestehen unterschiedliche Ansichten zu der Frage, ob eine solche Transaktionsstruktur als rechtlich unzulässig angesehen werden kann, weil das Verbot der finanziellen Unterstützung des § 71a Abs. 1 Satz 1 AktG durch die Regelungen des UmwG umgangen werden kann.[626]

Befürworter, welche die Anwendung des § 71a Abs. 1 Satz 1 AktG auch auf Verschmelzungen, die im Wege eines Upstream Merger vollzogen werden, ausdehnen wollen, führen im Wesentlichen an, dass die Regelung des § 71a Abs. 1 Satz 1 AktG nicht abschließend sei, sondern darüber hinaus auch solche Sachverhalte

---

624 *Holzner*, Gläubigerschutz, 242.

625 Siehe dazu ausführlich: 2. Kapitel 1. Teil A. II. 3), Upstream-Merger.

626 Für die Zulässigkeit der Verschmelzung nach § 71a Abs. 1 Satz 1 AktG: LG Düsseldorf vom 28.10.2005, 39 O 180/04, ZIP 2006, 516 (519) = DB 2005, 2512 (2515); *Becker*, DStR 1998, 1429 (1433); *Bezzenberger*, in: K. Schmidt/Lutter, AktG, § 71a Rn. 19; *Cahn*, in: Spindler/Stilz, AktG, § 71a Rn. 45; *Fleischer*, AG 1994, 494 (504 ff.); *Habersack*, Festschrift Röhricht (2005), 155 (177); *Holzner*, Gläubigerschutz, 298; *Klein/Stephanblome*, ZGR 2007, 351 (376 ff.); *Lutter/Drygala*, in: KölnKomm, AktG, § 71a Rn. 38; *Nuyken*, ZIP 2004, 1893 (1897); *Oechsler*, in: MünchKomm, AktG, § 71a Rn. 26; *Schäffler*, BB Beilage 2006 Nr. 9, 1 (7); *Wieneke*, in: Bürgers/Körber, AktG, § 71a Rn. 7. A. A.: *Kerber*, NZG 2006, 50 (53); *Klass*, Der Buyout, 169 ff.; *Schneider*, NZG 2007, 888 (892).

einzubeziehen seien, die wirtschaftlich mit den aufgezählten Sachverhalten vergleichbar seien.[627] Ferner wird die Anwendung befürwortet, weil eine solche Transaktionsstruktur anderenfalls eine unzulässige Umgehung der Verbotsnorm darstelle.[628]

Eine Ausdehnung des Anwendungsbereiches auf die Sachverhalte, in denen die Zielgesellschaft auf die Akquisitionsgesellschaft verschmolzen wird, ist abzulehnen. Bereits die Regelung des § 71 Abs. 1 Nr. 5 AktG, wonach das Erwerbsverbot einer Gesamtrechtsnachfolge nicht entgegensteht, zeigt die Unabhängigkeit des umwandlungsrechtlichen Regimes.[629] Zudem trägt das Verschmelzungsverfahren den Interessen der übrigen Aktionäre und den Gläubigern ausreichend Rechnung. Die übrigen Aktionäre haben ein Anfechtungsrecht des Verschmelzungsbeschlusses bei Ermessensmissbrauch und Ungleichbehandlung.[630] Zudem sind die Minderheitsaktionäre mit besonderen Ansprüchen gemäß §§ 14, 15, 29 UmwG ausgestattet. Im Übrigen unterliegt die Verschmelzung einer unabhängigen Prüfung.[631] Die Gläubiger werden durch ihren Anspruch auf Sicherheitsleistung gemäß § 22 UmwG hinreichend geschützt.[632]

Insofern ist die Leveraged-Buyout-Finanzierung im Wege des Upstream Merger nach den Regelungen des § 57 Abs. 1 und 3 AktG und § 71a Abs. 1 Satz 1 AktG zulässig.

3) Downstream Merger

Wird die Akquisitionsgesellschaft auf die Zielgesellschaft verschmolzen, gilt das zu § 30 GmbHG Gesagte. Die Akquisitionsgesellschaft ist regelmäßig vermögenslos. Die Vermögenswerte, die sie aufweisen kann, sind die Anteile an der Zielgesellschaft. Im Falle einer Verschmelzung gehen diese jedoch nicht auf die Zielgesellschaft über, sondern werden den Anteilsinhabern des übertragenden Rechtsträgers (Akquisitionsgesellschaft) die vom übertragenden Rechtsträger gehaltenen Anteile am übernehmenden Rechtsträger (Zielgesellschaft) gewährt. Auf den übernehmenden Rechtsträger geht nur das Restvermögen (ohne die Anteile am übernehmenden Rechtsträger) über.[633]

Durch den Verschmelzungsvorgang gehen die Verbindlichkeiten der Akquisitionsgesellschaft auf die Zielgesellschaft über. Die Zielgesellschaft übernimmt durch die Verschmelzung einen Schuldenüberhang, der wirtschaftlich betrachtet den

627 *Kerber*, NZG 2006, 50 (53); *Klass*, Der Buyout, 169 ff.; *Schneider*, NZG 2007, 888 (892).
628 *Kerber*, NZG 2006, 50 (53); *Schneider*, NZG 2007, 888 (892).
629 *Cahn*, in: Spindler/Stilz, AktG, § 71a Rn. 45; *Lutter/Drygala*, in: KölnKomm, AktG, § 71a Rn. 38.
630 *Lutter/Drygala*, in: KölnKomm, AktG, § 71a Rn. 38.
631 *Lutter/Drygala*, in: KölnKomm, AktG, § 71a Rn. 38.
632 *Cahn*, in: Spindler/Stilz, AktG, § 71a, Rn. 45.
633 *Hörtnagl*, in: Schmitt/Hörtnagl/Stratz, UmwG/UmwStR, § 24 UmwG Rn. 47 jeweils m. w. N.

Gesellschaftern zuzuordnen ist; die Zielgesellschaft erhält dabei keine Kompensation für die Übernahme dieser Verbindlichkeiten.[634] Die überwiegende Meinung qualifiziert die Übernahme dieser Schulden daher im Ergebnis als unzulässige Leistung im Sinne des § 57 Abs. 1 AktG.[635] Da das Kapitalerhaltungsgebot des § 57 Abs. 1 AktG umfassender ist als die Regelung des § 30 GmbHG, ist jede Verschmelzung auf die Zielgesellschaft unzulässig, wenn die Akquisitionsgesellschaft mit einem Schuldenüberhang auf die Zielgesellschaft verschmolzen wird. Dies gilt unabhängig davon, ob das Grundkapital und die Rücklagen betroffen sind.[636]

Der Anwendungsbereich des § 71a Abs. 1 AktG ist demgegenüber nicht eröffnet, da keine entsprechende Leistung vorliegt.[637]

4) Debt push-down

Wie oben bereits erläutert, sind beim Debt push-down zwei Finanzierungsalternativen möglich.[638] Werden die Forderungen auf die Zielgesellschaft dadurch verlagert, dass sie ihre Liquidität im Wege eines Upstream-Darlehens an die Akquisitionsgesellschaft ausreicht, so kann auf die dortigen Ausführungen verwiesen werden.[639]

Zudem kann aber auch in der Zielgesellschaft durch die Aufnahme von Krediten Liquidität generiert werden, die dann durch Beschluss des Aktionärs an ihn, die Akquisitionsgesellschaft, ausgekehrt werden kann.

Die Ausschüttung erfolgt bei einer Aktiengesellschaft durch die Auszahlung einer Dividende. Gerade diese Möglichkeit nutzen Finanzinvestoren regelmäßig, um das Vermögen der Zielgesellschaft an sich auszukehren. In der gesellschaftsrechtlichen Literatur wird diese Ausschüttung als „Superdividende" bezeichnet.[640] Die Ausschüttung des Vermögens einer Aktiengesellschaft ist durch die §§ 174, 172, 58 AktG normiert und erfolgt in einem formalisierten Verfahren. Der Kapitalschutz

---

634 *Bayer*, in: MünchKomm, AktG, § 57 Rn. 95; *Mayer*, in: Widmann/Mayer, UmwR, § 5 UmwG Rn. 40.1.

635 *Bayer*, in: MünchKomm, AktG, § 57 Rn. 95; *Holzner*, Gläubigerschutz, 297 m. w. N.; *Mertens*, AG 2005, 785 (786); A. A.: *Bock*, GmbHR 2005, 1023 (1030); *Enneking/Heckschen*, DB 2006, 1099 (1100);

636 *Haritz*, in: Semler/Stengel, § 24 UmwG Rn. 48 ff.; *Holzner*, Gläubigerschutz, 297 m. w. N.; *Klein/Stephanblome*, ZGR 2007, 351 (376 ff.); *Mertens*, AG 2005, 785 (786); *Priester*, in: Lutter, UmwG, § 24 Rn. 62.

637 *Becker*, DStR 1998, 1429 (1433); *Fleischer* AG 1996, 494 (505); *Habersack*, FS Röhricht (2005), 155 (177 f.); *Schäffler* BB 2006, Special Nr. 9 zu Heft 48, 1, 7. Andere Stimmen qualifizieren das Downstream-Merger demgegenüber als Umgehung des Finanzierungsverbotes: *Bezzenberger*, in: K. Schmidt/Lutter, AktG, § 71a Rn. 19; *Klass*, Der Buyout, 169 ff.; *Ludwig*, Liber amicorum Happ, 131 (132 ff.).

638 Siehe hierzu ausführlich: 1. Kapitel Teil 2 E. III. 4) Debt push-down.

639 Siehe dazu ausführlich: 2. Kapitel Teil 2 B. IV. 1), Upstream-Darlehen und Upstream-Sicherheit.

640 Vgl. *Schneider*, NZG 2007, 888 (889) sowie *Fridrich*, Schutz des Kapitals, 183 mit Beispielen.

des § 57 AktG reicht soweit, wie Ausschüttungen außerhalb des ordnungsgemäß festgestellten Bilanzgewinns vorgenommen werden. Wird Vermögen jedoch innerhalb dieses Verfahrens ausgekehrt, unterliegt dies nicht mehr den Vermögensbindungen des § 57 AktG. Eine Verletzung des Kapitalerhaltungsverbots liegt nicht vor. Auch der Anwendungsbereich des § 71a Abs. 1 Satz 1 AktG ist bei dieser Art der Zahlungen nicht eröffnet.

5) Interner Asset Deal

Im Zusammenhang mit dem internen Asset Deal stellt sich die Frage, ob die Zahlung eines nicht marktgerechten Kaufpreises, die Stundung des Kaufpreises bzw. die Abführung des so generierten Cashflow gegen die Kapitalerhaltungsgrenze des § 57 AktG verstößt.

Die Zahlung eines nicht marktgerechten Kaufpreises an die Akquisitionsgesellschaft als Aktionär hält regelmäßig einem Drittvergleich nicht stand und verstößt somit gegen das Kapitalerhaltungsgebot des § 57 AktG.[641]

Wird hingegen eine Stundung des Kaufpreises vereinbart, so ist die entscheidende Werthaltigkeit des Anspruches i.S.d. § 57 AktG aufgrund der Vermögenslosigkeit der Akquisitionsgesellschaft nicht gegeben. Hinsichtlich der Abführung der Liquidität durch Ausschüttung im Rahmen von Dividendenzahlungen gilt das oben Gesagte – diese ist im Rahmen des ordnungsgemäßen Ausschüttungsverfahrens zulässig.

C. Pflichten der Organe der Aktiengesellschaft und der Aktionäre

Neben den zentralen Schutzvorschriften des § 57 AktG sowie des § 71a Abs. 1 Satz 1 AktG existieren auch im Aktienrecht Vorschriften, die das Schutzsystem der Gesellschaft ergänzen. Hier sind die Schadensersatzansprüche gegenüber den Mitgliedern des Vorstandes sowie des Aufsichtsrates nach § 93 Abs. 2 AktG (i. V. m. § 116 AktG) und der Schadensersatzanspruch wegen Einflussnahme zum Schaden der Gesellschaft nach § 117 AktG zu nennen.[642]

I. Die Insolvenzverursachungshaftung

Parallel zur Einführung des § 64 Satz 3 GmbHG wurde durch das MoMiG die Insolvenzverursachungshaftung des Vorstandes gemäß §§ 92 Abs. 2 Satz 3 i. V. m. 93 Abs. 3 Nr. 6 AktG eingeführt. Danach darf der Vorstand keine Zahlungen an die Aktionäre leisten, die die Zahlungsunfähigkeit der Aktiengesellschaft auslösen.[643] Verstößt der Vorstand gegen diese Pflicht, so haftet er auf Ersatz der Zahlungen gegenüber der Gesellschaft, die er an die Aktionäre geleistet hat.

---

641 Vgl. *Bayer*, in: MünchKomm, AktG, § 57 Rn. 42.

642 Vgl. *Fridrich*, Schutz des Kapitals, 281.

643 Vgl. *Holzner*, Gläubigerschutz, 259.

Die Bewertung dieser Regelung entspricht derjenigen, die bezüglich des § 64 Satz 3 GmbHG getroffen wurde. Insofern kann auf die dort bereits gemachten Ausführungen verwiesen werden.[644]

Wie bereits im Bereich des GmbH-Rechts ist auch im Aktienrecht die Solvenzsicherungspflicht auf die Aktionäre zu erstrecken, sofern diese als faktische Leitungsorgane i.S.d. § 76 AktG handeln, da kein Grund ersichtlich ist, im Rahmen der Aktiengesellschaft einen anderen Maßstab anzulegen.[645] Anderenfalls würde der Schutzzweck der Norm nicht erreicht werden.[646] Somit muss derjenige, der wie ein Geschäftsleitungsorgan handelt, auch die Verantwortung eines solchen tragen, und wie ein solches haften. Maßgebend ist insoweit, ob die Person wie ein Organ handelt, denn durch die Übernahme des Aufgabenkreises wird eine rechtliche Sonderverbindung begründet, die eine solche Haftung rechtfertigt.[647]

Solvenzsicherungspflichten treffen die Aktionäre daher dann, wenn diese als faktisches Leitungsorgan agieren. Insofern ist auf obige Ausführungen zur GmbH zu verwiesen.[648]

II. Schadensersatzanspruch gemäß § 93 Abs. 2 AktG

Darüber hinaus können sowohl die Vorstands- als auch die Aufsichtsratsmitglieder gegenüber der Gesellschaft gesamtschuldnerisch zum Ersatz eines entstehenden Schadens verpflichtet sein, sofern sie gemäß § 93 Abs. 2 AktG (i. V. m. § 116 AktG) gegen die ihnen obliegenden Pflichten verstoßen.[649] Das Gesetz zählt in § 93 Abs. 3 AktG beispielhaft einzelne Pflichten der Vorstands- und Aufsichtsratsmitglieder auf.[650] Im Hinblick auf den Untersuchungsgegenstand ist hier die unzulässige Einlagenrückgewähr gemäß § 93 Abs. 3 Nr. 1 AktG sowie die gesetzeswidrige Verteilung von Gesellschaftsvermögen gemäß § 93 Abs. 3 Nr. 5 AktG zu nennen. Nach § 93 Abs. 3 Nr. 1 AktG sind die Vorstandsmitglieder zum Ersatz der Einlagen verpflichtet, die an die Aktionäre zurückgewährt werden. Nach § 93 Abs. 3 Nr. 5 AktG ist das gesetzeswidrig ausgeschüttete Gesellschaftsvermögen durch die Vorstandsmitglieder zu erstatten.

Liegt ein Hauptversammlungsbeschluss vor, so bleibt die Ersatzpflicht des § 93 Abs. 2 AktG davon unberührt, da Voraussetzung des § 93 Abs. 4 AktG ein rechtmäßiger Beschluss der Hauptversammlung ist. Bei einem Verstoß gegen § 57 AktG bzw.

644 Siehe dazu ausführlich: 2. Kapitel Teil 1 B. II., Voraussetzungen.

645 BGH vom 21.3.1988, II ZR 194/87, BGHZ 104, 44 (47 ff.) = NJW 1988, 1789 (1789); BGH vom 9.7.1979, II ZR 118/77, BGHZ 75, 96 (106 f.) = NJW 1979, 1823 (1826)

646 BGH vom 21.3.1988, II ZR 194/87, BGHZ 104, 44 (47 f.) = NJW 1988, 1789 (1789); ebenso OLG Düsseldorf vom 20.10.1999, 15 U 221/96, NZG 2000, 312 (313).

647 *Fleischer*, in: Spindler/Stilz, AktG, § 93 Rn. 175 f.; *Spindler*, in: MünchKomm, § 93 Rn. 17.

648 Siehe dazu ausführlich: 2. Kapitel Teil 1 B. III. 2), Gesellschafter als faktischer Geschäftsführer.

649 Vgl. *Fridrich*, Schutz des Kapitals, 281 f.

650 Vgl. dazu ausführlich *Fridrich*, Schutz des Kapitals, 281.

§ 71a Abs. 1 Satz 1 AktG liegt dieser jedoch aufgrund der Nichtigkeitsfolge des § 241 Nr. 3 AktG gerade nicht vor.[651] Dieser Schadensersatzanspruch kann durch die Gläubiger der Aktiengesellschaft gemäß § 93 Abs. 5 AktG geltend gemacht werden.[652]

Im Hinblick auf den Untersuchungsgegenstand wird der Schadensersatzanspruch dann ausgelöst, wenn ein Verstoß gegen die Kapitalerhaltungsregelungen festgestellt wird. Dies ist vorliegend bei Vermögensminderungen im Rahmen von Upstream-Darlehen und -Sicherheiten, bei Downstream Merger sowie in einzelnen Fallgestaltungen des Debt push-down und des internen Asset Deal der Fall.

III. Schadensersatzanspruch gemäß § 117 AktG

Nach § 117 Abs. 1 AktG steht der Aktiengesellschaft ein Schadensersatzanspruch gegenüber demjenigen zu, der seinen Einfluss nutzt, um ein Mitglied eines Leitungsorgans oder leitende Mitarbeiter dazu zu bewegen, zuungunsten der Gesellschaft oder der Aktionäre zu handeln. Gemäß § 117 Abs. 2 AktG haften die verleiteten Mitglieder des Vorstandes und des Aufsichtsrates neben dem Ersatzpflichtigen nach § 117 Abs. 1 AktG bei einer entsprechenden Pflichtverletzung gesamtschuldnerisch. Dieser Anspruch gewährt der Gesellschaft sowohl gegen Dritte als auch gegen die Mitglieder der Leitungsorgane der Aktiengesellschaft einen Ersatz bei vorsätzlicher Schädigung.

Mit den Kapitalerhaltungsregelungen besteht eine Schnittmenge.[653] Eine Vermögenszuwendung an einen Aktionär – vorliegend die Akquisitionsgesellschaft – ohne entsprechende Gegenleistung wird regelmäßig den Schadensersatzanspruch nach § 117 Abs. 1 bzw. Abs. 2 AktG auslösen. Insofern ist hinsichtlich des haftungsbegründenden Handelns auf die oben gemachten Ausführungen zu verweisen. Liegt ein Verstoß gegen die Regelungen der §§ 57 Abs. 1 AktG, 71a Abs. 1 Satz 1 AktG vor, so wird dies neben einem Anspruch gemäß § 62 AktG ebenfalls einen Anspruch gemäß § 117 AktG auslösen. Dieser Anspruch geht regelmäßig über jenen der Kapitalerhaltungsregelungen hinaus, da die Regelung des § 117 AktG auch Folgeschäden erfasst.[654] Insofern steht er regelmäßig neben einem Rückforderungsanspruch nach § 62 AktG.

IV. Existenzvernichtender Eingriff

Soweit ein existenzvernichtender Eingriff im Sinne des § 826 BGB vorliegt, tritt § 826 BGB hinter der speziellen Regelung des § 117 AktG zurück. Letztere wurde gerade mit dem Zweck geschaffen, im Aktienrecht einen Rückgriff auf § 826 BGB zu vermeiden.[655]

651 Vgl. *Fridrich*, Schutz des Kapitals, 281 f.; *Schäffler*, BB 2006, Special 9, 1 (11).
652 *Hüffer*, in: Hüffer, AktG, § 93 Rn. 31.
653 Vgl. *Fridrich*, Schutz des Kapitals. 285.
654 Vgl. *Fridrich*, Schutz des Kapitals, 285.
655 *Koch*, in: *Hüffer*, AktG, § 1 Rn. 26a.

V. Deliktische Haftung gemäß § 823 Abs. 2 BGB

Im Hinblick auf deliktische Haftungsansprüche gemäß § 823 Abs. 2 BGB i. V. m. einem Schutzgesetz gilt das bereits bei der GmbH Gesagte. Es ist darauf zu verwiesen.[656]

D. Zwischenergebnis zum Kapitalschutz der Aktiengesellschaft

Ist der Kapitalerhaltungsschutz der GmbH durch die §§ 30, 31 GmbHG auf die Erhaltung des Stammkapitals gerichtet, so ist der Schutz des Gesellschaftsvermögens einer Aktiengesellschaft durch die Regelungen des § 57 Abs. 1 und 3 AktG sowie § 71a Abs. 1 Satz 1 AktG umfassender ausgestaltet. Während bei der GmbH sich der wesentliche Schutz auf die Erhaltung des Stammkapitals beschränkt, ist der Kapitalschutz bei der Aktiengesellschaft nicht auf das Grundkapital der Gesellschaft beschränkt.

Im Hinblick auf den Untersuchungsgegenstand ist Folgendes festzustellen:

Sowohl das Upstream-Darlehen als auch die Upstream-Sicherheiten zum Zwecke der Finanzierung des Erwerbs der Zielgesellschaft verstoßen gegen die Regelungen des § 57 Abs. 1 und die Regelung des § 71a Abs. 1 Satz 1 AktG.

Die Verschmelzung der Zielgesellschaft auf die Akquisitionsgesellschaft als ein Upstream Merger verstößt nicht gegen die Regelungen der §§ 57 Abs. 1, 71a Abs. 1 Satz 1 AktG und ist daher zulässig.

Die Verschmelzung der Akquisitionsgesellschaft auf die Zielgesellschaft durch den zu übertragenden Schuldenüberhang der Akquisitionsgesellschaft verstößt regelmäßig gegen § 57 Abs. 1 AktG.

Die Übertragung der Verbindlichkeiten auf die Zielgesellschaft durch einen Debt push-down im Wege eines Upstream-Darlehens verstößt gegen die Regelungen der §§ 57 Abs. 1, 71a Abs. 1 Satz 1 AktG. Die Abführung der Liquidität durch Ausschüttung des Vermögens ist hingegen zulässig, soweit die Liquidität an die Aktionäre im Rahmen des formalisierten Verfahrens der §§ 174, 172, 58 AktG vollzogen wird.

Die Verminderung der Verbindlichkeiten in der Akquisitionsgesellschaft im Wege des internen Asset Deal durch die Zahlung eines nicht marktgerechten Kaufpreises an die Akquisitionsgesellschaft als Aktionär hält regelmäßig einem Drittvergleich nicht stand und verstößt gegen das Kapitalerhaltungsgebot des § 57 AktG. Wird hingegen eine Stundung des Kaufpreises vereinbart, so ist eine Werthaltigkeit des Anspruches i.S.d. § 57 AktG aufgrund der Vermögenslosigkeit der Akquisitionsgesellschaft nicht gegeben. Die Abführung der Liquidität durch Ausschüttung im Rahmen von Dividendenzahlungen ist im Rahmen des ordnungsgemäßen Ausschüttungsverfahrens zulässig.

---

656 Siehe dazu ausführlich: 2. Kapitel Teil 1 D., Deliktische Haftung gemäß § 823 Abs. 2 BGB.

3. Kapitel Strafrechtliche Grenzen des Leveraged Buyout

Im vorangegangenen Kapitel wurden die einzelnen Modelle einer Leveraged-Buyout-Transaktion anhand der gesellschaftsrechtlichen Vorschriften dargestellt. Im Folgenden soll untersucht werden, inwieweit der strafrechtliche Schutzmechanismus gegenüber Leveraged-Buyout-Transaktionen greift. Im Hinblick auf den Schutz der Gläubiger des Unternehmens sowie des Unternehmens selbst – möglicherweise auch gegenüber den eigenen Inhabern – scheint eine strafrechtliche Bewertung notwendig, denn auch diese kann und muss als regulative Bedingung in die Überlegungen zur Ausgestaltung einer solchen Transaktion einbezogen werden. Letztendlich bietet auch das Strafrecht aufgrund seiner Sanktionsmechanismen einen geeigneten Schutz vor missbräuchlichen Transaktionen.

Insbesondere im Bereich des Wirtschaftsstrafrechts knüpft die Strafbarkeit an Begriffe und Regelungen des Zivilrechts an. Hierbei stellt sich stets die Frage des Verhältnisses des Strafrechts zur Gesamtrechtsordnung. Im Zusammenhang mit dem Untersuchungsgegenstand stellt sich diese Frage im Hinblick auf den strafrechtlichen Schutz zivilrechtlicher Konstruktionen und Vermögensgebilde. Anknüpfungspunkt der Eigentums- und Vermögensdelikte des Strafrechts ist die zivilrechtliche Güterzuordnung.[657] Nach den zivilrechtlichen Regelungen sind sowohl den Anteilseignern als auch dem Unternehmen selbst Rechte und Pflichten auferlegt. Im Hinblick auf Leveraged-Buyout-Transaktionen stellt sich daher die Frage, ob sich die gesellschaftsrechtlichen Grenzen als Ausfluss der zivilrechtlichen Wertungen auf das Strafrecht übertragen lassen, ob nicht vielleicht sogar eine Verpflichtung zu einer solchen Übertragung besteht oder im Bereich des Strafrechts gar eigenständige Wertungen vorgenommen werden können.

Die Intention des Strafrechts liegt darin, bestimmte für das Gesamtgefüge wichtige Gesellschaftsgüter unter einen besonderen Schutz zu stellen. Im Hinblick auf den Untersuchungsgegenstand sind dies der Schutz des Gesellschaftsvermögens an sich und der Schutz der Gläubiger und somit der Schutz des Wirtschaftssystems im weitesten Sinne.

Durch die Charakteristik von Leveraged-Buyout-Transaktionen bilden der Straftatbestand der Untreue gemäß § 266 StGB sowie der Bankrottstraftatbestand des § 283 StGB die strafrechtlich relevanten Normen ab.

Eine Besonderheit besteht bei Blankettnormen wie der des § 266 StGB. Hierbei kann eine strafrechtliche Untersuchung ohne einen Rückgriff auf die gesellschaftsrechtlichen Rahmenbedingungen nicht erfolgen. Denn gerade diese sind notwendiges Indiz für das rechtliche Dürfen.

---

657 *Flum*, Der strafrechtliche Schutz, 6.

Der Untreuetatbestand gemäß § 266 StGB scheint seine Relevanz aufgrund des starken Vermögensabflusses aus der Zielgesellschaft durch deren Anteilseigner zu besitzen. Überlegungen zum Bankrottstraftatbestand erscheinen im Hinblick auf die erhöhte Insolvenzgefahr von betroffenen Unternehmen notwendig.

Insofern ist Gegenstand des ersten Teils der folgenden Untersuchung das Verhältnis der gesellschaftsrechtlichen Vorgaben zu den strafrechtlichen Regelungen des § 266 StGB und des § 283 StGB. Hierbei wird festzustellen sein, in welchem Maße sich das Strafrecht die gesellschaftsrechtlichen Regelungen zu eigen macht und, im Hinblick auf die Vermögenszuordnung und die Dispositionsbefugnisse, auf diese zurückgreift. Im Anschluss widmet sich die Untersuchung der möglichen Untreuestrafbarkeit der einzelnen Maßnahmen, die bei Leveraged-Buyout-Transaktionen zum Zwecke der Finanzierung benutzt werden, sofern sie auch gegen gesellschaftsrechtliche Regelungen verstoßen. Im Anschluss daran folgt die Untersuchung eines möglichen Verstoßes gegen die Bankrottdelikte gemäß § 283 StGB durch die Finanzierung eines Kaufes der Zielgesellschaft im Wege des Leveraged Buyout.

Während eine Untreuestrafbarkeit bereits allein durch die entsprechenden Handlungen verwirklicht werden kann beispielsweise durch die Hingabe des Darlehens an die Akquisitionsgesellschaft –, muss im Hinblick auf die Verwirklichung des Bankrottstraftatbestandes eine zusätzliche Voraussetzung – die Krise der Gesellschaft in Form der Überschuldung oder der eingetretenen bzw. drohenden Zahlungsunfähigkeit – eingetreten sein. Diese wird im Folgenden, sofern notwendig, unterstellt werden.

Teil 1 Die Rezeption des zivilrechtlichen Schutzes

Im Bereich des Wirtschaftsstrafrechts werden Begrifflichkeiten verwendet, die ebenso im Zivilrecht vorhanden sind; strafrechtliche Tatbestandsmerkmale knüpfen an zivilrechtliche Regelungen bzw. Rechte und Pflichten bestimmter Personen an. Insofern ist fraglich, ob die maßgeblichen Tatbestandsmerkmale des § 266 StGB durch das Strafrecht selbst bestimmt werden können oder ob es hinsichtlich dieser Begrifflichkeiten eine Übertragung der gesellschaftsrechtlichen Bestimmungen gibt.

Selbst für den Fall, dass das Strafrecht sich am Zivilrecht orientiert, so ist doch vorab bereits festzustellen, dass das Strafrecht im Hinblick auf die Rechtsfolgen stets unabhängig ist und zudem eigenen Regeln und Prinzipien folgt.[658] Nur dem Staat ist es erlaubt, eine Strafverfolgung sowie eine Sanktionierung von Straftaten durchzuführen.[659]

Doch auch das Strafrecht ist der Einheit der Rechtsordnung verpflichtet.[660] Insofern dürfen bei Abgleich desselben Sachverhaltes durch das Zivil- und Strafrecht keine Wertungswidersprüche durch die strafrechtliche Bewertung auftreten. Eine

---

658 Vgl. *Cadus*, Die faktische Betrachtungsweise, 19.

659 *Wagner*, Untreue des Gesellschafters, 108.

660 *Cramer*, Vermögensbegriff und Vermögensschaden, 78; *Schnauder/Müller-Christmann*, JuS 1998, 980 (981).

eigenständige Bewertung ohne Berücksichtigung der zivilrechtlichen Wertungen kann daher nicht richtig sein.[661]

Darüber hinaus stellt die strafrechtliche Sanktion, die aufgrund ihres Eingriffscharakters allein dem Staat vorbehalten ist, die „ultima ratio" dar.[662] Unter diesem Aspekt ist das Strafrecht stets subsidiär. Diese Subsidiarität sowie die in Art. 103 Abs. 2 GG normierten verfassungsrechtlichen Vorgaben haben zur Folge, dass eine zivil- bzw. gesellschaftsrechtlich rechtswidrige Handlung nicht notwendigerweise auch strafrechtliche Folgen hat.[663]

Fraglich ist insofern, worauf sich die Akzessorietät beziehen muss. Um den Bezugspunkt und den Umfang der Akzessorietät bestimmen zu können, bedarf es der Erläuterung der Notwendigkeit einer solchen Akzessorietät sowie der der strafrechtlichen Sanktionierung.

Insbesondere im Bereich der Vermögensdelikte und der Insolvenzdelikte greift das Strafrecht auch auf außerstrafrechtliche Vorgaben zurück. Als Beispiel wird hierbei häufig der Rückgriff auf den zivilrechtlichen Eigentumsbegriff genannt. Dieser dient bei der Anwendung der §§ 242, 246 und 249 StGB als Grundlage der Bewertung.[664] Gleiches gilt für den Begriff der „Überschuldung" im Bereich der Insolvenzstraftaten der § 283 ff. StGB.[665] Der zivilrechtliche Schutz zeichnet sich vornehmlich dadurch aus, dass der Gesetzgeber bei divergierenden Interessen Grenzen gezogen hat, die dem Ausgleich der unterschiedlichen Interessen gerecht werden sollen. So hat er im GmbHG und im AktG die Kapitalerhaltungsgrenzen normiert, um einen ungehinderten Abfluss des Vermögens zu Lasten der Gläubiger zu verhindern. Er hat dadurch im GmbHG und AktG einen Interessenausgleich zwischen den Anteilseignern auf der einen und den Gläubigern auf der anderen Seite geschaffen. Aufgrund ihrer Weisungsbefugnis haben die Anteilseigner zumindest mittelbaren Zugriff auf das Vermögen. Dadurch können sie Vermögensverlagerungen zu Ihren Gunsten vornehmen. Um die Interessen der Gläubiger, die keinen direkten Zugriff auf das Gesellschaftsvermögen haben, zu schützen, hat der Gesetzgeber bei Überschreiten der o.g. Grenzen die handelnden Personen durch das Gesetz dazu verpflichtet, das zu Unrecht Gewährte wieder auszugleichen. Diese Ausgleichsregelungen hat der Gesetzgeber durch die strafrechtlichen Normen ergänzen, offenbar aus dem Gedanken heraus, dass eine zivilrechtliche Ausgleichspflicht nicht ausreicht, sondern eine stärkere Sanktionierung notwendig ist. Die strafrechtlichen Regelungen stellen, sofern diese an zivilrechtliche Sachverhalte anknüpfen, ein zusätzliches – ergänzendes – Sanktionssystem dar.

Im Folgenden daran stellt sich die Frage, inwieweit die zivilrechtlichen Regelungen Einfluss auf die strafrechtlichen Regelungen nehmen. Das strafrechtliche

---

661 Vgl. *Engisch*, Einführung in das juristische Denken, 163 f.

662 BVerfG vom 25.2.1975, 1 BvF 1 – 6/74, NJW 1975, 573 (576).

663 Vgl. *Busch*, Konzernuntreue, 33; *Dierlamm*, StraFo 2005, 397 (398); *Flum*, Schutz der GmbH, 7; *Höf*, Untreue im Konzern, 45.

664 Vgl. *Cadus*, Die faktische Betrachtungsweise, 169 f.; *Flum*, Der strafrechtliche Schutz, 6; *Tiedemann*, NJW 1977, 777, (779).

665 Vgl. *Stracke*, Zivilrechtliche Überschuldungsbegriff, 276 ff.

Sanktionssystem beruht auf einer umfassenden Würdigung des Handelns. Voraussetzung ist dabei nicht nur die Erfüllung objektiver Kriterien, sondern es muss darüber hinaus auch der Nachweis erbracht werden, dass die auf objektive Ebene festgestellten Tatbestandsvoraussetzungen vom Willen des Handelnden umfasst waren. Ebenso berücksichtigt das Strafrecht auf der Ebene der Schuld die persönlichen Hintergründe des Handelnden und die der Tat. Das strafrechtliche System ist insoweit im Hinblick auf die persönlichen Voraussetzungen in wesentlichen Teilen differenzierter als es das zivilrechtliche System ist. Der Grund dafür ist vor allem in dem stärkeren Eingriffs- bzw. Sanktionsmöglichkeiten des Strafrechts zu sehen, deren ultima ratio die Freiheitsstrafe darstellt.

Das Strafrecht hat somit höhere und differenzierte Voraussetzungen auf der einen Seite, kann aber auf der Rechtsfolgenseite zu wesentlichen schwerwiegenden Eingriffen bis hin zur Freiheitsstrafe führen.

Insofern würde es der Systematik des Strafrechts zuwiderlaufen, wenn jeder zivilrechtliche Verstoß zugleich eine strafrechtliche Sanktionierung zur Folge haben würde. Zutreffend hat das LG Düsseldorf dazu im Hinblick auf den Untreuetatbestand zu den zivilrechtlichen Wertungen angeführt: „Was zivilrechtlich erlaubt ist, kann keine Pflichtverletzung im Sinne des Untreuetatbestandes begründen. Anderseits begründet nicht jede zivilrechtliche Pflichtverletzung eine strafbewehrte Pflichtwidrigkeit im Sinne des § 266 StGB."[666] Hinzu kommt, dass strafrechtliche und zivilrechtliche Normen eine andere Schutzrichtung aufweisen können. Dies ist beispielsweise bei den Kapitalerhaltungsvorschriften und der Untreuevorschrift des § 266 StGB der Fall. Während im Zivilrecht die Kapitalerhaltungsvorschriften vornehmlich dem Gläubigerschutz dienen, zielt der Schutz des § 266 StGB vornehmlich auf den Schutz des Vermögens des Vermögensinhabers.[667] Demgegenüber setzt im Strafrecht die Regelung des § 283 StGB unmittelbar die Überschuldung bzw. die drohende oder eingetretene Zahlungsunfähigkeit voraus und hat somit zivilrechtliche Begriffe in das Strafrecht übernommen. Hier ist jedoch auch der Schutzzweck, der Schutz der Gläubiger, im Strafrecht und im Zivilrecht derselbe.

Für den Untreuetatbestand und den Bankrottstraftatbestand hat dies unterschiedliche Folgen: Die Begriffe des § 283 StGB sind zivilrechtsgleich auszulegen. Es ist kein Grund ersichtlich, warum im Strafrecht ein anderes Verständnis der Norm gelten sollte. Der Gesetzgeber wollte die Funktionsfähigkeit der Wirtschaft sowie den Gläubigerschutz dadurch stärken, dass er das Unterlassen einer zivilrechtlichen Pflicht mit Strafe bedroht hat. Durch die Verwendung derselben Begrifflichkeiten hat der Gesetzgeber zum Ausdruck gebracht, dass er eine strafrechtsautonome Auslegung nicht beabsichtigt. Dies ist auch unter den Aspekten der Rechtssicherheit und der Rechtsklarheit nachvollziehbar. Nur durch die Akzessorietät der Begriffe

---

666 LG Düsseldorf vom 22.7.2004, XIV 5/03, NJW 2004, 3275 (3276); vgl. auch *Höf*, Untreue im Konzern, 45; *Schünemann*, NStZ 2005, 473 (474); *Winter*, ZGR 1994, 570 (576); *Wodicka*, GmbH-Untreue, 275 ff.

667 *Schünemann*, in: LeipKomm, StGB, § 266 Rn. 23.

ist in diesem Fall der größtmögliche Schutz garantiert. Die Voraussetzungen dieser Merkmale sind im Zivilrecht definiert. Somit sind auch die Grenzen hin zu einer strafbaren Handlung dem Zivilrecht entnommen.

Die Strafbarkeit der Untreue hingegen knüpft an das Merkmal der Vermögensbetreuungspflicht, die Pflicht zur fremdnützigen Vermögensbetreuung an.[668] Im Rahmen der Missbrauchsalternative des § 266 Abs. 1 StGB, muss der Täter eine ihm eingeräumte rechtliche Befugnis missbraucht haben.[669] Die notwendige rechtliche Legitimierung der nach außen wirkenden Macht kann auf zivilrechtlichen oder öffentlich-rechtlichen Vorschriften beruhen.[670] Als Quellen nennt die Regelung des § 266 Abs. 1 StGB das Gesetz, den behördlichen Auftrag sowie das Rechtsgeschäft.[671] Diese Pflicht zur Vermögensbetreuung wird ebenfalls - soweit sich die Befugnis aus einer zivilrechtlichen Regelung ableitet – durch das Zivilrecht vorgegeben. Anders als die o.g. Begriffe im Bankrotttatbestand des § 283 ist der Begriff der Pflicht jedoch kein eindeutig bestimmbares Tatbestandsmerkmal. Im Zivilrecht wird zwischen Haupt- und Nebenpflicht unterschieden. Im Hinblick auf letztere besteht in der strafrechtlichen Literatur Einigkeit darüber, dass nicht jede schuldrechtliche Nebenpflicht im Sinne des § 241 Abs. 1 BGB eine Vermögensbetreuungspflicht begründen kann.[672] Ebenfalls nicht eindeutig bestimmbar ist, ob und welche Schuldverhältnisse eine Hauptpflicht zur Betreuung von fremden Vermögen begründen. Dies ist erst im Wege der Auslegung des jeweiligen zugrunde liegenden Schuldverhältnisses möglich. Eine Vermögensbetreuungspflicht wird durch ein Rechtsverhältnis begründet, wenn die fremdnützige Vermögensfürsorge den Hauptgegenstand einer Rechtsbeziehung bildet und dem Verpflichteten bei der Wahrnehmung ein Spielraum, eine Bewegungsfreiheit oder Selbstständigkeit innerhalb eines Ermessensspielraum verbleibt.[673] Beide Fragen sind daher auf strafrechtlicher Ebene selbstständig zu beantworten.

Fraglich ist ebenfalls, welcher Maßstab anzulegen ist, um zu bestimmen, wann eine solche Vermögensbetreuungspflicht verletzt ist. Das BVerfG verlangt in seiner Entscheidung vom 23.06.2010, die Pflichtverletzung auf klare und evidente Fälle im Lichte des Rechtsguts „Vermögen" zu beschränken.

Nach allgemeiner Ansicht beurteilt sich das Tatbestandsmerkmal „fremdes Vermögen" nach dem materiellen Zivilrecht.[674] Im Hinblick auf eine Pflichtverletzung könnte ebenfalls verlangt werden, dass eine solche nur dann vorliegt, wenn durch

---

668 *Fischer*, StGB, § 266 Rn. 6; *Hoyer*, in: SK-StGB, StGB, 123. Lfg. 7.2010, § 266 Rn. 27 f.

669 *Fischer*, StGB, § 266 Rn. 9.

670 *Fischer*, StGB, § 266 Rn. 14.

671 *Fischer*, StGB, § 266 Rn. 14.

672 *Hoyer*, in: SK-StGB, StGB, 123. Lfg. 7.2010, § 266 Rn. 27 f. m. w. N.

673 BVerfG vom 23.6.2010, 2 BvR 2559/08, 105/09; 491/09, Rn. 105 ff., BVerfGE 126, 170 = NJW 2010, 3209 (3214).

674 BGH vom 8.5.1951, 1 StR 171/51, BGHSt 1, 186 (187); OLG Celle vom 30.7.1958, 1 Ss 181/58, NJW 159, 496 (497); *Fischer*, StGB, § 266 Rn. 11; *Kaufmann*, Organuntreue, 14; *Labsch*, Jura 1987, 344 (347); *Perron*, in: Schönke/Schröder, StGB, § 266 Rn. 6.

einzelne Rechtsnormen bestimmte Grenzen verletzt werden. Andererseits könnte aber auch durch die Gerichte im Rahmen der Bestimmung der Vermögensbetreuungspflicht der Pflichtenumfang definiert und auf diese Weise bestimmt werden, wann die Vermögensbetreuungspflicht verletzt ist.

Vorzugswürdig erscheint die Annahme, dass eine Pflichtverletzung im Hinblick auf die Vermögensbetreuungspflicht aufgrund der zivilrechtlichen Regelungen bestimmt wird und daher nicht einer selbstständigen strafrechtlichen Bewertung unterliegt. Dieses Ergebnis erscheint unter besonderer Berücksichtigung des von dem BVerfG in seiner o.g. Entscheidung erneut betonten Bestimmtheitsgebotes sachgerecht. Allein auf diesem Weg ist für den über fremdes Vermögen Verfügenden erkennbar, ob er in einem auch strafrechtlich sanktionsfreien Bereich handelt. Somit ist die Bestimmung, ob eine Vermögensbetreuungspflicht vorliegt, allein auf der strafrechtlichen Ebene zu bestimmen, während sowohl das Vermögen selbst als auch die Grenzen durch das Zivilrecht definiert und bestimmt werden.

Deshalb besteht insofern eine Akzessorietät zwischen dem Zivilrecht und dem Untreuetatbestand. Es folgt aus den Überlegungen aber auch, dass durch das Strafrecht – vorliegend durch die Untreue – nicht zwingend jeder zivilrechtliche Verstoß als Folge sanktioniert werden muss.[675] Der Schutz, der durch das Strafrecht erreicht werden soll, darf auf der anderen Seite aber auch nicht über den durch das Zivil- bzw. Gesellschaftsrecht normierten Schutz hinausgehen,[676] gleichwohl hat der Maßstab im Hinblick auf die Pflichten der beteiligten Personen auch im Strafrecht Beachtung zu finden.[677]

Als Folge der Akzessorietät zwischen der zivilrechtlichen Haftung und dem objektiven Tatbestand gilt, dass der objektive Tatbestand parallel zur zivilrechtlichen Haftung erfüllt ist. Gleichwohl kann daraus nicht der Grundsatz abgeleitet werden, dass im Falle der zivilrechtlichen Haftung zugleich auch eine Strafbarkeit der handelnden Personen einhergeht. Die Begründung der Strafbarkeit erfordert neben dem Vorliegen der objektiven Tatbestandsvoraussetzungen auch das Vorliegen der weiteren Voraussetzungen des subjektiven Tatbestandes sowie der Rechtswidrigkeit und der Schuld. Insofern bedarf es insbesondere hinsichtlich des Vorliegens der subjektiven Tatbestandsmerkmale einer gesonderten Feststellung. Daraus können sich im Strafrecht vom Zivilrecht abweichende Feststellungen ergeben.

675 Vgl. ebenso, *Busch*, Konzernuntreue, 37; *Höf*, Untreue im Konzern, 46 m. w. N.

676 Ebenfalls *Höf*, Untreue im Konzern, 46; *Kaufmann*, Organuntreue, 25 ff.; *Nelles*, Untreue, 265 ff.; *Schünemann*, in: LeipKomm, StGB, § 266 Rn. 125; *Wodicka*, GmbH-Untreue, 191.

677 Vgl. *Höf*, Untreue im Konzern, 46 mit Verweis auf *Thomas*, Festschrift Rieß, (2002) 765 (806).

Teil 2 Die Untreuestrafbarkeit

Zentraler Gedanke von Leveraged-Buyout-Transaktionen ist es, den Kauf der Zielgesellschaft durch diese selbst zu finanzieren. Die Zielgesellschaft als Kaufgegenstand unterstützt je nach Ausgestaltung auf unterschiedliche Art und Weise mittels Bereitstellung ihres Vermögens den Erwerb durch den Käufer.

Die Relevanz einer etwaigen Untreuestrafbarkeit folgt aus der Finanzierung des Unternehmenskaufes durch Nutzung des Vermögens der Zielgesellschaft. Zum einen kann die Nutzung des Vermögens der Zielgesellschaft als Vermögensnachteil zu qualifizieren sein, zum anderen muss diese Nutzung durch eine Person hervorgerufen werden, die gegenüber der Zielgesellschaft als Kaufgegenstand eine Vermögensbetreuungspflicht innehat. Wer eine solche Verpflichtung trägt, ist fraglich. Diese Verpflichtung kann sowohl das Geschäftsleitungsorgan des Unternehmens als auch die unmittelbaren oder mittelbaren Eigentümer treffen.

Um die vorangestellten Fragen beantworten zu können, ist es notwendig, insbesondere den Rechtsträger im Fall der Kapitalgesellschaften zu bestimmen. Dem folgen die Ausführungen zum zentralen Problem der Untreuestrafbarkeit im Rahmen von Leveraged-Buyout-Transaktionen – der Vermögensbetreuungspflichten der Anteilseigner zum einen und den Geschäftsführungsorganen zum anderen.

Nach einem Überblick über den Stand der Literatur und der Rechtsprechung folgt die eigene Bewertung und Begründung der Vermögensbetreuungspflichten mit Rückgriff auf die gesellschaftlichen Regelungen. Im Gang der Darstellung wird die Untersuchung der Vermögensbetreuungspflicht der Anteilseigner derjenigen der Geschäftsführungsorgane vorangestellt. Nach Auffassung des Verfassers bestimmt die Vermögensbetreuungspflicht, die durch die Dispositionsbefugnisse der Anteilseigner ausgestaltet wird, auch das mögliche Einverständnis der Anteilseigner in Handlungen der Geschäftsführungsorgane. Insofern ist dieser Aufbau konsequent und notwendig.

Ist der Umfang der Vermögensbetreuungspflicht der Beteiligten bestimmt, wird in einem letzten Schritt die Vereinbarkeit mit den einzelnen Modellen von Leveraged-Buyout-Transaktionen der Beteiligten behandelt.

A. Die Tatbestandsalternativen des § 266 StGB

§ 266 Abs. 1 StGB enthält zwei Tatbestände, den Missbrauchs- und den Treubruchtatbestand. Während der Missbrauchstatbestand den Missbrauch einer rechtlichen Befugnis über fremdes Vermögen zu verfügen oder eine andere natürliche oder juristische Person zu verpflichten unter Strafe stellt,[678] knüpft der Treubruchtatbestand an die tatsächliche Einwirkungsmacht des Täters auf fremdes Vermögen an, wenn dieser Einwirkungsmacht ein besonderes, schützenswertes Vertrauen in die Wahrnehmung fremder Vermögensinteressen zugrunde liegt.[679] Da beide Tatbestände

678 *Dierlamm*, in: MünchKomm, StGB, § 266 Rn. 23; *Fischer*, StGB, § 266 Rn. 9.
679 *Dierlamm*, in: MünchKomm, StGB, § 266 Rn. 23; *Fischer*, StGB, § 266 Rn. 33.

hinsichtlich der Tathandlung jeweils an eine Pflichtverletzung anknüpfen, können sie sowohl durch aktives Tun als auch durch Unterlassen erfüllt werden.[680] Die in § 13 Abs. 1 StGB für das unechte Unterlassungsdelikt mit Einschränkungen vorgesehene Gleichstellung mit dem Begehungsdelikt ist hier im Tatbestand einschränkungslos enthalten. § 266 StGB ist daher als echtes Unterlassungsdelikt zu qualifizieren. Daher tritt an die Stelle der allgemeinen Voraussetzungen die Treupflicht. Aus diesem Grund geht die Regelung dem § 13 StGB als lex specialis vor.[681]

I. Missbrauchstatbestand

Gemäß § 266 Abs. 1 1. Alt StGB macht sich strafbar, wer die ihm eingeräumte Befugnis, über fremdes Vermögen zu verfügen oder einen anderen zu verpflichten, missbraucht und dadurch dem, dessen Vermögensinteressen er zu betreuen hat, Nachteil zufügt.

Durch den Tatbestand der Missbrauchsalternative des § 266 StGB werden solche Handlungen eines Täters erfasst, bei denen der Täter durch sein rechtliches Können im Außenverhältnis sein rechtliches Dürfen im Innenverhältnis überschreitet.[682] Der Täter missbraucht die ihm übertragene Befugnis, da ihm im Außenverhältnis ein weiterer Handlungsrahmen als im Innenverhältnis zur Verfügung steht.[683] Die dem Täter im Innenverhältnis zustehende Befugnis kann ihm sowohl durch Gesetz, behördlichen Auftrag als auch durch Rechtsgeschäft erteilt werden.[684] Der Täter kann auf diese Weise Verfügungen über das Vermögen des Treugebers vornehmen oder Verpflichtungen herbeiführen, die dieses Vermögen betreffen.

Voraussetzung ist die rechtliche Wirksamkeit der relevanten Verfügung bzw. Verpflichtung, sodass eine rechtlich verbindliche Beziehung zu dem Vermögen des Treugebers begründet wird.[685] Somit liegt eine Missbrauchshandlung immer dann vor, wenn durch die rechtsgeschäftliche Befugnis der Verpflichtung bzw. Verfügung gegen die Pflicht zur Vermögensfürsorge im Innenverhältnis verstoßen wird.[686] Es wird daher nur die rechtsgeschäftliche Ausübung durch die Missbrauchsalternative erfasst, während tatsächliches Handeln dem Treubruchtatbestand unterfällt.[687] Der

680 *Kühl*, in: Lackner/Kühl, StGB, § 266 Rn. 1 m. w. N.

681 *Kühl*, in: Lackner/Kühl, StGB, § 266 Rn. 1 m. w. N.

682 BGH vom 16.6.1953, 1 StR 67/53, BGHSt 5, 61 (63); BGH vom 27.1.1988, 3 StR 61/87, wistra 1988, 191; *Bringewat*, GA 1973, 363; *Corsten*, Einwilligung in die Untreue, 60; *Fischer*, StGB, § 266 Rn. 9; *Kindhäuser*, in: NK, StGB, § 266 Rn. 82.

683 BGH vom 16.6.1953, 1 StR 67/53, BGHSt 5, 61 (63); BGH vom 27.1.1988, 3 StR 61/87, wistra 1988, 191; *Bringewat*, GA 1973, 363; *Corsten*, Einwilligung in die Untreue, 60; *Fischer*, StGB, § 266 Rn. 9; *Kindhäuser*, in: NK, StGB, § 266 Rn. 82.

684 Vgl. *Corsten*, Einwilligung in die Untreue, 60.

685 Vgl. *Corsten*, Einwilligung in die Untreue, 60; *Fischer*, StGB, § 266 Rn. 24

686 Vgl. *Corsten*, Einwilligung in die Untreue, 60.

687 *Maurach/Schroeder/Maiwald*, Strafrecht BT 1, § 45 Rn. 17; *Rengier*, Strafrecht BT I, § 18 Rn. 8.

Missbrauch kann jedoch auch durch Unterlassen vorgenommen werden, sofern dem Unterlassen eine rechtsgeschäftliche Wirkung zukommt.[688]

Die Missbrauchsalternative ist insbesondere bei Handlungen der Geschäftsführungsorgane von Relevanz, da durch sie deren Handlungen im Außenbereich erfasst sind.

II. Treubruchtatbestand

Gemäß § 266 Abs. 1 2. Alt macht sich strafbar, wer die ihm aufgrund eines Treuverhältnisses obliegende Pflicht, fremde Vermögensinteressen wahrzunehmen, verletzt und dadurch dem, dessen Vermögensinteressen er zu betreuen hat, Nachteil zufügt. Dem Treubruchtatbestand sind daher solche Handlungen zuzuordnen, durch die der Täter die ihm obliegende Pflicht zur Wahrnehmung fremder Vermögensinteressen verletzt.[689] Aufgrund der allgemeinen Regelung ist alleine die Verletzung der Pflicht zur Vermögensfürsorge ausreichend.[690] Die Pflicht zur Betreuung kann ebenfalls auf Gesetz, behördlichem Auftrag oder Rechtsgeschäft beruhen, zudem aber auch aus einem tatsächlichen Treueverhältnis resultieren.[691] Zur Einschränkung des Täterkreises im Rahmen der Treubruchalternative verlangen die Rechtsprechung und die Literatur, dass die Vermögensbetreuungspflicht wesentlicher Gegenstand des Treueverhältnisses ist und nicht nur eine bloße Nebenpflicht darstellt.[692]

Diese aus dem Treuverhältnis resultierende Pflicht muss der Täter durch Nicht- bzw. Fehlgebrauch seiner Entscheidungsbefugnis verletzen; insofern kann das Treueverhältnis durch rechtsgeschäftliches und tatsächliches Handeln sowie durch Unterlassen verletzt werden.[693]

B. Verhältnis von Missbrauchs- und Treubruchtatbestand

Das Verhältnis des Missbrauchs- und des Treubruchtatbestandes ist nach wie vor umstritten. Im Hinblick auf den Untersuchungsgegenstand ist diese Diskussion

---

688 Vgl. *Corsten*, Einwilligung in die Untreue, 60.

689 *Maurach/Schroeder/Maiwald*, Strafrecht BT 1, § 45 Rn. 23.

690 *Corsten*, Einwilligung in die Untreue, 61; *Wessels/Hillenkamp*, Strafrecht BT II Rn. 753.

691 *Kindhäuser*, in: NK, StGB, § 266 Rn. 38; dieses Treueverhältnis wird faktischer Natur sein und entspricht einer Garantenstellung kraft Übernahme.

692 Vgl. OLG Hamm vom 18.11.1971, 2 Ss 685/71, NJW 1972, 298 (301); bei der Pflicht muss es sich um eine nicht ganz unbedeutende Angelegenheit mit einem Aufgabenkreis von einigem Gewicht und einem gewissen Grad von Verantwortlichkeit handeln. Kriterien für das Vorliegen einer solchen Pflicht sind Art, Dauer und Umfang der jeweiligen Tätigkeit.

693 *Rengier*, Strafrecht BT I, § 18 Rn. 36; *Wessels/Hillenkamp*, Strafrecht BT II Rn. 769. Einer gesonderten Prüfung des § 13 StGB bedarf es nicht, da die Vermögensbetreuungspflicht Ausdruck einer Garantenstellung kraft Übernahme ist = echtes Unterlassungsdelikt.

dahin gehend von Bedeutung, ob auch der Missbrauchstatbestand des § 266 StGB die Verletzung einer Vermögensbetreuungspflicht verlangt. Nach teilweise vertretener Ansicht (streng monistische Theorie) werden die Anforderungen an eine Vermögensbetreuungspflicht in beiden Varianten als deckungsgleich angesehen.[694] Dem gegenüberstehend wird ebenfalls die Ansicht vertreten (modifiziert dualistische Theorie), dass der Missbrauchstatbestand zwar nicht ohne eine Verletzung einer Vermögensbetreuungspflicht verwirklicht werden könne, jedoch dieses Tatbestandsmerkmal im Hinblick auf den Missbrauchstatbestand bereits dann erfüllt sei, wenn dem Täter die ihm im Außenverhältnis wirksam übertragene Befugnis missbraucht. Aus diesem Grund bedürfe es keiner gesonderten Feststellung mehr dahin gehend, dass dem Täter eine Vermögensbetreuungspflicht obliege und er diese auch verletzt habe.[695]

Eine weitere Ansicht (modifizierte monistische Lehre) hingegen versteht den Wortlaut des § 266 Abs. 1 StGB dahin gehend, dass es für die Pflicht zur Betreuung bei beiden Tatbestandsalternativen ausreichend ist, wenn dem Täter fremdnützige Dispositionsverhältnisse eingeräumt worden sind. Beide Tatbestandsalternativen werden als selbstständig angesehen. Zwar ist beiden gleich, dass der Täter einer fremdnützigen Pflichtenstellung bedarf, eine darüber hinausgehende besonders qualifizierte Pflichtenstellung jedoch nur im Falle des Treubruchtatbestandes erforderlich sei. Die reduzierte Pflichtenstellung beim Missbrauchstatbestand diene dabei der Vermeidung von Strafbarkeitslücken.[696]

Die Ansicht, dass inhaltlich unterschiedliche Anforderungen hinsichtlich der Vermögensbetreuungspflicht bei den Tatbeständen bestehen, ist abzulehnen. Gegen diese Ansicht spricht insbesondere der Wortlaut, denn das Wort „betreuen" kann nicht innerhalb einer Vorschrift zwei unterschiedliche Bedeutungen haben.[697] Ausgehend von einem objektiven Empfängerhorizont kann dies nur so gedeutet werden, dass mit der Wahl derselben Formulierung auch dieselben Anforderungen an die jeweils notwendige Vermögensbetreuungspflicht zum Ausdruck gebracht werden sollen.[698] Dies ergibt sich auch aus der Formulierung der Norm. Es ist in einem Relativsatz dem Merkmal des Nachteils unmittelbar vorangesetzt. Hätte der Gesetzgeber den Nebensatz nur auf den Treubruchtatbestand beziehen wollen oder die Absicht verfolgt, die Pflichtenstellung bei beiden Tatbestandsalternativen unterschiedlich

---

694 BGH vom 26.7.1972, 2 StR 62/72, BGHSt 24, 386 (387); BGH vom 13.6.1985, 4 StR 213/85, BGHSt 33, 244 (250); BGH vom 25.2.1988, 1 StR 466/87, BGHSt 35, 224; BGH vom 21.12.2005, 3 StR 470/04, BGHSt 50, 331 (342); ebenso *Kühl*, in: Lackner/Kühl, StGB, § 266 Rn. 4, 8; *Wessels/Hillenkamp*, BT II, Rn. 749 jeweils m. w. N.

695 *Labsch*, NJW 1986, 104 (106 ff.); *Otto*, JZ 1985, 1008 (1009); *Ranft*, JuS 1988, 673 ff.; *Schünemann*, in: LK-StGB, § 266 Rn. 10.

696 *Perron*, in: Schönke/Schröder, StGB, § 266 Rn. 2; *Schlüchter*, JuS 1984, 675 (676); *Steinhilper*, Jura 1993, 401 (408); *Wegenast*, 60 ff., 134 ff.

697 Vgl. *Hof*, Untreue im Konzern, 33; *Nelles*, Untreue, 220.

698 *Hoyer*, in: SK-StGB, StGB, § 266 Rn. 17.

auszugestalten, hätte er eine andere Gesetzesfassung gewählt.[699] Insofern ist ebenfalls nicht begründbar, warum die Anforderungen an die Pflicht zur Betreuung fremden Vermögens unterschiedlich hoch sein sollen. Zudem geht der Gesetzgeber selbst auch von einer monistischen Sichtweise aus. Durch die Einfügung der Vorschrift des § 266b StGB, als Konsequenz auf die sog. Scheckkartenentscheidung,[700] hat er die festgestellte Strafbarkeitslücke anerkannt und durch einen neuen Deliktstatbestand mit einem geringeren Strafrahmen geschlossen.[701]

Aufgrund des spezifischen Unrechtsgehaltes sind die Modelle bei Leveraged-Buyout-Finanzierungen, anhand der Vermögensbetreuungspflicht der einzelnen, an solchen Maßnahmen Beteiligten, zu untersuchen.

Der vorliegenden Arbeit liegt daher im Folgenden die monistische Theorie[702] zugrunde. Eine weitere Auseinandersetzung mit den unterschiedlichen Theorien ist für die Arbeit nicht von Bedeutung.

C. Rechtsgut der Untreue gemäß § 266 StGB

Fraglich ist weiterhin, welches Rechtsgut durch den Straftatbestand geschützt werden soll. Hinsichtlich der Untreue ist die Bestimmung des Rechtsgutes entscheidend, da nur die Verletzung dieses Rechtsguts strafrechtlich sanktioniert wird. Hierzu bedarf es einer Abgrenzung des Rechtsgutes, insbesondere der inhaltlichen Strukturen sowie der Zielsetzungen des jeweiligen Rechtsgutes.[703]

I. Bestimmung des geschützten Rechtsgutes des § 266 StGB

Im Rahmen des § 266 StGB kommen als Schutzgüter sowohl das Vermögen der Gesellschaft, als auch der Schutz der Gläubiger in Betracht. Diese werden im Folgenden dargestellt.

---

699 *Dierlamm*, in: MünchKomm, StGB, § 266 Rn. 31.

700 BGH vom 26.7.1972 – 2 StR 62/72, BGHSt 24, 386 = NJW 1972, 1904.

701 Vgl. so auch *Dierlamm*, in: MünchKomm, StGB, § 266 Rn. 31.

702 Im Anschluss an *Hübner*, in: LeipKomm, StGB, 10. Auflage, § 266 Rn. 5–18; der BGH hat sich dieser Auffassung angeschlossen, BGH vom 26.7.1972, 2 StR 62/72, BGHSt 24, 386 ff.; BGH vom 13.6.1985, 4 StR 213/85, BGHSt 33, 244 ff.; BGH vom 25.2.1988, 1 StR 466/87, BGHSt 35, 224 ff.; BGH vom 6.4.2000, 1 StR 280/99, BGHSt 46, 30 ff.; BGH vom 6.12.2001, 1 StR 215/01, BGHSt 47, 187 ff.; BGH vom 7.11.1996, 4 StR 423/96, NStZ 1997, 124; BGH vom 11.7.2000, 1 StR 93/00, wistra 2000, 384. Vgl. zum Streitstand *Dierlamm*, in: MünchKomm, StGB, § 266 Rn. 13 ff.

703 *Kientzy*, Der Mangel am Straftatbestand, 91.

1) *Vermögen als geschütztes Rechtsgut des § 266 StGB*

a) Grundsätze

Unzweifelhaft ist durch den Untreuestraftatbestand des § 266 StGB das Vermögen als geschütztes Rechtsgut anerkannt.[704] Die Untreue stellt ein Vermögensdelikt dar,[705] wobei der strafrechtliche Vermögensbegriff des § 263 StGB einheitlich auch auf die anderen Vermögensdelikte angewandt wird.[706]

Nicht unter den Schutz des § 266 StGB fällt demgegenüber die Dispositionsfreiheit des Vermögensinhabers. In diesem Fall würde der Untreuetatbestand von einem Vermögensdelikt in ein Dispositionsdelikt umgedeutet werden.[707] Ferner ist durch die Untreue nicht das besondere Vertrauen in die Redlichkeit des Täters geschützt.[708] Durch den Missbrauch des Vertrauens wird lediglich die Art und Weise beschrieben, durch die auf das geschützte Vermögen eingewirkt wird.[709]

Die Untreue ist ein reines Vermögensdelikt und wird als solches verstanden und ausgelegt.[710] Die entscheidenden Vermögenstheorien werden im Folgenden kurz dargestellt. Die Definition des Vermögens selbst ist insofern notwendig, als dass erst durch sie der Umfang des durch § 266 StGB geschützten Rechtsgutes bestimmt und der Schaden ermittelt werden kann.

b) Der juristische Vermögensbegriff

Die juristische Vermögenstheorie[711] erfasste unter dem Begriff des Vermögens die Summe der einzelnen Vermögensrechte und -pflichten. Sie wird heute nicht mehr vertreten.

c) Der personale Vermögensbegriff

Nach dieser Ansicht ist das Vermögen die Basis der Persönlichkeitsentfaltung. Diese äußert sich in der wirtschaftlichen Fähigkeit des Vermögensträgers.[712] Vermögen

---

704 Vgl. *Lichtenwimmer*, Untreueschutz, 63.

705 BGH vom 4.4.1979, 3 StR 488/78, BGHSt, 28, 371 (373), BGH vom 4.11.1997, 1 StR 273/97, BGHSt 43, 293 (297); *Kühl*, in: Lackner/Kühl, StGB, § 266 Rn. 1; *Kindhäuser*, in: NK, StGB, § 266 Rn. 1; *Schünemann*, in: LeipKomm, StGB, § 266 Rn. 28.

706 Vgl. *Nelles*, Untreue, 331.

707 *Dierlamm*, in: MünchKomm, StGB, § 266 Rn. 2.

708 So aber *Dunkel*, Vermögensbetreuungspflicht, 42 ff.

709 *Schünemann*, in: LK, StGB, § 266 Rn. 28; *Wittig*, in: von Heintschel-Heinegg, StGB, § 266 Rn. 2

710 Vgl. dazu auch *Dierlamm*, in: MünchKomm, StGB, § 266 Rn. 1; vgl. ferner BVerfG vom 23.6.2010, 2 BvR 2559/08; 2 BvR 105/09; 2 BvR 491/09, BVerfGE 126, 170.

711 *Binding*, Strafrecht BT I, 238.

712 *Alwart*, JZ 1986, 563 (565); *Geerds*, Jura 1994, 309; *Otto*, Struktur des strafrechtlichen Vermögensschutzes, 34 ff.

wird durch den personalen Vermögensbegriff als Beziehung zwischen den Vermögensgegenständen und dem Träger des Vermögens verstanden.[713]

d) Der wirtschaftliche Vermögensbegriff

Sowohl die Rechtsprechung[714] als auch der überwiegende Teil der Literatur[715] nehmen eine wirtschaftliche Betrachtungsweise zur Bestimmung des Vermögens vor. Nach dieser Auffassung ist Vermögen die Summe der wirtschaftlichen Güter einer natürlichen oder juristischen Person. Konsequenterweise sind nach dieser Betrachtungsweise auch solche Güter zum Vermögen einer Person zu zählen, die widerrechtlich erlangt wurden.[716] Wird dieser Vermögensbegriff jedoch konsequent angewandt, so gehören wertlose Positionen nicht zum Vermögen, sitten- und gesetzeswidrig erlangte jedoch schon, insofern stellt die Rechtsprechung ergänzende rechtliche Wertungen an, die dieses Ergebnis korrigieren.[717]

e) Die juristisch-ökonomischen Vermittlungslehren

Im Spannungsfeld zwischen dem wirtschaftlichen und dem juristischen Vermögensbegriff haben sich in der Literatur in vielfältiger Weise juristisch-ökonomische Vermittlungslehren zum Begriff des Vermögens gefunden. Gemeinsam ist diesen Lehren, dass sie den Vermögensbegriff dahin gehend einschränken, dass als Vermögen einer Person nur solche Güter zu erfassen sind, die dieser „ohne rechtliche Missbilligung“[718] zustehen oder die ihr „unter dem Schutz der Rechtsordnung“ [719] zustehen.

f) Ergebnis

Durch den personalen Vermögensbegriff kann die eigenständige Bedeutung des Tatbestandsmerkmals des Vermögensschadens nicht ausreichend erfasst werden. Er verstößt damit gegen das verfassungsrechtliche Verdikt des Verschleifungsverbots von Tatbestandsmerkmalen.[720] Der Unterschied zwischen dem wirtschaftlichen und dem juristisch-ökonomischen Vermögensbegriff zeigt sich in den Fallgruppen der sittenwidrigen und rechtswidrigen Rechtsgeschäfte sowie beim

---

713 *Loeck*, Untreue in der Aktiengesellschaft, 17.

714 BGH vom 22.10.1986, 3 StR 226/86, BGHSt 34, 199 (203); BGH vom 8.1.1992, 2 StR 102/91, BGHSt 38, 186 (196); OLG Düsseldorf vom 10.1.1995, 5 Ss 443/94 8145/94 I9, wistra 1995, 276 (277); KG vom 28.9.2000, (4) 1 Ss 44/00 (50/00), NJW 2001, 86 (86).

715 *Maurach/Schroeder*, BT I, 416; *Bruns*, Festschrift Mezger (1954), 335 (343).

716 Wessels/Hillenkamp, BT II, Rn. 534.

717 Vgl. BGH vom 21.12.1982, 1 StR 662/82, BGHSt 31, 178; BGH vom 28.4.1987, 5 StR 566/86, NStZ 1987, 407.

718 *Cramer*, in: Schönke/Schröder, StGB, § 263 Rn. 82 ff.; *Lenckner*, JZ 1967, 105 (105).

719 *Franzheim*, GA 1960, 269 (269); *Mitsch*, BT 2/1, § 7 Rn. 84; *Nelles*, Untreue, 426; *Rengier*, BT 1, § 13 Rn. 55.

720 BVerfG v. 23.6.2010, 2 BvR 2559/08, BVerfGE 126, 170 (211) = NJW 2010, 3209 (3215); *Hefendehl*, in: MünchKomm, StGB, § 263 Rn. 358.

sog. Ganovenbetrug.[721] Durch die wirtschaftliche Betrachtungsweise wird ein umfassenderer Schutz erreicht. Sie ist deshalb vorzugswürdig. Insofern umfasst das Vermögen im Hinblick auf die hier relevanten Kapitalgesellschaften somit das der GmbH bzw. der Aktiengesellschaft wirtschaftlich zuzuordnende Vermögen, das durch die entsprechende Bilanz abgebildet wird.

2) Gläubigerschutz als Schutzgut der Untreue

Neben dem Vermögen der Gesellschaft sehen einige Autoren auch das Befriedigungsinteresse der Gläubiger als von § 266 StGB geschütztes Gut an.[722] Begründet wird dies durch eine Gläubigerschutzkomponente, die in der Regelung des § 266 StGB zu sehen sei,[723] da die Intention des Gesetzgebers dem Schutz unterschiedlicher Vermögensinteressen gelte. Neben den Gläubigern seien zudem die Arbeitnehmer unter diesen Schutz gestellt.[724]

Dieser Ansicht ist zwar zuzugeben, dass durch eine Minderung des Haftungsfonds der Gesellschaft auch die Interessen der Gläubiger beeinträchtigt werden, jedoch ist der Schutz, welcher durch die Kapitalerhaltungsvorschriften auch den Gläubigern zugutekommt, diesen gegenüber nur als Reflex zu betrachten und hat insofern keinen Einfluss auf die Bewertung des Schutzobjekts.[725] Der Vermögensschutz, der durch die Kapitalerhaltungsvorschriften erreicht wird, soll das Vermögen der Gesellschaft vor Eingriffen durch die Anteilseigner schützen, um zugleich im Interesse der Gläubiger den Haftungsfond zu erhalten.[726] Zwischen dem Schutz des Gesellschaftsvermögens und der reflexartigen Sicherung der Gläubigerinteressen ist aus diesem Grund nicht zu differenzieren.[727] Vor diesem Hintergrund sind die Gläubigerinteressen selbst nicht vom Schutzbereich des § 266 StGB erfasst.

---

721 *Beukelmann*, in: von Heintschel-Heinegg, StGB, § 263 Rn. 43 ff.

722 *Gribbohm*, ZGR 1990, 1 (7); *Schneider*, Untreue nach dem neuen Aktiengesetz, 17, 38; *Stapelfeld*, BB 1991, 1501 (1503).

723 *Stapelfeld*, BB 1991, 1501 (1503).

724 *Stapelfeld*, BB 1991, 1501 (1503).

725 *Höf*, Untreue im Konzern, 28; *Lichtenwimmer*, Untreueschutz, 69.

726 Vgl. *Ulmer*, Festschrift Pfeiffer (1988), 853 (860 f.).

727 Sowohl das Reichsgericht als auch der BGH haben es stets abgelehnt, sich der Betrachtungsweise anzuschließen, dass durch § 266 StGB ebenfalls die Gläubigerinteressen geschützt seien. Entgegen der Ansicht von *Kohlmann*, Festschrift Werner (1984), 387 (388), dient der Hinweis in der Entscheidung des RG vom 29.3.1909, III 877/08, RGSt 42, 278, nur als Argumentationsbehelf. Ebenso hat der BGH zumeist formelhaft angeführt, dass das geschützte Rechtsgut alleine das Vermögen der Gesellschaft sei. Ein darüber hinaus gehender Schutz der Gläubigerinteressen ist insofern nur als Rechtsreflex zu betrachten; vgl. *Lichtenwimmer*, Untreueschutz, 67 m. w. N.

II. Die Bestimmung des geschützten Vermögens bei Kapitalgesellschaften

Ein Täter kann nur eine Pflicht zur Vermögensbetreuung haben, sofern ein anderer Inhaber des durch § 266 StGB geschützten Gesellschaftsvermögens ist. Als Inhaber dieses Vermögens kommen sowohl die Kapitalgesellschaft selbst als auch deren Anteilseigner in Betracht. Insoweit stellt sich die Frage nach dem Rechtssubjekt der Untreue. Im Weiteren bedarf es dann der Untersuchung, in welchem Umfang das Vermögen der Kapitalgesellschaften geschützt ist.

1) Inhaber des geschützten Vermögens

Fraglich ist ferner, ob die GmbH einerseits und die Aktiengesellschaft andererseits Verletzter im Sinne des Untreuetatbestandes gemäß § 266 StGB sein können. Verletzter im Sinne der Untreue kann nur sein, wer auch strafrechtlich Inhaber des geschützten Vermögens ist.

Gesellschaftsrechtlich ist die GmbH nach § 13 Abs. 1 GmbHG eine selbstständige Rechtspersönlichkeit mit eigenen Rechten und Pflichten, das Gleiche erklärt § 1 Abs. 1 AktG für die Aktiengesellschaft. Diese Eigenständigkeit fand auch Ausdruck in den alten strafrechtlichen Nebenbestimmungen des § 81a GmbHG für die GmbH sowie in der Regelung des § 294 AktG für die Aktiengesellschaft, die die jeweilige Gesellschaft als Verletzte benannten.[728] Aus dieser Anordnung wird gefolgert, dass zur Bewertung der Verletzteneigenschaft die Vermögenszuordnung nach materiellem Recht und nicht eine wirtschaftliche Betrachtungsweise maßgebend ist.[729] Der Gesetzgeber hat aufgrund dieser Regelungen zum Ausdruck gebracht, dass daher eine strenge Akzessorietät zwischen Straf- und Zivilrecht bestehe.[730] Entsprechend der gesellschaftsrechtlichen Regelungen in § 13 GmbHG und in § 1 AktG ist die jeweilige Gesellschaft Inhaberin des Vermögens. Ist die Gesellschaft jedoch selbst Inhaberin des Vermögens, muss dieses Vermögen im Umkehrschluss für die Gesellschafter auch grundsätzlich fremd sein.

Daher ist die GmbH bzw. die Aktiengesellschaft mit der Eintragung der GmbH grundsätzlich taugliche Verletzte von Vermögenseingriffen durch die Anteilseigner oder die Geschäftsführungsorgane, sofern den Anteilseignern der Zugriff untersagt ist.[731] Auch die mögliche Identität des Willens der Gesellschaft mit dem Organwillen bei einverständlichem Handeln der Gesellschaft steht dieser Annahme nicht entgegen, da dieser keinen Einfluss auf die objektive Vermögenszuordnung der Gesellschaft hat, die durch § 13 GmbHG für die GmbH sowie durch § 1 AktG für die

728 *Kaufmann*, Organuntreue, 14; *Nelles*, Untreue, 157.

729 BGH vom 8.5.1951, 1 StR 171/51, BGHSt 1, 187; *Perron*, in: Schönke/Schröder, StGB, § 266 Rn. 6; *Schünemann*, in: LeipKomm, StGB, § 266 Rn. 22.

730 Vgl. *Kaufmann*, Organuntreue, 14 Fn. 64 f. jeweils m. w. N.

731 Vgl. *Kaufmann*, Organuntreue, 14.

Aktiengesellschaft getroffen wird.[732] Insofern ist die jeweilige Gesellschaft Rechtssubjekt der Untreue gemäß § 266 StGB.

Im Anschluss daran ist der Umfang des Vermögens zu ermitteln, der der Verfügungsbefugnis der Anteilseigner der Kapitalgesellschaft entzogen ist. Dieses Vermögen stellt das Eigeninteresse der Kapitalgesellschaft dar.[733]

2) Das Eigeninteresse der GmbH

a) Begründung des Eigeninteresses

Das Bestehen eines eigenständigen Vermögensinteresses einer GmbH ist nicht selbstverständlich.[734] Grundsätzlich können allein die Gesellschafter einer GmbH den Zweck einer GmbH und die Art und Weise, diesen zu erreichen, bestimmen, und insofern das Eigeninteresse abbilden.[735] Dazu bedienen sie sich der GmbH als Mittel zum Zweck. Insofern stimmen die Interessen der Gesellschaft und die der Gesellschafter regelmäßig überein. Dies ist nur dann nicht der Fall, wenn die Gesellschafterinteressen einer zwingenden gesetzlichen Regelung zuwiderlaufen. Stehen sich in diesem Fall die Interessen der Gesellschaft und der Gesellschafter gegenüber, so lässt das jedoch nicht unmittelbar den Schluss auf ein Eigeninteresse der Gesellschaft zu.[736]

In der Literatur wird der Begriff des Eigeninteresses der Gesellschaft mit einem unterschiedlichen Verständnis verwendet. So versteht *Auer* unter diesem Wort sowohl die Funktion sowie die Wirkung der Kapitalerhaltungsvorschriften als auch den Existenzschutz.[737] Insofern setzt er das Eigeninteresse der GmbH dem Willen bzw. den Interessen der Gesellschafter gegenüber.[738] *Tiedemann* geht ohne weitere Begründung von der Existenz eines sog. „Eigeninteresses" aus.[739] Der Begriff wird ebenfalls verwendet, um die Gesellschafterinteressen von den Gläubigerinteressen abzugrenzen, die sich auch in der Beschränkung des Gesellschaftsvermögens der GmbH abbilden können.[740]

Vorliegend soll der Begriff des Eigeninteresses zunächst als Abgrenzung der Vermögensbelange der GmbH von den Interessen Dritter, insbesondere der Interessen

732 *Schünemann*, in: LeipKomm, StGB, § 266 Rn. 22.
733 Vgl. zum Eigeninteresse in der GmbH: *Schumacher*, Vermögensbetreuungspflicht, 86.
734 Vgl. *Schumacher*, Vermögensbetreuungspflicht, 115.
735 *Emmerich*, in: Scholz, GmbHG, § 1 Rn. 1; *Lutter/Bayer*, in: Lutter/Hommelhoff, GmbHG, § 1 Rn. 5.
736 *Schumacher*, Vermögensbetreuungspflicht, 115.
737 *Auer*, Gläubigerschutz, 208 ff.
738 Vgl. *Schumacher*, Vermögensbetreuungspflicht, 86.
739 Vgl. *Schumacher*, Vermögensbetreuungspflicht, 87.
740 Vgl. *Busch*, Konzernuntreue, 173, *Stimpel*, Festschrift Goerdeler (1987), 601 (614); *Wodicka*, Untreue, 230.

der Gesellschafter und Gläubiger, verstanden werden.[741] Insofern bildet das Eigeninteresse ein Interesse der GmbH selbst ab, das weder durch die Interessen der Anteilseigner noch der Gläubiger der Gesellschaft gemindert werden kann.

b) Umfang des Eigeninteresses der GmbH

Im Hinblick auf den Umfang des Eigeninteresses ist fraglich, ob das Eigeninteresse der GmbH sich auf das Mindeststammkapital beschränkt, allein das gesellschaftsvertraglich vereinbarte Stammkapital umfasst oder sogar über das Stammkapital hinausgeht und auch noch darüber hinaus Vermögen umfasst.

(1) Beschränkung auf das Mindeststammkapital

Busch vertritt die Ansicht, die untreuerelevante Dipositionsbefugnis des § 30 Abs. 1 GmbHG und damit einhergehend auch das Eigeninteresse der Gesellschaft sei auf ein Mindeststammkapital in Höhe von 25 000 Euro i.S.d. § 5 GmbHG zu begrenzen.[742] Über Auszahlungen, die diesen Betrag übersteigen, sollen seiner Ansicht nach die Gesellschafter frei verfügen können. *Busch* begründet dies mit einer unsachgemäßen Ungleichbehandlung derer, die freiwillig ein höheres Stammkapital vereinbart hätten als den Mindestbetrag.[743] Sie würden dadurch faktisch die Grenze hin zur untreuerelevanten Grenze selbst bestimmen.

Dieser Ansicht steht jedoch bereits der Wortlaut des § 30 Abs. 1 GmbHG entgegen. Die Vorschriften zur Kapitalerhaltung knüpfen nicht an das Mindeststammkapital an, sondern benennen ausdrücklich das Stammkapital der Gesellschaft als Ausschüttungsgrenze. Insofern muss sich auch die Strafwürdigkeit der Kapitalausschüttung individuell, abhängig von dem Stammkapital, das durch die Gesellschafterversammlung vereinbart und in das Handelsregister eingetragen worden ist, bestimmen lassen.

Gesetzlich ist in § 5 GmbHG nur das Mindeststammkapital bestimmt. Darüber hinaus können die Gesellschafter das Stammkapital nach Maßgabe der § 57 ff. GmbHG erhöhen und absenken. Die Höhe des vereinbarten Stammkapitals muss in das Handelsregister eingetragen werden. Diese Eintragung hat konstitutive Wirkung. Darüber hinaus dient die Eintragung in das Handelsregister aufgrund der Öffentlichkeit des Registers Gläubigern der Gesellschaft zur Information über die Haftungsmasse. Maßgebend für die Öffentlichkeit und die Gläubiger einer GmbH ist daher nicht das Mindeststammkapital, sondern das durch Gesellschaftsvertrag vereinbarte Stammkapital; dieses muss daher auch für die Gesellschaft selbst maßgebend sein. Dieses vertraglich vereinbarte und in das Handelsregister eingetragene Stammkapital ist somit ebenfalls durch die Vorschrift des § 266 StGB zu schützen. Aus diesem Grund muss das Eigeninteresse zumindest das vereinbarte Stammkapital umfassen.

---

741 Vgl. *Schumacher*, Vermögensbetreuungspflicht, 87 (für die GmbH).

742 *Busch*, Konzernuntreue, 167.

743 *Busch*. Konzernuntreue, 166.

(2) Bestimmung durch das Stammkapital

Für diesen Umfang des Eigeninteresses sprechen folgende Gründe: Das gesellschaftsvertraglich vereinbarte und in das Handelsregister eingetragene Stammkapital der GmbH ist durch die in §§ 30 ff. GmbHG getroffenen Regelungen ausdrücklich der Verfügungsbefugnis der Gesellschafter entzogen. Dieses Kapital dient auch nicht nur dem Schutz der Gläubiger durch Erhaltung einer Haftungsmasse als Ausgleich für die beschränkte Haftung der Gesellschafter,[744] sondern der Existenz der GmbH an sich. Insofern ist in diesem Umfang die Existenz des Eigeninteresses der GmbH zu bejahen.

(3) Ausweitung des Eigeninteresses

Darüber hinaus könnte auch die Ansicht vertreten werden, dass sich das Eigeninteresse der GmbH auch auf das Vermögen jenseits der durch die §§ 30 ff. GmbHG erfassten Regelungen erstreckt. Dies wäre dann der Fall, wenn Vermögen, das nicht Stammkapital ist, der Verfügungsbefugnis der Gesellschafter nicht im Interesse Dritter, sondern im Interesse der Gesellschaft selbst entzogen ist. Diesbezüglich sind die existenzgefährdenden Eingriffe zu untersuchen.[745]

Im Hinblick auf existenzgefährdende Eingriffe gibt es keine gesellschaftsrechtliche Verbotsnorm, die eine solche vermögensreduzierende Maßnahme der Gesellschafter untersagt. Ein Verbot ist durch die Rechtsprechung über die Regelung der vorsätzlich sittenwidrigen Schädigung des § 826 BGB erreicht worden.[746] Fraglich ist daher, ob existenzgefährdende Eingriffe das Eigeninteresse der Gesellschaft berühren.

(a) Divergenz der Terminologie im Zivil- und Strafrecht

Soweit die zivilrechtliche Rechtsprechung von einem *existenzvernichtenden Eingriff* spricht und die strafrechtliche Rechtsprechung den Begriff des *existenzgefährdenden Eingriffes* verwendet, bestehen nach Ansicht der Rechtsprechung keine wesentlichen Unterschiede in den Anwendungsvoraussetzungen.[747] Die terminologische Divergenz ergebe sich daraus, dass für eine strafrechtliche Haftung bereits eine schadensgleiche Gefährdung ausreiche,[748] während im Zivilrecht der Gefährdungsgedanke keine Rolle spiele. Ein ausgleichsfähiger Schaden bestehe zivilrechtlich nur dann, wenn dieser auch tatsächlich eingetreten sei.[749]

---

744 Siehe dazu ausführlich: 2. Kapitel Teil 1 A., Der Schutz durch § 30 Abs. 1 GmbHG.

745 Siehe dazu ausfürhlich: 2. Kapitel Teil 1 C., Existenzvernichtungshaftung durch Leveraged-Buyout-Transaktionen.

746 Siehe dazu ausführlich: 2. Kapitel Teil 1 C. I., Voraussetzungen des existenzvernichtenden Eingriffes.

747 Vgl. BGH vom 31.7.2009, 2 StR 95/09, BGHSt 54, 52 (56) mit Verweis auf BGH vom 13.5.2004, 5 StR 73/03, BGHSt 49, 147 (151).

748 BGH vom 17.2.1999, 5 StR 494/98, BGHSt 44, 376 (384 ff.).

749 BGH vom 13.5.2004, 5 StR 73/03, BGHSt 49, 147 (162).

(b) Rechtsprechung und Literatur

Der BGH in Strafsachen[750] erkennt einen Vermögensschutz über das Stammkapital der GmbH hinaus und ein Eigeninteresse derselben an. Zur Begründung stützt er sich auf die eigene Rechtspersönlichkeit der GmbH als juristische Person. Die Organe der Gesellschaft seien nicht berechtigt, das Vermögen der GmbH „willkürlich preiszugeben" oder „unter Verstoß gegen das Verhalten eines ordentlichen Kaufmanns zu schmälern".[751] Bei Vorliegen dieser Tatbestandsmerkmale könne ein Abzug des Kapitals bereits dann rechtswidrig sein, wenn das Stammkapital als rechnerische Größe noch nicht geschmälert worden sei. Rechtswidrig könne die Vermögensverschiebung – ohne unmittelbare Beeinträchtigung des Stammkapitals – auch dann sein, wenn sie entweder für sich allein genommen oder als Teil einer Gesamtstrategie geeignet sei, das Stammkapital und damit zugleich die gewährleisteten Eigeninteressen der GmbH konkret zu gefährden. Ob eine solche stammkapitalgefährdende Maßnahme der Gesellschafter als rechtsmissbräuchlich und damit strafrechtlich erheblich einzustufen sei, ergebe sich erst aus den Umständen des Einzelfalls. Dies sei etwa bei der Herbeiführung einer unmittelbaren Existenzgefährdung der GmbH durch den Entzug von Produktionsgrundlagen oder die Gefährdung der Liquidität anzunehmen.[752]

Ein Teil der Literatur erkennt ebenfalls ein Eigeninteresse der GmbH über das Stammkapital hinaus an. Teilweise wird ein solches erweitertes Eigeninteresse durch Rückgriff auf konzernrechtliche Vorschriften für die Aktiengesellschaft,[753] teilweise mit dem „Verbot der kalten Liquidation" begründet.[754] Letztere Ansicht versteht die Auszahlung des zur fortgesetzten Tätigkeit erforderlichen Gesellschaftsvermögens mit der Folge der Insolvenz als eine Änderung des Gesellschaftszwecks.[755] Bei einer solchen Änderung seien eine Satzungsänderung und eine Registereintragung notwendig.[756]

Schumacher versucht ein erweitertes Eigeninteresse der GmbH mit demselben Ansatz zu begründen, mit dem auch das Eigeninteresse an der Stammkapitalerhaltung begründet wurde.[757] Sie lässt dies jedoch mit der Begründung scheitern, dass ein Verbot etwaiger existenzgefährdender Eingriffe nicht „zum Element jener abstrakten Risikoverteilung" geeignet sei, „die für die Rechtsform der GmbH spezifisch" sei.[758] Ein solches Verbot sei nur einzelfallabhängig und nicht abstrakt zu ermitteln. Zudem

---

750 Vgl. BGH vom 18.6.2003, 5 StR 489/02, StV 2003, 559 (560 f.); BGH vom 20.7.1999, 1 StR 668/98, NJW 2000, 154 (155) jeweils m. w. N.

751 Vgl. BGH vom 24.6.1952, 1 StR 153/52, BGHSt 3, 32 (39 f.); *Arens*, Untreue, 261; *Kohlmann*, Festschrift Werner (1984), 387 (392 f.).

752 BGH vom 24.8.1988, 3 StR 232/88, BGHSt 35, 333 (357).

753 *Wodicka*, Untreue, 172; *Ziegler*, WM 1989, 1041 (1043).

754 *Winter*, Treuebindungen, 206.

755 *Winter*, Treuebindungen, 206.

756 Winter, Treuebindungen, 198 f.

757 *Schumacher*, Vermögensbetreuungspflicht, 127.

758 *Schumacher*, Vermögensbetreuungspflicht, 127.

verlange das GmbHG nicht die Ausstattung der Gesellschaft mit dem existenznotwendigen Kapital.[759] Darüber hinaus diene ein solches Verbot nur dem mittelbaren Schutz der Gläubiger und decke sich daher nicht mit dem Schutzzweck des § 266 StGB.[760]

Ein anderer Teil der Literatur[761] sieht ein erweitertes Eigeninteresse der GmbH als nicht gegeben an.

Gegen ein solches Eigeninteresse werden vor allem im Hinblick auf die Unbestimmtheit der durch die Rechtsprechung aufgestellten Voraussetzungen, das strafrechtliche Bestimmtheitsgebot sowie der Schutzzweck der Existenzvernichtungsgebote, der Schutz der Gläubiger der GmbH, angeführt.[762]

(c) Eigene Bewertung

Sofern ein erweitertes Eigeninteresse der GmbH durch den Rückgriff auf die konzernrechtlichen Regelungen von Aktiengesellschaften gestützt wird,[763] ist dies nicht stichhaltig. Zum einen ist fraglich, ob aus Spezialregelungen für Vertragskonzerne ein allgemeines erweitertes Eigeninteresse auch der unverbundenen GmbH zu entnehmen ist.[764] Darüber hinaus spricht jedoch auch der Schutzzweck der für dieses Argument angeführten Norm gegen ein solches Interesse der GmbH. Denn § 302 AktG schützt nicht das Gesellschaftsinteresse, sondern das der Gläubiger.[765] Ebenfalls kann ein „Verbot der kalten Liquidation“ nicht als Argument für die Existenz eines Eigeninteresses der GmbH herangezogen werden.[766] Ein existenzgefährdender Eingriff, mit dem der Gesellschaft das Vermögen entzogen wird, das zur Erreichung des Unternehmenszweckes erforderlich ist, ist nicht zwingend ein eintragungspflichtiger Satzungszweck.[767]

Der Ansicht *Schumachers* ist entgegenzuhalten, dass eine abstrakte Risikoverteilung keineswegs notwendig ist. Durch die Verwendung unbestimmter Rechtsbegriffe sowohl im Zivilrecht – beispielsweise die sittenwidrige Schädigung des § 826 BGB – wie auch im Strafrecht im Hinblick auf Risikogeschäfte kann gleichwohl ein erweitertes Eigeninteresse begründet werden. Die strafrechtlichen Begriffe müssen nicht numerisch genau bestimmt sein, ausreichend ist, wenn sie bestimmbar sind.

---

759 *Hachenburg*, in: GroßKomm, GmbHG, Anhang § 30 Rn. 10; *Kaufmann*, Organuntreue, 96; *Schumacher*, Vermögensbetreuungspflicht, 127 mit Verweis auf *K. Schmidt*, Gesellschaftsrecht, 240; *Wilhelm*, Rechtsform und Haftung, 311 ff.

760 *Schumacher*, Vermögensbetreuungspflicht, 128.

761 *Arens*, Untreue, 253 ff.; *Busch*, Untreue, 167 ff.; *Schumacher*, Vermögensbetreuungspflicht, 123 ff. jeweils m. w. N.

762 *Arens*, Untreue, 253 ff.; *Busch*, Untreue, 167 ff.; *Schumacher*, Vermögensbetreuungspflicht, 123 ff. jeweils m. w. N.

763 *Wodicka*, Untreue, 172; *Ziegler*, WM 1989, 1041 (1043).

764 *Schumacher*, Vermögensbetreuungspflicht, 125.

765 *Busch*, Konzernuntreue, 173.

766 Vgl. *Schumacher*, Vermögensbetreuungspflicht, 125 f.

767 Vgl. *Schumacher*, Vermögensbetreuungspflicht, 126.

Denn auch das Strafrecht darf in einem gewissen Umfang vage sein.[768] Zudem sind die Regelungen des GmbHG nicht abschließend. Vielmehr können neben spezialgesetzlichen Regelungen auch allgemeine Regelungen angewandt werden, wie die Anspruchsgrundlage des § 826 BGB zum Verbot des existenzvernichtenden Eingriffes zeigt. Ein mittelbarer Schutz der Gläubiger steht dem Schutzzweck des § 266 StGB ebenfalls nicht entgegen. Auch die Kapitalerhaltungsvorschriften der §§ 30 ff. GmbHG schützen die Gläubiger mittelbar; sie dienen jedoch vornehmlich dem Schutz der Gesellschaft selbst.[769] Nur dann, wenn durch eine Regelung oder auch durch ein Rechtsinstitut Gläubiger unmittelbar geschützt werden, scheidet eine Anwendung im Rahmen des § 266 StGB aus. Dies ist jedoch bei dem Verbot des existenzvernichtenden Eingriffs gerade nicht der Fall. Der BGH hat mit der Trihotel-Entscheidung[770] das Verbot eines existenzvernichtenden Eingriffes als eine Innenhaftung ausgestaltet. Somit können die Gläubiger nicht mehr in Form einer Durchgriffshaftung direkt gegen die Gesellschafter „durchgreifen", sondern nur die Gesellschaft kann bei Vorliegen der Voraussetzungen einen Anspruch gegen die eigenen Gesellschafter geltend machen. Dadurch soll der Gesellschaft unabhängig von den Interessen der Gläubiger die Möglichkeit gegeben werden, eine existenzgefährdende Maßnahme zum Zweck der Selbsterhaltung abzuwenden. Die Aufrechterhaltung der Möglichkeit einer Befriedigung der Gläubiger der Gesellschaft ist reiner Reflex.[771] Insofern dient auch das Verbot existenzgefährdender Maßnahmen dem Gesellschaftsinteresse und ist daher in das erweiterte Eigeninteresse einzubeziehen.

c) Verpflichtung gegenüber den Gläubigern der Gesellschaft

Die Pflicht zur Vermögensbetreuung besteht ausschließlich gegenüber dem Vermögensinhaber.[772] Vermögensinhaber ist die Kapitalgesellschaft in Form der GmbH. Eine darüber hinausgehende Verpflichtung, ebenfalls die Vermögensinteressen der Gesellschafter[773] oder diejenigen der Gläubiger[774] zu betreuen, besteht nicht.

Insofern besteht auch keine untreuerelevante Verbindung des Geschäftsführungsorgans zu den Gesellschaftern, da die organschaftliche Stellung das Organ lediglich gegenüber der Kapitalgesellschaft verpflichtet; zumal die Gesellschafter

---

768 *Hassemer/Kargl*, in: NK, StGB, § 1 Rn. 18 mit Verweis auf *Roxin*, StrafR AT/I, § 5 Rn. 79.
769 Siehe dazu ausfürhlich: 2. Kapitel Teil 1 A., Der Schutz durch § 30 Abs. 1 GmbHG.
770 BGH vom 16.7.2007, II ZR 3/04 (Trihotel), BGHZ 173, 246 (262) = NJW 2007, 2689 (2693).
771 Vgl. dazu 3. Kapitel Teil 2 C. I. 2), Gläubigerschutz als Schutzgut der Untreue.
772 Vgl. *Lichtenwimmer*, Untreueschutz, 95.
773 BGH vom 25.4.2006, 1 StR 519/05, NJW 2006, 1984.
774 Vgl. *Lichtenwimmer*, Untreueschutz, 95.

nicht als Inhaber des dem Geschäftsführungsorgans anvertrauten Vermögens betrachtet werden.[775]

In gleicher Weise besteht auch keine Verpflichtung des Leitungsorgans einer Kapitalgesellschaft gegenüber den Gläubigern der Kapitalgesellschaft, deren Vermögensinteressen zu betreuen, da Gläubigerschutzinteressen nicht dem Schutzbereich der Norm des § 266 StGB zuzuordnen sind.[776]

3) Das Eigeninteresse der Aktiengesellschaft

Die Frage der Existenz und des Umfanges eines Eigeninteresses stellt sich ebenfalls bei der Aktiengesellschaft. Parallel ist zu untersuchen, in welchem Umfang die zuvor dargestellten Regelungen der §§ 57 Abs. 1, 71a Abs. 1 Satz 1 AktG zur Vermögensbindung des aktienrechtlichen Gesellschaftsvermögens dem Schutz des Eigeninteresses der Aktiengesellschaft dienen und in welchem Maß sie dem Schutz von Drittinteressen zu dienen bestimmt sind, die im Rahmen der Untersuchung im Hinblick auf eine Strafbarkeit gemäß § 266 StGB unbeachtlich sind.[777]

Die Literatur erwähnt das Eigeninteresse der Aktiengesellschaft nicht ausdrücklich, da die Vermögensbindung, anders als im Recht der GmbH, das gesamte Gesellschaftsvermögen erfasst.[778]

In der Rechtsprechung finden sich auch nur wenige Anmerkungen zu dem Eigeninteresse der Aktiengesellschaft.[779] Ein absoluter Bestandsschutz wird allerdings abgelehnt, da die Aktionäre durch einen Mehrheitsbeschluss den Gesellschaftszweck jederzeit ändern oder die Auflösung der Gesellschaft beschließen können.[780] Diese Aussage bezieht sich jedoch auf eine nicht bestehende Verpflichtung seitens der Aktionäre, die Aktiengesellschaft über die – durch Erbringung der Einlagen gemäß § 54 Abs. 1 AktG – erforderliche Zuführung von Vermögen hinaus zu unterstützen. Aus einer uneingeschränkten Kapitalzuführungsverpflichtung kann aber nicht zugleich auf ein absolutes Recht zur Kapitalentnahme geschlossen und daher ein Eigeninteresse der Aktiengesellschaft abgelehnt werden.[781] Denn auch im Aktiengesetz bestehen Regelungen über die Vermögensbindungen bei der Aktiengesellschaft, die das Vermögen dem Zugriff der Aktionäre entzieht.[782] *Kaufmann* verweist in diesem Zusammenhang auf die Vorschrift des § 62 AktG und vergleicht diese mit der Regelung des § 31 GmbHG. Beide Vorschriften erfassen die Rechtsfolge, sofern

775 Vgl. *Lichtenwimmer*, Untreueschutz, 95; die Gesellschafter können auch nicht als wirtschaftliche Vermögensinhaber angesehen werden. Das Gesellschaftsvermögen wird stets als Fremdvermögen auch bei den Gesellschaftern eingeordnet.
776 Vgl. *Lichtenwimmer*, Untreueschutz, 95.
777 Vgl. *Kaufmann*, Organuntreue, 149.
778 Vgl. *Kaufmann*, Organuntreue, 149.
779 BGH, NJW 1995, 1739 (1743, 1745).
780 BGH, NJW 1995, 1739 (1743).
781 Vgl. *Kaufmann*, Organuntreue, 150.
782 Vgl. *Kaufmann*, Organuntreue, 150.

gegen das Kapitalerhaltungsverbot des § 30 GmbHG bzw. gegen § 57 Abs. 1 AktG verstoßen wurde. Er stellt fest, dass die Vorschrift des § 62 AktG strenger ist als die entsprechende Regelung des GmbHG.[783] Diese aktienrechtliche Vorschrift ordne eine Rückgewährspflicht ohne Einschränkungen an. Insofern seien auch keine Gläubigerschutzinteressen durch die Vorschrift erfasst, sondern Sinn und Zweck dieser Vorschrift sei einzig die Beachtung der Interessen der Aktiengesellschaft. Somit seien durch die aktienrechtlichen Vermögensbindungen auch die Eigeninteressen der Aktiengesellschaft geschützt. Dem Umfang der Vermögensbindungen entspräche das Eigeninteresse der Aktiengesellschaft.[784]

Zu Recht sieht *Kaufmann* das Eigeninteresse der Aktiengesellschaft im Vergleich zu dem der GmbH als umfangreicher an. Denn aufgrund der Reichweite der Kapitalerhaltungsvorschriften im AktG sind keine Differenzierungen ähnlich jenen im GmbH-Gesetz zu treffen. Da durch die Regelungen der §§ 57 Abs. 1, 71a Abs. 1 Satz 1 AktG das Vermögen bis auf den Gewinn per se der Kapitalbindung unterliegt, muss auch das Eigeninteresse in diesem Umfang bestehen.

4) Fazit

Die Kapitalgesellschaften haben ein vom Willen der Anteilseigner unabhängiges Eigeninteresse. Jenes der GmbH ist nicht beschränkt auf das Stammkapital der Gesellschaft, sondern erstreckt sich auch auf das für die Existenz der Gesellschaft notwendige Vermögen.

Das Eigeninteresse der Aktiengesellschaft ist durch die weitreichende Vermögensschutzvorschrift der aktienrechtlichen Kapitalerhaltungsvorschriften noch umfassender. Es schließt das gesamte Vermögen der Aktiengesellschaft ein, bis auf das Vermögen, das durch das formelle Ausschüttungsverfahren den Aktionären als Dividende ausgeschüttet werden kann. Somit ist aufgrund der gesetzlichen Konzeption davon auszugehen, dass sowohl die GmbH als auch die Aktiengesellschaft Inhaber des Gesellschaftsvermögens in dem oben dargelegten Umfang sind.

III. Schlussfolgerungen

Dem Straf- und dem Zivilrecht ist – nicht zuletzt aufgrund des Gebotes der Einheit der Rechtsordnung – eine strenge Akzessorietät zugrunde zu legen. Ausgehend von der gesellschaftsrechtlichen Eigenständigkeit der Kapitalgesellschaft ist auch das strafrechtliche Eigeninteresse der Kapitalgesellschaften – insbesondere der GmbH im Strafrecht – anzuerkennen. Durch die Kapitalerhaltungsvorschriften, bei der GmbH zudem durch das Verbot des existenzgefährdenden Eingriffes, ist das Vermögen der GmbH und der Aktiengesellschaft geschützt. Diese Normen, die vornehmlich auf den Erhalt der Kapitalgesellschaft gerichtet sind und nur mittelbar – reflexartig – auch den Schutz der Gläubiger bewirken, bestimmen den Umfang des

783 Vgl. *Kaufmann*, Organuntreue, 150.
784 Vgl. *Kaufmann*, Organuntreue, 150.

Eigeninteresses der GmbH und der Aktiengesellschaft. Insofern besteht eine Übereinstimmung hinsichtlich des Schutzzweckes der zivilrechtlichen Normen mit dem Schutzzweck der Untreue – dem Schutz des Vermögens der Kapitalgesellschaft. Die Vermögensbetreuungspflicht bezieht sich auf die Wahrnehmung dieser eigenständigen Interessen der Kapitalgesellschaft. Sie wird bestimmt durch die Betreuung dieses fremden Vermögens im Interesse der Gesellschaft für diese.

D. Die Verletzung der Vermögensbetreuungspflicht

Wesentliches Element für die Qualifizierung des Handelns einer Person als strafbare Untreuehandlung ist die Verletzung seiner Vermögensbetreuungspflicht, die in der Folge zum Eintritt eines Vermögensschadens führt. Maßgebend ist daher zunächst, ob die handelnde Person gegenüber dem Vermögensinhaber, dessen Vermögen sie betreut, vermögensbetreuungspflichtig ist. Für diese strafrechtliche Bewertung ist die zivilrechtliche Kompetenzordnung heranzuziehen, da das Zivilrecht Rechtsbeziehungen der einzelnen Organe zu der Gesellschaft regelt.[785] Eine Bestimmung der Vermögensbetreuungspflicht ist daher von der zivilrechtlichen Anordnung abhängig, ohne die eine Zuordnung nicht vorgenommen werden kann. Allein diese zivilrechtlichen Regelungen reichen aber für eine strafrechtliche Bewertung nicht aus, auch die strafrechtlichen Wertungen müssen zur Bestimmung der Vermögensbetreuungspflicht herangezogen werden.[786]

I. Kriterien zur Bestimmung der Vermögensbetreuungspflicht

Der Begriff der Vermögensbetreuungspflicht beschreibt das Innenverhältnis zwischen dem Täter und dem Vermögensinhaber.[787] Auf das Vermögen der Kapitalgesellschaft können sowohl die Anteilseigner als auch die Geschäftsführungsorgane zugreifen. Voraussetzung hierfür ist, dass dem Pflichtigen durch den Vermögensinhaber, dessen Repräsentant er ist, mittels Übertragung von Verfügungskompetenzen, sei es gesetzlicher oder vertraglicher Art, die Möglichkeit gegeben wird, über dessen Vermögen zu verfügen.[788] Aufgrund dieser Verfügungskompetenz muss der Täter in der Lage sein, das ihm anvertraute Vermögen „von innen" mindern zu können.[789]

Sowohl in der Rechtsprechung als auch in der Literatur gibt es keine Übereinkunft über die Voraussetzungen der Vermögensbetreuungspflicht als maßgebendes Kriterium zur Bestimmung des Täterkreises.[790] Durch beide sind jedoch eine Vielzahl von Kriterien entwickelt worden, welche die Bestimmung einer Vermögensbetreuungspflicht ermöglichen sollen. Sie sind allerdings sowohl hinsichtlich

---

785 *Lichtenwimmer*, Untreueschutz, 104.
786 *Tiedemann*, GmbH-Strafrecht, § 82 Rn. 42, 127.
787 *Kindhäuser*, in: NK, StGB, § 266 Rn. 31.
788 *Kindhäuser*, in: NK, StGB, § 266 Rn. 31.
789 *Kindhäuser*, in: NK, StGB, § 266 Rn. 31; *Lichtenwimmer*, Untreueschutz, 94.
790 Vgl. *Schumacher*, Vermögensbetreuungspflicht, 207.

ihrer Bedeutung als auch in ihrer Gewichtung umstritten.[791] Die Rechtsprechung betrachtet diese Kriterien zudem nur als typisierende Indizien einer Vermögensbetreuungspflicht.[792] In der Literatur hingegen werden die Merkmale zum Teil[793] als unabdingbare Voraussetzungen gesehen, während andere[794] eigene Kriterien schaffen.

Die Merkmale, welche die Vermögensbetreuungspflicht kennzeichnen, müssen derart ausgestaltet sein, dass sie allgemeingültig nicht nur auf den Missbrauchstatbestand, sondern gleichfalls auch auf den Treubruchtatbestand anzuwenden sind, denn die Vermögensbetreuungspflicht ist Voraussetzung beider Tatbestandsalternativen und kann daher nicht von unterschiedlichen Kriterien abhängig sein. Unterschiede bestehen nur insoweit, als es um die Begründung der Pflicht zur Betreuung geht. Diese Pflicht kann im Rahmen des Treubruchtatbestandes auch durch ein tatsächliches Treueverhältnis begründet werden. Durch die Vermögensbetreuungspflicht ist die Untreue zudem von vertraglichen Verpflichtungen abzugrenzen. Nicht jede vertragliche Verpflichtung, die das Vermögen eines anderen betrifft, begründet eine Vermögensbetreuungspflicht. Nur dort, wo eine besondere Bindung zu dem Vermögen eines anderen existiert, wird eine Vermögensbetreuungspflicht begründet. Das Merkmal Vermögensbetreuungspflicht dient daher der Abgrenzung dieser strafrechtlich sanktionierten Handlungen von anderen, die aus der Teilnahme am Wirtschaftsleben resultieren. Eine Abgrenzung ist jedoch nur dann möglich, wenn das Bestehen einer Vermögensbetreuungspflicht ebenfalls anhand von Merkmalen bestimmt werden kann. Nur so ist eine interessengerechte Abgrenzung und Bestimmbarkeit möglich.

Dieser Arbeit werden folgende Merkmale als Bestimmung einer Vermögensbetreuungspflicht zugrunde gelegt.[795]

1) Fremdnützigkeit

Die Tätigkeit des Betreuers muss fremdnützigen Charakter haben.[796] Dem Pflichtigen müssen sowohl der Schutz als auch die Förderung fremder Vermögensinteressen im Rahmen eines Schuldverhältnisses anvertraut worden sein.[797] Er nimmt die damit einhergehende Verpflichtungs- und Verfügungsbefugnis im Interesse des Geschäftsherrn wahr, berücksichtigt diese bei seinem Tätigwerden und übernimmt

---

791 Vgl. *Schumacher*, Vermögensbetreuungspflicht, 207.

792 RG vom 14.12.1934, 1 D 865/34, RGSt 69, 58 (62); BGH vom 13.8.1935, 1 D 382/35, RGSt 69, 279 (280); BGH vom 8.5.1951, 1 StR 171/51, BGHSt 1, 186 (188 ff.); BGH vom 11.12.1957, 2 StR 481/57, BGHSt 13, 315 (317); BGH vom 23.8.1995, 5 StR 371/95, BGHSt 41, 224 (227 ff.).

793 *Dierlamm*, in: MünchKomm, StGB, § 266 Rn. 43 f.; *Perron*, in: Schönke/Schröder, StGB, § 266 Rn. 24.

794 *Busch*, Konzernuntreue, 50 ff.

795 Vgl. *Wagner*, Untreue 35.

796 BGH vom 8.5.1951, 1 StR 171/51, BGHSt 1, 186 (188); BGH vom 13.5.2004, 5 StR 73/03, NJW 2004, 2248 (2252).

797 *Dierlamm*, in: MünchKomm, StGB, § 266 Rn. 37 f.

zugleich Betreuungspflichten.[798] Für die Bestimmung des Kriteriums der Fremdnützigkeit kann auf die Begrifflichkeiten, die zur Geschäftsbesorgung gemäß § 675 BGB entwickelt wurden, zurückgegriffen werden,[799] da auch dort die Fremdnützigkeit ein wesentliches Kriterium darstellt.[800] Für die Leitungsorgane der GmbH und der Aktiengesellschaft hat die Tätigkeit grundsätzlich fremdnützigen Charakter, denn sie sind nicht an der Gesellschaft beteiligt. Fraglich ist, ob dies in gleicher Weise für die Anteilseigner der Kapitalgesellschaften gilt.

2) Entscheidungsunabhängigkeit des Pflichtigen

Als weiteres Merkmal der Bestimmung der Vermögensbetreuungspflicht im Sinne des § 266 StGB dient die Selbstständigkeit des Pflichtigen, mit welcher er die ihm durch den Vermögensinhaber übertragenen Pflichten unabhängig wahrnimmt.[801] Es muss Raum für eine gewisse Entscheidungsunabhängigkeit des Pflichtigen in der Art und Weise gegeben sein, dass er in seinem Handlungsspielraum nicht völlig eingeschränkt ist und noch Raum für eigenverantwortliche Entscheidungen besteht.[802] Die Anteilseigner von Kapitalgesellschaften können unabhängig von Weisungen Dritter Entscheidungen treffen. Insofern wäre das Merkmal „Entscheidungsunabhängigkeit" bei ihnen erfüllt. Ob Gleiches auch für die Leitungsorgane der Kapitalgesellschaften gilt, ist fraglich. Zumindest der Geschäftsführer kann weisungsabhängig sein. Ob dies ebenfalls für den Vorstand einer Aktiengesellschaft gilt, ist zumindest aufgrund des Gesetzeswortlautes des § 76 Abs. 1 AktG möglicherweise anders zu bewerten.

3) Fremdnützige Vermögensfürsorge als Hauptpflicht

Wie bereits ausgeführt[803] ist die fremdnützige Vermögensfürsorge wesensbestimmendes Element des Treueverhältnisses.[804] Diese Pflicht zur Betreuung des fremden Vermögens muss jedoch zwingend als Hauptpflicht und nicht nur als Nebenpflicht ausgestaltet sein und folglich wesentlicher Bestandteil des Leistungsverhältnisses

798 *Fischer*, StGB, § 266 Rn. 29; *Schünemann*, in: LeipKomm, StGB, § 266 Rn. 74 ff.

799 *Weber*, in: Arzt/Weber, Strafrecht BT, § 22 Rn. 60; *Wessels/Hillenkamp*, Strafrecht BT II, Rn. 752.

800 *Schünemann*, in: LeipKomm, StGB, § 266 Rn. 74.

801 Vgl. RG vom 14.12.1934, 1 D 865/34, RGSt 69, 61 (61); BGH vom 4.11.1952, 1 StR 441/52, BGHSt 3, 289 (294); BGH vom 3.3.1953, 1 StR 5/53, BGHSt 4, 170 (172); BGH vom 10.11.1959, 5 StR 337/59, BGHSt 13, 330 (332); BGH vom 24.10.2001, 1 StR 432/01, OLG Hamm vom 18.11.1971, 2 Ss 685/71, NJW 1972, 298 (301); *Perron*, in: Schönke/Schröder, StGB, § 266 Rn. 23 f.

802 *Kindhäuser*, in: NK, StGB, § 266 Rn. 34.

803 Vgl. unter 3. Kapitel Teil 2 D. I. 1), Fremdnützigkeit.

804 BGH vom 4.11.1952, 1 StR 441/52, BGHSt 3, 289 (293 f.); BGH vom 3.3.1953, 1 StR 5/53, BGHSt 4, 170 (172); BGH vom 16.6.1953, 1 StR 67/53, BGHSt 5, 61 (64); *Perron*, in: Schönke/Schröder, StGB, § 266 Rn. 23 f.

sein.[805] Reine Verrichtungen oder Austauschverhältnisse begründen keine Vermögensbetreuungspflicht, weil es ihnen an der fremdnützigen Geschäftsbesorgung mangelt.[806] Ob dieses Merkmal erfüllt ist, ist abhängig von den dem Handelnden übertragenen Rechten und Pflichten. Anhand der Ausgestaltung der Rechte und Pflichten eines jeden Organs ist festzustellen, ob die fremdnützige Vermögensfürsorge eine Hauptpflicht dieser Person darstellt.

II. Die Einschränkung des Täterkreises

Zwar enthält § 266 StGB keine Einschränkung des Täterkreises, jedoch ist § 266 StGB als Sonderdelikt ausgestaltet. Täter der Untreue können nur solche Personen sein, die eine besondere Rechts- und Pflichtenstellung innehaben, da sich nur daraus die Vermögensbetreuungspflicht ableiten lässt.[807]

Für Personen, die eine solche Pflichtenstellung nicht innehaben, kommt somit nur eine Teilnahmestrafbarkeit unter Berücksichtigung von § 28 Abs. 1 StGB in Betracht.[808]

Der GmbH als juristischer Person sind mindestens der Geschäftsführer und der bzw. die Gesellschafter mittelbar durch die Gesellschafterversammlung als Organe zugeordnet. Die Aktiengesellschaft zeichnet sich durch die drei Organe Vorstand, Aufsichtsrat und Hauptversammlung aus.

Die Vermögensbetreuungspflicht der Anteilseigner wirkt sich durch die Möglichkeit der Erklärung des Zustimmens zu Handlungen des Geschäftsführungsorgans ebenfalls auf die Strafbarkeit der Geschäftsführungsorgane aus.

III. Die Handelnden im Rahmen der Durchführung eines Leveraged-Buyout-Transaktion

Im Rahmen einer Leveraged-Buyout-Transaktion werden eine Vielzahl von Einzelentscheidungen sowohl in der Zielgesellschaft als auch in der Akquisitionsgesellschaft getroffen. Welche Person bzw. welches Organ welche Entscheidung trifft, ist abhängig von der Kompetenzverteilung in den beteiligten Gesellschaften. So kann über die Bestellung einer Sicherheit der Geschäftsführer zwar grundsätzlich eigenständig entscheiden, er wird jedoch, sollte – wie im Rahmen einer Leveraged-Buyout-Transaktion regelmäßig der Fall – die Bestellung ein bestimmtes Volumen

805 BGH vom 8.5.1951, 1 StR 171/51, BGHSt 1, 186 (188); BGH vom 3.3.1953, 1 StR 5/53, BGHSt 4, 170 (172); BGH vom 10.11.1959, 5 StR 337/59, BGHSt 13, 330 (332); BGH vom 13.6.1985, 4 StR 213/85, BGHSt 33, 244 (250); BGH vom 23.8.1995, 5 StR 371/95, BGHSt 41, 229 (229).

806 *Perron*, in: Schönke/Schröder, StGB, § 266 Rn. 23a; *Schünemann*, in: LeipKomm, StGB, § 266 Rn. 73 f.;

807 *Roxin*, in: LeipKomm, StGB, § 25 Rn. 37.

808 BGH vom 21.3.1985, 1 StR 417/84, wistra 1985, 190 (191); *Kühl*, in: Lackner/Kühl, StGB, § 266 Rn. 2.

überschreiten, nicht ohne die vorherige Zustimmung der Gesellschafterversammlung der Zielgesellschaft handeln. Gleiches gilt für entsprechende Entscheidungen über die Verschmelzung der Zielgesellschaft mit der Akquisitionsgesellschaft (Upstream Merger bzw. Downstream Merger). Hierbei fassen die Gesellschafter sowohl der Zielgesellschaft als der Akquisitionsgesellschaft die Verschmelzungsbeschlüsse. Die Akquisitionsgesellschaft als Gesellschafter wird dabei regelmäßig von ihrem Geschäftsführer vertreten werden. Insofern verfügen sowohl die Geschäftsführungsorgane der Zielgesellschaft als auch deren Anteilseigner über das Vermögen derselben.

Im Hinblick auf die Struktur einer Leveraged-Buyout-Transaktion ist die Bestimmung der Vermögensbetreuungspflicht der Anteilseigner der Zielgesellschaft sowie der Anteilseigner der Akquisitionsgesellschaft – des Private Equity Fonds - entscheidend. Betätigungen der Akquisitionsgesellschaft in der Zielgesellschaft einerseits sowie jene der Anteilseigner der Akquisitionsgesellschaft andererseits könnten unter dem Aspekt der faktischen Organschaft in den Täterkreis einbezogen werden. Hierbei sind insbesondere die besonderen Voraussetzungen dieser faktischen Organschaft zu bewerten.

Die Arbeit befasst sich zunächst mit der Vermögensbetreuungspflicht der Anteilseigner der Kapitalgesellschaften (GmbH und Aktiengesellschaft), da der Umfang der Vermögensbetreuungspflicht nach der hier vertretenen Auffassung zugleich den Umfang der Dispositionsbefugnis im Rahmen der Zustimmung zu Handlungen des Geschäftsführungsorgans der Kapitalgesellschaften bestimmt. Insofern ist dieser Aufbau der Struktur geschuldet. Der Untersuchung der Vermögensbetreuungspflichten ist jeweils eine kurze Darstellung der Rechtsprechung sowie der Literatur vorangestellt. Es schließt sich die eigene Bewertung an. Diese erfolgt in zwei Schritten: In einem ersten Schritt werden die notwendigen Voraussetzungen dargestellt, die eine Pflicht zur Vermögensbetreuung gegenüber einer Kapitalgesellschaft begründen. Es folgt die jeweilige Bestimmung der Vermögensbetreuungspflicht der einzelnen Organe.

E. Die Vermögensbetreuungspflicht der Anteilseigner

I. Die Vermögensbetreuungspflicht der GmbH-Gesellschafter

Die Frage der Vermögensbetreuungspflicht von Gesellschaftern war oftmals dann Gegenstand von Entscheidungen, wenn der Gesellschafter auch zugleich als faktischer Geschäftsführer angesehen werden konnte, sodass man auch auf diesen Umstand im Rahmen der Befürwortung einer Vermögensbetreuungspflicht abstellen konnte.[809] Eine abschließende Klärung ist jedoch bis heute nicht erfolgt. Das ist nicht zuletzt der Struktur geschuldet, nach der die Gesellschafter durch ihren starken Einfluss maßgeblich die unternehmerische Ausrichtung der GmbH beeinflussen können.[810]

---

809 BGH vom 29.5.1987, 3 StR 242/86, BGHSt 34, 379.

810 Vgl. *Lichtenwimmer*, Untreueschutz, 97.

1) *Rechtsprechung*

a) Urteil des Landgerichts Berlin vom 21. Januar 1994

In diesem Urteil[811] befasst sich erstmals ein deutsches Gericht ausschließlich mit den Vermögensbetreuungspflichten eines Gesellschafters, ohne zur Begründung dieser Pflicht auf die Stellung des Gesellschafters als faktischer Geschäftsführer zurückzugreifen.[812] Dem Mitgesellschafter einer GmbH wurde die Umbuchung des Festgeldguthabens vom Bankkonto der GmbH auf sein Privatkonto vorgeworfen. Das LG Berlin stellte fest, dass sowohl der Missbrauchstatbestand als auch der Treubruchtatbestand nicht erfüllt seien. Hinsichtlich des Missbrauchstatbestandes mangele es bereits an der notwendigen Vertretungs- oder Verfügungsbefugnis des Angeklagten über das Gesellschaftsvermögen. Der Treubruchtatbestand sei nicht verwirklicht, weil den Angeklagten keine Vermögensbetreuungspflichten gegenüber der GmbH treffen würden. Das Gericht bewertete hierbei die Stammkapitalerhaltungsvorschriften als bloße Leistungspflichten. Diese schützten nur die Gesellschaftsgläubiger, nicht jedoch die Gesellschaft selbst und seien auch keine Hauptpflicht des Gesellschafters.[813]

b) Urteile des Bundesgerichtshofes vom 10.7.1996 und vom 14.7.1999

Nach den Feststellungen des LG Chemnitz[814] schädigte der Angeklagte als Gesellschafter einer GmbH diese, indem er den Geschäftsführer der GmbH anwies, ihm bzw. seiner Ehefrau verschiedene Unternehmen zu überhöhten Preisen abzukaufen. Dem anderen Urteil des BGH vom 14.7.1999 lag nach den Feststellungen des LG Osnabrück[815] folgender Sachverhalt zugrunde: Der Angeklagte war faktischer Geschäftsführer einer *A*-GmbH, formal war seine Ehefrau Alleingesellschafterin und Geschäftsführerin. Diese Gesellschaft erwarb von der Treuhand sämtliche Geschäftsanteile der B-GmbH und verpflichtete sich, ein Grundstück dieser Gesellschaft an einen Bauunternehmer zum Preis von 1,5 Mio. DM zu verkaufen. Der Erlös sollte zur Begleichung der ca. 1,9 Mio. DM betragenden Altverbindlichkeiten der B-GmbH verwendet werden. In diesen beiden Urteilen[816] stellte der BGH fest, dass, sofern Gesellschafter oder Geschäftsführer nur Gesellschafterinteressen wahrnehmen würden, in diesem Handeln noch keine vermögensbezogene Pflichtenstellung zu sehen sei. Daher könne auch der Treubruchtatbestand nicht erfüllt sein. Der

---

811 LG Berlin vom 21.1.1994, (586) 1 Ko Js 591/92 (57/93), NStE 1995, Nr. 39 zu § 266 StGB.

812 Vgl. *Schumacher*, Vermögensbetreuungspflichten, 178.

813 Vgl. *Schumacher*, Vermögensbetreuungspflichten, 178.

814 LG Chemnitz vom 23.8.1995 - 8 KLs 320 Js 875/94, n. rkr.; nachfolgend BGH vom 10.7.1996, 3 StR 50/96, NJW 1997, 66.

815 LG Osnabrück vom 19. November 1998 - 1630 - 6 - 3 Js 17848/95 2 KLs 11/97 - W, n. rkr.; nachfolgend BGH vom 14.7.1999, 3 StR 188/99, NStZ 1999, 558.

816 BGH vom 10.7.1996, 3 StR 50/96, NJW 1997, 66; BGH vom 14.7.1999, 3 StR 188/99, NStZ 1999, 558.

Angeklagte habe im Rahmen seines Handelns lediglich die Gesellschafterinteressen wahrgenommen. Ein darüber hinausgehendes Handeln sei nicht erkennbar gewesen.[817]

c) Urteil des Bundesgerichtshofs vom 13.5.2004

Nach den Feststellungen des LG Bremen[818] überführten die Angeklagten als Mitglieder des Vorstandes einer Aktiengesellschaft Gelder ihrer Tochtergesellschaften in den – dann später in Konkurs (Insolvenz) gefallenen – Konzernverbund. Der BGH stellte in dem sog. Bremer-Vulkan-Urteil vom 13.5.2004[819] fest, dass dem Alleingesellschafter als Muttergesellschaft gegenüber der Tochtergesellschaft eine Pflicht zur Vermögensbetreuung zukommt. Neben dem Geschäftsführer sei ein herrschender Alleingesellschafter ebenso in der Pflicht, existenzgefährdende Eingriffe in das Vermögen der GmbH zu unterlassen. Das Gesellschaftsvermögen dürfe, soweit es zur Erfüllung der Gesellschaftsverbindlichkeiten notwendig sei, nicht gemindert werden. Es sei daher auch den Gesellschaftern verboten, dieses Kapital der Gesellschaft zu entziehen.[820] Im Falle des Abzuges von Vermögen aus einer Tochtergesellschaft sei diese Maßnahme nicht mit der Kapitalerhaltungspflicht des Gesellschafters vereinbar und stellte daher eine Verletzung der Vermögensbetreuungspflicht des § 266 StGB dar. Durch den umfangreichen Transfer des Gesellschaftsvermögens der Tochtergesellschaften, der eine Gefährdung der Erfüllung der Verbindlichkeiten der Tochtergesellschaften zur Folge gehabt habe, treffe den Alleingesellschafter als Muttergesellschaft eine Vermögensbetreuungspflicht.[821]

d) Beschluss des Bundesgerichtshofs vom 31.7.2009

In dem Beschluss des BGH vom 31.7.2009[822] werden die in der Bremer-Vulkan-Entscheidung gemachten Überlegungen bestätigt. Der Entscheidung lag nach den Feststellungen des LG Bonn[823] folgender Sachverhalt zugrunde: Konzernabhängige Gesellschaften gewährten ungesicherte Darlehen an die Muttergesellschaft, die deren alleinige Gesellschafterin gewesen ist und der Gewährung zustimmte. Den gewährten Darlehen standen keine werthaltigen Rückzahlungsansprüche gegenüber. Der Gerichtshof stellte fest, dass weder aufgrund des zwischenzeitlich neu entwickelten Haftungskonzeptes durch die sog. Trihotel-Entscheidung des BGH

---

817 BGH vom 14.7.1999, 1 StR 265/99, NStZ 1999, 558.
818 LG Bremen vom 21.12.2001, 42 KLs 830 Js 7161/96, n. rkr.; nachfolgend BGH vom 13.5.2004, 2 StR 505/03, BGHSt 49, 147 f.
819 BGH vom 13.5.2004, 2 StR 505/03, BGHSt 49, 147 (158 f.).
820 BGH vom 13.5.2004, 2 StR 505/03, BGHSt 49, 147 (158 f.).
821 BGH vom 13.5.2004, 2 StR 505/03, BGHSt 49, 147 (161).
822 BGH vom 31.7.2009, 2 StR 95/09, NJW 2009, 3666 (3668).
823 LG Bonn vom 25.9.2008, 7 KLs 34/07 - 41 Js 115/01, n. rkr.; nachfolgend BGH vom 31.7.2009, 2 StR 95/09, NJW 2009, 3666 (3668).

durch das Urteil vom 13.5.2004[824] noch aufgrund der Reformänderungen durch das MoMiG die getroffenen Erwägungen zu ändern seien.

2) Literatur

Im Hinblick auf die in der Literatur vertretenen Ansichten lässt sich eine Dreiteilung feststellen.[825] Ein Teil der Literatur leitet eine Vermögensbetreuungspflicht allein aus der Gesellschafterstellung ab.[826] Gesellschafter seien aufgrund der mitgliedschaftlichen Stellung vermögensbetreuungspflichtig.[827] Zum Teil wird die Vermögensbetreuungspflicht in diesem Zusammenhang aus unterschiedlichen Pflichten des Gesellschafters, insbesondere der allgemeinen zivilrechtlichen Treuepflicht aus § 242 BGB abgeleitet.[828] Teilweise wird aber auch in der Überwachungsaufgabe der Gesellschafterversammlung die Grundlage der Vermögensbetreuungspflicht des Gesellschafters gesehen.[829]

Andere Autoren[830] verlangen für das Vorliegen einer Vermögensbetreuungspflicht eine besondere Einflussnahme des Gesellschafters, die dieser auf das Gesellschaftsvermögen ausübt. Diese Einflussnahme wird sowohl für den Alleingesellschafter als auch für den Mehrheitsgesellschafter bejaht.[831] Die Autoren ziehen hierbei eine Parallele zu den Eigenschaften eines faktischen Geschäftsführers, ohne dass jedoch tatsächlich die formellen Voraussetzungen eines solchen faktischen Organschaftsverhältnisses vorliegen müssen.[832] In Abgrenzung zu den Autoren, die eine Vermögensbetreuungspflicht aus den gesetzlichen Befugnissen ableiten, knüpfen diese Autoren daran an, dass der Gesellschafter nicht im Rahmen seiner üblichen Aufgaben, sondern auf eine andere Art auf das Gesellschaftsvermögen einwirkt. Insofern wird die Vermögensbetreuungspflicht durch eine Art Rollenüberschreitung begründet.[833]

824 BGH vom 13.5.2004, 2 StR 505/03, BGHSt 49, 147 (160 f.).

825 Zur Übersicht über die einzelnen Literaturansichten vgl. *Schumacher*, Vermögensbetreuungspflicht, 182 ff.

826 *Gribbohm*, ZGR 1990, 1 (20); *Mihm*, Strafrechtliche Konsequenzen, 110; *Ransiek*, Festschrift Kohlmann (2003), 220; *Richter*, GmbHR 1984, 137 (144); *Schumacher*, Vermögensbetreuungspflicht, 225; *Wodicka*, Untreue, 310 f.

827 *Ransiek*, Festschrift Kohlmann (2003), 220; *Richter*, GmbHR 1984, 137 (144); *Wodicka*, Untreue, 310 f.

828 *Schumacher*, Vermögensbetreuungspflicht, 205.

829 *Mihm*, Strafrechtliche Konsequenzen, 110.

830 *Busch*, Konzernuntreue, 96 f.; *Flum*, Strafrechtlicher Schutz, 242; *Höf*, Untreue, 105 f.; *Schumacher*, Vermögensbetreuungspflicht, 203.

831 *Busch*, Konzernuntreue, 96 f.; *Flum*, Strafrechtlicher Schutz, 242; *Höf*, Untreue, 105 f.

832 Vgl. so z.B. *Höf*, Untreue, 105 f.

833 *Schumacher*, Vermögensbetreuungspflicht, 205.

Ein weiterer Teil der Literatur lehnt eine Vermögensbetreuungspflicht allein aufgrund der Stellung als Anteilseigner einer GmbH ab.[834] Manche Vertreter dieser Ansicht sehen jedoch dann eine Vermögensbetreuungspflicht als gegeben an, wenn der Gesellschafter zugleich auch faktischer Geschäftsführer ist.[835] Anknüpfungspunkt der Vermögensbetreuungspflicht ist jedoch dann nicht mehr die Stellung als Anteilseigner, sondern die Begründung einer Treuepflicht aufgrund tatsächlicher Einflussnahme.

3) Begründung und Umfang - Stellungnahme

Die Vermögensbetreuungspflicht eines GmbH-Gesellschafters könnte mit den Weisungsbefugnissen des Gesellschafters oder mit der aus § 45 GmbHG abgeleiteten Treuepflicht des GmbH-Gesellschafters begründet werden.

Den Gesellschaftern stehen eine Vielzahl von Rechten[836] zu, die geeignet sind, das Vermögen der GmbH zu mindern. Nach der durch Richterrecht geprägten Generalklausel, nach welcher der Gesellschafter sich gegenüber der Gesellschaft stets loyal zu verhalten, ihre Zwecke zu fördern und Schaden von ihr abzuwenden hat,[837] ist die Frage des Vorliegens einer Vermögensbetreuungspflicht einzelfallabhängig zu überprüfen und zu konkretisieren. Dies hat zur Folge, dass sowohl Umfang als auch Intensität der Treuepflicht von den im Einzelfall vorliegenden Umständen abhängen. Zur Begründung der Pflicht zur Vermögensbetreuung allein auf die aus § 45 GmbHG abgeleiteten Treuepflicht zu verweisen, greift daher zu kurz.

Als Kriterium der Vermögensbetreuungspflicht des Gesellschafters könnte ebenfalls die Weisungsbefugnis des Gesellschafters angeführt werden. Mittels dieser kann der Gesellschafter im Wege der Beschlussfassung in der Gesellschafterversammlung den Geschäftsführer zu einzelnen Handlungen verpflichten. Auf diesem Weg kann er zumindest mittelbar Einfluss auf das Vermögen der Gesellschaft ausüben.

Daher könnte die Gesamtschau der Rechte, die den Gesellschaftern zustehen, Ausgangspunkt der Begründung der Vermögensbetreuungspflicht sein. Die Begründung der Vermögensbetreuungspflicht kann jedoch nicht nur von dem – abstrakt generellen – Bestehen von Rechten abhängig gemacht werden. Dies würde dazu führen, dass auch demjenigen eine Vermögensbetreuungspflicht unterstellt wird, der tatsächlich gar keine Einflussmöglichkeit auf das Vermögen hat. So wäre ein Gesellschafter, der nur Inhaber eines Anteils von hundert Anteilen ist, per se vermögensbetreuungspflichtig. Dies würde jedoch zu einer Ausweitung der strafrechtlichen Haftung auch auf solche Personen führen, die tatsächlich gar nicht

---

834 *Dierlamm*, in: MünchKomm, StGB, § 266 Rn. 84; *Nelles*, Untreue, 126 f.; *Tiedemann*, in: Scholz, GmbHG, vor §§ 82 ff. Rn. 17.

835 *Busch*, Konzernuntreue, 79 f.; *Flum*, Strafrechtlicher Schutz, 234 f.; *Höf*, Untreue im Konzern, 100 f.; *Kramer*, WM 2004, 305 (306 f.); *Perron*, in: Schönke/Schröder, StGB, § 266 Rn. 25 f.; *Schramm*, Untreue, 127.

836 Vgl. §§ 45 ff. GmbHG.

837 *Arens*, Untreue, 160 m. w. N.

in der Lage sind, maßgebenden Einfluss auf das Vermögen der Gesellschaft auszuüben. Um diese Differenzierung zu erreichen, reicht allein die Beschränkung der Betrachtung auf diese Rechte nicht aus, eine Vermögensbetreuungspflicht zu begründen. Vielmehr bedarf es zusätzlich zu diesen abstrakten Rechten einer konkreten Einflussmöglichkeit des Gesellschafters. Insofern ist im Hinblick auf die Vermögensbetreuungspflicht neben den abstrakten Eingriffsmöglichkeiten auch die konkrete Einflussmöglichkeit des Gesellschafters in die Betrachtung einzubeziehen. In diesem Zusammenhang bietet sich an, im Anschluss an die Darstellung der abstrakten Befugnisse anhand der Machtposition zwischen Allein-, Mehrheits- und Minderheitsgesellschafter zu differenzieren.

a) Die Befugnisse der GmbH-Gesellschafterversammlung

Aufgrund des zuvor Gesagten ist im Hinblick auf die Gesellschafter neben den im GmbHG geregelten Rechten des Gesellschafters im Rahmen der Gesellschafterversammlung, auch der Gewinnverwendungsbeschluss derselben in die Untersuchung und die anschließende Wertung einzubeziehen.

(1) Möglichkeiten der Einflussnahme des Gesellschafters

Zentrale Norm für die Zuständigkeiten der Gesellschafter einer GmbH ist § 46 GmbHG.[838] Danach bestimmen sich die wesentlichen Zuständigkeitsbereiche der Gesellschafter. Es handelt sich hierbei jedoch nicht um eine abschließende Bestimmung.[839] Zudem kann der Gesellschafter auch durch die in § 37 Abs. 1 GmbHG geregelte Weisungsbefugnis gegenüber den Geschäftsführern Einfluss auf das Vermögen der GmbH nehmen, da die Geschäftsführer zur Umsetzung dieser Weisungen verpflichtet sind, sofern diese rechtmäßig sind.[840] Durch diese faktische Befehlsgewalt übt der Gesellschafter eine Herrschaft über die für ihn fremde Vermögensmasse der Gesellschaft aus. Dieser Herrschaft über das fremde Vermögen folgt zugleich als Reflex eine Fürsorgepflicht für das Vermögen. Denn als Ausgleich für die Verfügungsbefugnis muss zugleich eine Betreuungsverpflichtung damit einhergehen.

(2) Die Gewinnverwendung

Überdies können die Gesellschafter einer GmbH frei über die Verwendung der Gewinne einer Gesellschaft bestimmen. Diese Verwendung wird durch die Feststellung des Jahresabschlusses vorgenommen.[841] Die Feststellung des Jahresabschlusses obliegt

838 *Arens*, Untreue, 169.
839 *Ransiek*, Festschrift Kohlmann (2003), 207 (221).
840 Nichtige oder schwebende unwirksame Beschlüsse brauchen Geschäftsführer nicht auszuführen; Weisungen die gegen gesetzliche Regelungen verstoßen, dürfen nicht umgesetzt werden; *Zöllner/Noack*, in: Baumbach/Hueck, GmbHG, § 37 Rn. 22 m. w. N.
841 *Ekkenga*, in: MünchKomm, GmbHG, § 29 Rn. 91.

gemäß § 29 GmbHG der Gesellschafterversammlung. Lediglich die Pflicht zur Aufstellung des Jahresabschlusses obliegt dem Geschäftsführer,[842] diese Aufstellung hat jedoch für die Gesellschafter keinerlei bindende Wirkung. Bis zur Feststellung bleibt der Jahresabschluss ein jederzeit abänderbarer Entwurf.[843] Die Gesellschafter sind bei der Feststellung nicht an die Vorgaben des Geschäftsführers gebunden, sondern können den Jahresabschluss nach freiem Ermessen gestalten.[844] Grenzen sind ihnen lediglich durch die gesetzlichen Vorschriften der §§ 242 ff. HGB und §§ 264 ff. HGB gemäß § 42a Abs. 2 Satz 3 GmbHG gesetzt. Daneben muss der Jahresabschluss geeignet sein, dem Gesellschaftsinteresse zu dienen.[845]

Im Ergebnis führt der Gewinnausschüttungsanspruch der Gesellschafter dazu, dass die Gesellschafter nicht unerheblichen Einfluss auf das Gesellschaftsvermögen ausüben können.

b) Die Gesellschafterstellung als konkretes Kriterium

Allein aufgrund der durch das GmbHG normierten Rechte kann eine Vermögensbetreuungspflicht des Gesellschafters nicht begründet werden. Ein Gesellschafter kann nur durch sein Handeln in dem Organ „Gesellschafterversammlung“ durch Wahrnehmung seiner Rechte gestaltend Einfluss nehmen.[846]

Eine Vermögensbetreuungspflicht kann daher überhaupt nur dann begründet werden, wenn es dem Gesellschafter aufgrund seiner Stellung bzw. der ihm eingeräumten Rechte möglich ist, Einfluss auf die Tätigkeit der Gesellschaft zu nehmen. Art und Umfang der Einflussnahme hängen maßgeblich von seiner Stellung als Allein-, Mehrheits- oder Minderheitsgesellschafter ab. Anhand dieser Stellung wird im weiteren Verlauf differenziert.

(1) Alleingesellschafter

Sind alle GmbH-Gesellschaftsanteile auf einen Gesellschafter vereint, so erlangt der Gesellschafter aufgrund dieser dominierenden Stellung einen erheblichen Einfluss auf die Gesellschaft.[847] Er allein stellt die Gesellschafterversammlung dar, hat somit die alleinige Entscheidungskompetenz über die GmbH und kann dem Geschäftsführer Weisungen erteilen.[848] Durch die Ausübung der der Gesellschafterversammlung zustehenden Rechte hat der Gesellschafter einen vollständigen, uneingeschränkten Zugriff auf das Vermögen der GmbH. Aufgrund der gesetzlichen Berechtigung steht

---

842 *Morck*, in: Koller/Roth/Morck, HGB, § 264 Rn. 5; *Reiner*, in: MünchKomm, HGB, § 264 Rn. 9.
843 *Hommelhoff/Priester*, ZGR 1986, 463 (473 f.).
844 Vgl. *Arens*, Untreue, 172.
845 Vgl. *Arens*, Untreue, 172.
846 Vgl. *Schumacher*, Vermögensbetreuungspflicht, 228, für den Mehrheits- und Minderheitsgesellschafter.
847 Vgl. *Schumacher*, Vermögensbetreuungspflicht, 220.
848 *Hüffer*, in: GroßKomm, GmbHG, § 45 Rn. 15; § 46 Rn. 120 f.

auch die Legitimität des Vermögenszugriffs außer Frage.[849] Er ist daher in seinem Entscheidungsprozess und dessen Durchsetzung unabhängig.

Darüber hinaus betreut der Alleingesellschafter aufgrund des Eigeninteresses der GmbH das fremde Vermögen. Die Tätigkeit des Alleingesellschafters in der Gesellschafterversammlung hat insofern auch fremdnützigen Charakter.

Ebenfalls erfüllt der Alleingesellschafter der GmbH die Eigenschaft der Entscheidungsunabhängigkeit. Seine Entscheidungsfähigkeit und -unabhängigkeit vermitteln ihm die entscheidende Selbstständigkeit. Er ist daher vermögensbetreuungspflichtig.

(2) Mehrheitsgesellschafter

Durch die Mehrheit aller Gesellschaftsanteile in der Gesellschafterversammlung kann der Mehrheitsgesellschafter ähnlich dem Alleingesellschafter seinen Willen auf die Gesellschafterversammlung übertragen und durchsetzen. Auch er kann die der Gesellschafterversammlung zustehenden Rechte ausüben. Zwar hat er im Vergleich zu einem Alleingesellschafter keinen unkontrollierten Vermögenszugriff; er kann jedoch gleichwohl in der Gesellschafterversammlung durch Beschluss, der in der Regel mit einer einfachen Mehrheit getroffen wird,[850] seinen Willen durchsetzen. Hierbei hat er die Form- und Verfahrensvorschriften der §§ 48 ff. GmbHG zu beachten.[851] Bei Missachtung dieser Formvorschriften besteht durch die Minderheitsgesellschafter die Möglichkeit, einen solchen Gesellschafterbeschluss anzufechten und ihn damit für unwirksam erklären zu lassen.[852] Ebenfalls sind durch die Minderheitsgesellschafter solche Beschlüsse, die gegen seinen Willen durch den Mehrheitsgesellschafter gefasst wurden und gegen die gesellschaftsrechtliche Treuepflicht des Gesellschafters gegenüber der Gesellschaft verstoßen, anfechtbar.[853]

Ungeachtet dessen stehen dem Mehrheitsgesellschafter jedoch tatsächlich die Rechte zu, die auch dem Alleingesellschafter zustehen. Zwar kann der Minderheitsgesellschafter durch die ihm zustehenden Rechte gegen seinen Willen getroffene und gegen das GmbHG verstoßende Beschlüsse anfechten. Ohne diese Anfechtung kann der Mehrheitsgesellschafter sie jedoch durchsetzen. Insofern stehen die Kontrollrechte des Minderheitsgesellschafters dem tatsächlichen Einfluss des Mehrheitsgesellschafters nicht entgegen. Somit ist auch der Mehrheitsgesellschafter vermögensbetreuungspflichtig.[854]

Für diese Folgerung sprechen zwei weitere Argumente. Zum einen kann es für die Vermögensbetreuungspflicht eines Gesellschafters nicht darauf ankommen, ob es sich um einen Alleingesellschafter oder einen Mehrheitsgesellschafter handelt.

---

849 *Arens*, Untreue, 220.
850 *Wicke*, GmbHG, § 47 Rn. 3.
851 Vgl. *Schumacher*, Vermögensbetreuungspflicht, 226.
852 Vgl. *Schumacher*, Vermögensbetreuungspflicht, 226.
853 *Emmerich*, in: Scholz, GmbHG, § 13 Rn. 47.
854 A. A. *Schumacher*, Vermögensbetreuungspflicht, 226 f.

Würde bei letzterem grundsätzlich eine Vermögensbetreuungspflicht ausgeschlossen werden, so könnte sich jeder Gesellschafter einer Untreuestrafbarkeit dadurch entziehen, dass er einen zweiten Gesellschafter in die GmbH aufnimmt, der nur einen unerheblichen Teil der Gesellschaftsanteile hält. Zudem sind bei der Bewertung der Vermögensbetreuungspflicht nicht die Gegenrechte zu betrachten, abzustellen ist vielmehr auf die der entsprechenden Person zustehenden Rechte und das damit einhergehende Maß der Einflussnahme. Zudem kann es Entscheidungen geben, die auch den Minderheitsgesellschafter begünstigen. Sofern durch diesen Beschlüsse mitgetragen werden, die dem Gesellschaftsinteresse widersprechen, würden diese dann nicht durch die Untreue erfasst werden. Dies würde zu einem unbilligen Ergebnis führen.

Somit können die Gegenrechte der Minderheitsgesellschafter nicht einer Pflicht zur Vermögensbetreuung des Mehrheitsgesellschafters entgegenstehen. Der Mehrheitsgesellschafter einer GmbH ist daher ebenfalls vermögensbetreuungspflichtig.

(3) Minderheitsgesellschafter

Der Minderheitsgesellschafter verfügt im Gegensatz zu dem Alleingesellschafter und dem Mehrheitsgesellschafter nicht allein durch seinen Stimmenanteil über eine beherrschende Stellung. Er hat allein weder die Möglichkeit, seinen Willen ohne die Zustimmung der Mehrheit der Gesellschafter durchzusetzen, noch kann er nur aufgrund seines einzelnen Willens Weisungen an den Geschäftsführer zur Durchsetzung seiner Interessen erteilen.[855]

Anknüpfungspunkt der Vermögensbetreuungspflicht des Alleingesellschafters und des Mehrheitsgesellschafters ist die gestaltende Einflussnahme auf das Gesellschaftsvermögen durch ihren Stimmenanteil. Der Minderheitsgesellschafter kann dann Einfluss auf das Gesellschaftsvermögen nehmen, wenn er seinen Willen gemeinschaftlich mit anderen Gesellschaftern ausübt. Dem Minderheitsgesellschafter stehen im Rahmen der Gesellschafterversammlung dieselben Rechte zu, die auch der Mehrheitsgesellschafter und der Alleingesellschafter besitzen. Auch er kann somit gestaltenden Einfluss nehmen. Daher ist der Minderheitsgesellschafter in gleichem Maße vermögensbetreuungspflichtig.

Er verletzt diese dann, wenn durch einen Beschluss, an dem der Minderheitsgesellschafter aktiv beteiligt ist, Einfluss auf das Vermögen der Gesellschaft genommen wird. Die Verletzung der Vermögensbetreuungspflicht ist bei einem Minderheitsgesellschafter davon abhängig, wie dieser entscheidet. Wirkt ein Minderheitsgesellschafter an einem solchen Mehrheitsbeschluss mit, so verletzt auch der Minderheitsgesellschafter seine Vermögensbetreuungspflicht. Dies gilt für den Fall, dass sich mehrere Minderheitsgesellschafter zusammenschließen und so einen solchen Beschluss mit der erforderlichen Mehrheit fassen, aber auch für den Fall, dass sich ein Minderheitsgesellschafter dem Stimmverhalten eines Mehrheitsgesellschafters anschließt.

---

855 Vgl. *Schumacher*, Vermögensbeteruungspflicht, 226.

c) Umfang der Vermögensbetreuungspflicht

Sofern die Gesellschafter einer GmbH vermögensbetreuungspflichtig sind, ist fraglich, auf welchen Teil des Gesellschaftsvermögens sich diese Vermögensbetreuungspflicht erstreckt.

Einige Autoren sind der Ansicht, die Pflicht zur Vermögensbetreuung erstrecke sich nicht auf das gesamte Vermögen der GmbH, sondern lediglich auf den Teilbereich des Vermögens, der durch das Stammkapitalerhaltungsgebot und das Existenzgefährdungsverbot geschützt sei.[856] Zur Begründung wird angeführt, dass dieses Vermögen der Gesellschaft zwingend durch das Gesetz der Gesellschaft zugeordnet sei.

Dem steht jedoch entgegen, dass für die Bewertung einer Untreuestrafbarkeit das gesamte der Gesellschaft zugeordnete Vermögen betrachtet werden muss. Eine strafrechtlich nicht relevante Verfügung über fremdes Vermögen ist erst im Rahmen der Einwilligungsbefugnis bzw. der Pflichtwidrigkeit zu untersuchen. Eine Beschränkung des Schutzgutes verkennt die strafrechtlichen Elemente der Untreue: Vermögensbetreuungspflicht, Tathandlung und Pflichtwidrigkeit.[857]

Dies führt zu dem Ergebnis, dass die Vermögensbetreuungspflicht des Gesellschafters sich auf das gesamte Vermögen der GmbH erstreckt. Aufgrund des Betreuungsverhältnisses kann er über dieses Vermögen vollständig disponieren. Einschränkungen dieser Dispositionsbefugnis sind im Rahmen der Pflichtwidrigkeit zu prüfen, da dem Gesellschafter durch das Gesetz Pflichten auferlegt sind, nicht über das gesamte Vermögen der GmbH zu verfügen.

d) Pflichtwidrigkeit

Im Anschluss an die Feststellung der Vermögensbetreuungspflicht der Gesellschafter stellt sich die Frage nach dem Umfang der Pflichtwidrigkeit des Handelns des vermögensbetreuungspflichtigen Gesellschafters. Beiden Untreuevarianten ist gemein, dass sie die Pflichtwidrigkeit der Tathandlung voraussetzen.[858] Der Umfang und die Grenzen der Pflichtwidrigkeit werden hierbei durch das zugrunde liegende Rechtsverhältnis benannt.[859] Somit bestimmt sich die Untreuestrafbarkeit aufgrund der gesellschaftsrechtlichen Pflichtwidrigkeit in Form der Überschreitung von Verfügungsgrenzen. Eine Pflichtwidrigkeit liegt immer dann vor, wenn der Betreuende nicht über das gesamte Vermögen, welches ihm zur Betreuung überlassen wurde, verfügen kann bzw. darf.[860] Insofern wird die Dispositionsbefugnis des Verfügenden

---

856 *Kohlmann*, Festschrift Werner (1984), 387 (397); *Lamann*, Untreue, 127 f.; *Wagner*, Untreue, 105 ff.

857 Vgl. *Arens*, Untreue, 176; *Lichtenwimmer*, 65 f. jeweils m. w. N.

858 *Schünemann*, in: LeipKomm, StGB, § 266 Rn. 50, 89, 193 m. w. N.

859 BGH vom 17.11.1955, 3 StR 234/55, BGHSt 8, 254 (258); *Schünemann*, in: LeipKomm, StGB, § 266 Rn. 94.

860 *Arens*, Untreue, 196.

durch das Gesetz beschränkt.[861] Der Gesellschafter einer GmbH kann im Gegensatz zu dem Geschäftsführer einer GmbH, der an die Anforderungen des § 43 Abs. 1 GmbHG gebunden ist, in den Grenzen des § 43 Abs. 3 GmbHG über das Gesellschaftsvermögen verfügen. Überschreitet der Gesellschafter die Grenzen dieser Befugnis, so handelt er pflichtwidrig und verletzt seine Vermögensbetreuungspflicht.

Als Grenze der Dispositionsbefugnis des Gesellschafters können unterschiedliche Ansätze vertreten werden. Zum einen kann man eine vollständige Dispositionsbefugnis des Gesellschafters als Eigentümer der Gesellschaft annehmen, ferner kann die Disponibilität aufgrund des gesellschaftsrechtlichen Kapitalerhaltungsgebotes auf das Vermögen der Gesellschaft oberhalb des Stammkapitals beschränkt sein. Man kann zudem das Dispositionsverbot neben dem Stammkapital auch auf Eingriffe in das zur Existenz notwendige Vermögen der GmbH ausweiten. In diesem Fall kommen durch die Kapitalerhaltungsvorschriften das Stammkapital sowie das Verbot von existenzgefährdenden Maßnahmen als Umfang der Dispositionsbeschränkung in Betracht.

(1) Umfang der Dispositionsbefugnis

Der Umfang der Dispositionsbefugnis als Spiegelbild zum Umfang des Dispositionsverbotes ist eines der umstrittensten Kapitel des Wirtschaftsstrafrechts.[862] Die Dispositionsbefugnis war nicht nur in den unterschiedlichsten Facetten Gegenstand von Entscheidungen des Reichsgerichtes und des Bundesgerichtshofes, sondern auch von zahlreichen Beiträgen in der Literatur. Ebenso zahlreich sind die einzelnen Meinungen und deren Begründungen. Die Dispositionsbefugnis wurde regelmäßig im Zusammenhang mit dem Einverständnis der Gesellschafterversammlung in Handlungen des Geschäftsführers behandelt und somit bei der Diskussion einer etwaigen Untreuehandlung des Geschäftsführers untersucht. Aufgrund des hier gewählten Aufbaus wird die Dispositionsbefugnis nicht im Rahmen des Einverständnisses, sondern unabhängig von einer etwaigen Untreuestrafbarkeit des Geschäftsführers im Rahmen der Untreuestrafbarkeit des Gesellschafters behandelt.

Die Meinungen lassen sich in Bezug auf die Grenzen der Disponibilität des Gesellschaftsvermögens durch das Stammkapital im Wesentlichen in drei unterschiedliche Ansichten aufteilen. Zum Teil wird im Ergebnis eine Dispositionsbefugnis der Gesellschafter bis hin zur Stammkapitalgrenze vertreten. Dem sind Teile der Literatur entgegengetreten, die unbeschränkte Dispositionsbefugnis der Gesellschafter annehmen. Die Rechtsprechung hat eine Dispositionsbefugnis auch über das Stammkapital hinaus mit Urteil vom 10.7.1996[863] und 13.5.2004[864] sowie

861 *Kubiciel*, NStZ 2005, 353 (358).

862 Vgl. zur Entwicklung, zum Stand der Rechtsprechung und zur Literatur nur *Schumacher*, Vermögensbetreuungspflicht, 37 ff.

863 BGH vom 10.7.1996, 3 StR 50/96, NStZ 1996, 540.

864 BGH vom 13.5.2004, 5 StR 73/03, BGHSt 49, 147.

Beschluss vom 27.8.2010[865] anerkannt. Eine deutliche Begründung blieb der BGH hierbei jedoch schuldig. In der Literatur wird vereinzelt auch eine Erweiterung auf existenzgefährdende Eingriffe befürwortet. Die wesentlichen Argumente sollen im Folgenden dargestellt werden.

(a) Vollständige Dispositionsbefugnis

Die Befürworter[866] einer vollständigen strafrechtlichen Dispositionsbefugnis und der damit einhergehenden Nichtberücksichtigung der gesellschaftsrechtlichen Vorschriften im Strafrecht führen zur Begründung im Wesentlichen drei Argumente an. Zum einen vertreten sie eine wirtschaftliche Betrachtungsweise der Vermögenszuordnung. Der strafrechtliche Schutz, der aufgrund der vollständigen Disponibilität nicht mehr durch den Straftatbestand der Untreue erfasst sei, könne gleichfalls durch §§ 283 ff. StGB erreicht werden.[867] Ferner sehen sie zum einen in den Stammkapitalerhaltungsvorschriften der §§ 30 ff. GmbHG, die als Grundlage einer etwaigen Dispositionsbefugnis dienen könnten, eine allein dem Gläubigerschutz dienende Norm.[868] Zudem erkennen sie die Existenz eines Eigeninteresses, abgeleitet aus den Stammkapitalerhaltungsvorschriften der §§ 30 ff. GmbHG, nicht an.[869]

Mit dem Argument der wirtschaftlichen Betrachtungsweise treten die Befürworter einer vollständigen Dispositionsbefugnis der Ansicht einer strengen Akzessorietät zwischen dem Gesellschafts- und dem Strafrecht entgegen.[870] Sie übernehmen dadurch nicht die durch das Gesellschaftsrecht angeordnete Trennung des GmbH- und des Gesellschaftervermögens, sondern ordnen das Gesellschaftsvermögen den Gesellschaftern zu und qualifizieren dadurch Eingriffe in das Gesellschaftsvermögen als straflose Selbstschädigung.[871] Andere sehen nicht die GmbH an sich als Vermögensinhaber an, sondern denjenigen, der die letztinstanzliche Entscheidung über die Vermögensverfügung innehat. Nach Ansicht *Nelles* soll dies die Gesamtheit der Gesellschafter sein.[872]

Zudem stimme der Schutzzweck der Untreue nicht mit dem Schutzzweck der Kapitalerhaltungsregeln überein. Eine Begründung der Untreue mit Normen, die

865 BGH 27.8.2010, 2 StR 111/09, BGHSt 55, 266.

866 *Arloth*, NStZ 1990, 570 ff.; *Birkholz*, Untreuestrafbarkeit, 95 ff.; *Hanft*, Strafrechtliche Probleme, 104 ff.; *Labsch*, JuS 1985, 602 ff.; *Mohr*, Bankrottdelikte, 47 ff.; *Nelles*; Untreue, 279; *Schramm*, Untreue und Konsens, 122; vgl. zur ausführlichen Darstellung: *Schumacher*, Vermögensbetreuungspflicht, 88 ff.

867 Der Anwendungsbereich soll dadurch erweitert werden, dass die Regelung des § 14 StGB weniger eng als durch die Rechtsprechung ausgelegt wird; vgl. *Arloth*, NStZ 1990, 570 (573).

868 *Labsch*, JuS 1985, 602 (605).

869 *Birkholz*, Untreuestrafbarkeit, 95 ff.; *Hanft*, Strafrechtliche Probleme, 351;

870 *Labsch*, JuS 1985, 602 (606).

871 *Labsch*, JuS 1985, 602 (606).

872 *Nelles*, Untreue, 491 f.

nicht denselben Schutzzweck hätten, sei daher unzulässig.[873] So verstehen die Befürworter dieser Meinung sowohl die Kapitalerhaltungsregeln als auch das Verbot eines existenzgefährdenden Eingriffes als ausschließlich gläubigerschützende Normen. Da die Untreue jedoch ausschließlich auf den Schutz des Vermögens des Vermögensinhabers ausgerichtet sei, sei eine Begründung mit den o.g. gesellschaftsrechtlichen Normen aufgrund des divergierenden Schutzzweckes nicht möglich.[874]

Ebenfalls wird durch die Befürworter dieser Meinung die Existenz eines Eigeninteresses der Gesellschaft abgelehnt. *Birkholz* sieht in dem Eigeninteresse ein bloßes Instrument, mit dem sowohl der Schutz der Gläubiger als auch der Minderheitsgesellschafter erreicht werden soll, nicht jedoch eine Größe, die an sich schützenswert sei.[875] Andere lehnen bereits die Existenz eines solchen Interesses ab, da eine juristische Person zu der notwendigen Willensbildung nicht in der Lage sei.[876]

(b) Beschränkung der Dispositionsbefugnis

Ein anderer Teil der Literatur sieht die Dispositionsbefugnis der Gesellschafter im Hinblick auf das Gesellschaftsvermögen als beschränkt an. Diesbezüglich unterscheiden sich jedoch die Meinungen der Befürworter einer solcher Dispositionsbeschränkung dahin gehend, dass ein Teil ein Dispositionsverbot auf das Stammkapital der GmbH beschränken will,[877] während sich nach anderer Auffassung das Dispositionsverbot neben dem Stammkapital auch auf das für die Existenz der GmbH notwendige Vermögen erstrecken soll.[878] Wenn auch die unterschiedlichen Vertreter dieser Ansichten teilweise zu demselben Ergebnis führen, so beruhen sie doch auf unterschiedlichen Argumentationswegen.

(aa) Stammkapital der GmbH

Der überwiegende Teil der Autoren sieht ausschließlich die Kapital-erhaltungsvorschriften der §§ 30 ff. GmbHG als Grenze der Dispositionsbefugnis der Gesellschafter einer GmbH an.[879] Insofern folgen sie der gesellschaftsrechtlichen Gesetzesregelung

---

873 *Labsch*, JuS 1985, 602 (606).

874 *Perron*, in: Schönke/Schröder, StGB, § 266 Rn. 1 m. w. N.

875 *Birkholz*, Untreue, 283 f.

876 *Kasiske*, wistra 2005, 81 (85).

877 *Brammsen*, DB 1989, 1609 (1610); *Burger*, Untreue, 124; *Busch*, Konzernuntreue, 159; *Flum*, Strafrechtlicher Schutz, 75 f.; *Gribbohm*, ZGR 1990, 1 (22 ff.); *Hellmann*, wistra 1989, 214 (217 ff.); *Höf*, Untreue, 64 ff.; *Kaufmann*, Organuntreue, 127; *Kindhäuser*, in: NK, StGB, § 266 Rn. 71; *Radtke*, GmbHR 1998, 311 (363 ff.); *Ransiek*, Festschrift Kohlmann (2003), 207 (212 ff.); *Vonnemann*, GmbHR, 1988, 329 (330 ff.).

878 *Ulmer*, Festschrift Pfeiffer, 853 (868 f.); zustimmend: *Mihm*, Strafrechtliche Konsequenzen, 108.

879 *Brammsen*, DB 1989, 1609 (1610); *Burger*, Untreue, 124; *Busch*, Konzernuntreue, 159; *Flum*, Strafrechtlicher Schutz, 75 f.; *Gribbohm*, ZGR 1990, 1 (22 ff.); *Hellmann*, wistra 1989, 214 (217 ff.); *Höf*, Untreue, 64 ff.; *Kaufmann*, Organuntreue, 127; *Kindhäuser*,

und übernehmen diese Wertungen für die strafrechtliche Bewertung. Teilweise soll auch ein existenzgefährdender Eingriff bereits durch die Stammkapitalerhaltungsvorschriften des § 30 GmbHG erfasst sein, sodass sich die anschließende Diskussion erübrigen würde.[880]

Im Wesentlichen stützen sich die Befürworter einer eingeschränkten Dispositionsbefugnis auf die folgenden Argumente:

Mit Verweis auf die Rechtsprechung wird die eigenständige Rechtspersönlichkeit der Gesellschaft zur Begründung herangezogen.[881] Diese Eigenständigkeit dient als Grundlage zur Begründung der Differenzierung zwischen dem Willen der Gesellschaft und dem der Gesellschafter sowie der daraus resultierenden Möglichkeit der Abweichung der Interessen der Gesellschaft und der der Gesellschafter. Aufgrund dieser Eigenständigkeit kann auch die mittelbare Wirkung des Gläubigerschutzes begründet werden. Befürworter einer eingeschränkten Dispositionsbefugnis führen an, dass zuerst der Schutz der Gesellschaft selbst bezweckt sei und der Schutz der Gläubiger nur mittelbarer Natur sei.[882] Darüber wird als Argument der Beachtung und Übertragung der gesellschaftsrechtlichen Grenzen in die strafrechtliche Bewertung die Einheit der Rechtsordnung angeführt. Nur durch einen solchen Gleichlauf zwischen dem Zivil- und dem Strafrecht könnten Wertungswidersprüche vermieden werden.[883]

(bb) Erweiterung um die existenzgefährdenden Eingriffe

Teilweise wird vertreten, das Dispositionsverbot auch auf existenzgefährdende Eingriffe[884] zu erweitern.[885] Diesbezüglich besteht jedoch hinsichtlich des Verständnisses solcher Eingriffe und der Zuordnung des entsprechenden Vermögens keine einheitliche Argumentationslinie.

---

in: NK, StGB, § 266 Rn. 71; *Radtke*, GmbHR 1998, 311 (363 ff.); *Ransiek*, Festschrift Kohlmann (2003), 207 (212 ff.); *Vonnemann*, GmbHR, 1988, 329 (330 ff.).

880 *Ulmer*, Festschrift Pfeiffer (1988), 853 (868 f.); zustimmend: *Mihm*, Strafrechtliche Konsequenzen, 108.

881 *Auer*, Gläubigerschutz, 191; *Flum*, Strafrechtlicher Schutz, 135 f.; *Höf*, Untreue, 51 f.; vgl. auch *Schumacher*, Vermögensbetreuungspflicht, 83 m. w. N.

882 *Flum*, Strafrechtlicher Schutz, 135 f.; *Gribbohm*, ZGR 1990, 1 (25 f.); *Höf*, Untreue, 55 f.; *Waßmer*, Risikogeschäfte, 90.

883 So *Brammsen*, DB 1989, 1609 (1614); *Fleck*, ZGR 1990, 31 (32); *Flum*, Strafrechtlicher Schutz, 103; *Kaufmann*, Organuntreue, 26 f.

884 Vgl. zur Terminologie zwischen Existenzgefährdung und Existenzvernichtung *Arens*, Untreue im Konzern, 255 ff.

885 *Auer*, Gläubigerschutz, 188; *Bauer*, Untreue, 154 ff.; *Fleck*, NZG 1990, 31 (32 ff.); *Kohlmann*, Verantwortlichkeit, Rn. 181 ff.; *Lamann*, Untreue, 71 ff.; *Schaal*, in: Rowedder/Schmidt-Leithoff, GmbHG, Vor §§ 82–85 Rn. 16 f.; *Tiedemann*, in: Scholz, GmbHG, vor §§ 82 ff.Rn. 15.; *Otto/Tiedemann*, ZstW 111 (1999), 694 f.; *Wagner*, Untreue, 125 ff.; *Waßmer*, Risikogeschäfte, 102 ff.; *Wodicka*, Untreue, 252 ff.; *Wodicka* stellt jedoch nicht auf das Stammkapital, sondern allein auf die Existenzfähigkeit der GmbH ab.

Neben dem Argument des Eigeninteresses, das sich nach Ansicht der Befürworter dieser Meinung auch auf die existenznotwendigen Vermögensbeteiligungen erstreckt, wird als Argument das Wesen der GmbH angeführt. Sowohl der Entzug des Stammkapitals als auch der Entzug bzw. die Gefährdung des existenznotwendigen Vermögens widersprächen dem Wesen der GmbH.[886]

(2) Stellungnahme

Das Dispositionsverbot kann sich nicht nur auf die Kapitalerhaltungsgrenzen beschränken. Zudem umfasst das Eigeninteresse der Gesellschaft nach der hier vertretenen Auffassung ebenfalls das für die Existenz notwendige Vermögen der GmbH. Somit muss die Dispositionsbeschränkung, wenn es dem Schutz des Eigeninteresses der GmbH als selbstständige juristische Person dienen soll, neben dem Stammkapital auch das für die Existenz der Gesellschaft notwendige Vermögen umfassen. Die gesellschaftsrechtlichen Dipositionsbeschränkungen der Gesellschafter sind daher vollständig in das Strafrecht zu übertragen, da nach der hier vertretenen Auffassung eine strenge Akzessorietät des Strafrechts zum Zivilrecht besteht.[887]

Hinsichtlich des existenzgefährdenden Eingriffes bestehen auch keine Bedenken bezüglich der Übertragung der zivilrechtlichen Wertungen in das Strafrecht unter dem Aspekt des Bestimmtheitsgebotes des Art. 103 Abs. 2 GG und des § 1 StGB.[888]

Der Bestimmtheitsgrundsatz verlangt für Straftatbestände und Rechtsfolgen ein Minimum an Bestimmtheit.[889] Die Verwendung von Generalklauseln und wertausfüllenden Begriffen ist zulässig, soweit die Reichweite und der Anwendungsbereich, der durch die Verwendung des unbestimmten Rechtsbegriffes eröffnet ist, für den Adressaten bestimmbar und erkennbar ist.[890] Hierbei sind nach Auffassung des Bundesverfassungsgerichtes die Merkmale des Straftatbestandes so konkret zu umschreiben, dass sich Sinn- und Bedeutungsgehalt durch Auslegung ermitteln lassen.[891]

Diese Anforderungen sind hinsichtlich des existenzgefährdenden Eingriffes erfüllt. Denn bereits durch die Rechtsprechung hat eine hinreichende Konkretisierung der Voraussetzungen eines solchen existenzvernichtenden Eingriffes mit der Folge stattgefunden,[892] dass für den Adressaten eine Handlung als eine solche konkret eingeordnet werden kann. Somit sind der Anwendungsbereich und die Reichweite

886 *Auer*, Gläubigerschutz, 190; *Wagner*, Untreue, 126 f.

887 Siehe dazu ausführlich: 3. Kapitel, Teil 1, Die Rezeption des zivilrechtlichen Schutzes.

888 A. A.: *Busch*, Untreue, 177; *Geerds*, JR 1997, 340 (341) m. w. N.

889 Vgl. *Arens*, Untreue im Konzern, 263.

890 Vgl. *Arens*, Untreue im Konzern, 263 mit Verweis auf *Wessels/Beulke*, AT, 42. Auflage 2012, Rn. 47.

891 BVerfG vom 21.6.1977 2 BvR 308/77, BVerfGE 45, 363 (371); BVerfG vom 23. Oktober 1985 – 1 BvR 1053/82, BVerfGE 71, 108 (114).

892 Vgl. dazu nur die Entwicklung der Rechtsprechung mit Konkretisierung der Anforderungen im Hinblick auf den existenzvernichtenden Eingriff bei *Waitz*, Existenzvernichtender Eingriff, 8 ff.

in ausreichender Art und Weise bestimmbar und die strafrechtlichen Handlungen klar umrissen. Die Anforderungen an das Bestimmtheitsgebot sind erfüllt. Der Kritik, der Begriff der Existenzgefährdung sei weder hinsichtlich des Grades noch des Umfanges klar umrissen und verstoße deshalb gegen das Bestimmtheitsgebot,[893] ist daher entgegenzuhalten, dass durch die Ausführungen zur zivilrechtlichen Haftung der Begriff des existenzgefährdenden Eingriffes hinreichend konkretisiert ist. Die Anforderungen an das Bestimmtheitsgebot sind daher erfüllt.[894]

Somit können die Gesellschafter über das Gesellschaftsvermögen nicht frei verfügen. Soweit sie die o.g. Grenzen überschreiten, handeln sie pflichtwidrig und machen sich der Untreue strafbar. Nach der hier vertretenen Auffassung unterliegt daher nicht nur das durch die Kapitalerhaltungsvorschriften geschützte Vermögen dem strafrechtlichen Dispositionsverbot; sondern das Verbot erstreckt sich auch auf das für die Existenz der Gesellschaft notwendige Vermögen.

4) Ergebnis zur Begründung der Vermögensbetreuungspflicht

Der Alleingesellschafter sowie der Mehrheitsgesellschafter sind gegenüber der GmbH vermögensbetreuungspflichtig. Der Minderheitsgesellschafter hat ebenfalls eine Vermögensbetreuungspflicht, wenn er gestaltend Einfluss auf das Gesellschaftsvermögen durch Beteiligung an den maßgeblichen Mehrheitsbeschlüssen der Gesellschaft nimmt. Fragen hinsichtlich der Dispositionsbefugnis des Gesellschafters sind nicht im Rahmen der Vermögensbetreuungspflicht zu beantworten, sondern im Rahmen der Pflichtwidrigkeit. Es besteht ein Dispositionsverbot für das Stammkapital sowie für das für die Existenz der GmbH notwendige Vermögen.

5) Folgerungen für Leveraged-Buyout-Transaktionen

Es wurde festgestellt, dass die GmbH ein von dem Willen der Gesellschafter unabhängiges Eigeninteresse hat, das auch die Dispositionsbefugnis der Gesellschafter im Hinblick auf das Gesellschaftsvermögen einschränkt. Die Grenzen der Dispositionsbefugnis sind durch die Kapitalerhaltungsvorschriften sowie das Verbot des existenzgefährdenden Eingriffes definiert. Wird diese Dispositionsbefugnis durch die Gesellschafter überschritten, verletzen sie ihre Vermögensbetreuungspflicht gegenüber der GmbH.

Fraglich ist nun, ob die Gesellschafter durch die einzelnen Maßnahmen im Rahmen der unterschiedlichen Modellvarianten des Leveraged Buyout die ihnen eingeräumte Dispositionsbefugnis überschreiten und so ihre Vermögensbetreuungspflicht verletzen. Hierzu folgt die Untersuchung der Darstellung im gesellschaftsrechtlichen Teil dieser Arbeit.

893 Vgl. *Arens*, Untreue im Konzern, 263.
894 Vgl. *Radtke/Hoffmann*, GA 2008, 535 (549).

Die relevante Handlung der Gesellschafter kann in einem entsprechenden Gesellschafterbeschluss gesehen werden, der zugleich als Weisung an den Geschäftsführer verstanden werden kann, die beschlossenen Maßnahmen umzusetzen.

a) Upstream-Darlehen

Regelmäßig wird durch den Gesellschafterbeschluss der Zielgesellschaft ein Darlehen an die Akquisitionsgesellschaft ausgezahlt. Eine Darlehensleistung der Zielgesellschaft an die Akquisitionsgesellschaft verstößt nach der hier vertretenen Ansicht gegen die Kapitalerhaltungsvorschriften des § 30 GmbHG und stellt zugleich in dem entsprechenden Umfang einen existenzgefährdenden Eingriff dar. Der Gesellschafter einer GmbH ist dieser gegenüber vermögensbetreuungspflichtig. Die Pflicht zur Betreuung umfasst das gesamte Vermögen der GmbH. Aufgrund des Eigeninteresses der GmbH können die Gesellschafter nicht über das Vermögen der GmbH verfügen, sofern die Verfügung das Stammkapital oder das für die Existenz der GmbH notwendige Vermögen betrifft. Ein Upstream-Darlehen stellt regelmäßig eine Verfügung dar, die in dieses geschützte Vermögen eingreift. Daher verletzen die Gesellschafter der Zielgesellschaft durch den Beschluss über die Auskehrung eines solchen Darlehens an die Akquisitionsgesellschaft ihre Vermögensbetreuungspflicht gegenüber der Zielgesellschaft in Form einer GmbH. Ein Beschluss solchen Inhalts in der Gesellschafterversammlung der Zielgesellschaft stellt somit eine untreuerelevante Handlung dar.

b) Upstream-Sicherheit

Das zur Bereitstellung von Upstream-Darlehen Gesagte trifft in gleichem Umfang auf die Bestellung einer Upstream-Sicherheit zu. Die Bestellung einer Sicherheit unmittelbar oder mittelbar zugunsten des Gesellschafters, der Akquisitionsgesellschaft, stellt einen Verstoß gegen die Kapitalerhaltungsregelung des § 30 GmbH sowie einen existenzgefährdenden Eingriff dar. Durch die Bestellung einer solchen Sicherheit verletzen die Gesellschafter regelmäßig ihre Pflicht zur Vermögensbetreuung, da sie den Umfang ihrer Dispositionsbefugnis durch eine solche Verfügung überschreiten. Somit ist der Beschluss der Gesellschafterversammlung zur Bestellung einer Sicherheit an den Gesellschafter, die Akquisitionsgesellschaft, als untreuerelevante Verletzung der Vermögensbetreuungspflicht zu qualifizieren.

c) Upstream Merger

Wird durch Beschluss der Gesellschafter die Zielgesellschaft auf die Akquisitionsgesellschaft verschmolzen, so ist dies weder als ein Verstoß gegen die Kapitalerhaltungsvorschriften noch als existenzvernichtender Eingriff zu qualifizieren. Insofern können die Gesellschafter durch einen derartigen Beschluss nicht ihre Vermögensbetreuungspflicht verletzen, da die Gesellschafter durch ein derartiges Handeln ihre Dispositionsbefugnis nicht überschreiten.

d) Downstream Merger

Durch den Beschluss der Gesellschafter, die Akquisitionsgesellschaft auf die Zielgesellschaft zu verschmelzen, wird regelmäßig aufgrund der besonderen Konstellation von Leveraged-Buyout-Transaktionen ein Schuldenüberhang auf die Zielgesellschaft verschmolzen. Dieser Schuldenüberhang führt in der Regel zu einer Verletzung der Kapitalerhaltungsvorschrift des § 30 GmbHG. Da in diesem Umfang zugleich auch die Dispositionsbefugnis der Gesellschafter überschritten ist, verletzen sie durch einen Beschluss, der die Akquisitionsgesellschaft auf die Zielgesellschaft verschmilzt, ihre Vermögensbetreuungspflicht gegenüber der GmbH.

e) Debt push-down

Bei einem Debt push-down ist hinsichtlich der Verletzung der Vermögensbetreuungspflicht nach den einzelnen Maßnahmen zu differenzieren. Bei Durchführung im Wege eines Upstream-Darlehens kann auf die obigen Ausführungen[895] verwiesen werden. Die Gesellschafter verletzen durch ein Upstream-Darlehen ihre Vermögensbetreuungspflicht gegenüber der GmbH.

Wird der Debt push-down mittels Abführung des Cashflow erreicht, so ist die Auszahlung im Rahmen einer Leveraged-Buyout-Transaktion aufgrund des zur Finanzierung notwendigen Kapitals als existenzvernichtender Eingriff zu qualifizieren. Somit überschreiten die Gesellschafter durch einen Beschluss, der eine Abführung der liquiden Mittel im Wege der Gewinnausschüttung vorsieht, auch dann ihre Dispositionsbefugnis, wenn dies im Rahmen eines ordnungsgemäßen Verfahrens erfolgt. Somit verletzen die Gesellschafter der Zielgesellschaft durch einen Debt push-down im Rahmen einer Leveraged-Buyout-Transaktion ihre Vermögensbetreuungspflicht gegenüber der GmbH.

f) Interner Asset Deal

Bei Durchführung einer Leveraged-Buyout-Transaktion mittels eines internen Asset Deal verstößt sowohl die Vereinbarung eines geringeren Kaufpreises als auch die Stundung desgleichen gegen § 30 GmbHG und ist als existenzvernichtender Eingriff zu qualifizieren. Hinsichtlich des generierten Cashflows gilt das oben Gesagte.[896] Die Auszahlung ist als existenzgefährdender Eingriff zu qualifizieren. Durch einen Beschluss der Gesellschafterversammlung, die Vermögensgegenstände an die Akquisitionsgesellschaft als Gesellschafter zu veräußern und dabei entweder einen geringeren Kaufpreis bzw. die Stundung des Kaufpreises zu vereinbaren, überschreiten die Gesellschafter ihre Dispositionsbefugnis hinsichtlich des Gesellschaftsvermögens und verletzen insoweit ihre Vermögensbetreuungspflicht gegenüber der GmbH.

---

895 Siehe dazu ausführlich: 3. Kapitel Teil 2 E. I. 5) a), Upstream-Darlehen

896 Siehe dazu ausführlich: 3. Kapitel Teil 2 E I. 5) e), Debt push-down.

II. Die Vermögensbetreuungspflicht der Aktionäre

Parallel zu den Anteilseignern der GmbH sind auch die Aktionäre als Anteilseigner einer Aktiengesellschaft als mögliche Täter einer Untreue zum Nachteil der Gesellschaft in Betracht zu ziehen. Für eine solche Strafbarkeit müsste ebenfalls eine Vermögensbetreuungspflicht der Aktionäre bestehen.

Zwar ist aufgrund des Eigeninteresses auch für die Anteilseigner einer Aktiengesellschaft das Vermögen der Aktiengesellschaft fremd. Fraglich ist jedoch, ob den Aktionären im Rahmen der durch das Gesetz gegebenen Befugnisse und aufgrund ihrer Stellung Rechte zustehen, die es ihnen ermöglichen, über das Vermögen der Aktiengesellschaft zu entscheiden.

1) Rechtsprechung und Literatur

Aussagen zur Vermögensbetreuungspflicht von Aktionären finden sich gleichwohl sowohl in der Rechtsprechung als auch in der Literatur nur selten. Das LG Köln hat in einem Beschluss zu dieser Frage Stellung genommen und eine Vermögensbetreuungspflicht verneint.[897] Die Rechtslage kann jedoch dann nach Ansicht der Rechtsprechung anders zu bewerten sein, wenn der betreffende Aktionär tatsächlichen Einfluss als faktisches Organ ausübt.[898] Die Vermögensbetreuungspflicht dieses Aktionärs knüpft dann allerdings nicht an seine Eigenschaft als Aktionär an, sondern an seinen tatsächlichen Einfluss, der ein Treueverhältnis begründen kann. Auf diese Vermögensbetreuungspflicht ist an anderer Stelle einzugehen.[899]

In der Literatur finden sich nur vereinzelte Untersuchungen zur Vermögensbetreuungspflicht des Aktionärs. *Arens* lehnt eine Vermögensbetreuungspflicht des Aktionärs unabhängig von seinem Stimmenanteil ab.[900] Dieser sei mangels rechtlicher Weisungsmöglichkeiten nicht in der Lage, das Verhalten des Aufsichtsrates oder des Vorstandes zu beeinflussen. Eine Ausnahme sei davon nur dann zu machen, wenn der Aktionär zugleich auch Leitungsaufgaben in der Aktiengesellschaft übernehme.

Bauer hingegen sieht in der Stellung des Mehrheitsaktionärs eine Vermögensbetreuungspflicht desselben begründet. Aufgrund seiner Stimmrechte habe sowohl der Allein- als auch der Mehrheitsaktionär faktische Einflussmöglichkeiten, die auf seiner Mitgliedschaft beruhen.[901] Nutze der Aktionär diese Macht dahin gehend aus, dass der Vorstand sich dieser Einflussnahme beuge, so wirke der Aktionär auf die Vermögensstrategie der Gesellschaft ein. Aufgrund dieser Machtausübung sei er vermögensbetreuungspflichtig. [902]

---

897 LG Köln vom 6.5.1988, 106 Qs 2/88, wistra 1988, 279 f.
898 BGH vom 28.6.1966, 1 StR 414/65, NJW 1966, 2225 (2226).
899 Siehe dazu ausführlich: 3. Kapitel Teil 2 G. III. 2), Der faktische Vorstand.
900 *Arens*, Untreue, 295.
901 *Bauer*, Cash-Pooling, 244 ff.
902 *Bauer*, Cash-Pooling, 244 ff.

Schneider sieht die faktische Beherrschung, die durch die Stimmenmehrheit eines Aktienpaketes erreicht wird, als Begründung einer Vermögensbetreuungspflicht eines Mehrheitsaktionärs an.[903] Durch die Mehrheit des Aktienpaketes könne der Großaktionär direkt über die Hauptversammlung und indirekt über den Aufsichtsrat und den Vorstand die Führung der Gesellschaft beeinflussen.[904]

Schumacher lehnt die Vermögensbetreuungspflicht mangels eines unkontrollierten Vermögenszugriffes ab, bejaht diese jedoch aufgrund eines unkontrollierten faktischen Zugriffes. Wegen dieser Art des Zugriffes sei der Aktionär verpflichtet, ebenfalls das Kapitalerhaltungsgebot zu beachten. Diese Verpflichtung sei als eine Pflicht zur Vermögensbetreuung zu qualifizieren.[905]

Letzteren Ansichten ist gemein, dass sie eine Vermögensbetreuungspflicht des Aktionärs bejahen. Sie sehen als Anknüpfungspunkt der Vermögensbetreuungspflicht jedoch nicht die Rechte und Pflichten eines Aktionärs an, sondern vielmehr die tatsächliche Einflussnahme, die es einem Mehrheitsaktionär aufgrund der Stimmenmehrheit in der Hauptversammlung ermöglicht, seinen Willen in der Gesellschaft durchzusetzen. Eine solche Einflussnahme entspricht aber den Grundsätzen der faktischen Geschäftsführung.[906] Eine Ableitung der Vermögensbetreuungspflicht eines Aktionärs aufgrund der tatsächlichen Übernahme von Geschäftsführungsaufgaben kann nicht dazu dienen, eine solche Pflicht zu begründen.

In der Kommentarliteratur finden sich ebenfalls bei der Auflistung der Personengruppen Anmerkungen zur Vermögensbetreuungspflicht von Aktionären. Eine Vermögensbetreuungspflicht wird dort verneint – eine Begründung fehlt weitestgehend. Es ist lediglich die Anmerkung zu finden, dass eine Vermögensbetreuungspflicht mangels Wahrnehmung fremder Interessen nicht vorliege, sondern durch die Ausübung der Rechte vielmehr eigene Rechte wahrgenommen werden.[907]

2) Die Befugnisse der Aktionäre in Hauptversammlung

Hinsichtlich der Bewertung einer Vermögensbetreuungspflicht der Aktionäre ist ebenso zu verfahren wie bei der Bewertung der Vermögensbetreuungspflicht der Anteilseigner einer GmbH. In einem ersten Schritt ist zu untersuchen, ob die Befugnisse der Aktionäre in der Hauptversammlung abstrakt geeignet sind, eine Vermögensbetreuungspflicht zu begründen, indem den Aktionären durch eingeräumte Rechte eine Verpflichtungs- und Verfügungsbefugnis zusteht. Sofern den Aktionären schon mangels ausreichender Rechte keine Möglichkeit der Einwirkung zusteht, kann auch eine Vermögensbetreuungspflicht nicht angenommen werden.

903 *Schneider*, Untreue, 67.

904 *Schneider*, Untreue, 67.

905 Vgl. *Schumacher*, Vermögensbetreuungspflicht, 241 ff.

906 Vgl. *Arens*, Untreue, 292.

907 *Dierlamm*, in: MünchKomm, StGB, § 266 Rn. 58; *Kindhäuser*, in: NK, StGB, § 266 Rn. 57; *Schünemann*, in: LeipKomm, StGB, § 266 Rn. 107, 126.

Die Aktionäre haben durch die Hauptversammlung keine Möglichkeiten der direkten Einflussnahme auf die Geschäftsführung. Die Aktionäre können durch Beschluss in der Hauptversammlung dem Vorstand gegenüber keine rechtlich verbindlichen Weisungen erteilen.[908] Sofern in der Hauptversammlung über Geschäftsführungsaufgaben entschieden wird, bleibt ein solcher Beschluss für den Vorstand rechtlich unverbindlich.[909] Insofern bleibt den Aktionären auch der Zugriff auf das Vermögen der Aktiengesellschaft grundsätzlich verwehrt. Lediglich der Gewinnverwendungsbeschluss zur Auszahlung des Bilanzgewinns bietet die Möglichkeit, auf das Gesellschaftsvermögen zuzugreifen.[910] Darüber hinaus haben sie nur die Möglichkeit Beschlüsse zu fassen, die die Geschäftsführung betreffen, sofern der Vorstand einen solchen Beschluss der Hauptversammlung gemäß § 119 Abs. 2 AktG vorlegt, im Rahmen einschneidender Entscheidungen des Vorstandes,[911] sowie bei der Auflösung der Aktiengesellschaft gemäß § 262 Abs. 1 Nr. 2 AktG. Andere Möglichkeiten auf das Vermögen zuzugreifen, haben die Aktionäre nicht.[912]

Ebenso wenig kann die Hauptversammlung auf die Zusammensetzung des Vorstandes durch Bestellung und Abberufung von Vorstandsmitgliedern Einfluss nehmen. Gemäß § 84 AktG fällt dies in die Zuständigkeit des Aufsichtsrates. Ihnen bleibt nur die Möglichkeit, den Aufsichtsrat dazu zu bewegen, entsprechende Maßnahmen vorzunehmen.[913]

Aufgrund der Unabhängigkeit des Vorstandes von der Hauptversammlung hat der Aktionär keinerlei Möglichkeit, unmittelbar auf das Gesellschaftsvermögen einzuwirken.[914] Lediglich im Rahmen seiner Bilanzgewinnverwendungsbefugnis des § 119 Abs. 1 Nr. 2 AktG kann er direkt auf das Vermögen der Aktiengesellschaft Einfluss nehmen. Dieser Einfluss ist jedoch nicht geeignet, eine Vermögensbetreuungspflicht

---

908 *Hefermehl/Spindler*, in: MünchKomm, AktG, § 76 Rn. 21; *Hüffer*, in: Hüffer, AktG, § 76 Rn. 10.

909 *Drinhausen*, in: Hölters, AktG, § 119 Rn. 11; *Hüffer*, in: Hüffer, AktG, § 119 Rn. 11; *Kubis*, in: MünchKomm, AktG, § 119 Rn. 18;

910 *Kropff*, in: MünchKomm, AktG, § 174 Rn. 17; *Waclawik*, in: Hölters, AktG, § 174 Rn. 2 f.

911 Sog. Holzmüller-Doktrin, vgl. BGH vom 25.2.1982, II ZR 174/80 (Holzmüller), BGHZ 83, 122. Bei Entscheidungen, die aufgrund der gesetzlichen Regelungen in den Verantwortungsbereich des Vorstandes fallen, jedoch aufgrund ihrer einschneidenden Wirkung „so tief in die Mitgliedsrechte der Aktionäre (...) eingreifen, dass der Vorstand vernünftigerweise nicht annehmen kann, er dürfe sie in ausschließlich eigener Verantwortung treffen, ohne die Hauptversammlung zu beteiligen."

912 Vgl. Schumacher, Vermögensbetreuungspflicht, 239. Sofern der Hauptversammlung durch Gesetz weitere Entscheidungskompetenzen übertragen wurden, §§ 119 Abs. 1 Nr. 6, 182, 192, 202, 207, 222, 229 AktG, ist es den Aktionären durch diese nicht möglich, auf das Vermögen der Aktiengesellschaft unmittelbar, sondern nur mittelbar einzuwirken, *K. Schmidt*, Gesellschaftsrecht, 897 f.

913 *Hefermehl/Spindler*, in: MünchKomm, AktG, § 76 Rn. 23.

914 Vgl. *Schumacher*, Vermögensbetreuungspflicht, 240.

zu begründen.[915] Maßnahmen, die eine strafrechtliche Untreue begründen können, können mangels ausreichender Rechte nicht durch den Aktionär vorgenommen werden. Auch ein Alleinaktionär kann aufgrund der mitgliedschaftlichen Rechte nicht in untreuerelevanter Weise auf das Vermögen der Aktiengesellschaft zugreifen, um eine Vermögensbetreuungspflicht eines solchen Aktionärs zu begründen.

3) Fazit

Dem Aktionär stehen demzufolge nicht in einer dem GmbH-Gesellschafter vergleichbaren Weise Rechte zu. Dieser kann sowohl Weisungen an den Geschäftsführer erteilen als auch Zugriff auf das Gesellschaftsvermögen nehmen. Dem Aktionär dagegen ist gerade dies nicht möglich, infolgedessen kann er auch keinen untreueerheblichen Einfluss auf das Vermögen der Aktiengesellschaft nehmen. Der Aktionär ist damit allein aufgrund seiner mitgliedschaftlichen Rechte nicht vermögensbetreuungspflichtig.

F. Vermögensbetreuungspflichten des Aufsichtsrates

Anders kann die Situation im Falle des Aufsichtsrates zu beurteilen sein. Der Aufsichtsrat kann als Kontrollorgan sowohl in der Aktiengesellschaft als auch in der GmbH errichtet werden. Während seine Errichtung gemäß §§ 95 ff. AktG für die Aktiengesellschaft zwingend vorgeschrieben ist, ist seine Einsetzung in einer GmbH fakultativ und kann durch Gesellschaftsvertrag gemäß § 52 GmbHG vereinbart werden. Soweit durch den entsprechenden Gesellschaftsvertrag nicht etwas Abweichendes vereinbart wurde, wird durch § 52 GmbHG auf die aktienrechtlichen Vorschriften verwiesen. Unter bestimmten Umständen kann aber auch in der GmbH die Errichtung eines Aufsichtsrates zwingend vorgeschrieben sein.[916] Auf diese soll vorliegend nicht näher eingegangen werden. Hinsichtlich der Bewertung einer Vermögensbetreuungspflicht der Mitglieder des Aufsichtsrates wird zwischen dem Aufsichtsrat einer GmbH und einer Aktiengesellschaft differenziert.

I. Meinungsstand zur Vermögensbetreuungspflicht

1) Rechtsprechung

Der BGH geht in allen Entscheidungen, in denen er über die Vermögensbetreuungspflicht von Aufsichtsratsmitgliedern zu entscheiden hatte, von der Vermögensbetreuungspflicht dieser Personen aus.[917] Eine ausführliche Begründung fehlt

915 Vgl. *Schumacher*, Vermögensbetreuungspflicht, 240.

916 § 3 Abs. 2 MontanmitbestG verweist ohne Einschränkung auf das AktG; § 25 Abs. 1 Nr. 2 und § 1 Abs. 1 Nr. 3 DrittelbG auf bestimmte Vorschriften des AktG; vgl dazu auch *Schumacher*, Vermögensbetreuungspflicht, 261 f. m. w. N.

917 BGH vom 12.1.1956, 3 StR 626/54, BGHSt 9, 203 (217 f.) (zu § 81a GmbHG a.F.); BGH vom 06.12.2001, 1 StR 215/01, BGHSt 47, 187 (201); BGH vom 21.12.2005, 3 StR 470/04, BGHSt 50, 331 (331).

jedoch. In dem Urteil des BGH vom 12. Januar 1956[918] stellt der Gerichtshof fest, eine Pflichtverletzung eines Organs einer Kapitalgesellschaft liege bereits dann vor, wenn der Täter zulasse oder fördere, dass ein anderer das Vermögen der Körperschaft schädige. Sofern ein Aufsichtsratsmitglied das Geschäftsführungsorgan darin unterstütze, untreuerelevante Handlungen zu begehen, mache sich dieses ebenfalls als Täter der Untreue strafbar und nicht nur als Gehilfe.[919]

In dem sog. Mannesmann-Urteil[920] leitet der BGH aus den Pflichten von Aufsichtsratsmitgliedern eine Vermögensbetreuungspflicht der Mitglieder des Aufsichtsrates ab. Die Mitglieder des Aufsichtsrates seien verpflichtet, den Vorteil der Gesellschaft zu wahren und Nachteile von dieser abzuwenden. Aufgrund ihrer gesellschaftsrechtlichen Treuepflicht sei es ihnen verboten, Handlungen vorzunehmen, die eine Schädigung des Gesellschaftsvermögens zur Folge hätten. Dieses Gebot sei als eine strafrechtliche Pflicht zur Wahrung der Vermögensinteressen der Gesellschaft zu qualifizieren.[921]

2) Literatur

Auch die Literatur geht einhellig von der Vermögensbetreuungspflicht der Mitglieder des Aufsichtsrates aus. *Dittrich* differenziert hinsichtlich der einzelnen Pflichten.[922] Untreuerelevanz könne eine Pflicht nur dann erlangen, wenn sie unmittelbar dem Schutz des betreuten Vermögens diene. *Dittrich* nimmt eine Einteilung der Pflichten in formelle, die nach ihrer Ansicht nicht untreuerelevant sind, sowie materielle Pflichten vor. Die materiellen Pflichten umfassten sowohl die Beachtung des Rentabilitäts- als auch des Bestandserhaltungsinteresses.[923]

Auch *Poesack* bejaht eine Vermögensbetreuungspflicht von Mitgliedern des Aufsichtsrates. Vornehmliche Aufgaben des Aufsichtsrates zielten auf die Wahrung der Vermögensinteressen der Gesellschaft ab. Die Entscheidungen des Aufsichtsrates hätten sich daher an dem Interesse des Unternehmens auszurichten.[924]

§ 111 AktG bestimmt die Rechte und Aufgaben des Aufsichtsrates der Aktiengesellschaft. Diese Norm wird gemäß § 52 GmbHG auch für den Aufsichtsrat der GmbH für anwendbar erklärt. *Tiedemann* leitet aus der Überwachungsfunktion des § 111 AktG eine Pflicht ab, die Interessen der Gesellschaft zu wahren. Sofern die Mitglieder des Aufsichtsrates nicht gegen Maßnahmen einschreiten würden, die das Vermögen der Gesellschaft schädigen, machen sich die Mitglieder des Aufsichtsrates ebenso als Täter der Untreue strafbar wie der Handelnde selbst.[925]

---

918 BGH vom 12.1.1956, 3 StR 626/54, BGHSt 9, 203 (217 f.).
919 BGH vom 12.1.1956, 3 StR 626/54, BGHSt 9, 203 (217 f.).
920 BGH vom 21.12.2005, 3 StR 470/04, BGHSt 50, 331 (331).
921 BGH vom 21.12.2005, 3 StR 470/04, BGHSt 50, 331 (331).
922 *Dittrich*, Untreuestrafbarkeit, 191 f.
923 *Dittrich*, Untreuestrafbarkeit, 197 ff.
924 *Poseck*, Strafrechtliche Haftung, 81 ff.
925 *Tiedemann*, Festschrift Tröndle (1989), 319 (322).

Nelles bejaht ebenfalls eine Vermögensbetreuungspflicht der Mitglieder des Aufsichtsrates und knüpft diese an die Überwachungsfunktion des Aufsichtsrates an. Sofern der Aufsichtsrat diese Funktion nicht vollumfänglich wahrnehme und deshalb das Vermögen der Gesellschaft verletzt werden könnte, mache sich das einzelne Mitglied des Aufsichtsrates der Untreue strafbar.[926] Weitere Stimmen in der Literatur bejahen zwar eine Vermögensbetreuungspflicht der Mitglieder des Aufsichtsrates, sie gehen jedoch ohne eigene Begründung von dessen Vorliegen aus.[927] Es wird somit einhellig von einer Vermögensbetreuungspflicht des Aufsichtsrates ausgegangen.

II. Der Aufsichtsrat in der Aktiengesellschaft

Der Aufsichtsrat einer Aktiengesellschaft hat eine Kontroll-, Überwachungs- und Vertretungsfunktion inne. Gemäß § 84 AktG ist er für die Bestellung sowie die Abberufung des Vorstandes zuständig. Gemäß § 111 AktG hat der Aufsichtsrat den Vorstand zu überwachen. Er vertritt die Gesellschaft gegenüber dem Vorstand (§ 112 AktG). Im Rahmen dieser ihm durch das Gesetz übertragenen Rechte und Pflichten sind Handlungen möglich, durch die der Aufsichtsrat auf das Gesellschaftsvermögen der Aktiengesellschaft zugreifen und es schädigen bzw. mitursächlich zu einer Schädigung beitragen kann. Fraglich ist, ob der Aufsichtsrat einer Aktiengesellschaft aufgrund seiner Rechte und seiner Einflussmöglichkeiten auf das Vermögen vermögensbetreuungspflichtig ist.

1) Begründung einer Vermögensbetreuungspflicht

Auch bezüglich des Aufsichtsrates hat die Prüfung des Vorliegens einer Vermögensbetreuungspflicht in zwei Schritten zu erfolgen. In einem ersten Schritt sind die Rechte des Aufsichtsrates zu untersuchen, die abstrakt geeignet sind, eine Vermögensbetreuungspflicht zu begründen. Ferner ist in einem zweiten Schritt danach zu fragen, inwieweit der Aufsichtsrat tatsächlich Zugriff auf das Vermögen der Gesellschaft hat.

a) Strafbarkeit des einzelnen Aufsichtsratsmitgliedes

Die im AktG normierten Rechte sind dem Aufsichtsrat und nicht dem einzelnen Mitglied des Aufsichtsrates zugeschrieben. Somit werden auch die Aufgaben nur von dem Aufsichtsrat als Kollegialorgan wahrgenommen. Sofern eine Vermögensbetreuungspflicht besteht, kann ein Vermögenseingriff auch nur durch den Aufsichtsrat als Organ erfolgen und nicht durch die einzelnen Mitglieder des Aufsichtsrates.[928] Tauglicher Täter kann jedoch auch hier wiederum nur eine natürliche Person sein.

---

926 *Nelles*, Untreue, 554 f.

927 *Fischer*, StGB, § 266 Rn. 48; *Kindhäuser*, in: NK, StGB, § 266 Rn. 58; *Perron*, in: Schönke/Schröder, StGB, § 266 Rn. 25; *Schünemann*, in: LeipKomm, StGB, § 266 Rn. 48; *Zech*, Untreue, 44.

928 Vgl. *Schumacher*, Vermögensbetreuungspflicht, 256.

Insofern bedarf es einer strafrechtlichen Durchgriffshaftung für die einzelnen Mitglieder des Aufsichtsrates. Der Aufsichtsrat entscheidet als Kollegialorgan durch Mehrheitsbeschluss der Aufsichtsratsmitglieder.[929] Die Mitglieder sind somit faktisch die Inhaber der Befugnisse des Aufsichtsrates. Insofern verfügt jedes Mitglied durch seine Zugehörigkeit zum Organ „Aufsichtsrat" über einen mittelbaren Zugriff auf das Vermögen der Aktiengesellschaft und hat dieselben Rechte und Pflichten wie das Organ, dem es angehört.[930] Folglich ist auch das einzelne Mitglied vermögensbetreuungspflichtig, sofern das Organ selbst vermögensbetreuungspflichtig ist.[931]

b) Rechte des Aufsichtsrates

Der Aufsichtsrat übt durch seine Tätigkeit eine Kontrollfunktion aus. Gemäß § 111 Abs. 1 AktG überwacht und beaufsichtigt er die Tätigkeit des Vorstandes. Der Vorstand ist Leitungsorgan der Aktiengesellschaft und führt dessen Geschäfte. Somit übt der Aufsichtsrat die Überwachung nicht zu seinen Gunsten, sondern für die Aktiengesellschaft aus. Die Überwachung und Kontrolle der Tätigkeit des Aufsichtsrates ist insofern fremdnützig.

Die fremdnützige Tätigkeit des Aufsichtsrates wird ebenfalls in der ihm obliegenden Pflicht deutlich, notfalls gegenüber dem Vorstand Schadensersatzklagen im Namen der Aktiengesellschaft zu erheben.[932] Diese Fremdnützigkeit kommt auch in der Bestellung, Anstellung und Abberufung der Vorstandsmitglieder, die unter Berücksichtigung des Angemessenheitsgebotes aus § 87 Abs. 1 AktG durch den Aufsichtsrat zu erfolgen hat, zum Ausdruck. Schließlich zeigt sich auch in der in den § 116 i. V. m. § 93 AktG normierten Sorgfaltspflicht, dass der Aufsichtsrat seine Tätigkeit im Interesse der Gesellschaft ausübt.[933]

c) Tatsächlicher Eingriff auf das Gesellschaftsvermögen

Die tatsächliche Eingriffsmöglichkeit des Aufsichtsrates ist nicht mit der der Gesellschafter einer GmbH zu vergleichen. Sie richtet sich aufgrund der dem Organ obliegenden Kontroll- und Überwachungsaufgabe sowie dem ihm von Gesetzes wegen eingeräumten Genehmigungsvorbehaltes gemäß § 111 Abs. 4 AktG danach, den Interessen der Gesellschaft zuwiderlaufende Verfügungen des Vorstandes zu

---

929 *Habersack*, in: MünchKomm, AktG, § 108 Rn. 20 m. w. N.

930 Vgl. zu der Strafbarkeit der einzelnen Aufsichtsratsmitglieder bei Kollegialentscheidungen insbesondere *Poseck*, Strafrechtliche Haftung, 143 ff., *Zech*, Untreue, 69 ff. sowie *Neudecker*, Strafrechtliche Verantwortung, 193 ff.; ebenso *Joecks*, in: MünchKomm, StGB, § 25 Rn. 243 m. w. N.

931 *Schumacher*, Vermögensbetreuungspflicht, 257.

932 Vgl. *Poseck*, Strafrechtliche Haftung, 81.

933 Vgl. dazu auch *Poseck*, Strafrechtliche Haftung, 81; *Schumacher*, Vermögensbetreuungspflicht, 255.

c) Upstream Merger

Wird durch Beschluss der Gesellschafter die Zielgesellschaft auf die Akquisitionsgesellschaft verschmolzen, so ist dies weder als ein Verstoß gegen die Kapitalerhaltungsvorschriften noch als existenzvernichtender Eingriff zu qualifizieren. Insofern kann der Aufsichtsrat einem derartigen Beschluss die Zustimmung erteilen. Er kann seine Entscheidung im Rahmen seines unternehmerischen Ermessens treffen, denn eine solche Maßnahme verstößt nicht gegen die Kapitalerhaltungsvorschriften. Somit verletzen die Mitglieder des Aufsichtsrates durch einen derartigen Beschluss auch nicht ihre Vermögensbetreuungspflicht.

d) Downstream Merger

Durch das Vorhaben des Vorstandes, die Akquisitionsgesellschaft auf die Zielgesellschaft zu verschmelzen, wird regelmäßig aufgrund der besonderen Konstellation von Leveraged-Buyout-Transaktionen ein Schuldenüberhang auf die Zielgesellschaft verschmolzen. In der Übertragung dieses Schuldenüberhangs auf die Zielgesellschaft liegt ein Verstoß gegen die Kapitalerhaltungsvorschrift des § 57 Abs. 1 AktG vor. Erteilt der Aufsichtsrat dem Vorstand die Zustimmung für ein solches Vorhaben, so handelt es sich bei dieser Zustimmung um eine untreuerelevante Handlung, durch die der Aufsichtsrat seine Vermögensbetreuungspflicht verletzt.

e) Debt push-down

Bei einem Debt push-down ist hinsichtlich der Verletzung der Vermögensbetreuungspflicht des Aufsichtsrates nach den einzelnen Maßnahmen zu differenzieren. Bei Durchführung im Wege eines Upstream-Darlehens kann auf die obigen Ausführungen[952] verwiesen werden. Der Aufsichtsrat verletzt durch ein Upstream-Darlehen seine Vermögensbetreuungspflicht gegenüber der Aktiengesellschaft.

Zudem kann aber auch in der Zielgesellschaft durch die Aufnahme von Krediten Liquidität generiert werden, die dann durch Beschluss der Hauptversammlung an die Akquisitionsgesellschaft als Aktionär der Zielgesellschaft ausgekehrt werden kann.

Erfolgt die Auskehr der Liquidität durch Zahlung der Dividende an die Akquisitionsgesellschaft als Aktionär, ist die Ausschüttung des Vermögens einer Aktiengesellschaft an die Aktionäre durch die §§ 174, 172, 58 AktG normiert.[953] Der Kapitalschutz des § 57 AktG reicht so weit, wie Ausschüttungen außerhalb des ordnungsgemäß festgestellten Bilanzgewinns vorgenommen werden. Wird Vermögen jedoch innerhalb dieses Verfahrens ausgekehrt, unterliegt dies nicht mehr den Vermögensbindungen des § 57 AktG. Im Rahmen des ordnungsgemäßen Ausschüttungsverfahrens hat der Aufsichtsrat die Vorlage des Jahresabschlusses durch den Vorstand gemäß § 171 Abs. 1 Satz 1 AktG zu prüfen. Die Prüfung umfasst

---

952 Siehe dazu ausführlich: 3. Kapitel Teil 2 F. I. 6) a), Upstream-Darlehen.

953 *Fridrich*, Schutz des Kapitals, 184.

hierbei die Rechtmäßigkeit des Jahresabschlusses sowie die Zweckmäßigkeit der Entscheidungen hinsichtlich der Verwendung des Gewinns. Hierbei hat das einzelne Aufsichtsratmitglied auch auf die Einhaltung der gesetzlichen und satzungsmäßigen Vorschriften zu achten.[954] Die Billigung des Jahresabschlusses und die Verwendung des Bilanzgewinns ist als unternehmerische Entscheidung eine Ermessensentscheidung, begrenzt durch die Kapitalerhaltungsregeln. Daher handelt der Aufsichtsrat nicht pflichtwidrig i.S.d. § 266 StGB, sofern diese Regeln beachtet werden.

f) Interner Asset Deal

Bei einem internen Asset Deal ist hinsichtlich der möglichen unterschiedlichen Maßnahmen zu differenzieren. Die Zahlung eines nicht marktgerechten Kaufpreises an die Akquisitionsgesellschaft als Aktionär hält regelmäßig einem Drittvergleich nicht stand und verstößt somit gegen das Kapitalerhaltungsgebot des § 57 AktG.[955] Wird hingegen eine Stundung des Kaufpreises vereinbart, so ist die entscheidende Werthaltigkeit des Anspruches i.S.d. § 57 AktG aufgrund der Vermögenslosigkeit der Akquisitionsgesellschaft nicht gegeben. Hinsichtlich der Abführung der Liquidität durch Ausschüttung im Rahmen von Dividendenzahlungen gilt das oben Gesagte – diese ist im Rahmen des ordnungsgemäßen Ausschüttungsverfahrens zulässig.

Aufgrund des Umfanges der Veräußerungen des Anlagevermögens der Zielgesellschaft an die Akquisitionsgesellschaft als Aktionär ist bei beiden Maßnahmen im Rahmen von Leveraged-Buyout-Transaktionen die Zustimmung des Aufsichtsrates erforderlich. Durch den Verstoß dieser Maßnahmen gegen die Kapitalerhaltungsvorschriften darf der Aufsichtsrat die Zustimmung zu derartig ausgestalteten Veräußerungsgeschäften nicht erteilen. Stimmt er diesen dennoch zu, so stellt die Zustimmung eine die Vermögensbetreuungspflicht verletzende Handlung der einzelnen Aufsichtsratsmitglieder dar.

III. Der Aufsichtsrat der GmbH

1) Begründung und Umfang der Vermögensbetreuungspflicht

Durch den Verweis des § 52 GmbHG auf das Aktiengesetz, insbesondere auf die §§ 110 ff. AktG, ist auch der Aufsichtsrat einer GmbH grundsätzlich aufgrund seiner Rechte und der daraus resultierenden Eingriffsmöglichkeiten bezüglich des Vermögens der GmbH vermögensbetreuungspflichtig. Die Vermögensbetreuungspflicht umfasst hierbei das gesamte Vermögen der GmbH.[956]

954 Vgl. dazu *Lutter/Krieger*, Rechte und Pflichten des Aufsichtsrates, § 8 Rn. 484 ff. m. w. N.

955 Vgl. *Bayer*, in: MünchKomm, AktG, § 57 Rn. 42.

956 Siehe dazu ausführlich: 3. Kapitel Teil 2 C. II., Die Bestimmung des geschützten Vermögens bei Kapitalgesellschaften.

2) *Pflichtwidrigkeit*

Im Gegensatz zur Aktiengesellschaft sind bei der GmbH jedoch nur das Stammkapital der GmbH und das zur Existenz notwendige Vermögen vor einem Eingriff geschützt.[957] Es stellt sich die Frage, ob die Pflichtwidrigkeit der Mitglieder des Aufsichtsrates einer GmbH auf diese allgemeinen Grenzen des Vermögensschutzes beschränkt ist. Je nach Ausgestaltung sind dem Aufsichtsrat auch weitere Aufgaben durch den Gesellschaftsvertrag übertragen. Sofern solche Aufgaben – wie beispielsweise die Anstellung des Geschäftsführers – auf den Aufsichtsrat übertragen sind, kommt eine Strafbarkeit nach § 266 StGB in Betracht. Dies ist jedoch nicht verallgemeinerungsfähig. Soweit eine solche Kompetenzzuweisung erfolgt, muss eine Überprüfung für den jeweiligen Einzelfall vorgenommen werden. Im Hinblick auf den gegenwärtigen Untersuchungsgegenstand ist dies jedoch unbeachtlich, da diesbezüglich regelmäßig die Kapitalerhaltungsgrenzen und das Verbot des existenzgefährdenden Eingriffes als Maßstab herangezogen werden.

3) *Einverständnis der Gesellschafterversammlung*

Aufgrund der Allzuständigkeit der Gesellschafterversammlung ist ein tatbestandsausschließendes Einverständnis grundsätzlich möglich. So kann die Gesellschafterversammlung jede Maßnahme des Aufsichtsrates durch ihr Einverständnis genehmigen.[958] Die Gesellschafter haben dabei die Grenzen ihrer eigenen Dispositionsbefugnis zu beachten. Somit kann die Gesellschafterversammlung ebenfalls keinen Handlungen des Aufsichtsrates wirksam zustimmen, die einen Eingriff in das Stammkapital oder einen existenzgefährdenden Eingriff in das Vermögen der GmbH darstellen; eine solche Zustimmung ist unwirksam. In solchen Fällen machen sich die Mitglieder des Aufsichtsrates der Untreue strafbar, obwohl die Maßnahme dem Willen der Gesellschafter in der Gesellschafterversammlung entspricht.[959]

4) *Folgerungen für Leveraged-Buyout-Transaktionen*

Für den Fall, dass aufgrund entsprechender Regelungen die Zustimmung des Aufsichtsrates zu den hier zu untersuchenden Maßnahmen notwendig ist, darf der Aufsichtsrat seine Zustimmung nur erteilen, sofern durch die Maßnahmen weder die Kapitalerhaltungsregeln des GmbH-Gesetzes noch das Verbot des existenzgefährdenden Eingriffes berührt ist. Daher verletzen die Mitglieder des Aufsichtsrates

---

957 Siehe dazu ausführlich: 3. Kapitel Teil 2 C II. 2), Das Eigeninteresse der GmbH.

958 Aufgrund der hier vertretenen Ansicht, dass die Gesellschafter einer GmbH die Kapitalerhaltungsregeln sowie das Verbot existenzgefährdender Eingriffe zu beachten haben und somit in ihrer Dispositionsbefugnis beschränkt sind, könnten die Gesellschafter ein tatbestandsausschließendes Einverständnis dem Aufsichtsrat gegenüber tatsächlich nur dann erteilen, wenn der Umfang der Zustimmungsbefugnis der Mitglieder des Aufsichtsrats geringer wäre als die Dispositionsbefugnis der Gesellschafter.

959 Vgl. Schumacher, Vermögensbetreuungspflicht, 263.

ihre Vermögensbetreuungspflicht nur dann, wenn sie die Zustimmung zu solchen Maßnahmen erteilen, die gegen die Kapitalerhaltungsregelungen des GmbH-Gesetzes sowie das Verbot des existenzgefährdenden Eingriffes verstoßen. Da sowohl der Umfang der Vermögensbetreuungspflicht als auch die Pflichtwidrigkeit der der Gesellschafter der GmbH entspricht, ist die Zustimmung des Aufsichtsrates in gleichem Umfang als untreuerelevante Handlung der Mitglieder des Aufsichtsrates zu qualifizieren wie der Beschluss der Gesellschafterversammlung einer GmbH im Hinblick auf die beteiligten Gesellschafter. Insofern kann zur Begründung auf die dort gemachten Ausführungen verwiesen werden.[960]

a) Upstream-Darlehen und Upstream-Sicherheit

Eine Darlehensleistung der Zielgesellschaft an die Akquisitionsgesellschaft verstößt nach der hier vertretenen Ansicht gegen die Kapitalerhaltungsvorschriften des § 30 GmbHG und stellt zugleich in dem entsprechenden Umfang einen existenzgefährdenden Eingriff dar. Daher verletzen die Mitglieder des Aufsichtsrates durch einen Beschluss, der der Gewährung eines solchen Darlehens an die Akquisitionsgesellschaft zustimmt, ihre Vermögensbetreuungspflicht gegenüber der Zielgesellschaft. Ein Beschluss solchen Inhalts ist als untreuerelevante Handlung zu qualifizieren. Gleiches gilt für die Bestellung einer Upstream-Sicherheit.

b) Upstream Merger

Der Aufsichtsrat kann einer Verschmelzung der Zielgesellschaft auf die Akquisitionsgesellschaft zustimmen, da die Verschmelzung weder als ein Verstoß gegen die Kapitalerhaltungsvorschriften noch als existenzvernichtender Eingriff zu qualifizieren ist. Insofern können die Aufsichtsratsmitglieder durch einen derartigen Beschluss nicht ihre Vermögensbetreuungspflicht verletzen.

c) Downstream Merger

Durch den aus der Verschmelzung der Akquisitionsgesellschaft auf die Zielgesellschaft resultierenden Schuldenüberhang wird die Kapitalerhaltungsvorschrift des § 30 GmbHG verletzt. Da aufgrund dieses Gesetzesverstoßes der Aufsichtsrat zu dieser Maßnahme seine Zustimmung nicht erteilen darf, verletzen dessen Mitglieder durch einen entgegenlautenden Beschluss regelmäßig ihre Vermögensbetreuungspflicht.

d) Debt push-down

Bei Durchführung im Wege eines Upstream-Darlehens kann auf die obigen Ausführungen verwiesen werden.

960 Siehe dazu ausführlich: 3. Kapitel Teil 2 E. I., Die Vermögensbetreuungspflicht der GmbH-Gesellschafter.

Die Abführung des Cashflow zur Finanzierung notwendigen Kapitals im Rahmen von Leveraged-Buyout-Transaktion ist aufgrund des Umfanges als existenzvernichtender Eingriff zu qualifizieren. Somit verletzen die Mitglieder des Aufsichtsrates durch ihre Zustimmung zu einer derartigen Ausschüttung ihre Vermögensbetreuungspflicht.

e) Interner Asset Deal

Bei Durchführung einer Leveraged-Buyout-Transaktion mittels eines internen Asset Deal verstößt sowohl die Vereinbarung eines geringeren Kaufpreises als auch die Stundung desgleichen gegen § 30 GmbHG und ist als existenzvernichtender Eingriff zu qualifizieren. Hinsichtlich des generierten Cashflow gilt das oben Gesagte. Eine solche Auszahlung stellt einen existenzgefährdenden Eingriff dar.

Durch eine Zustimmung des Aufsichtsrates, die Vermögensgegenstände an die Akquisitionsgesellschaft als Gesellschafter zu veräußern und dabei entweder einen geringeren Kaufpreis bzw. die Stundung des Kaufpreises zu vereinbaren oder den Verkaufserlös an die Akquisitionsgesellschaft auszuschütten, verletzen die Mitglieder des Aufsichtsrates ihre Vermögensbetreuungspflicht gegenüber der GmbH.

IV. Zusammenfassung

Die Mitglieder des Aufsichtsrates sind vermögensbetreuungspflichtig. Die Mitglieder des Aufsichtsrates einer Aktiengesellschaft haben aufgrund des umfassenden Kapitalschutzes einen erhöhten Pflichtenumfang. Bei genehmigungspflichtigen Geschäften hat der Aufsichtsrat sorgfältig die Rechtmäßigkeit der Vermögensverfügung zu überprüfen. Ein strafbefreiendes Einverständnis der Hauptversammlung ist nur in einem sehr engen Anwendungsbereich denkbar, jedoch im Hinblick auf den vorliegenden Untersuchungsgegenstand unerheblich. Ein strafbefreiendes Einverständnis durch die Mitglieder des Aufsichtsrates in Handlungen des Vorstandes, die einen Verstoß gegen die Kapitalerhaltungsvorschriften beinhalten, ist mangels einer solchen Zustimmungsbefugnis nicht möglich.

Die Mitglieder des Aufsichtsrates einer GmbH sind gleichfalls vermögensbetreuungspflichtig. Eine Pflichtwidrigkeit ist dann zu bejahen, wenn die durch den Geschäftsführer bzw. durch die Gesellschafterversammlung beabsichtigten Verfügungen die Kapitalerhaltungsschutzvorschriften oder das Gebot zur Wahrung des existenznotwendigen Vermögens verletzen. Eingriffe in diesen Vermögensbereich können auch nicht durch die Gesellschafterversammlung strafbefreiend genehmigt werden, da diese mangels Dispositionsbefugnis gleichsam nicht über diese Grenzen hinaus über das Vermögen verfügen können.

G. Die Pflicht zur Vermögensbetreuung von Geschäftsführungsorganen

In der Kapitalgesellschaft sind neben den Anteilseignern auch die Geschäftsführungsorgane in den Kauf mittels Leveraged-Buyout-Transaktionen eingebunden. Zugleich haben die Geschäftsführungsorgane Zugriff auf das Gesellschaftsvermögen. Insofern kommen auch sie als Täter einer Untreue gemäß § 266 StGB im Rahmen von Leveraged-Buyout-Transaktionen in Betracht. Fraglich ist im Hinblick auf die Geschäftsführungsorgane insbesondere der Umfang ihrer Vermögensbetreuungspflicht sowie der Wirkungen des Einverständnisses der Anteilseigner und auch des Aufsichtsrates auf die Handlungen der Geschäftsführungsorgane der Kapitalgesellschaften, der Geschäftsführer der GmbH und des Vorstandes der Aktiengesellschaft.

I. Geschäftsführer

Die Vermögensbetreuungspflicht beruht auf der Bewertung der zivilrechtlichen Kompetenzzuordnung, denn durch das Zivilrecht werden die Rechte und Pflichten des Geschäftsführers im Verhältnis zur Gesellschaft geregelt.[961] Diese Regeln stellen die Grundlage der Bewertung einer etwaigen Vermögensbetreuungspflicht dar.[962] In der GmbH unterliegt der ordnungsgemäß bestellte Geschäftsführer unzweifelhaft einer Pflichtenstellung, die eine Vermögensbetreuungspflicht im Sinne des Untreuetatbestandes begründet.

1) Meinungsstand

Die allgemeine Auffassung sowohl in der Rechtsprechung[963] als auch der Literatur[964] sieht in der Pflichtenstellung des ordnungsgemäß bestellten Geschäftsführers gegenüber der GmbH eine Vermögensbetreuungspflicht begründet. Sowohl bei der Führung eines Geschäftsbereiches als auch der Besorgung einzelner Geschäfte für die GmbH verbleibe dem Geschäftsführer ein gewisser Spielraum für selbstständige Entscheidungen gemäß § 43 GmbHG. Daraus resultiere die Betreuung der Vermögensangelegenheiten der Gesellschaft als Hauptpflicht des Geschäftsführers.[965]

961 Vgl. *Lichtenwimmer*, Untreueschutz, 104.

962 Vgl. *Lichtenwimmer*, Untreueschutz, 104.

963 BGH vom 29.5.1987, 3 StR 242/86, BGHSt 34, 379; BGH vom 10.1.1979, 3 StR 347/78, MDR 1979, 456; BGH vom 27.5.1993, 1 StR 265/93, wistra 1993, 301; BGH vom 27.8.2010, 2 StR 111/09, BGHSt 55, 266 ff.

964 *Flum*, Strafrechtlicher Schutz, 23; *Labsch*, wistra 1985, 1 (6); *Schäfer*, GmbHR 1993, 780 (788); *Schünemann*, in: LeipKomm, StGB, § 266 Rn. 125; *Tiedemann*, GmbH-Strafrecht, vor § 82 Rn. 15; *Waßmer*, Untreue, 21.

965 *Brammsen*, DB 1998, 1609 (1613); *Dierlamm*, in: MünchKomm, StGB, § 266 Rn. 79; *Flum*, Strafrechtlicher Schutz, 23; *Höf*, Untreue, 35; *Labsch*, wistra 1985, 1 (6); *Lichtenwimmer*, Untreueschutz, 105; *Perron*, in: Schönke/Schröder, StGB, § 266 Rn. 25; *Schäfer*, GmbHR 1993, 780 (788); *Schünemann*, in: LeipKomm, StGB, § 266 Rn. 125;

2) Rechte und Pflichten des Geschäftsführers

Grundsätzlich ist die GmbH gemäß § 6 GmbHG mit den Organen der Gesellschafterversammlung und der des Geschäftsführers ausgestattet. Beide Organe sind funktional voneinander zu trennen, unabhängig davon, ob Personenidentität besteht, resultierend aus dem Prinzip der Drittorganschaft.[966] Insofern sind bezüglich der Bewertung einer Vermögensbetreuungspflicht des Geschäftsführers nur die Aufgaben und die Rechte in die Betrachtung einzubeziehen, die als solche des Geschäftsführers zu qualifizieren sind.

Der Geschäftsführer wird durch die Bestellung zu dem ausführenden Organ der Gesellschaft. Die Bestellung setzt einen wirksamen Beschluss der Gesellschafter bzw. eine Bestimmung im Gesellschaftsvertrag voraus.[967] Hinsichtlich der Pflichten des Geschäftsführers wird durch § 43 Abs. 1 GmbHG festgestellt, dass dieser die Sorgfalt eines ordentlichen Geschäftsmannes anzuwenden hat. Aufgrund dessen ist der Geschäftsmann verpflichtet, bei Angelegenheiten, die die Gesellschaft betreffen, allein den Vorteil der Gesellschaft zu suchen und nicht den eigenen.[968]

Der Geschäftsführer hat die Aufgabe der Leitung des Unternehmens sowie der Vertretung der GmbH nach außen. Aus § 37 GmbHG folgt die sog. Erstkompetenz.[969] Somit ist grundsätzlich von der Zuständigkeit des Geschäftsführers auszugehen, sofern ein Tätigwerden gemäß § 49 Abs. 2 GmbHG unter dem Zustimmungsvorbehalt der Gesellschafter steht oder eine Aufgabe durch ausdrückliche Regelung nicht der Kompetenz der Gesellschafterversammlung zugewiesen ist. [970]

Die Rechte des Geschäftsführers können nicht im Bereich des Rechtsverkehrs mit Dritten sowie im Hinblick auf die ihm obliegenden Amtspflichten eingeschränkt werden (Außenverhältnis). Jedoch darf der Umfang seiner Tätigkeit durch Regelungen in der Satzung oder in Form einer Weisung durch die Gesellschafterversammlung soweit beschnitten werden (Innenverhältnis), dass ihm nur noch die Vertretung der Gesellschaft nach außen verbleibt.[971]

Selbst für den Fall, dass der Geschäftsführer nur den kleinstmöglichen Bereich der Geschäftsführung noch selbstständig ausführen kann, besteht gegenüber der

---

Schumacher, Vermögensbetreuungspflicht, 20; *Tiedemann*, GmbH-Strafrecht, vor § 82 Rn. 15.

966 Vgl. *Lichtenwimmer*, Untreueschutz, 105. Nach dem Prinzip der Drittorganschaft können zugleich alle Gesellschafter oder auch nur einzelne Geschäftsführer sein, zudem kann die Geschäftsführung auch durch einen Dritten wahrgenommen werden.

967 *Fastrich*, in: Baumbach/Hueck, GmbHG, § 6 Rn. 14.

968 BGH vom 10.2.1977, II ZR 79/75, BB 1977, 465 (466); BGH vom 23.9.1985, II ZR 246/84, NJW 1986, 584 (585).

969 Vgl. *Lichtenwimmer*, Untreueschutz, 105; ausführlich *Ziemons*, Haftung der Gesellschafter, 12 ff.

970 Vgl. *Lichtenwimmer*, Untreueschutz, 105; ausführlich *Ziemons*, Haftung der Gesellschafter, 12 ff.

971 Vgl. *Lichtenwimmer*, Untreueschutz, 107 m. w. N.

Gesellschaft aufgrund der Pflichtenstellung des Geschäftsführers immer noch eine Vermögensbetreuungspflicht.[972] Insbesondere besteht weiterhin eine Verpflichtung, die Weisungen der Gesellschafterversammlung auf ihre Rechtmäßigkeit zu überprüfen und, sofern der Geschäftsführer zu der Überzeugung kommt, dass diese nicht gegeben ist, diese Weisungen dann auch nicht ausführen.[973] In diesem Fall ist der Geschäftsführer eigenständig dafür verantwortlich, dass die gesetzlichen Bestimmungen gegenüber den Gesellschaftern eingehalten werden.[974]

Im Ergebnis kommt es somit nicht auf den tatsächlichen Aufgabenkreis des Geschäftsführers an, sondern auf den Umfang seiner Pflichten. Der durch das Gesetz festgestellte Mindestumfang der Pflichten zieht eine Vermögensbetreuungspflicht eines jeden ordnungsgemäß bestellten Geschäftsführers nach sich. Von dieser Pflicht wird er erst dann befreit, wenn ein anderer Geschäftsführer bestellt wurde.[975]

3) Umfang der Vermögensbetreuungspflicht

Der Umfang der Vermögensbetreuungspflicht entspricht jener des Gesellschafters einer GmbH. Es ist kein Grund ersichtlich, warum die Vermögensbetreuungspflicht des Geschäftsführers, der ebenfalls einen direkten Zugriff auf das Vermögen der Gesellschaft hat, nicht das gesamte Vermögen der GmbH umfassen sollte. Untreuerelevante Handlungen sind erst anhand der Pflichtwidrigkeit des Handelns zu bewerten.

4) Pflichtwidrigkeit der Handlungen des Geschäftsführers

Im Hinblick auf die Pflichtwidrigkeit der Handlungen des Geschäftsführers einer GmbH sind zwei Aspekte zu problematisieren. Zum einen ist der Umfang des pflichtwidrigen Handelns des Geschäftsführers zu bestimmen. Hierbei sind nicht nur die absoluten Grenzen des Stammkapitalerhaltungsgebotes sowie das Verbot existenzgefährdender Eingriffe in die Bewertung einzubeziehen. Der Geschäftsführer ist darüber hinaus auch an die Handlungsmaxime des § 43 GmbHG gebunden, Geschäfte nach den Grundsätzen eines ordentlichen Geschäftsmannes zu führen. Dabei werden jedoch von der Pflichtwidrigkeit nicht sog. Risikogeschäfte erfasst.[976] Im Rahmen solcher Risikogeschäfte hat der Geschäftsführer seine unternehmerische Entscheidungsfreiheit. Insofern ist eine Abgrenzung des erlaubten Risikogeschäftes von untreuerelevanten Geschäften insbesondere im Hinblick auf den Untersuchungsgegenstand notwendig. Denn im Hinblick auf Leveraged-Buyout-Transaktionen kann es dem Geschäftsführer aufgrund seiner gesetzlichen Pflichten verboten sein, solche Maßnahmen durchzuführen, sofern sie weder als

---

972 Vgl. *Lichtenwimmer*, Untreueschutz, 107.
973 Vgl. *Lichtenwimmer*, Untreueschutz, 108.
974 Vgl. *Reiß*, wistra 1989, 82 (83).
975 Vgl. *Lichtenwimmer*, Untreueschutz, 108.
976 Vgl. *Schumacher*, Vermögensbetreuungspflicht, 30 f.; ausführlich dazu *Waßmer*, Risikogeschäfte, 10 ff.

erlaubte Risikogeschäfte anzusehen sind noch den Grundsätzen eines ordentlichen Geschäftsmannes im Sinne des § 43 GmbHG entsprechen.

Andererseits kann die Weisung durch den Beschluss der Gesellschafterversammlung strafbefreiende Wirkung für Handlungen des Geschäftsführers haben.

Die Handlungen des Geschäftsführers können daher nicht nur den absoluten Grenzen des Dispositionsverbotes aufgrund des Eigeninteresses der GmbH und den in dem GmbHG normierten Pflichten des Geschäftsführers unterliegen. Die Handlungen sind ebenfalls an der durch § 43 GmbHG bestimmten Grenze zu messen.

a) Relative Grenzen der Handlungsbefugnis

Das Geschäftsführungsorgan einer GmbH wird für die Gesellschaft unternehmerisch tätig. Ein solches Handeln setzt grundsätzlich ein gewisses Maß an Handlungsfreiheit – innerhalb bestimmter vorgegebener Handlungsspielräume – voraus.[977] Insofern hat der Geschäftsführer eine Wahl zwischen mehreren möglichen Handlungsalternativen zu treffen. Hierbei hat er regelmäßig das Wohl des Unternehmens bzw. der Gesellschaft zu berücksichtigen, denn dieses Wohl zu fördern, ist der vereinbarte Zweck seines Handelns. Im Rahmen seiner unternehmerischen Freiheit muss dem Geschäftsführer ein Ermessenspielraum zugebilligt werden.[978] Dieser Ermessenspielraum muss umso größer sein, je ungenauer die Vorgaben sind, auf denen seine Entscheidung beruht.[979]

Dieser Spielraum ist jedoch ebenfalls durch gesetzliche Regelungen begrenzt. Der Geschäftsführer muss die Maßgabe des § 43 GmbHG beachten – er hat die Sorgfalt eins ordentlichen Geschäftsmannes anzuwenden. Überschreitet er jedoch diesen Ermessensspielraum, so kann dies als untreuerelevante Maßnahme bewertet werden.

(1) Sorgfalt eines ordentlichen Geschäftsmannes

Wie bereits festgestellt, kann der Geschäftsführer durch Missachtung seines Ermessensspielraumes seine Pflicht zur Betreuung des Vermögens der GmbH verletzen. Um daraus jedoch eine untreuerelevante Handlung abzuleiten, bedarf es hinsichtlich dieses unbestimmten Begriffes gerade im Hinblick auf das Bestimmtheitsgebot des Art. 103 Abs. 2 GG einer Konkretisierung. Weder durch eine gesetzliche Regelung im Zivilrecht noch im Strafrecht wurde eine hinreichende Konkretisierung vorgenommen.[980] Denn neben den im Gesetz aufgezählten Pflichten des Geschäftsführers treffen ihn durch diese Norm auch weitergehende Pflichten. § 43 GmbHG hat insofern lediglich eine Ergänzungsfunktion.[981]

---

977 *Schumacher*, Vermögensbetreuungspflicht, 29.

978 BGH vom 6.12.2001, 1 StR 215/01, BGHSt 47, 188, 195; *Hommelhoff/Kleindiek*, in: Lutter/ Hommelhoff, § 43 Rn. 14 ff.; *Waßmer*, Risikogeschäfte, 72.

979 *Schumacher*, Vermögensbetreuungspflicht, 30.

980 *Adick*, Organuntreue, 50.

981 *Haas/Ziemons*, in: Michalski, GmbHG, § 43 Rn. 2.

Neben der allgemeinen Eingrenzung in der Kommentarliteratur anhand einzelner Sorgfaltspflichten wurde eine Konkretisierung von der Rechtsprechung in der „ARAG/Garmenbeck"-Entscheidung des BGH[982] vorgenommen.[983] In dieser Entscheidung führt der BGH zur Pflichtverletzung aus:

„Diese kann erst in Betracht kommen, wenn die Grenzen, in denen sich ein vom Verantwortungsbewusstsein getragenes, ausschließlich am Unternehmenswohl orientiertes Handeln bewegen muss, deutlich überschritten sind, die Bereitschaft unternehmerische Risiken einzugehen, in unverantwortlicher Weise überspannt worden ist oder das Verhalten des Vorstandes aus anderen Gründen als pflichtwidrig gelten muss."

Der BGH stellt durch diese Entscheidung fest, dass es Grenzen des unternehmerischen Handelns gibt, er bestimmt diese jedoch nicht.[984] Insofern ist es nur möglich, eine Pflichtwidrigkeit des unternehmerischen Handelns anhand einer Einzelfall- und Gesamtbetrachtung vorzunehmen.

Neben den dem Geschäftsführer durch das Gesetz auferlegten Pflichten, die den äußeren Handlungsrahmen bestimmen, obliegt dem Geschäftsführer auch die Pflicht zur sorgfältigen Unternehmensführung im engeren Sinn.[985] Unabhängig von der Frage, ob die Business Judgement Rule[986] auch in der GmbH Geltung beansprucht, muss sich das Handeln des Geschäftsführers stets am Unternehmensinteresse bzw. Unternehmenswohl ausrichten. Sachfremde Aspekte dürfen bei der Handlungsentscheidung des Geschäftsführers keine Rolle spielen. Zum Teil wird die Ansicht vertreten, dass das Unternehmenswohl dem Zweck der Gesellschaft entspricht.[987] Das Formalziel der GmbH sei dabei stets die Gewinnerzielung und die Unternehmenswertsteigerung.[988] Andere bestimmen das Unternehmensinteresse unter Berücksichtigung des Personenkreises, der durch die Unternehmung Betroffenen, wobei dabei der Umfang der Einbeziehung ebenfalls fraglich ist.[989]

Letztere Ansicht ist jedoch abzulehnen. Das Unternehmenswohl entspricht sowohl dem Formalziel, umfasst jedoch auch den insbesondere durch die Satzung

---

982 BGH vom 21.4.1997, II ZR 175/95, ZIP 1997, 883 ff.

983 *Adick*, Organuntreue, 50.

984 *Adick*, Organuntreue, 50.

985 *Haas/Ziemons,* in: Michalski, GmbHG, § 43 Rn. 44 ff.

986 Vgl. dazu *Haas/Ziemons*, in: Michalski, GmbHG, § 43 Rn. 66, 68b ff. Im Aktiengesetz ist diese in § 93 Abs. 1 Satz 2 AktG normiert. Sie bestimmt, wann ein die Haftung ausschließendes, pflichtkonformes Verhalten der Mitglieder des Vorstandes einer Aktiengesellschaft vorliegt. Eine Pflichtverletzung des einzelnen Vorstandsmitgliedes liegt demnach dann nicht vor, wenn es „bei einer unternehmerischen Entscheidung vernünftigerweise annehmen durfte, auf der Grundlage angemessener Information zum Wohle der Gesellschaft zu handeln".

987 Vgl. *Haas/Ziemons*, in: Michalski, GmbHG, § 43 Rn. 71a.

988 Vgl. *Haas/Ziemons*, in: Michalski, GmbHG, § 43 Rn. 71a.

989 Vgl. *Hopt*, ZGR 1993, 534 (536 f.); *Zöllner/Noack*, in: Baumbach/Hueck, HGB, § 43 Rn. 20.

bestimmten Zweck. Allein an diesem hat der Geschäftsführer sein Handeln auszurichten. Eine Berücksichtigung von Interessen Dritter widerspricht der selbstständigen Rechtspersönlichkeit der juristischen Person und würde dieser nur unzureichend Rechnung tragen. Auch die Interessen der Anteilseigner sind nur eingeschränkt zu berücksichtigen. Diese sind nur insoweit beachtlich, als dass sie sich mit dem Unternehmensinteresse der Gesellschaft decken. Davon abweichende Interessen würden den Überlegungen zum selbstständigen Eigeninteresse der GmbH zuwiderlaufen. Daher hat der Geschäftsführer sein Handeln im Hinblick auf seine Sorgfaltspflicht an dem jeweiligen Eigeninteresse der GmbH auszurichten.

Aufgrund der oben gemachten Feststellungen[990] umfasst dabei das Eigeninteresse die Kapitalerhaltungsvorschriften und das Verbot existenzgefährdender Eingriffe. Insofern ist die Sorgfalt im Sinne des § 43 GmbHG dann überschritten, wenn die Kapitalerhaltungsvorschriften oder das Verbot eines existenzgefährdenden Eingriffes nicht beachtet wurden.

(2) Risikogeschäfte

Das Eingehen von Risiken im Rahmen von Verfügungen über fremdes Vermögen ist durch die Fallgruppe der sog. Risikogeschäfte erfasst.[991] Die Handlungen im Rahmen der unterschiedlichen Leveraged-Buyout-Modelle könnten insofern als Risikogeschäfte qualifiziert werden.

Die Definition solcher erlaubten Risikogeschäfte und daher auch die genaue Abgrenzung zu anderen Handlungen ist allerdings umstritten.[992] Zum Teil werden unter diesem Begriff Geschäfte erfasst, die die Möglichkeit in sich tragen, sich als Fehlentscheidung zu erweisen.[993] *Schumacher* definiert Risikogeschäfte zutreffend als Maßnahmen des Geschäftsführungsorgans, die durchgeführt werden, ohne zu wissen, ob die Maßnahme zu einem Vermögensvor- oder -nachteil führen wird.[994] Solche Unsicherheiten und Risiken gehörten zum unternehmerischen Alltag, stellten daher keine außergewöhnlichen Vermögensdispositionen dar und seien somit nicht als pflichtwidrige Vermögensverfügungen einzuordnen.[995]

Neben der Begriffsdefinition ist ebenso die Einordnung eines solchen Risikogeschäftes im Tatbestandsaufbau umstritten. Während die Rechtsprechung[996] das Vorliegen eines solchen Geschäftes im Rahmen des Tatvorsatzes prüft, behandelt

990 Siehe dazu ausführlich: 3. Kapitel Teil 2 C. II. 2), Das Eigeninteresse der GmbH.
991 Kritisch dazu *Volk/Thomas*, MAH Wirtschafts- und Steuerstrafrecht, § 17 Rn. 83.
992 *Schumacher*, Vermögensbetreuungspflicht, 30. Eingehend zu Risikogeschäften: *Waßmer*, Risikogeschäfte, 10 ff.
993 *Adick*, Organuntreue, 52 mit Verweis auf *Hillenkamp*, NStZ 1981, 161 (165).
994 *Schumacher*, Vermögensbetreuungspflicht, 31 in Anlehnung an *Waßmer*, Risikogeschäfte, 10.
995 Vgl. *Schumacher*, Vermögensbetreuungspflicht, 31.
996 RG vom 18.10.1934, 2 D 1098/34, RGSt 68, 371 (374); BGH vom 27.2.1975, 4 StR 571/74, NJW 1975, 1234 (1236).

die Literatur[997] diese Frage richtigerweise[998] im objektiven Tatbestand im Rahmen des missbräuchlichen bzw. pflichtwidrigen Handelns.

Handelt es sich um ein Risikogeschäft, wird durch den Geschäftsführer regelmäßig dann die Grenze zur Pflichtwidrigkeit nicht überschritten, wenn die Maßnahme aufgrund eines eindeutig definierten Handlungsrahmens vorgenommen wurde oder auf einer wirksamen Weisung der Gesellschafterversammlung beruht. Aufgrund einer solchen Weisung ist der Geschäftsführer regelmäßig verpflichtet, eine solche Handlung durchzuführen.[999] Voraussetzung hierzu ist allerdings, dass die Weisung gleichsam wirksam erteilt wurde. Dies kann nur dann der Fall sein, wenn die Gesellschafter ihre Dispositionsbefugnis beachtet haben.[1000]

Andererseits handelt der Geschäftsführer in jedem Fall pflichtwidrig, wenn er gegen ein ausdrückliches Handlungsverbot der Gesellschafterversammlung verstößt.[1001] Im Übrigen bestehen Schwierigkeiten, die Grenze zwischen einem erlaubten und einem pflichtwidrigen Risikogeschäft festzulegen. Bei der Bewertung ist diesbezüglich insbesondere auf die dem Geschäftsführer durch die Satzung, seinen Anstellungsvertrag oder einen wirksamen Gesellschafterbeschluss bestimmten Aufgaben hinsichtlich der Verwendung des Gesellschaftsvermögens abzustellen.[1002]

Nur in dem Fall, in welchem der Geschäftsführer die Grenze des erlaubten Risikos überschreitet, handelt er pflichtwidrig im Sinne des § 266 StGB. Dies ist dann der Fall, wenn durch seine Handlungen das dem unternehmerischen Handeln indizierte Risiko nicht mehr durch den unternehmerischen Gedanken begründet werden kann.[1003] Handlungen sind jedoch grundsätzlich dann nicht mehr mit dem unternehmerischen Handeln des Geschäftsführers vereinbar, wenn für ihn bereits im Zeitpunkt der Vornahme der Handlung erkennbar ist, dass durch das Handeln die absoluten Grenzen seines rechtlichen Dürfens, die Kapitalerhaltungsvorschriften oder das Verbot eines existenzgefährdenden Eingriffes, überschritten werden.

(3) Konsequenzen für Leveraged-Buyout-Transaktionen

Die Sorgfalt im Sinne des § 43 GmbHG erfasst nur alltägliche Geschäfte eines Unternehmens und hat sich zudem an dem Eigeninteresse der GmbH auszurichten. Sowohl der Umfang als auch der Einschnitt, der mit Leveraged-Buyout-Transaktionen einhergeht, lässt darauf schließen, dass es sich bei Maßnahmen, die in diesem Zusammenhang vorgenommen werden, nicht um alltägliche Geschäfte eines

997 *Hillenkamp*, NStZ 1981, 161 (164 ff.); *Höf*, Untreue, 38; *Waßmer*, Risikogeschäfte, 30.

998 Zur Begründung vgl. *Schumacher*, Vermögensbetreuungspflicht, 31 f.

999 *Schumacher*, Vermögensbetreuungspflicht, 32.

1000 Zur Dispositionsbefugnis der Gesellschafter einer GmbH siehe ausführlich: 3. Kapitel Teil 2 E. I. 3) d) (1) f., Umfang der Dispostionsbefugnis.

1001 *Schumacher*, Vermögensbetreuungspflicht, 32.

1002 *Schumacher*, Vermögensbetreuungspflicht, 32 f.

1003 *Kleindiek*, in: Luttter/Hommelhoff, GmbHG, § 43 Rn. 20.

Geschäftsführers handelt. Überdies können nur solche Maßnahmen von der Handlungsbefugnis gedeckt sein, durch die weder die Kapitalerhaltungsvorschriften noch das Verbot eines existenzgefährdenden Eingriffes betroffen sind. Ist dies aber der Fall, so liegt ein Handeln entsprechend den Grundsätzen des § 43 GmbHG nicht mehr vor. Ebenfalls können Maßnahmen im Rahmen von Leveraged-Buyout-Transaktionen nicht als Risikogeschäfte eingeordnet werden, denn Risikogeschäfte haben nach der vorliegenden Definition stets die Mehrung des eigenen Gesellschaftsvermögens, sei es unmittelbar oder mittelbar, zum Ziel. Dies ist bei Leveraged-Buyout-Transaktionen hingegen nicht der Fall. Ziel einer Leveraged-Buyout-Transaktion ist, den Erwerb des Unternehmens durch das Vermögen der Zielgesellschaft selbst zu finanzieren. Eine Vermögensmehrung ist hierbei nicht bezweckt, sondern eine Vermögensverlagerung hin zu den Gesellschaftern. Insofern sind die entsprechenden Maßnahmen ebenfalls nicht als Risikogeschäft zu qualifizieren.

b) Absolute Grenzen der Handlungsbefugnis

Ungeachtet der Anforderungen des § 43 GmbHG ist der Geschäftsführer ebenfalls an die absoluten Grenzen seines rechtlichen Dürfens gebunden. Insofern ist er nicht berechtigt, Verfügungen, die gegen das Kapitalerhaltungsgebot gemäß § 30 GmbHG verstoßen, sowie existenzgefährdende Verfügungen des Vermögens der GmbH vorzunehmen.

(1) Kapitalerhaltungsgebot

Die Handlungsbefugnis des Geschäftsführers ist aufgrund der Akzessorietät zwischen dem Gesellschafts- und dem Strafrecht durch die gesellschaftsrechtlichen Grenzen beschränkt. Insofern darf der Geschäftsführer durch seine Handlungen nicht über Vermögen verfügen, das das Stammkapital der GmbH im Sinne des § 30 GmbH verringert. Führt eine Vermögensverfügung des Gesellschafters zu einer Verminderung des Stammkapitals, so verletzt er seine Pflicht zur Vermögensbetreuung gegenüber der GmbH. Hierin liegt ein Verstoß gegen § 266 StGB.

(2) Existenzvernichtende Maßnahmen

Darüber hinaus ist der Geschäftsführer aufgrund der oben anerkannten Grenze des Verbotes existenzvernichtender Maßnahmen ebenfalls nicht befugt, Verfügungen vorzunehmen, die das für die GmbH notwendige Vermögen in existenzgefährdender Art und Weise beeinträchtigen. Solche Verfügungen sind ebenfalls nicht durch seine Handlungsbefugnis gedeckt. Sofern er über das für die Existenz der GmbH notwendige Vermögen verfügt, verletzt er seine Pflicht zur Vermögensbetreuung.

c) Die Zustimmung der Gesellschafter

Der Geschäftsführer der GmbH macht sich der Untreue strafbar, wenn er durch die Verfügung über das Gesellschaftsvermögen im Rahmen seiner Vermögensbetreuungspflicht in der oben dargestellten Art und Weise pflichtwidrig handelt. Eine

Ausnahme von dieser Pflichtwidrigkeit ist anzunehmen, wenn die Schädigung bzw. Minderung des Gesellschaftsvermögens mit der Zustimmung der Gesellschafter erfolgte.[1004] Denn Bedingung eines untreuerelevanten Handelns ist, dass diese Vermögensbefugnis gegen oder ohne den Willen des Vermögensinhabers geschieht.

Sofern jedoch eine wirksame Zustimmung zum Handeln erfolgt, wäre dies als tatbestandsausschließendes Einverständnis zu qualifizieren. Ein solches Einverständnis durch die Gesellschafter können diese jedoch nur soweit erteilen, wie sie auch selbst befugt sind, gegenüber der GmbH über das Vermögen zu verfügen. Nach der hier vertretenen Ansicht besteht die Dispositionsbefugnis der Gesellschafter nicht über das gesamte Gesellschaftsvermögen, sondern beschränkt sich auf das Vermögen, das weder dem Stammkapital noch dem zur Existenz der GmbH notwendigen Vermögen zuzuordnen ist. Insofern können die Gesellschafter nur solchen Verfügungen des Geschäftsführers zustimmen, die weder das Stammkapital noch das existenznotwendige Kapital beeinträchtigen. Über das o. g. Vermögen fehlt den Gesellschaftern die Dispositionsbefugnis und somit auch die Zustimmungsfähigkeit. Beeinträchtigen Handlungen des Geschäftsführers dieses Vermögen, so verletzt er gleichwohl, trotz des mit dem Geschäftsführer übereinstimmenden Willens der Gesellschafter, seine Vermögensbetreuungspflicht, denn die Gesellschafter können hierzu nicht wirksam ihr Einverständnis erteilen.

5) Fazit

Der Geschäftsführer hat im Rahmen der ihm obliegenden Vermögensbetreuungspflicht sein Handeln an zwei unterschiedlichen Grenzen auszurichten. Zum einen hat er sein Handeln anhand der Pflichten des § 43 GmbHG zu messen, zum anderen wird sein Handeln durch die absoluten Grenzen der Kapitalerhaltungsvorschriften und des existenzgefährdenden Eingriffes bestimmt.

Im Hinblick auf Leveraged-Buyout-Transaktionen sind Vermögensverfügungen des Geschäftsführers, die er im Zusammenhang mit solchen Leveraged-Buyout-Transaktionen tätigt, nicht durch den durch § 43 GmbHG bestimmten Handlungsrahmen erfasst, da solche Verfügungen weder dem Eigeninteresse der GmbH entsprechen noch unter dem Begriff der Risikogeschäfte erfasst werden können. Somit bedarf der Geschäftsführer im Hinblick auf solche Verfügungen, die im Rahmen von Leveraged-Buyout-Transaktionen getätigt werden, stets einer Handlungsbefugnis durch die Gesellschafter der GmbH. Hierbei hat er jedoch dann auch die absoluten Grenzen der Kapitalerhaltungsvorschriften und des existenzgefährdenden Eingriffes zu beachten, denn über das dadurch betroffene Vermögen können auch die Gesellschafter nicht verfügen und insofern dem Geschäftsführer auch nicht die Zustimmung in Form eines tatbestandsausschließendes Einverständnis erteilen. Insofern verletzt der Geschäftsführer seine Vermögensbetreuungspflicht bei Überschreitung dieser Grenzen aufgrund der Unwirksamkeit dieses Einverständnisses

1004 *Schumacher*, Vermögensbetreuungsflicht, 37.

auch dann, wenn er die Weisung zur Verfügung über das Vermögen durch die Gesellschafter erhalten hat.

6) Folgerungen für Leveraged-Buyout-Transaktionen

Die Handlungsbefugnis ist durch die Kapitalerhaltungsvorschriften sowie das Verbot des existenzgefährdenden Eingriffes bestimmt. Er überschreitet unabhängig von der dem Geschäftsführer im Einzelfall übertragenen Handlungsbefugnis diese, wenn durch die einzelne Maßnahme die Kapitalerhaltungsregelung des § 30 GmbHG bzw. das Verbot des existenzgefährdenden Eingriffes berührt wird. Wird diese Dispositionsbeschränkung durch den Geschäftsführer überschritten, verletzt er seine Vermögensbetreuungspflicht gegenüber der GmbH.

Fraglich ist nun, ob durch die einzelnen Maßnahmen, die im Rahmen der unterschiedlichen Modellvarianten des Leveraged Buyout angewandt werden, der Geschäftsführer die ihm gesetzlich eingeräumte beschränkte Handlungsbefugnis überschreitet, sodass eine Verletzung seiner Vermögensbetreuungspflicht die unmittelbare Folge ist.

Die relevante Handlung kann in der Umsetzung der Gesellschafterbeschlüsse durch die rechtsgeschäftlich notwendigen Handlungen gesehen werden. Aufgrund der Außenvertretung der Gesellschaft durch den Geschäftsführer ist er derjenige, der die entsprechenden Verträge im Namen der Gesellschaft abschließt und daher – auf Weisung eines Gesellschafterbeschlusses – über das Gesellschaftsvermögen tatsächlich verfügt.

a) Upstream-Darlehen

Eine Darlehensleistung der Zielgesellschaft an die Akquisitionsgesellschaft verstößt nach der hier vertretenen Ansicht gegen die Kapitalerhaltungsvorschriften des § 30 GmbHG und stellt zugleich in dem entsprechenden Umfang einen existenzgefährdenden Eingriff dar. Der Geschäftsführer einer GmbH ist gegenüber dieser vermögensbetreuungspflichtig. Ein Upstream-Darlehen stellt regelmäßig eine Verfügung dar, die in dieses geschützte Vermögen eingreift. Daher verletzt der Geschäftsführer durch Anweisung der Auszahlung eines solchen Darlehens an die Akquisitionsgesellschaft seine Vermögensbetreuungspflicht gegenüber der Zielgesellschaft.

b) Upstream-Sicherheit

Das zur Bereitstellung von Upstream-Darlehen Gesagte trifft in gleichem Umfang auf die Bestellung einer Upstream-Sicherheit zu. Die Bestellung einer Sicherheit unmittelbar oder mittelbar zugunsten des Gesellschafters, der Akquisitionsgesellschaft, stellt einen Verstoß gegen die Kapitalerhaltungsregelung des § 30 GmbH sowie einen existenzgefährdenden Eingriff dar. Durch die Bestellung einer solchen Sicherheit zugunsten der Akquisitionsgesellschaft verletzt der Geschäftsführer seine Pflicht zur Vermögensbetreuung. Hierdurch überschreitet er die ihm eingeräumte Handlungsbefugnis. Die Bestellung einer solchen Sicherheit durch den Geschäftsführer ist als untreuerelevante Verletzung der Vermögensbetreuungspflicht zu qualifizieren.

c) Upstream Merger

Wird durch Beschluss der Gesellschafter die Zielgesellschaft auf die Akquisitionsgesellschaft verschmolzen, so ist dies weder als ein Verstoß gegen die Kapitalerhaltungsvorschriften noch als existenzvernichtender Eingriff zu qualifizieren. Insofern kann ein Geschäftsführer durch die Mitwirkung an einer solchen Entscheidung ebenfalls nicht die ihm obliegende Vermögensbetreuungspflicht verletzen.

d) Downstream Merger

Durch den Beschluss der Gesellschafter, die Akquisitionsgesellschaft auf die Zielgesellschaft zu verschmelzen, wird regelmäßig aufgrund der besonderen Konstellation von Leveraged-Buyout-Transaktionen ein Schuldenüberhang auf die Zielgesellschaft verschmolzen. Durch diesen Schuldenüberhang wird in aller Regel die Kapitalerhaltungsvorschrift des § 30 GmbHG verletzt. Ist der Geschäftsführer der Zielgesellschaft an der Umsetzung dieses Beschlusses beteiligt, so überschreitet er seine Handlungsbefugnis mit der Folge der Verletzung seiner Vermögensbetreuungspflicht.

e) Debt push-down

Wird der Debt push-down im Wege eines Upstream-Darlehens durchgeführt, kann hinsichtlich der Strafbarkeit auf die obigen Ausführungen verwiesen werden.[1005] Der Geschäftsführer verletzt seine Vermögensbetreuungspflicht gegenüber der GmbH.

Die Abführung des Cashflow zur Finanzierung einer Leveraged-Buyout-Transaktion ist als existenzvernichtender Eingriff zu qualifizieren. Setzt der Geschäftsführer den Beschluss der Gesellschafterversammlung um, die Abführung der liquiden Mittel, verletzt er seine Handlungsbefugnis. Auf eine strafbefreiende Weisung der Gesellschafterversammlung kann er sich nicht berufen.

f) Interner Asset Deal

Im Rahmen eines Asset Deal verstößt sowohl die Vereinbarung eines geringeren Kaufpreises als auch die Stundung desgleichen gegen § 30 GmbHG und ist zugleich als existenzvernichtender Eingriff zu qualifizieren. Hinsichtlich des generierten Cashflow gilt hinsichtlich der Strafbarkeit das oben Gesagte.[1006] Die Auszahlung ist als existenzgefährdender Eingriff zu qualifizieren. Der Abschluss der Kaufverträge zur Übereignung des Gesellschaftsvermögens obliegt dem Geschäftsführer. Durch den Abschluss eines Vertrages, die Vermögensgegenstände entweder zu einem geringeren Kaufpreis zu veräußern bzw. die Stundung des Kaufpreises zu vereinbaren, überschreitet der Geschäftsführer seine Handlungsbefugnis und verletzt dadurch seine Vermögensbetreuungspflicht gegenüber der GmbH.

1005 Siehe dazu ausführlich: 3. Kapitel Teil 2 G. I. 6) a), Upstream-Darlehen.
1006 Siehe dazu ausführlich: 3. Kapitel Teil 2 G. I. 6) e), Interner Asset-Deal.

II. Der Vorstand

Während das Geschäftsleitungsorgan in der GmbH der Geschäftsführer ist, wird die Aktiengesellschaft gemäß § 76 ff. AktG durch den Vorstand geleitet. Gemäß § 76 Abs. 1 AktG leitet der Vorstand die Aktiengesellschaft in eigener Verantwortung. Hieraus leitet sich bereits der wesentliche Unterschied im Vergleich zur GmbH ab. Durch diese Regelung ist der Vorstand nicht verpflichtet, die Weisungen der anderen Gesellschaftsorgane umzusetzen bzw. zu befolgen – man spricht insofern von einer Weisungsfreiheit des Vorstandes.[1007] Wie und ob sich diese Weisungsfreiheit auf die Vermögensbetreuungspflicht auswirkt, soll im Folgenden beantwortet werden. Hierzu ist zuerst der gesetzliche Aufgabenumfang des Vorstandes zu bestimmen. Im Anschluss daran soll die Vermögensbetreuungspflicht im Hinblick auf dessen Umfang und Grenzen bestimmt und zum Abschluss die Zustimmungsfähigkeit der beiden anderen Organe, der Hauptversammlung und des Aufsichtsrates, zu Verfügungen des Vorstandes untersucht werden.

1) Die Zuständigkeiten des Vorstandes

Neben der Leitung der Aktiengesellschaft gemäß § 76 Abs. 1 AktG in eigener Verantwortung obliegt dem Vorstand gemäß § 77 AktG die Geschäftsführung und gemäß § 78 AktG die Vertretung der Aktiengesellschaft nach außen. Zudem besitzt der Vorstand gemäß §§ 78 Abs. 1, 82 Abs. 1 AktG die unbeschränkte und durch Satzung nicht beschränkbare Vertretungsbefugnis.

Die aus der Eigenverantwortlichkeit resultierende Weisungsunabhängigkeit[1008] schlägt sich darin nieder, dass der Vorstand seine Leitungsentscheidungen nach eigenem Ermessen trifft.[1009] Insofern stellt sich im Anschluss daran die Frage, welche inhaltlichen Beschränkungen den Vorstand im Hinblick auf die Ermessensausübung treffen. Nach der überwiegend vertretenen Ansicht ist die sog. interessenplurale Zielkonzeption entscheidend.[1010] Demnach ist der Vorstand nicht in seiner Entscheidung frei, sondern er hat seine Entscheidungen an den unterschiedlichen Interessen, die in der Aktiengesellschaft aufeinandertreffen, auszurichten und zu versuchen, eine Art Ausgleich und Bündelung dieser Interessen zu erreichen. Die vornehmlichen Träger solcher Interessen, die der Vorstand bei seinen Entscheidungen zu berücksichtigen hat, sind die Aktiengesellschaft selbst, die Aktionäre, die Arbeitnehmer und die Öffentlichkeit.[1011]

1007 *Hefermehl/Spindler*, in: MünchKomm, AktG, § 76 Rn. 21; *Hüffer*, in: Hüffer, AktG, § 76 Rn. 10; *Mertens*, in: KölnKomm, AktG, § 76 Rn. 42.

1008 Vgl. *Hüffer*, in: Hüffer, AktG, § 76 Rn. 10.

1009 BGH vom 7.3.1994, II ZR 52/93, BGHZ 125, 239 (246); *Hüffer*, in: Hüffer, AktG, § 76 Rn. 12; *Spindler*, in: MünchKomm, § 76 Rn. 22.

1010 Vgl. *Hüffer*, in: Hüffer, AktG, § 76 Rn. 12.

1011 Vgl. *Hüffer*, in: Hüffer, AktG, § 76 Rn. 12 m. w. N.

Jedoch resultiert aus der Eigenverantwortlichkeit des Vorstandes ein unternehmerischer Ermessenspielraum. Im Rahmen dieses Leitungsermessens kann er frei Entscheidungen treffen, ohne sich dem Vorwurf einer Pflichtverletzung auszusetzen.[1012]

2) Vermögensbetreuungspflicht des Vorstandes

Aufgrund des Umfanges der Rechte und Aufgaben, die aus der Stellung des Vorstandes gegenüber den anderen Organen und der Vertretungsbefugnis des Vorstandes der Aktiengesellschaft resultieren, ist allgemein anerkannt, dass die einzelnen Vorstandsmitglieder als Angehörige des Kollegialorgans Vorstand[1013] Vermögensbetreuungspflichtige im Sinne des § 266 StGB sowohl hinsichtlich des Missbrauchstatbestandes als auch hinsichtlich des Treubruchtatbestandes sind.[1014] In demselben Umfang ist auch der stellvertretende Vorstand vermögensbetreuungspflichtig, da gemäß § 94 AktG seine Kompetenzen denen des tatsächlichen Vorstandes entsprechen.[1015]

Für die Qualifizierung, welche Alternative durch den Vorstand erfüllt worden ist, ist maßgebend, ob der Vorstand als Kollegialorgan gemeinschaftlich oder aber ein Vorstandsmitglied selbstständig gehandelt hat und ob dieses einzelvertretungsbefugt war.[1016] Handelt der Vorstand gemeinschaftlich, ist diese Handlung als missbräuchliche Untreuehandlung zu qualifizieren. Gleiches gilt, wenn ein einzelnes Vorstandsmitglied gehandelt hat, das zu dieser selbstständigen Handlung befugt gewesen ist. Handeln die Mitglieder des Vorstandes, ohne dazu berechtigt gewesen zu sein, so liegt ein Treubruch im Sinne des § 266 Abs. 1 2. Alt StGB vor.[1017] In diesem Fall mangelt es an einem rechtswirksamen Handeln nach außen.[1018]

a) Umfang der Vermögensbetreuungspflicht

Die Vermögensbetreuungspflicht des Vorstandes umfasst dabei das gesamte Vermögen der Aktiengesellschaft und ist nicht auf Teile des Vermögens beschränkt.[1019] Als Maßstab der Vermögensbetreuungspflicht kann § 93 AktG herangezogen werden,

---

1012 BGH vom 21.4.1997, II ZR 175/95, DStR 1997, 880 (882); *Spindler*, in: MünchKomm, § 76 Rn. 30.

1013 Vgl. zur Problematik der strafrechtlichen Verantwortung im Kollegialorgan Vorstand: *Loeck*, Strafbarkeit des Vorstands, 239 ff. m. w. N. sowie ebenso *Joecks*, in: MünchKomm, StGB, § 25 Rn. 243 m. w. N.

1014 BGH vom 6.12.2001, 1 StR /01, NJW 2002, 1585 ff.; BGH vom 27.8.2010, 2 StR 111/09, NJW 2010, 3458 (3459); *Adick*, Organuntreue, 11; *Kindhäuser*, in: NK, StGB, § 266 Rn. 58; *Schramm*, Konsens und Untreue, 132 f.

1015 BGH vom 6.12.2001, 1 StR 215/01, NStZ 2002, 322; *Dierlamm*, in: MünchKomm, StGB, § 266 Rn. 82.

1016 *Corsten*, Einwilligung in die Untreue, 147.

1017 *Corsten*, Einwilligung in die Untreue, 147.

1018 *Beckemper*, NStZ 2002, 325.

1019 Siehe dazu ausführlich: 3. Kapitel Teil 2 F. II. 2), Umfang der Vermögensbetreuungspflicht.

nach welchem der Vorstand bei der Geschäftsführung die Sorgfalt eines ordentlichen und gewissenhaften Geschäftsmannes anzuwenden hat.[1020]

b) Grenzen der pflichtgemäßen Vermögensbetreuung

Im Aktienrecht sind Vermögensverlagerungen außerhalb der Verteilung des Bilanzgewinnes untersagt. Gemäß § 57 Abs. 1 AktG ist die Rückgewähr von Einlagen an die Aktionäre verboten. Als Ergänzung ordnet § 57 Abs. 3 AktG an, dass vor Liquidation der Aktiengesellschaft der Bilanzgewinn – der aus der Jahresbilanz resultierende Gewinn – unter den Aktionären verteilt werden darf. Insofern ist das Vermögen bis auf den Bilanzgewinn vor Eingriffen geschützt. Nur die in §§ 58 ff. AktG erlaubten Gewinnausschüttungen stellen zulässige Eingriffe in das Vermögen der Aktiengesellschaft dar. Insofern verletzt der Vorstand seine Pflicht zur ordnungsgemäßen Vermögensbetreuung dann, wenn er eine Leistung durchführt, die aus zivilrechtlicher Sicht nicht mehr mit den nach § 57 Abs. 1 AktG erlaubten Zahlungen in Einklang steht. Insofern ist auf die gesellschaftsrechtlichen Ausführungen zu verweisen.[1021]

3) Das strafbefreiende Einverständnis

Fraglich ist, in welchem Umfang – parallel zur GmbH – auch die anderen Organe der Aktiengesellschaft ihr Einverständnis zu untreuerelevanten Handlungen des Vorstandes erklären können. Hierbei ist die besondere Struktur, die Dreigliedrigkeit der Aktiengesellschaft, zu beachten. So ist zum einen die Hauptversammlung als Organ mit Kontrollrechten ausgestaltet. Zugleich ist aber auch der Aufsichtsrat mit Kontrollrechten ausgestattet und daher zur zivilrechtlichen Zustimmung berechtigt.

a) Das Einverständnis der Hauptversammlung

Ein tatbestandsausschließendes Einverständnis der Hauptversammlung ist verbunden mit der Frage der Reichweite der Dispositionsbefugnis der Hauptversammlung im Hinblick auf das Vermögen der Aktiengesellschaft. Über diese Reichweite bestehen jedoch unterschiedliche Ansichten.

(1) Rechtsprechung zur Dispositionsbefugnis

Die Rechtsprechung hat sich nur in zwei Urteilen direkt mit der Reichweite der Dispositionsbefugnis von Aktionären befasst. Das Reichsgericht hielt in einem Urteil vom 21.11.1882[1022] die zivilrechtliche Zustimmungserklärung des zur Zustimmung befugten Organs für strafrechtlich unbeachtlich, sodass aus den Feststellungen

---

1020 BGH vom 27.8.2010, 2 StR 111/09, NJW 2010, 3458 (3460).

1021 Siehe dazu ausführlich: 2. Kapitel Teil 2 B. I., Vermögensbindung des § 57 Abs. 1 und Abs. 3 AktG.

1022 RG vom 21.11.1882 2437/82, RGSt 7, 278 ff.

darauf zu schließen ist, dass das Gericht von einem umfassenden Eigeninteresse der Aktiengesellschaft ausgeht.[1023]

In dem Urteil des BGH vom 21.12.2005[1024] im Fall „Mannesmann/ Vodafone" bejaht der BGH grundsätzlich ein tatbestandsausschließendes Einverständnis; dies gilt zumindest im Hinblick auf die sog. „appreciation awards". Voraussetzung hierfür sei jedoch, dass ein solches Einverständnis entweder von dem Alleinaktionär oder von der Gesamtheit der Aktionäre durch einen Beschluss in der Hauptversammlung über die Verwendung des Bilanzgewinns erteilt worden ist.[1025] Insofern schränkt der BGH in diesem Urteil die Möglichkeit eines tatbestandsausschließenden Einverständnisses in zweierlei Hinsicht ein. Zum einen muss die Gesamtheit der Aktionäre beteiligt sein. Weiterhin kann auch die Hauptversammlung nur über die Verwendung des Bilanzgewinns entscheiden. Ein darüber hinausgehender Eingriff in das Vermögen der Aktiengesellschaft ist somit auch nicht durch die Zustimmung der Hauptversammlung möglich bzw. lässt zumindest nicht die Pflichtwidrigkeit entfallen. Insofern ist nach Ansicht des BGH auch die Dispositionsbefugnis auf die Verwendung des Bilanzgewinns beschränkt.

(2) Literatur zur Dispositionsbefugnis

Teilweise wird die aktienrechtliche Konzeption dergestalt verstanden, dass das Organ der Hauptversammlung das übergeordnete Organ in der Aktiengesellschaft darstellt. Aufgrund der mittelbaren Eigentümerstellung der Aktionäre und ihrer Eigenschaft als Vermögensträger habe die Hauptversammlung deshalb auch eine unbeschränkte Dispositionsbefugnis über das Vermögen, sodass aus diesem Grund der Zustimmung durch die Hauptversammlung immer auch eine tatbestandsauschließende Wirkung zukomme.[1026]

Bei den Befürwortern einer eingeschränkten Dispositionsbefugnis werden jedoch unterschiedliche Ansichten zur Reichweite derselben vertreten. Während einige Autoren[1027] der Ansicht sind, die Zustimmung der Aktionäre sei stets unbeachtlich, sieht ein überwiegender Teil der Autoren[1028] die Vermögensbindung als Reichweite der Dispositionsbefugnis, sodass sich aufgrund des durch § 57 AktG normierten Schutzes des Vermögens der Aktiengesellschaft die Verfügungsbefugnis

---

1023 *Schumacher*, Vermögensbetreuungspflicht, 109.

1024 BGH vom 21.12.2005, 3 StR 470/04, BGHSt 50, 331 ff.

1025 BGH vom 21.12.2005, 3 StR 470/04, BGHSt 50, 331 ff. mit Verweis auf §§ 58 Abs. 3, 174 Abs. 1 AktG, ferner *Kropff*, in: MünchKomm, AktG, § 174 Rn. 32.

1026 *Dittrich*, Überhöhte Vorstandsvergütungen, 228; *Nelles*, Untreue, 551 f.; *Perron*, in: Schönke/Schröder, StGB, § 266 Rn. 21b.

1027 So noch *Seier*, in: Achenbach/Ransiek, 1. Auflage 2004, V 2 Rn. 221; anders nun *ders.*, in: Achenbach/Ransiek, 2. Auflage 2008, V 2 Rn. 222 sowie *Zech*, Untreue durch Aufsichtsratsmitglieder, 107 ff.

1028 *Kaufmann*, Organuntreue, 140 ff.; *Loeck*, Strafbarkeit des Vorstandes, 104 f.; *Ulmer*, Festschrift *Pfeiffer (1988)*, 853 (863); *Wellkamp*, NStZ 2001, 113 (116 ff.).

der Aktionäre nur auf das Vermögen im Rahmen der Gewinnausschüttung und die durch das Gesetz erlaubten Fälle beschränke.

Brand[1029] nimmt als Ausgangspunkt seiner Betrachtung die unterschiedlichen Kapitalgruppen und die Bindungswirkung des § 57 Abs. 1 AktG. Hinsichtlich der Kapitalgruppen unterscheidet er zwischen Grundkapital, Rücklagen und Gewinn, wobei er hinsichtlich der Rücklagen nochmals in freie Rücklagen und gesetzliche Rücklagen aufteilt. Seiner Ansicht nach ist die Bindungswirkung des § 57 Abs. 1 AktG unterschiedlich. Im Ergebnis bestehe daher eine Dispositionsbefugnis der Hauptversammlung im Hinblick auf den festgestellten Bilanzgewinn und die freien Rücklagen, während eine Zustimmung zu Verfügungen des Vorstandes in das Grundkapital und die gesetzlichen Rücklagen keine strafbefreiende Wirkung erlangen könne.[1030]

(3) Stellungnahme

In Folge der oben getroffenen Annahme, dass die Aktiengesellschaft ebenfalls ein eigenständiges Eigeninteresse hat, als juristische Person auch im Strafrecht anerkannt ist und somit die gesellschaftsrechtlichen Vermögens- und Kompetenzzuordnungen auch in der strafrechtlichen Bewertung gleichermaßen Anwendung finden, ist die Reichweite der Dispositionsbefugnis der Aktionäre unter Beachtung der Kompetenzzuordnung und der gesellschaftsrechtlichen Bindung des Gesellschaftsvermögens zu ermitteln.

(a) Umfang der Dispositionsbefugnis

Entgegen der Gesellschafterversammlung ist die Hauptversammlung in ihrer Entscheidungskompetenz erheblich eingeschränkt. Im Hinblick auf untreuerelevante Handlungen des Vorstandes ist die Hauptversammlung nur bei wenigen Handlungen zur Zustimmung befugt. Hierbei handelt es sich um die in §§ 71 Abs. 1, 71d Satz 2 AktG, § 237 Abs. 2, 3 i. V. m. § 26 AktG, § 222 Abs. 3 AktG sowie § 119 Abs. 2 AktG genannten Maßnahmen.[1031] Während die Hauptversammlung in den erstgenannten Fällen die originäre Entscheidungskompetenz hat, ist sie im Fall des § 119 Abs. 2 AktG erst durch Vorlage des Vorstandes zur Zustimmung berechtigt.[1032] Eine unterschiedliche rechtliche Behandlung der Zustimmung resultiert daraus nicht.[1033]

1029 *Brand*, AG 2007, 681 ff.
1030 *Brand*, AG 2007, 681 (689).
1031 So auch *Kaufmann*, Organuntreue, 151; *Schumacher*, Vermögensbetreuungspflicht, 145.
1032 Vgl. *Schumacher*, Vermögensbetreuungspflicht, 147.
1033 Vgl. *Schumacher*, Vermögensbetreuungspflicht, 147.

(b) Reichweite der Dispositionsbefugnis

Im Hinblick auf die Reichweite ist – parallel zur GmbH – die aktienrechtliche Vermögensbindung zu beachten. Insofern kann auch die Hauptversammlung im Rahmen ihrer Entscheidungsbefugnis nur über das Vermögen entscheiden, soweit es nicht den Vermögensbindungen des § 57 AktG unterliegt. *Brand* ist dahin gehend zuzustimmen, dass im Ergebnis die Hauptversammlung durch die Vermögensbindungen des § 57 AktG nur über den Bilanzgewinn und die freien Rücklagen verfügen kann.[1034] Die Dispositionsbefugnis geht nicht darüber hinaus, sodass die Hauptversammlung zu pflichtwidrigen Handlungen, die das Vermögen der Aktiengesellschaft in Form des Grundkapitals oder gesetzlicher Rücklagen berühren, nicht ihr Einverständnis erklären kann.

(c) Fazit

Die Hauptversammlung der Aktiengesellschaft ist aufgrund der reglementierten Entscheidungsbefugnis zugleich auch im Umfang ihrer Dispositionsbefugnis eingeschränkt. Im Rahmen dieser hat sie jedoch gleichwohl – den Gesellschaftern der GmbH entsprechend – die Regelungen der Vermögensbindung zu beachten und kann nur im Rahmen des Kapitalerhaltungsschutzes ihr Einverständnis erklären.

b) Die Zustimmung des Aufsichtsrates

Darüber hinaus kommt das Einverständnis des Aufsichtsrates zu strafbaren Handlungen der Vorstandsmitglieder in Betracht. Seine Aufgabe besteht darin, den Vorstand zu kontrollieren. Insofern liegt der Schluss nahe, dass mit der Errichtung eines Kontrollgremiums im Rahmen der Überwachung des eigenständig handelnden Vorstandes ihm auch die Dispositionsbefugnis übertragen wurde. Jedoch sind dem Aufsichtsrat keine direkten Möglichkeiten der Einflussnahme auf die Handlungen des Vorstandes eingeräumt – vielmehr wird der Aufsichtsrat gemäß § 111 Abs. 4 Satz 1 AktG sogar ausdrücklich von der Geschäftsführung ausgeschlossen.[1035] Daher kann die Gesellschaft durch den Aufsichtsrat auch nicht wirksam vertreten werden, sofern die Kompetenz zur Vertretung dem Vorstand zufällt. Somit kann er auch grundsätzlich sein Einverständnis nicht erteilen.[1036]

Das Gesetz hat die Wirksamkeit bestimmter Handlungen des Vorstandes von der Zustimmung des Aufsichtsrates abhängig gemacht. Gemäß § 111 Abs. 4 Satz 2 AktG muss durch die Satzung oder den Aufsichtsrat bestimmt werden, dass bestimmte Geschäfte nicht ohne seine Zustimmung vorgenommen werden dürfen. Zudem wird das Zustimmungserfordernis durch das Gesetz nach § 89 Abs. 1 und 2 AktG bei Kreditvergaben an Vorstandsmitglieder und leitende Angestellte angeordnet. Sofern der Vorstand in diesen Fällen ohne die notwendige Zustimmung des Aufsichtsrates

1034 *Brand*, AG 2007, 681 (689).
1035 *Schumacher*, Vermögensbetreuungspflicht, 147.
1036 *Schumacher*, Vermögensbetreuungspflicht, 147.

handelte, würde er pflichtwidrig handeln. Es läge nach außen eine wirksame Vertretung der Gesellschaft vor. Zugleich würde er seine Kompetenz im Innenverhältnis überschreiten und somit den Missbrauchstatbestand nach § 266 Abs. 1 1. Alt. StGB erfüllen. In diesen durch die Satzung oder den Aufsichtsrat bestimmten Fällen hat die Zustimmung des Aufsichtsrates strafbefreiende Wirkung.[1037]

Der Zustimmungsvorbehalt ist durch diese Regelungen auf diese Fälle beschränkt. Sinn und Zweck der Zustimmungsvorbehalte ist die Einbindung des Aufsichtsrates in grundlegende Entscheidungen. Sie sollen demgegenüber nicht die Geschäftsleitung des Vorstandes ersetzen, das Leitungsermessen des Vorstandes bleibt unberührt.[1038] Aus diesem Zustimmungserfordernis ist daher keine umfassende strafrechtliche Dispositionsbefugnis abzuleiten. Dies ist dem Gesetz zu entnehmen. Durch die Regelung des § 93 Abs. 4 Satz 2 AktG wird der Vorstand durch die Zustimmung des Aufsichtsrates nicht von einer zivilrechtlichen Haftung für pflichtwidriges Handeln befreit.

Insofern ist das Handeln des Vorstandes, das unter dem Zustimmungsvorbehalt im Sinne des § 111 Abs. 4 Satz 2 AktG steht, stets pflichtwidrig im Sinne des § 266 StGB, sofern der Aufsichtsrat nicht zustimmt. Überschreitet das Handeln jedoch darüber hinaus auch andere Handlungsbefugnisse – außerhalb des Zustimmungsvorbehaltes im Sinne des § 111 Abs. 4 Satz 2 AktG – des Vorstandes, so kann die Zustimmung des Aufsichtsrates diese Pflichtwidrigkeit nicht entfallen lassen. Insofern kommt der Einverständnisfunktion des § 111 Abs. 4 Satz 2 AktG keine praktische Relevanz zu. Aufsichtsratsbeschlüsse haben mangels Dispositionsbefugnis des Aufsichtsrates über den Anwendungsbereich des § 111 Abs. 4 Satz 2 AktG hinaus keine tatbestandsausschließende Wirkung im Hinblick auf untreuerelevante Handlungen des Vorstandes.[1039]

4) Folgerungen für Leveraged-Buyout-Transaktionen

Bei den einzelnen Maßnahmen, die Gegenstand dieser Untersuchung sind und im Rahmen von Leveraged-Buyout-Transaktionen vorgenommen werden, wird der Vorstand als alleiniges Vertretungsorgan der Aktiengesellschaft die für die Umsetzung notwendigen Handlungen durchführen.

a) Upstream-Darlehen

Eine Darlehensleistung der Zielgesellschaft an die Akquisitionsgesellschaft verstößt nach der hier vertretenen Ansicht gegen die Kapitalerhaltungsvorschriften des § 57 Abs. 1 AktG. Ein Upstream-Darlehen stellt regelmäßig eine Verfügung dar, die in das geschützte Vermögen eingreift. Das einzelne Vorstandsmitglied darf aufgrund

---

1037 *Schumacher*, Vermögensbetreuungspflicht, 148 mit Verweis auf *Schramm*, Untreue und Konsens, 141 f.

1038 Vgl. BT-Drucks 14/8769, 17; *Habersack*, in: MünchKomm, AktG, § 111, 128

1039 Vgl. *Schumacher*, Vermögensbetreuungspflicht, 149 f.

seiner Vermögensbetreuungspflicht gegenüber der Aktiengesellschaft nicht über das Vermögen verfügen, sofern die Verfügung gegen die Regelung des § 57 Abs. 1 Satz 1 AktG verstößt.

Daher verletzen die Vorstandsmitglieder durch die Auszahlung eines solchen Darlehens an die Akquisitionsgesellschaft ihre Vermögensbetreuungspflicht gegenüber der Zielgesellschaft.

b) Upstream-Sicherheit

Hinsichtlich der Bestellung einer Upstream-Sicherheit zugunsten der Akquisitionsgesellschaft als Aktionärin kann auf das zum Upstream-Darlehen Gesagte verwiesen werden. Die Bestellung einer Sicherheit unmittelbar oder mittelbar zugunsten des Aktionärs stellt einen Verstoß gegen die Kapitalerhaltungsregelung des § 57 Abs. 1 AktG dar. Durch die Bestellung einer solchen Sicherheit durch den Vorstand verletzen Mitglieder desselben ihre Pflicht zur Vermögensbetreuung.

c) Upstream Merger

Mangels Verstoßes einer derartigen Verschmelzung gegen die Kapitalerhaltungsvorschriften[1040] können die Mitglieder des Vorstandes die damit verbundenen Handlungen vornehmen, ohne hierdurch ihre Vermögensbetreuungspflicht zu verletzen.

d) Downstream Merger

Die Übertragung eines Schuldenüberhanges auf die Zielgesellschaft im Rahmen von Leveraged-Buyout-Transaktionen stellt einen Verstoß gegen die Kapitalerhaltungsvorschrift des § 57 Abs. 1 AktG. Wird eine solche Verschmelzung durch einen Vorstandsbeschluss durchgeführt, handelt es sich bei diesem Beschluss um eine strafbare Handlung, da das einzelne Vorstandsmitglied seine Vermögensbetreuungspflicht verletzt.

e) Debt push-down

Bei Durchführung im Wege eines Upstream-Darlehens kann auf die obigen Ausführungen verwiesen werden.[1041]

Zudem kann aber auch in der Zielgesellschaft durch die Aufnahme von Krediten Liquidität generiert werden, die dann durch Beschluss des Aktionärs an die Akquisitionsgesellschaft ausgekehrt werden kann. Eine Ausschüttung kann im Rahmen der §§ 174, 172, 58 AktG durchgeführt werden.[1042] Die Verwendung des Bilanzgewinns ist als unternehmerische Entscheidung eine Ermessensentscheidung, sofern insbesondere die Kapitalerhaltungsregeln beachtet worden sind. Insofern handelt

1040 Siehe dazu ausführlich: 2. Kapitel Teil 2 B. IV. 2), Upstream-Merger.
1041 Vgl. 3. Kapitel Teil 2 G. II. 4) a), Upstream-Darlehen.
1042 *Fridrich*, Schutz des Kapitals, 184.

der Vorstand nicht pflichtwidrig i.S.d. § 266 StGB, wenn die Ausschüttungsverfahrensregeln beachtet wurden.

f) Interner Asset Deal

Bei einem internen Asset Deal ist hinsichtlich der möglichen unterschiedlichen Maßnahmen zu differenzieren. Die Zahlung eines nicht marktgerechten Kaufpreises an die Akquisitionsgesellschaft sowie eine Stundung des Kaufpreises stellt einen Verstoß gegen § 57 AktG dar. Die Abführung der Liquidität durch Ausschüttung im Rahmen von Dividendenzahlungen ist hingegen im Rahmen eines ordnungsgemäßen Ausschüttungsverfahrens zulässig.

Aufgrund des Verstoßes der erstgenannten Maßnahmen gegen die Kapitalerhaltungsvorschriften darf der Vorstand die entsprechenden Verpflichtungsgeschäfte nicht abschließen, da die Verpflichtung der Aktiengesellschaft eine die Vermögensbetreuungspflicht verletzende Handlung darstellt.

III. Pflicht zur Vermögensbetreuung von faktischen Organen

Neben dem ordnungsgemäß bestellten Geschäftsführungsorgan und den Anteilseignern der Kapitalgesellschaft treten in der Praxis auch oftmals Personen im Geschäftsverkehr auf, die sich tatsächlich als Geschäftsführungsorgan oder Anteilseigner gerieren, die jedoch formal diese Position nicht innehaben. Fraglich ist, ob auch diese sich gemäß § 266 StGB der Untreue strafbar machen können.

Hierbei soll sich die Untersuchung auf die Geschäftsführungsorgane beschränken, da in der Praxis Dritte häufig als solche nach außen auftreten. Voraussetzung und maßgebender Anknüpfungspunkt ist auch hier die Vermögensbetreuungspflicht, der als Geschäftsführungsorgan auftretenden Personen. In Betracht kommen hierbei der faktische Geschäftsführer und der faktische Vorstand.

1) Der faktische Geschäftsführer

Die Figur des faktischen Geschäftsführers ist im Hinblick auf zweierlei Grundfälle entwickelt worden. Zum einen kann eine Person, die als Geschäftsführer handelt, mangels einer wirksamen Bestellung nicht Geschäftsführer sein.[1043] Zum anderen sind aber auch solche Fälle in der Praxis vorzufinden, in denen eine Person nach außen als Geschäftsführer auftritt, eine Bestellung jedoch bewusst nicht vorgenommen wurde.[1044] Gerade letztere Konstellation ist im Hinblick auf Leveraged-Buyout-Transaktionen vorstellbar. Im Rahmen der Übernahme durch die Akquisitionsgesellschaft werden oftmals durch diese Personen in die Zielgesellschaft entsandt, die die Aufgaben eines Geschäftsführers wahrnehmen, gerade um die Entscheidungen der Gesellschafter der Akquisitionsgesellschaft entsprechend umzusetzen.[1045]

1043 BGH vom 29.5.1987, 3 StR 242/86, BGHSt 34, 379 (382).

1044 *Lichtenwimmer*, Untreueschutz, 109.

1045 Siehe dazu ausführlich: 2. Kapitel Teil 1 C. II. 4), Geschäftsführung.

Somit wirkt eine auf diese Weise agierende Person nur rein tatsächlich auf das Vermögen der GmbH ein, denn es fehlt einer solchen Person die Befugnis, über das Vermögen der GmbH zu verfügen. Zwar muss sich die GmbH das Handeln möglicherweise nach den Grundsätzen der Anscheins- oder Duldungsvollmacht zivilrechtlich zurechnen lassen, aber es kann aus dieser Zurechnung keine Verpflichtungs- und Verfügungsbefugnis im Sinne des § 266 Abs. 1 1. Alt StGB resultieren, da durch die Rechtsscheinregelungen nur der Rechtsverkehr, nicht aber das Vermögen des Geschäftsherrn geschützt werden soll.[1046]

Infolgedessen kann eine nicht als Geschäftsführer bestellte Person, die aber als solcher handelt, sich der Untreue nur durch Verwirklichung des Treubruchtatbestandes gemäß § 266 Abs. 1 2. Alt StGB strafbar machen. Nach zutreffender Auffassung der Rechtsprechung ist Voraussetzung des Treubruchtatbestandes des § 266 Abs. 1 2. Alt StGB nicht das Vorliegen einer formalen Rechtsposition des Täters als Geschäftsführer, sondern die tatsächliche Verfügungsmacht über ein bestimmtes Vermögen, wenn damit zugleich ein schützenswertes Vertrauen in eine pflichtgemäße Wahrnehmung der Vermögensinteressen verbunden ist.[1047] Somit knüpft die Untreue im Rahmen des § 266 Abs. 1 2. Alt StGB nur an die materiell begründete Pflicht an, die Vermögensinteressen der Gesellschaft zu betreuen.[1048] Folglich kann auch eine Person als faktischer Geschäftsführer geschäftsbesorgend für eine Gesellschaft tätig sein, wenn sie von ihm nur tatsächlich geführt wird.[1049] Fraglich ist jedoch, welche Anforderungen an die Begründung eines solchen Treueverhältnisses im Sinne des § 266 Abs. 1 2. Alt StGB zu stellen sind. Nach überwiegender Ansicht ist neben der auf tatsächlichen Verhältnissen beruhenden Pflichtenstellung des Täters[1050] eine darüber hinausgehende Verpflichtung des Täters, das Vermögen der GmbH in deren Interesse zu betreuen, notwendig.[1051] Diese ist für das in § 266 StGB notwendige Innenverhältnis maßgebend.

Abgeleitet wird eine solche Verpflichtung aus dem Einverständnis aller Gesellschafter zum Handeln.[1052] Zivilrechtlich wird ein solches Einverständnis mit der Folge der Begründung der Vermögensbetreuungspflicht im Sinne des § 266 Abs. 1 2. Alt StGB als Geschäftsführung ohne Auftrag gemäß § 677 ff. BGB eingeordnet oder

1046 BGH vom 29.10.1991, 1 StR 513/91, wistra 1992, 66; *Perron*, in: Schönke/Schröder, StGB § 266 Rn. 4.

1047 Vgl. BGH vom 10.7.1996, 3 StR 50/96, NStZ 1996, 540 (541); BGH vom 14.7.1999, 3 StR 188/99, wistra 1999, 419.

1048 *Bünning*, Strafrechtliche Verantwortung, 33.

1049 *Bünning*, Strafrechtliche Verantwortung, 33 mit Verweis auf *Nelles*, Untreue, 558.

1050 BGH vom 10.7.1996, 3 StR 50/96, wistra 1996, 344 (346).

1051 *Nelles*, Untreue, 510.

1052 BGH vom 10.7.1996, 3 StR 50/96, NJW 1997, 66 (67); BGH vom 14.7.1999, 3 StR 188/99, wistra 1999, 419; *Perron*, in: Schönke/Schröder, StGB, § 266 Rn. 30 sowie *Bünning*, Strafrechtliche Verantwortung, 35 Fn. 61 m. w. N.; *Gübel* dagegen hält auch eine Usurpation des faktischen Handelnden für möglich, vgl. dazu *Gübel*, Faktische Betrachtungsweise, 142 ff.

aber aus den Grundsätzen von Treu und Glauben gemäß § 242 BGB abgeleitet.[1053] Im Ergebnis hat somit eine nicht zum Geschäftsführer bestellte Person als faktischer Geschäftsführer durch das „Gewährenlassen" der Gesellschafter einer GmbH ebenfalls eine Vermögensbetreuungspflicht gegenüber dem Gesellschaftsvermögen.

a) Umfang und Grenzen der Vermögensbetreuung

Hinsichtlich des Umfanges seiner Möglichkeiten, über das GmbH-Vermögen zu verfügen und dieses zu verpflichten, ist der faktische Geschäftsführer in seinem Handeln ebenfalls durch die gesellschaftsrechtlichen Grenzen beschränkt. Dies gilt sowohl im Hinblick auf die Kapitalerhaltungsregelungen der §§ 30 ff. GmbHG als auch auf den existenzvernichtenden Eingriff. Insofern gelten für ihn in gleichem Umfang die bei dem ordentlichen Geschäftsführer aufgezeigten Grenzen.

Nichts anderes kann auch im Hinblick auf das Einverständnis der Gesellschafter in Handlungen des faktischen Geschäftsführers gelten. Wenn auch bei dem faktischen Geschäftsführer ein besonderes Treuverhältnis durch die Gesellschafter gegenüber dem faktischen Geschäftsführer begründet wird, so sind die Gesellschafter jedoch gegenüber dem faktischen Geschäftsführer in gleichem Maße in ihrer Dispositionsbefugnis beschränkt, wie sie dies auch bei Handlungen eines ordnungsgemäß bestellten Geschäftsführers sind. Insofern macht sich ein faktischer Geschäftsführer bei Handlungen, die die gesellschaftsrechtlichen Grenzen überschreiten, in gleichem Maße der Untreue strafbar wie ein ordnungsgemäß bestellter Geschäftsführer. Das Einverständnis der Gesellschafter ist mangels Dispositionsbefugnis ebenfalls unerheblich.

b) Fazit

Auch nicht wirksam oder gar nicht bestellte Personen können, soweit sie tatsächlich als Geschäftsführer agieren, den Untreuetatbestand im Form der Treubruchalternative gemäß § 266 Abs. 1 2. Alt StGB erfüllen. Die Pflicht zur Betreuung des GmbH-Vermögens obliegt ihnen in gleichem Umfang wie den durch wirksamen Akt ordnungsgemäß bestellten Geschäftsführern einer GmbH. Auch hinsichtlich der Grenzen und dem strafbefreienden Einverständnis sind sie gleich den wirksam bestellten Geschäftsführern einer GmbH zu behandeln.

2) Der faktische Vorstand

Ist zum einen unzweifelhaft festzustellen, dass die Figur des faktischen Geschäftsführers der GmbH zivilrechtlich anerkannt ist und dass dieser Person auch strafrechtlich eine Vermögensbetreuungspflicht zukommt, so kann nicht gleichfalls daraus das Bestehen einer solchen Rechtsfigur für die Aktiengesellschaft in Form eines faktischen Vorstandes, eines Vorstandsmitgliedes, eines faktischen Aufsichtsrates oder eines faktischen Aufsichtsratsmitgliedes anerkannt werden.[1054] Im

---

1053 Vgl. dazu ausführlich *Bünning*, Strafrechtliche Verantwortung, 33 ff.

1054 *Kiethe*, BB 2005, 1801 (1803).

Hinblick auf Leveraged-Buyout-Transaktionen ist jedoch die Figur des faktischen Vorstandes nicht weniger relevant als die des faktischen Geschäftsführers, da die Aktiengesellschaft ebenfalls Gegenstand von Transaktionen ist.

a) Voraussetzungen

Während eine Vielzahl von Entscheidungen zur Figur des faktischen GmbH-Geschäftsführers vorliegen, ist die Rechtsfigur des faktischen Vorstandes einer Aktiengesellschaft nur selten Gegenstand einer gerichtlichen Entscheidung gewesen. Nachdem das Reichsgericht[1055] in ständiger Rechtsprechung der Figur des faktischen Vorstandes einer Aktiengesellschaft noch die Anerkennung versagt hatte, wurde diese durch den ersten Strafsenat des BGH[1056] zwischenzeitlich anerkannt. Der BGH stellt fest, dass als Mitglied des Vorstandes einer Aktiengesellschaft auch derjenige angesehen werden kann, der weder im Handelsregister eingetragen noch förmlich als Mitglied des Vorstandes bestellt wurde, sofern er tatsächlich die Stellung eines Mitgliedes des Vorstandes einnimmt.[1057] Aufgrund der aktienrechtlichen Kompetenzordnung könne eine Person jedoch nicht allein „aus eigener Kraft" die Stellung eines Vorstandsmitgliedes einnehmen. Vielmehr bedürfe es auch dabei parallel zum Einverständnis in der Gesellschaft eines Einverständnisses des entsprechenden Kontrollorgans. Der BGH hat in seiner Entscheidung vom 28.06.1966[1058] das Einverständnis zumindest in Form einer stillschweigenden Duldung des zuständigen Kontrollorgans, des Aufsichtsrates, vorausgesetzt.

Dieser Lösung ist mit den Überlegungen des BGH zuzustimmen. Dieser führt seine Lösung zu Recht darauf zurück, dass anderenfalls straflos bliebe, wer als eigentlicher Leiter der Aktiengesellschaft gegen gesetzliche Regelungen verstieße, und als ein ordnungsgemäß bestelltes Vorstandsmitglied einen als strafrechtliche Handlung zu qualifizierenden Beitrag geleistet hätte.

b) Fazit

Somit trifft eine sich als Vorstandsmitglied gerierende Person die strafrechtliche Verantwortung in gleichem Maße wie das ordnungsgemäß bestellte Vorstandsmitglied einer Aktiengesellschaft. Die Begründung des für die Verwirklichung des Treubruchtatbestandes gemäß § 266 Abs. 1 2. Alt StGB notwendigen Treueverhältnisses ist ebenfalls in dem Einverständnis des zuständigen Kotrollorgans, des Aufsichtsrates, zu sehen. Insofern kann ein faktisches Vorstandsmitglied sich gleichfalls der Untreue in Form des Treubruchtatbestandes gemäß § 266 Abs. 1 2. Alt StGB strafbar machen.

1055 RG vom 6.2.1930, II 22/29, RGSt 64, 81 (84) m. w. N.

1056 BGH vom 24.6.1952, 1 StR 153/52, BGHSt 3, 32; BGH vom 28.6.1966, 1 StR 414/65, BGHSt 21, 101 (104 ff.).

1057 BGH vom 24.6.1952, 1 StR 153/52, BGHSt 3, 32; BGH vom 28.6.1966, 1 StR 414/65, BGHSt 21, 101 (104 ff.).

1058 BGH vom 28.6.1966, 1 StR 414/65, BGHSt 21, 101 (104 ff.).

3) Folgen für Leveraged-Buyout-Transaktionen

Somit sind auch Personen, die nicht als Geschäftsführer einer GmbH oder als Vorstandsmitglied einer Aktiengesellschaft bestellt sind, jedoch als solches handeln und Entscheidungen für die Gesellschaft treffen, nach den oben genannten Kriterien als faktisches Geschäftsführungsorgan zu qualifizieren. Dritte, die Maßnahmen in der Zielgesellschaft selbst durchführen oder sich an solchen Handlungen beteiligen, verletzen gleichfalls ihre Vermögensbetreuungspflicht im Rahmen der Untreue gemäß § 266 Abs. 1 2. Alt StGB.

Im Rahmen von Leveraged-Buyout-Transaktionen nehmen insbesondere die Finanzinvestoren selbst oder durch sie entsandte Personen Einfluss auf die Zielgesellschaft, sodass sie als mittelbarer Eigentümer entsprechende Handlungen für die Zielgesellschaft vornehmen. Erfüllen sie die oben dargestellten Voraussetzungen eines faktischen Organs, so können sie gleichfalls durch die oben dargestellten Verfügungen ihre Vermögensbetreuungspflicht gegenüber der Zielgesellschaft verletzen.

H. Vermögensnachteil

Durch die Handlung des vermögensbetreuungspflichtigen Täters muss dem Inhaber des betreuten Vermögens ein Nachteil entstanden sein.[1059] Der hier verwandte Begriff des Nachteils entspricht dem Schadensbegriff des § 263 StGB.[1060] Dabei muss eine Identität zwischen dem Vermögen bestehen, auf das sich die Vermögensbetreuungspflicht des Täters bezieht, und dem Vermögen, welches durch den Täter geschädigt wurde.[1061] Hingegen muss keine Personenidentität zwischen dem Treugeber und dem Vermögensinhaber bestehen, dessen Vermögen geschädigt wurde.[1062]

Ein Nachteil tritt dann ein, wenn das treuwidrige Verhalten zu einer nicht durch Zuwachs ausgeglichenen Minderung des wirtschaftlichen Gesamtwertes führt.[1063] Ob ein Nachteil vorliegt, wird im Wege der Gesamtsaldierung durch einen Vergleich des Vermögensstands vor und nach der treuwidrigen Handlung festgestellt.[1064]

Liegt eine Minderung des zu betreuenden Vermögens vor, so ist weiterhin zu untersuchen, ob die Vermögensminderung tatsächlich nicht oder jedenfalls in einem

1059 BVerfG vom 23.6.2010, 2 BvR 2559/08, 2 BvR 105/09, 2 BvR 491/09, BVerfGE 126, 205; BGH vom 28.5.2013, 5 StR 551/11, NStZ 2013, 715; *Dierlamm*, in: MünchKomm, StGB, § 266 Rn. 201; *Perron*, in: Schönke/Schröder, StGB, § 266 Rn. 39.

1060 BVerfG vom 10.3.2009, 2 BvR 1980/07, NJW 2009, 2370; *Dierlamm*, in: MünchKomm, StGB, § 266 Rn. 201; *Kindhäuser*, in: NK, StGB, § 266 Rn. 93, 141; *Perron*, in: Schönke/Schröder, StGB § 266 Rn. 39; *Schünemann*, in: LeipKomm, StGB, § 266 Rn. 164.

1061 BGH vom 3.11.1982, 2 StR 159/82, NJW 1983, 461 (462); OLG Hamm vom 22.5.1973, 5 Ss 519/73, NJW 1973, 1809 (1810).

1062 *Dierlamm*, in: MünchKomm, StGB, § 266 Rn. 201.

1063 *Dierlamm*, in: MünchKomm, StGB, § 266 Rn. 202; *Kindhäuser*, in: NK, StGB, § 266 Rn. 93, 141.

1064 *Dierlamm*, in: MünchKomm, StGB, § 266 Rn. 202.

geringeren Umfang eingetreten wäre, wenn der Täter sich pflichtgemäß verhalten hätte, sog. Pflichtwidrigkeitszusammenhang.[1065]

Weiterhin liegt ein Schaden nur dann vor, wenn die Nachteile, die durch das pflichtwidrige Handeln entstanden sind, nicht durch Vorteile ausgeglichen werden. Dieser Vorteil muss eine wirtschaftlich vollwertige Kompensation darstellen.[1066] In diesem Zusammenhang stellt sich die Frage, nach welchen Maßstäben die Gleichwertigkeit der Gegenleistung zu bewerten ist. Teilweise werden zur Ermittlung die Grundsätze des individuellen Schadenseinschlages herangezogen.[1067] Das BVerfG[1068] hat sich zur Ermittlung des Schadens dahin gehend geäußert, dass ein Vermögensnachteil die Feststellung eines wirtschaftlichen Minderwerts des Vermögens erfordert. Insofern sei zu prüfen, ob das verbotene Geschäft – wirtschaftlich betrachtet – nachteilhaft war.[1069]

Ausreichend für die Bejahung eines Vermögensschadens ist auch der Eintritt eines Gefährdungsschadens bzw. einer schadensgleichen Vermögensgefährdung. Diese Vermögensgefährdung liegt dann vor, wenn sich der Nachteil letztlich nicht endgültig realisiert aber nach wirtschaftlicher Betrachtungsweise bereits zu einer gegenwärtigen Minderbewertung des Vermögens führt.[1070] Die Rechtsprechung bejaht daher auch dann einen Vermögensschaden, wenn das Vermögen des Verletzten durch die Tathandlung konkret gefährdet wird. Dabei reicht eine abstrakte Gefährdungslage jedoch nicht aus. Unter Berücksichtigung der Umstände des Einzelfalles ist festzustellen, ob die Betroffenen mit wirtschaftlichen Nachteilen ernstlich zu rechnen hätten und somit der Eintritt eines Schadens derart naheliegend ist, dass der Vermögenswert aufgrund der Verlustgefahr bereits gegenwärtig gemindert wird.[1071]

1065 *Dierlamm*, in: MünchKomm, StGB, § 266 Rn. 202; *Kindhäuser*, in: NK, StGB, § 266 Rn. 100.

1066 BGH vom 28.1.1983, 1 StR 829/81, BGHSt 31, 232 (234); BGH vom 21.10.1994, 2 StR 328/94, BGHSt 40 287 (295); BGH vom 4.11.1997, 1 StR 273/97, BGHSt 43, 293 (297 f.); *Kindhäuser*, in: NK, StGB, § 266 Rn. 206.

1067 BGH vom 4.11.1997, 1 StR 273/97, BGHSt 43, 293 (298 f.); *Perron*, in: Schönke/Schröder, StGB, § 266 Rn. 43; *Schünemann*, in: LeipKomm, § 266 Rn. 142.

1068 BVerfG vom 23.6.2010, 2 BvR 2559/08, 2 BvR 105/09, 2 BvR 491/09, BVerfGE 126, 170.

1069 BVerfG vom 1.11.2012, 2 BvR 1235/11, NJW 2013, 365.

1070 BGH vom 9.7.1987, 4 StR 216/87, BGHSt 34, 394; BGH vom 21.10.1994, 2 StR 328/94, BGHSt 40, 287; BGH vom 7.10.2003, 1 StR 212/03, BGHSt 48, 354; BGH vom 5.11.2003, 1 StR 287/03, wistra 2004, 60 = NStZ 2004, 264; *Schünemann*, in: LeipKomm, § 266 Rn. 178 m. w. N.

1071 BVerfG vom 10.3.2009, NJW 2009, 2370 (2372); BVerfG vom 23.6.2010, 2 BvR 2559/08, 2 BvR 105/09, 2 BvR 491/09, BVerfGE 126, 170 (211 f); BVerfG vom 7.12.2011, NJW 2012, 907 (915 f); BGH vom 07.10.2003, 1 StR 212/03, BGHSt 48, 354 (357 f.); BGH vom 18.10.2006, 2 StR 499/05, BGHSt 51, 100, (113); BGH vom 2.4.2008, 5 StR 354/07, BGHSt 52, 182 (188); BayObLG vom 20.7.1995, 4 StR RR 4/95, juris; OLG Hamm vom 19.4.1999, 2 Ws 71/99, juris; OLG Karlsruhe vom 30.8.1989, 1 Ws 60/89, NStZ 1990, 82 (84); OLG Stuttgart vom 19.8.1970, 1 Ss 318/70, NJW

Zum Teil schließt sich die Literatur dieser Auffassung an.[1072] Andererseits wird jedoch Kritik dahin gehend geäußert, dass der Tatbestand durch die Bestimmungsansätze der Rechtsprechung zu weit ausgedehnt wird.[1073] Dem ist jedoch entgegenzuhalten, dass Rechtsprechung und Schrifttum mit der Gleichsetzung von Schaden und Gefährdung der Tatsache Rechnung tragen, dass sich in einem markorientierten Wirtschaftssystem die Preise über den Mechanismus von Angebot und Nachfrage bilden und dass sich daher auch die Zukunftserwartungen der Marktteilnehmer auf den erzielbaren Preis und damit den Wert von Gegenständen auswirken.[1074]

Im Anschluss daran gilt für die Ermittlung des Vermögensschadens bei Leveraged-Buyout-Transaktionen Folgendes: Maßgebend ist, ob das Vermögen der Zielgesellschaft wirtschaftlich gemindert wurde und somit das Geschäft wirtschaftlich betrachtet nachteilhaft ist. Dies ist regelmäßig dann zu bejahen, wenn der Zielgesellschaft keine angemessene Gegenleistung gewährt wird.

I. Subjektiver Tatbestand

I. Vorsatz

Untreue ist ein Vorsatzdelikt im Sinne des § 15 StGB. Die Strafbarkeit setzt daher ein vorsätzliches Handeln des Täters voraus.[1075] Für die Erfüllung des Tatbestandes genügt bedingter Vorsatz.[1076] Bei der notwendigen Vorsatzprüfung sind strenge Anforderungen an den Nachweis des subjektiven Tatbestandes zu stellen. Der Täter muss sich seines pflichtwidrigen Handelns und des dadurch erreichten Vermögensnachteils[1077] bewusst sein.[1078] Liegt nur ein Gefährdungsschaden vor, bedarf es neben der Kenntnis der konkreten Möglichkeit eines Schadenseintritts und des Inkaufnehmens dieser konkreten Gefahr auch einer Billigung der Realisierung der Gefahr. Hierzu ist ausreichend, dass der Täter sich mit dem unerwünschten Erfolg

---

1971, 64; *Dierlamm*, in: MünchKomm, StGB, § 266 Rn. 186; *Kindhäuser*, in: NK, StGB, § 266 Rn. 110.

1072 *Fischer*, StGB, § 266 Rn. 150; *Kindhäuser*, in: NK, § 266 Rn. 110, jeweils m. w. N.

1073 *Albrecht*, Festschrift Hamm (2008), 1 (2); *Dierlamm*, in: MünchKomm, StGB, § 266 Rn. 186, 195

1074 Vgl. *Fischer*, NStZ-Sonderheft 2009, 8 (11).

1075 *Schünemann*, in: LeipKomm, StGB, § 266 Rn. 189.

1076 RG vom 19.12.1940, 3 D 236/40, RGSt 75, 85; RG vom 13.4.1942, 2 D 78/42, RGSt 76, 115, 116; *Perron*, in: Schönke/Schröder, StGB, § 266 Rn. 49; *Schünemann*, in: LeipKomm, StGB, § 266 Rn. 190.

1077 BVerfG vom 10.3.2009, 2 BvR 1980/07, NJW 2009, 2370 (2373); BGH vom 27.2.1975, 4 StR 571/74, NJW 1975, 1234 (1236); BGH vom 11.11.1982, 4 StR 406/82, NJW 1983, 461.

1078 BGH vom 26.8.2003, 5 StR 145/03, BGHSt 48, 331 (340); BGH vom 6.4.2000, 1 StR 280/99, BGHSt 46, 30 (35); BGH vom 21.12.2005, 3 StR 470/04, BGHSt 50, 331, NJW 2006, 522.

abfindet.[1079] Bei Risikogeschäften ist die Möglichkeit einer Vermögensgefährdung immanent. Die bewusste Eingehung dieses Risikos reicht daher für sich genommen für eine Strafbarkeit nach § 266 StGB nicht aus, denn Risiken sind wesentliche Strukturelemente im marktwirtschaftlichen System und die Eingehung dieser Risiken ist notwendiger Bestandteil unternehmerischen Handels. Aus diesem Grund sind dann an die Feststellung der inneren Tatsache erhöhte Anforderungen zu stellen.[1080] Der Täter muss die Gefahr zugleich gebilligt haben.[1081] Durch die Literatur ist diese Rechtsprechung kritisiert worden. Aufgrund der hohen Anforderungen bestehe die Gefahr, dass eine Inkongruenz zwischen dem objektiven und subjektiven Tatbestand entstehe und somit sich die Untreue zu einem Delikt mit überschießender Innentendenz entwickle.[1082] Diese Kritik mag im Kern zutreffend sein. Die Rechtsprechung erreicht auf diese Weise jedoch die Restriktion der Figur der schadensgleichen Vermögensgefährdung. Solange die Rechtsprechung an dieser Figur festhält, sollte auch die Restriktion auf der subjektiven Tatbestandsebene angewandt werden.[1083]

II. Irrtum

Der Täter muss die Tatsachen kennen, die seine Pflichtenstellung begründen. Dabei muss der Vorsatz des Täters den Verstoß gegen seine Pflichten umfassen.[1084] Teilweise wird vertreten, die Pflichtwidrigkeit selbst sei ein normatives Tatbestandsmerkmal. Diese Meinung gelangt, da jede Pflichtwidrigkeitsverletzung vom Vorsatz umfasst sein muss, somit bei jedem Irrtum zum Vorsatzausschluss.[1085] Teile der Literatur[1086] üben jedoch daran Kritik, da anderenfalls § 17 StGB gänzlich leerlaufen würde. Andere Teile der Literatur[1087] wiederum betrachten die Pflichtwidrigkeit als ein gesamttatbewertendes Merkmal mit der Folge, dass das fehlende Bewusstsein darüber lediglich einen Verbotsirrtum begründe.

Die Rechtsprechung des BGH ist hinsichtlich der Anforderungen sowie der Qualifizierung als irriges Handeln des Täters nicht einheitlich. Der 3. Strafsenat des BGH fordert „wertende Kriterien und differenzierende Betrachtungen". Ein

---

1079 BGH vom 28.5.2013, 5 StR 551/11, NStZ 2013, 715.

1080 BGH vom 28.5.2013, 5 StR 551/11, NStZ 2013, 715.

1081 BGH vom 28.5.2013, 5 StR 551/11, NStZ 2013, 715.

1082 *Bernsmann*, GA 2007, 219 (230).

1083 Zustimmend *Fischer*, StGB, § 266 Rn. 183 ff.; *Wittig*, in: von Heintschel-Heinegg, StGB, § 266 Rn. 48.1.

1084 RG vom 18.10.1943, 3 D 372/43, RGSt 77, 228 (229); BGH vom 12.6.1990, 5 StR 268/89, NJW 1990, 3219 (3220); BGH vom 7.11.1990, 2 StR 439/90, BGHSt 37, 226 = NJW 1991, 990 (991); BGH vom 6.5.1986, 4 StR 124/86, NStZ 1986, 455 (456); BGH vom 8.10.1985, 1 StR 420/85, wistra 1986, 25; BGH vom 16.3.1993, 1 StR 804/92, wistra 1993, 225 (227).

1085 *Jakob*, NStZ 2005, 276.

1086 *Ransiek*, NJW 2006, 814 (816).

1087 *Kindhäuser*, in: NK, StGB, § 266, Rn. 122; *Schünemann*, in: LeipKomm, StGB, § 266 Rn. 193.

Tatbestandsirrtum gemäß § 16 StGB scheide aus, wenn der Täter in Kenntnis des Verbots, vermögensschädigende Maßnahmen zu unterlassen, von einem besonderen Erlaubnissatz zur Gewährung einer kompensationslosen Anerkennungsprämie ausgehe.[1088] Der 2. Strafsenat des BGH qualifiziert hingegen den Irrtum über parteiengesetzliche Anforderungen noch als Tatbestandsirrtum.[1089] Der 1. Strafsenat des BGH hat in einem Fall, in dem der Täter das Einverständnis des Geschäftsherrn irrig angenommen hat, den Vorsatz bezüglich der Pflichtverletzung entfallen lassen und in diesem Fall einen Tatbestandsirrtum gemäß § 16 StGB angenommen.[1090]

III. Stellungnahme

Die o.g. Teile der Literatur konstatieren zu Recht, dass die Qualifizierung der Pflichtwidrigkeit als normatives Tatbestandsmerkmal dazu führt, dass der Verbotsirrtum gemäß § 17 StGB leerläuft. Dies allein reicht jedoch nicht aus, die Pflichtwidrigkeit als ein besonderes gesamttatbewertendes Merkmal zu qualifizieren. Dafür besteht keine rechtliche Grundlage. Die Pflichtwidrigkeit ist als normatives Tatbestandsmerkmal zu qualifizieren. Insofern entfällt der Vorsatz daher stets, wenn der Täter davon ausgeht, dass er nicht pflichtwidrig handle. Geht der Täter somit davon aus, dass er durch sein Handeln nicht gegen die Kapitalerhaltungsvorschriften des GmbHG und des AktG verstoße, so handelt er nicht vorsätzlich. Gleiches gilt auch dann konsequenterweise für den Fall, in dem der Täter irrig von dem Einverständnis des Anteilseigners ausgeht.

J. Exkurs: Strafbarkeit des Einzelnen bei unternehmerischen Gremienentscheidungen

Die Organe der GmbH und der Aktiengesellschaft, insbesondere die Gesellschafterversammlung und der Aufsichtsrat bei der GmbH sowie der Vorstand, die Hauptversammlung und der Aufsichtsrat bei der Aktiengesellschaft, sind – aufgrund gesetzlicher Anordnung oder aufgrund satzungsgemäßer Vereinbarung – mit mehreren Personen besetzt. Eine Willensäußerung dieser Organe erfolgt durch einen Beschluss. Einem solchen Handeln nach außen geht regelmäßig ein interner Willensbildungsprozess voran. Die Willenserklärung der Organe erfolgt daher regelmäßig durch Abstimmung der stimmberechtigten Personen. Diese Abstimmungen bzw. das Abstimmungsverhalten der Mitglieder der oben genannten Organe ist im Hinblick auf die Entscheidungen, die im Rahmen einer Leveraged-Buyout-Transaktion getroffen werden, als das strafrechtliche relevante Verhalten zu qualifizieren. Es zeigen sich folgende Probleme: Im Zusammenhang mit einem strafrechtlichen Ermittlungsverfahren stellt sich die Frage, ob das Abstimmungsverhalten des einzelnen Organmitglieds überhaupt nachweisbar ist. Dies wäre nur der Fall, wenn das

1088 BGH vom 21.12.2005, 3 StR 470/04, BGHSt 50, 331 = NJW 2006, 522.
1089 BGH vom 18.10.2006, 2 StR 499/05, BGHSt 51, 100, NJW 2007, 1760.
1090 BGH vom 17.6.1952, 1 StR 668/51, BGHSt 3, 23.

Abstimmungsverhalten der Mitglieder der oben genannten Organe dokumentiert werden würde. Darüber hinaus ist zu untersuchen, wie sich das Abstimmungsverhalten des einzelnen Mitgliedes – Zustimmung, Enthaltung, Ablehnung – auf die Strafbarkeit des Mitgliedes auswirkt.

I. Formen und Protokollierung der Ausübung des Stimmrechts

1) Gesellschafterversammlung einer GmbH

a) Grundsätze

Die Form der Abstimmung bei Beschlüssen im Rahmen einer Gesellschafterversammlung ist gesetzlich nicht geregelt. Die Satzung der Gesellschaft kann jedoch eine solche Regelung treffen. Ist in der Satzung keine Regelung enthalten, sind grundsätzlich alle Formen der Abstimmung möglich, die eine zweifelsfreie Ergebnisfeststellung gewährleisten. Zulässige Formen sind daher: Hand heben, mündliche Kundgabe, Aufstehen von den Plätzen, schriftliche Stimmabgabe, Stimmkarten etc.[1091] Zu der Möglichkeit einer geheimen Stimmabgabe wird weder in der Literatur noch in der Rechtsprechung Stellung genommen. Einzig *Zöllner*[1092] erachtet eine geheime Stimmabgabe als zulässig, soweit sichergestellt ist, dass nur Stimmberechtigte an der Abstimmung beteiligt sind.

Die Protokollierung der Gesellschafterversammlung ist ebenfalls nicht durch das Gesetz vorgeschrieben, sondern nur in Einzelfällen durch das Gesetz angeordnet; beispielsweise wenn ein Beschluss eine Satzungsänderung zum Gegenstand hat. Diese bedürfen der notariellen Beurkundung gemäß § 53 Abs. 2 Satz 1 Hs. 1 GmbHG. Zu diesen satzungsändernden Beschlüssen zählen auch Abstimmungen über die Herabsetzung des Stammkapitals.[1093] Zudem sind im Rahmen einer Verschmelzung gemäß § 13 Abs. 3 Satz 1 UmwG die Verschmelzungsbeschlüsse des übernehmenden sowie des übertragenden Rechtsträgers notariell zu beurkunden.

b) Stellungnahme

Für die Zulässigkeit einer geheimen Stimmabgabe spricht, dass der Gesetzgeber die Form der Stimmabgabe nicht gesetzlich geregelt hat. Auch besteht grundsätzlich keine Notwendigkeit, eine bestimmte Form vorzuschreiben. Zur Ermittlung der für den einzelnen Beschluss notwendigen Mehrheit bedarf es, abgesehen von der Ermittlungsfähigkeit, keiner weiteren Voraussetzung.

Problematisch erscheint die geheime Stimmabgabe im Hinblick auf die zivilrechtliche und strafrechtliche Haftung der Gesellschafter. Durch eine geheime Stimmabgabe besteht zumindest die Möglichkeit, das Stimmverhalten des einzelnen

---

1091 *Drescher*, in: MünchKomm, GmbHG, § 47 Rn. 23; *Zöllner*, in: Baumbach/Hueck, GmbHG, § 47 Rn. 19.

1092 *Zöllner*, in: Baumbach/Hueck, GmbHG, § 47 Rn. 19.

1093 *Zöllner/Noack*, in: Baumbach/Hueck, GmbHG, § 53 Rn. 31.

Gesellschafters zu verschleiern. Im Hinblick auf die Strafverfolgung besteht durch diese Form der Abstimmung die Möglichkeit, sich einer Strafverfolgung zu entziehen. Gleichwohl wird dies in den Fällen nicht gelingen, in den durch die unterschiedliche Verteilung der Geschäftsanteile auf das Abstimmungsverhalten der beteiligten Gesellschafter Rückschlüsse gezogen werden können. Es wird daher möglich sein, sofern die Entscheidung nicht einstimmig getroffen wurde, anhand des Protokolls über die Beschlussfassung das Abstimmungsverhalten des einzelnen Gesellschafters bei einem kleinen Gesellschafterkreis zu ermitteln.

2) Hauptversammlung einer Aktiengesellschaft

Fehlt es in der Satzung der Aktiengesellschaft an einer Regelung bzw. wurde durch die Hauptversammlung keine Form der Abstimmung beschlossen, bestimmt der Versammlungsleiter die Form der Abstimmung. Ein Anspruch auf eine geheime Abstimmung besteht jedoch für die Beschlüsse in einer Hauptversammlung nicht. Dafür spricht, dass das Interesse der Aktiengesellschaft an der Kenntnis des individuellen Abstimmungsverhaltens gegenüber etwaigen Geheimhaltungsinteressen des Aktionärs überwiegt.[1094]

3) Vorstand einer Aktiengesellschaft

Eine gesetzliche Regelung für die Form eines Vorstandsbeschlusses besteht nicht.[1095] Beschlüsse können daher mündlich und, wenn alle Mitglieder zustimmen, auch telegrafisch, fernmündlich oder schriftlich gefasst werden. Ein Beschluss wird erst wirksam, wenn das Beschlussergebnis festgestellt wurde. Nach dem gesetzlichen Leitbild des § 77 Abs. 1 Satz 1 AktG gilt das Einstimmigkeitsprinzip. Eine Protokollierung ist für Vorstandssitzungen nicht vorgesehen, wird jedoch als notwendig erachtet, da anderenfalls die Mitglieder des Vorstands gegen ihre Sorgfaltspflichten i. S. d. § 93 AktG verstoßen. Insofern ist eine Protokollierung in der Praxis allgemein üblich.[1096]

4) Aufsichtsrat der Aktiengesellschaft

Nach allgemeiner Auffassung entscheidet der Aufsichtsratsvorsitzende innerhalb der Grenzen von Gesetz, Satzung und Geschäftsordnung über die Art sowie die Reihenfolge, in der die Anträge zur Beschlussfassung gestellt werden.[1097] Dabei geht die gesetzliche Regelung des § 108 Abs. 4 AktG grundsätzlich von einer offenen

1094 *Hirschmann*, in: Hölters, AktG, § 134 Rn. 65; *Rieckers*, in: Spindler/Stilz, AktG, § 134 Rn. 82; *Volhard*, in: MünchKomm, AktG, § 134 Rn. 89, jeweils m. w. N.

1095 *Spindler*, in: MünchKomm, AktG, § 77 Rn. 23.

1096 *Spindler*, in: MünchKomm, AktG, § 77 Rn. 25.

1097 *Hambloch-Gesinn/Gesinn*, in: Hölters, AktG, § 108 Rn. 12; *Mertens*, in: KölnKomm, AktG, § 108 Rn. 18.

Abstimmung aus.[1098] Von Teilen der Literatur wird auch die geheime Abstimmung für zulässig erachtet.[1099] Die Gegenansicht lehnt die geheime Abstimmung mit der Begründung ab, dass im Hinblick auf eine mögliche Haftung der Aufsichtsratsmitglieder das Abstimmungsverhalten hinsichtlich der einzelnen Anträge feststellbar sein müsse.[1100] Der letztgenannten Ansicht ist jedoch entgegenzuhalten, dass eine solche Pflicht aus dem Gesetz nicht abgeleitet werden kann. Die Offenlegung des Abstimmungsverhaltens ist weder für die Haftung eines Aufsichtsratsmitglieds noch für seine Abberufung notwendig. Ist ein Beschluss rechtswidrig, muss ein Aufsichtsratsmitglied unabhängig von seiner Stimmabgabe dagegen aktiv vorgehen. Geschieht dies nicht, so verletzt er seine Pflichten.[1101]

Da es an einem ausdrücklichen gesetzlichen Verbot fehlt und auch sonstige Gründe nicht gegen eine geheime Abstimmung sprechen, ist von der Zulässigkeit auch dieser Art der Zustimmung auszugehen.

Darüber hinaus wird in dem Protokoll der Sitzung in der Regel nicht festgehalten, welches Aufsichtsratsmitglied für oder gegen einen Antrag stimmt, sondern nur die Anzahl der Stimmen insgesamt, die für oder gegen einen Antrag gestimmt haben.

5) *Aufsichtsrat der GmbH*

Für die GmbH ist die Bildung eines Aufsichtsrates unter bestimmten Voraussetzungen gesetzlich zwingend vorgeschrieben (sog. obligatorischer Aufsichtsrat). Ein obligatorischer Aufsichtsrat ist aufgrund der Anordnung durch eines der vier Mitbestimmungsgesetze (DrittelbG, MitbestG, Montan-MitbestG und MitbestErgG) einzurichten. Im Übrigen kann auch aufgrund einer Satzungsregelung ein Aufsichtsrat (sog. fakultativer Aufsichtsrat) gebildet werden.[1102]

Die Entscheidungen werden auch im Aufsichtsrat einer GmbH durch Beschluss gefasst. Ob eine geheime Abstimmung zulässig ist, ist in der Literatur umstritten. Zum Teil wird eine geheime Abstimmung für nicht zulässig erachtet.[1103] Ein anderer Teil ist der Ansicht, auch die Beschlüsse eines Aufsichtsrates einer GmbH könnten im Rahmen einer geheimen Abstimmung gefasst werden. Zur Begründung werden die bei dem Aufsichtsrat einer Aktiengesellschaft genannten Gründe angeführt.[1104]

1098 *Habersack*, in: MünchKomm, AktG, § 108 Rn. 18; *Hambloch-Gesinn/Gesinn*, in: Hölters, AktG, § 108 Rn. 12 m. w. N.

1099 *Drygala*, in: K.Schmidt/Lutter, AktG, § 108 Rn. 18; *Habersack*, in: MünchKomm, AktG, § 102 Rn. 18; *Hambloch-Gesinn/Gesinn*, in: Hölters, AktG, § 108 Rn. 14; *Hüffer*, in: Hüffer, AktG; *Kollhosser*, Festschrift Hadding, 2004, 501 (504), *Tomasic*, in: Grigoleit, AktG, § 108 Rn. 9; jeweils m. w. N.

1100 *Mertens*, in: KölnKomm, AktG, § 108 Rn. 38 m. w. N.; *Spindler*, in: Spindler/Stilz, AktG, § 108 Rn. 16.

1101 *Schneider*, in: Scholz, GmbHG, § 52 Rn. 427.

1102 *Giedinghagen*, in: Michalski, GmbHG, § 52 Rn. 1,2.

1103 *N. Meier*, DStR 1996, 385; *Spindler*, in: MünchKomm, GmbHG, § 52 Rn. 488; *Zöllner/Noack*, in: Baumbach/Hueck, HGB, § 52 Rn. 88;

1104 *Schneider*, in: Scholz, GmbHG, § 52 Rn. 427.

Für eine Ungleichbehandlung des Aufsichtsrates einer GmbH und einer Aktiengesellschaft bestehen keine Gründe.

II. Strafrechtliche Bewertung des Abstimmungsverhaltens - Prinzip der Gesamtverantwortung

Unternehmen, die als juristische Personen geführt werden, handeln durch ihre Organe. Die Organe der Unternehmen sind regelmäßig mit mehreren Personen besetzt. Dabei gilt das gesellschaftsrechtliche Prinzip der Gesamtverantwortung eines Organs. Für den Vorstand der Aktiengesellschaft ist dies in § 77 Abs. 1 AktG ausdrücklich geregelt. Für die GmbH fehlt es an einer gesetzlichen Regelung. Nach allgemeiner Meinung gilt dieses Prinzip auch für die GmbH.[1105] Dieses Prinzip findet ebenfalls entsprechende Anwendung auf den Aufsichtsrat und die Gesellschafterversammlung, soweit diese Organe Aufgaben der Geschäftsführung übernehmen. Insbesondere die Untreue wird häufig durch Organvertreter und Gremienmitglieder begangen, denen eine Entscheidung des verantwortlichen Gremiums vorangegangen ist. Sind jedoch mehrere Personen an einer solchen Entscheidung beteiligt, stellt sich die Frage der strafrechtlichen Zurechnung.[1106]

Aufgrund der Vielzahl von strafrechtlichen Problemen, die bei Entscheidungen von Gremienentscheidungen diskutiert werden können, sollen hier nur die relevanten Punkte behandelt werden.

1) Grundsätze der Rechtsprechung

Der BGH hat im Fall, in dem mehrere Geschäftsführer einer GmbH gemeinsam über die Anordnung eines Rückrufs zu befinden hatten, entschieden, dass jeder Geschäftsführer verpflichtet ist, alles ihm Mögliche und Zumutbare zu tun, um diese Entscheidung herbeizuführen.[1107] Für den Fall, dass die Geschäftsführer einstimmig beschlössen, den gebotenen Rückruf zu unterlassen, haften sie für die Schadensfolgen dieser Unterlassung als Mittäter. Jeder Geschäftsführer, der es unterlasse, seinen Beitrag zum Zustandekommen der Rückrufentscheidung zu leisten, setze eine Ursache für das Unterbleiben der gebotenen Maßnahme. Dieses Unterlassen begründe ebenfalls die strafrechtliche Haftung. Dies gelte auch dann, wenn die Gegenstimme am Widerstand der anderen Geschäftsführer gescheitert wäre.[1108]

Im Fall der Entscheidung über eine Kreditvergabe durch ein mehrköpfiges Gremium hat der BGH geurteilt, dass auch für den Fall des Einstimmigkeitsprinzips unterschiedliche Verantwortlichkeiten der Beteiligten bestehen würden.[1109] Das OLG Stuttgart hat bereits aus der Teilnahme an der Kollektiventscheidung und der damit

1105 *Zöllner/Noack*, in: Baumbach/Hueck, GmbHG, § 37 Rn. 24.
1106 *Dierlamm*, in: MünchKomm, StGB, § 266 Rn. 288.
1107 BGH vom 6.7.1990, 2 StR 549/89, BGHSt 37, 106 = NJW 1990, 2560.
1108 BGH vom 6.7.1990, 2 StR 549/89, BGHSt 37, 106 (107) = NJW 1990, 2560.
1109 BGH vom 23.8.1995, 5 StR 98/94, BGHSt 40, 218 = NJW 1994, 2703.

verbundenen Unterwerfung unter die Mehrheitsmeinung, die Mitverantwortlichkeit der Mitglieder des Gremiums abgeleitet.[1110]

Das OLG Düsseldorf hat für den Fall eines sich enthaltenden Organmitglieds entschieden, dass sich das Organmitglied bereits durch die Teilnahme an der Gremienentscheidung trotz seiner Enthaltung strafbar gemacht habe, wenn das Gremium ohne die Teilnahme des Organmitglieds an der Beschlussfassung nicht beschlussfähig gewesen wäre und es sich zudem nicht gegen den Inhalt der Entscheidung habe stellen wollen.[1111]

2) *Stellungnahme*

Unstreitig ist ein Organmitglied strafrechtlich verantwortlich, wenn er an einer Gremienentscheidung teilnimmt und einem Beschluss mit strafrechtlichem Inhalt zustimmt. Dabei ist unbeachtlich, ob mehr Stimmen als erforderlich für den Beschluss abgegeben wurden und es insofern auf die einzelne abgegebene Stimme nicht mehr angekommen wäre. Ebenfalls ist strafrechtlich in gleichem Maße verantwortlich, wer resigniert und nur aus diesem Grund für den Beschluss stimmt, denn auch er solidarisiert sich mit der Tat und trägt zu dieser bei.[1112]

Stimmt ein Organmitglied gegen einen Beschluss mit strafrechtlichem Inhalt, so kann er für die strafrechtlichen Folgen nicht verantwortlich gemacht werden. Aus einer weitergehenden Verpflichtung, weitere Maßnahmen zur Verhinderung der strafrechtlichen Folgen zu verlangen, eine strafrechtliche Verantwortung abzuleiten ist zu weitgehend. Dies gilt auch für die Begründung einer strafrechtlichen Verantwortung aufgrund der Teilnahme und der Mitwirkung an der Abstimmung. Eine strafrechtliche Kollektivzurechnung qua Mitgliedschaft in einem Gremium verstößt gegen das Schuldprinzip.[1113]

Enthält sich ein Organmitglied der Stimme, ist fraglich, ob dieses Verhalten gleichwohl als Tatbeitrag zu qualifizieren ist. Bei knappen Mehrheitsverhältnissen wirkt sich die Enthaltung wie eine Ja-Stimme aus. Zudem gibt es Konstellationen, bei denen das Beschlussorgan, ohne das sich enthaltende Mitglied, nicht beschlussfähig wäre. In diesen Fällen liegt kein Tatbeitrag im Sinne eines positiven Tuns vor. Gleichwohl ist in diesem Fall die Enthaltung als garantenpflichtwidriges Unterlassen zu qualifizieren, da das sich enthaltende Mitglied nicht seiner Pflicht nachgekommen ist, alles Mögliche und Zumutbare zu tun, die strafrechtlichen Folgen zu verhindern.[1114]

1110 OLG Stuttgart vom 1.9.1980, 3 Ss 440/80, NStZ 1981, 27 (28).

1111 LG Düsseldorf vom 22.7.2004, XIV 5/03, NJW 2004, 3275 (3276); bestätigt durch BGH vom 21.12.2005, 3 StR 470/04, NStZ 2006, 214.

1112 *Dierlamm*, in: MünchKomm, StGB, § 266 Rn. 297.

1113 *Dierlamm*, in: MünchKomm, StGB, § 266 Rn. 297; *Knauer*, Gremienentscheidungen, 203.

1114 *Dierlamm*, in: MünchKomm, StGB, § 266 Rn. 298; *Knauer*, Gremienentscheidungen, 206 ff.; *Tiedemann*, ZIP 2004, 2056 (2057).

Teil 3 Die Bankrottstrafbarkeit bei Leveraged-Buyout-Transaktionen

Die Relevanz der Bankrottstrafbarkeit resultiert sowohl aus dem theoretischen[1115] als auch dem praktischen[1116] Insolvenzrisiko der Zielgesellschaft bei Leveraged-Buyout-Transaktionen. Das charakteristische Merkmal ist die Finanzierung des Kaufpreises und der Zinsen für die Bereitstellung des Fremdkapitals sowohl mittels des Cashflow der Zielgesellschaft als auch durch die Nutzung des Gesellschaftsvermögens der Zielgesellschaft – letztendlich ist die Zielgesellschaft hoch verschuldet. Hieraus ergibt sich ein erhebliches Insolvenzrisiko. Die Chance der hohen Rendite kehrt sich ins Gegenteil und es droht die Zahlungsunfähigkeit bzw. die Überschuldung der Zielgesellschaft.[1117]

Eingangs soll das Verhältnis von dem Bankrott- und dem Untreuetatbestand dargestellt werden. Sodann folgt die Untersuchung des Schutzzweckes des § 283 StGB, woran sich dann Überlegungen hinsichtlich der Risiken von Insolvenzen aus Leveraged-Buyout-Transaktionen anschließen.

A. Schutzzweck des Bankrottstraftatbestandes

Der Bankrottstraftatbestand des § 283 StGB dient als Vermögensdelikt dem Schutz der Gläubigerinteressen, einer vollständigen bzw. möglichst hohen Befriedigung ihrer vermögensrechtlichen Ansprüche.[1118] Zudem bezweckt er aber nicht nur den Schutz einzelner am Wirtschaftsleben teilnehmender Personen – der Gläubiger -, sondern darüber hinaus auch den Schutz des gesamtwirtschaftlichen Systems, insbesondere der Funktionsfähigkeit der Kreditwirtschaft.[1119] Insofern haben die §§ 283 ff. StGB eine andere Schutzrichtung als der § 266 StGB. Während der Untreuetatbestand das Vermögen gegenüber Handlungen von bevollmächtigten Personen, die Zugriff auf dieses Vermögen haben, zur Selbsterhaltung schützt, dient der Schutzzweck der § 283 ff. StGB Dritten, die mit dem „Schuldner" in wirtschaftlichem Kontakt stehen.

B. Anwendbarkeit bei juristischen Personen

Nach den strafrechtlichen Grundsätzen können nur natürliche Personen Täter im Sinne des StGB sein. Täter kann derjenige sein, der sich wirtschaftlich betätigt sowie jeder Schuldner, der einem anderen zu einer vermögenswerten Leistung oder zur

1115 Siehe dazu ausführlich: 1. Kapitel B. II., Folgen und Rsiken des Leveraged Buyout.

1116 *Bayer*, FTD vom 28.4.2009, Unternehmen ringen um Refinanzierung, unter: http://www.ftd.de/unternehmen/finanzdienstleister/:hohe-insolvenzgefahr-unternehmen-ringen-um-refinanzierung/446715.html.

1117 *Arnold*, Untreue im Konzern, 79.

1118 *Reichelt*, Untreue und Bankrott, 78 m. w. N.

1119 *Reichelt*, Untreue und Bankrott, 78 jeweils m. w. N.

Duldung einer Zwangsvollstreckung verpflichtet ist. Erfasst werden damit auch Privatinsolvenzen.[1120] Gemäß § 283 Abs. 6 StGB ist erforderlich, dass die Voraussetzungen durch den Täter selbst erfüllt sind. Würde man dem Wortlaut folgen, hätte dies zur Folge, dass die §§ 283 ff. StGB nur dann anwendbar wären, wenn Inhaber oder Vertretene von Unternehmen natürliche Personen wären.[1121] Diese vom Gesetzgeber nach allgemeiner Auffassung nicht gewollte Folge wird dadurch vermieden, dass der Begriff des „Täters" in § 283 Abs. 6 StGB im Sinne von „Schuldner" ausgelegt wird.[1122] Dadurch wird erreicht, dass die strafrechtliche Verantwortung bei juristischen Personen durch § 14 StGB zugeordnet werden kann. Im Hinblick auf den vorliegenden Untersuchungsgegenstand folgt hieraus, dass bei der Aktiengesellschaft der Vorstand sowie bei der GmbH der Geschäftsführer taugliche Täter sein können.[1123] Die Anteilseigner der Kapitalgesellschaften scheiden aufgrund der Eigenständigkeit der Gesellschaften demgegenüber als tauglicher Täter aus.[1124]

C. Abgrenzung von Bankrott und Untreue

I. Notwendigkeit einer Abgrenzung

Die Notwendigkeit der Abgrenzung zwischen der Untreue gemäß § 266 StGB auf der einen und dem Bankrotttatbestand gemäß § 283 StGB auf der anderen Seite ergibt sich aus den Unterschieden auf der Tatbestandsebene. § 283 StGB ist auch als Versuch gemäß § 283 Abs. 3 StGB strafbar, während der Versuch in § 266 StGB nicht geregelt ist.[1125] Ebenso beinhaltet der § 283 StGB im Gegensatz zum § 266 StGB eine Fahrlässigkeitsstrafbarkeit.[1126] Ein entscheidender Unterschied besteht auch hinsichtlich des Zeitpunktes des Verjährungsbeginns. Die Verjährung der Untreue beginnt mit dem Eintritt des durch die untreuerelevanten Handlungen verursachten Schadens gemäß § 78a StGB.[1127] Demgegenüber setzt der § 283 StGB voraus, dass auch die objektive Strafbarkeitsbedingung gemäß § 283 Abs. 6 StGB, die wirtschaftliche Krise, eingetreten ist.[1128] Der Schuldner muss seine Zahlungen eingestellt haben oder über sein Vermögen muss das Insolvenzverfahren eröffnet bzw. der Eröffnungsantrag muss mangels Masse abgelehnt worden sein.

1120 BGH vom 22.2.2001, 4 StR 421/00, NJW 2001, 1874; *Radtke/Petermann*, in: MünchKomm, StGB, § 283 Rn. 4 m. w. N.

1121 *Kindhäuser*, in: NK, StGB, Vor 283 ff. Rn. 43 f.

1122 *Heine/Schuster*, in: Schönke/Schröder, StGB, § 283 Rn. 59a; *Radtke*, in: MünchKomm, StGB, § 283 Rn. 23 ff.; *Tiedemann*, NJW 1977, 780; a. A.: *Labsch*, wistra 1985, 4 ff.

1123 *Kindhäuser*, in: NK, StGB, Vor 283 ff. Rn. 45.

1124 *Kindhäuser*, in: NK, StGB, Vor 283 ff. Rn. 45 m. w. N.

1125 *Hager*, Bankrott, 129 m. w. N.

1126 *Wehleit*, Abgrenzung, 11.

1127 BGH vom 14.10.1988, 2 StR 86/88, wistra 1989, 97; *Perron*, in: Schönke/Schröder, § 266 Rn. 58.

1128 *Hager*, Bankrott, 129.

II. Meinungen zur Abgrenzung von Untreue und Bankrott

1) Rechtsprechung

Bis zum Beschluss vom 10.02.2009[1129] des 3. Strafsenats des BGH hat die Rechtsprechung die sog. Interessenformel vertreten. Durch den Beschluss hat zumindest der 3. Strafsenat bekannt gegeben, das Verhältnis von Untreue und Bankrott nicht mehr anhand dieses Verständnisses zu bewerten.

a) Interessenformel

Bis zum Beschluss vom 10.02.2009 vertrat die Rechtsprechung[1130] einheitlich die Ansicht, dass sich § 283 StGB und § 266 StGB in einem sich gegenseitig ausschließenden Verhältnis gegenüberstehen, sofern eine Tathandlung nicht gleichzeitig aus Fremdmotiven wie auch eigennützigen Motiven erfolgt. In allen übrigen Fällen war eine tateinheitliche Begehung der beiden Tatbestände daher ausgeschlossen. Somit machte sich eine Person nach Ansicht der Rechtsprechung nur dann nach § 283 StGB strafbar, wenn sie unter Anwendung des § 14 Abs. 1 Nr. 1 StGB auch im Interesse der Gesellschaft handelte. Handelte sie hingegen im Interesse der Anteilseigner oder aus eigennützigen Motiven, so machte sie sich nur wegen Untreue gemäß § 266 StGB strafbar.[1131] Die Bewertung der Frage, ob Eigen- oder Fremdinteresse des Täters vorlag, nahm die Rechtsprechung aufgrund einer wirtschaftlichen Betrachtungsweise vor.[1132] Die Anwendung dieser Interessenformel erfuhr im Hinblick auf die KG und die GmbH & Co KG eine Einschränkung. Sofern der Geschäftsführer im Einverständnis mit dem Komplementär handelte, war dies ein Handeln im Interesse des Schuldners, unabhängig von den Motiven des Geschäftsführers. Diese Ansicht vertrat der BGH jedoch nicht im Hinblick auf die GmbH, da der Zustimmung der Gesellschafter einer juristischen Person keine solche Wirkung zukomme.

b) BGH vom 10.2.2009

Im Beschluss vom 10.2.2009[1133] hat der 3. Strafsenat die über Jahrzehnte verfolgte Rechtsprechung zur Disposition gestellt und angekündigt, das Verhältnis zwischen Untreue gemäß § 266 StGB und dem Bankrotttatbestand des § 283 ff. StGB nicht mehr anhand der Interessenformel zu bewerten. Im Beschluss vom 30.8.2011[1134] sowie

---

1129 BGH vom 10.2.2009, 3 StR 372/08, NStZ 2009, 437.

1130 Vgl. dazu RG vom 29.3.1909, 3 877/08, RGSt 42, 278 (282); BGH vom 5.10.1954, 2 StR 447/53, BGHSt 6, 314 (316); BGH vom 21.5.1969, 4 StR 27/69, NJW 1969, 1494 (1494); BGH vom 20.5.1981, 3 StR 94/81, BGHSt 30, 127 (128); BGH vom 14.12.1999, 5 StR 520/99, wistra 2000, 136 (137). Vgl zur Entwicklung der Rechtsprechung ferner *Hager*, Bankrott, 139 ff.; *Reichelt*, Untreue und Bankrott, 112 ff.

1131 *Hager*, Bankrott, Fn. 1105; *Reichelt*, Untreue und Bankrott, 145;

1132 Vgl. nur BGH vom 21.5.1969, 4 StR 27/69, NJW 1969, 1494 (1494).

1133 BGH vom 10.2.2009, 3 StR 372/08, NStZ 2009, 437 (439).

1134 BGH vom 30.8.2011, 3 StR 228/11, GWR 2011, 492 (492).

im Beschluss vom 15.9.2011[1135] bestätigt der 3. Strafsenat nochmals die Aufgabe der Interessenformel. Der 1. Strafsenat hat mit Beschluss vom 29.11.2011[1136] angekündigt, ebenfalls die bisherige Rechtsprechung der Interessenformel aufzugeben. Eine Feststellung, welche Fortentwicklung die Rechtsprechung nach der Aufgabe der Interessenformel nimmt, ist in den Ausführungen zum Beschluss vom 15.09.2011 erkennbar. So führt der Senat aus, dass er die Zurechnung der Schuldnereigenschaft im Rahmen von §§ 283 ff. StGB nunmehr davon abhängig machen wird, ob der Vertreter im Sinne des § 14 StGB im Geschäftskreis des Vertretenen tätig geworden ist. Im Fall des rechtsgeschäftlichen Handelns sei dies dann der Fall, wenn er im Namen des Vertretenen auftritt oder aber diesen die Rechtswirkungen des Geschäfts unmittelbar treffen.[1137] Bei faktischer Betätigung des Täters führe die Zustimmung des Vertretenen zur Zurechnung.[1138] Die Konsequenz seiner Ausführungen macht der BGH im darauffolgenden Beispiel deutlich: Erklären sich sämtliche Gesellschafter einer GmbH mit einer Schädigung des Gesellschaftsvermögens einverstanden, so macht sich der Geschäftsführer gemäß §§ 283, 14 Abs. 1 Nr. 1 StGB strafbar, ungeachtet der Frage, ob die Gesellschafter das Einverständnis wirksam erklären konnten. Somit liegt bereits dann eine Strafbarkeit des Geschäftsführers gemäß §§ 283, 14 Abs. 1 Nr. 1 StGB vor, wenn die Handlung zugleich als Verstoß gegen § 30 GmbHG oder als ein verbotener existenzgefährdender Eingriff zu werten ist und er sich somit zugleich gemäß § 266 Abs. 1 StGB strafbar macht.[1139]

2) Schrifttum

Im Schrifttum[1140] sind die vertretenen Auffassungen aufgrund des regen Widerstandes gegen die Interessenformel des BGH mannigfaltig. Im Wesentlichen lassen sich neben der Befürwortung der Interessenformel[1141] drei unterschiedliche Ansätze erkennen. Während einige Autoren versuchen, die (alte) Interessenformel des BGH zu modifizieren,[1142] nehmen andere aufgrund einer funktionalen Betrachtung der

1135 BGH vom 15.9.2011, 3 StR 118/11, NZG 2011, 1311 (1313).
1136 BGH vom 29.11.2011 1 Ars 19/11, GmbHR 2012, 91 (91).
1137 BGH vom 15.9.2011, 3 StR 118/11, NZG 2011, 1311 (1313) Rn. 18 m. w. N.
1138 BGH vom 15.9.2011, 3 StR 118/11, NZG 2011, 1311 (1313) Rn. 18 m. w. N.
1139 BGH vom 15.9.2011, 3 StR 118/11, NZG 2011, 1311 (1313) Rn. 18 m. w. N.
1140 Vgl. zum Meinungsstand auch *Hager*, Bankrott, 178 ff., sowie *Reichelt*, Untreue und Bankrott, 146 ff.
1141 Vgl. dazu *Auer*, Gläubigerschutz, 33; *Labsch*, wistra 1985, 1 (5); *Roxin*, in: LeipKomm (10. Auflage), StGB, § 14 Rn. 30 f. jeweils m. w. N.
1142 *Bittmann*, Insolvenzstrafrecht, § 12 Rn. 48 ff.; *Hager*, Abgrenzung, 179; *Heine/Schuster*, in: Schönke/Schröder, § 283 Rn. 4a; *Kindhäuser*, in: NK, StGB, Vor § 283 ff. Rn. 53 ff.

Position des Täters eine Zurechnung vor;[1143] andere wiederum rechnen das Handeln des Täters auf Grundlage der Tätigkeit im Geschäftskreis dem Vertretenen zu.[1144]

a) Modifikation der Interessenformel

Teile der Literatur stimmen der Interessenformel des BGH zwar im Grundsatz zu, diese sind jedoch in einzelnen Fallgestaltungen dann entsprechend anderer Auffassung.

Bittmann[1145] nimmt eine Einschränkung dahin gehend vor, dass die Interessenformel nur dann Anwendung finden soll, wenn tatsächlich eine vergleichbare Situation zwischen einer natürlichen Person als Täter und dem über § 14 StGB zu verfolgenden Täter besteht. Bei Vorliegen von Tathandlungen, die hingegen auch der Einzelkaufmann im eigenen Interesse begehen kann, sollen diese Voraussetzungen auch bei dem nach § 14 StGB zu verfolgenden Täter vorliegen.[1146] Er schränkt die Interessenformel somit insofern ein, als ein Interesse auch nur dort für den nach § 14 StGB zu verfolgenden Täter verlangt werden kann, wo dieses Interesse auch für den Einzelkaufmann Voraussetzung ist.

Stree und Heine nehmen eine Einschränkung hinsichtlich des allein geschäftsführenden Alleingesellschafters einer GmbH vor. Nimmt dieser Geld aus der Kasse, sei die Interessenformel nicht anwendbar, da dieser wie ein Schuldner zu behandeln sei.[1147]

Kindhäuser äußert zwar erhebliche Kritik an der Interessenformel, sie soll nach seiner Auffassung jedoch dazu beitragen, die Frage der Pflichtenbegründung dahin gehend zu beantworten, ob aufgrund des unterschiedlichen Schutzzweckes eine Schädigung fremden oder eigenen Vermögens und somit in der Folge eine Strafbarkeit gemäß § 283 StGB oder gemäß § 266 StGB vorliege.[1148]

b) Ansätze eines objektiv-funktionalen Zusammenhangs

Unter dem Begriff der Funktionstheorie können alle die Ansätze verstanden werden, die zwischen den Handlungen des Geschäftsführers und seiner Geschäftsführerstellung einen objektiv-funktionalen Zusammenhang für erforderlich halten. Demnach müsse das Geschäftsführungsorgan nicht im wirtschaftlichen Interesse des Vertretenen handeln, sondern nur als dessen Organ im Sinne des § 14 StGB.[1149] Somit

---

1143 *Arloth*, NStZ 1990, 570 (574); *Perron*, in: Schönke/Schröder, StGB, § 14 Rn. 26; *Tiedemann*, in: LK, StGB, Vor § 283 Rn. 81 ff.;

1144 *Radtke*, in: MünchKomm, StGB, Vor §§ 283 ff. Rn. 57 f. mit Hinweis auf *Ransiek*, Unternehmensstrafrecht, 92 (Fn. 205); *ders.*, GmbHR 1998, 361 (369); sowie *Reiß*, wistra 1989, 81 (84 f.).

1145 *Bittmann*, Insolvenzstrafrecht, § 12 Rn. 48 ff.

1146 *Hager*, Abgrenzung, 179.

1147 *Stree/Heine* in: Schönke/Schröder, 27. Auflage 2006, § 283 Rn. 4a; *Heine/Schuster*, in: Schönke/Schröder, § 283 Rn. 2b f. zustimmend BGH vom 10.2.2009, 3 StR 372/08, NStZ 2009, 437 (439).

1148 *Kindhäuser*, in: NK, StGB, 3. Auflage 2010, Vor § 283 ff. Rn. 53 ff.

1149 *Arloth*, NStZ 1990, 570 (574).

wird bei dieser objektiven Bewertung darauf abgestellt, ob die relevante Handlung des Organs in der Ausübung seiner Organtätigkeit oder unter Ausnutzung seiner Organkompetenz vorgenommen worden ist. Ist das der Fall, so kann das Handeln im Sinne des § 14 Abs. 1 Nr. 1 StGB qualifiziert werden, infolge dessen eine Strafbarkeit nach § 283 StGB zu bejahen ist.[1150]

Bei rechtsgeschäftlichen Handlungen sei eine Zurechnung gemäß § 14 Abs. 1 Nr. 1 StGB stets zu bejahen, wenn der Täter im Namen des Vertretenen auftritt, während der Täter bei faktischem Handeln seine Einwirkungsmöglichkeiten nutzen müsse, um auf das Vermögen entsprechend einzuwirken; zudem müsse sich das Handeln als Geschäftsführertätigkeit qualifizieren lassen.[1151]

c) Zurechnungsmodell

Teilweise[1152] wird darauf abgestellt, ob die Handlungen des Täters dem Vertretenen zugerechnet werden können. Der Täter muss somit im Geschäftskreis des Vertretenen gehandelt haben. Bei rechtsgeschäftlichem Handeln sei dies stets dann der Fall, wenn er im Namen des Vertretenen aufgetreten ist. Bei faktischem Handeln kann sich eine Zurechnung aus dem Gewährenlassen des Vermögensinhabers über das Vermögen ableiten.[1153] Ein solches sei nur ausnahmsweise dann nicht notwendig, wenn die Zurechnung aus der Übernahme der Erfüllung einer Pflicht folgt.[1154]

III. Kritik und Stellungnahme

Die Interessentheorie weist in der Anwendung durch die Rechtsprechung wesentliche Schwächen auf. Zu Recht greift der 3. Strafsenat die wesentlichen Kritikpunkte auf, um seine Abwendung von dieser zu begründen. Sie eröffnet nur einen geringen Anwendungsbereich für die Insolvenzdelikte, sofern der Schuldner eine Handelsgesellschaft ist. Der Schutzzweck der Norm – der Schutz der Gläubiger – wird nicht erreicht, da im Hinblick auf Handelsgesellschaften Strafbarkeitslücken entstehen. Zudem ist die Anwendung der Interessentheorie nicht konsequent verfolgt worden. Beispielsweise ist bei Handlungen von Vertretern von Personengesellschaften, denen die Gesellschafter zugestimmt haben, diese nicht zur Anwendung gekommen.[1155]

Gegen die Ansätze einer objektiv-funktionalen Bewertung ist einzuwenden, dass diese Bewertung hinsichtlich der Bestimmung des Handelns des Organs keine wesentliche Verbesserung bringt. Die Merkmale zur Bestimmung sind ähnlich

---

1150 *Arloth*, NStZ 1990, 570 (574).

1151 *Perron*, in: Schönke/Schröder, StGB, § 14 Rn. 26; *Tiedemann*, in: LK, StGB, Vor § 283 Rn. 81 ff.; vgl. auch *Hager*, Bankrott, 182 Fn. 1211 m. w. N.

1152 So insbesondere *Radtke*, in: MünchKomm, StGB, Vor §§ 283 ff. Rn. 57 f. mit Hinweis auf *Ransiek*, Unternehmensstrafrecht, 92 (Fn. 205); *ders.*, GmbHR 1998, 361 (369); sowie *Reiß*, wistra 1989, 81 (84 f.).

1153 *Radtke*, in: MünchKomm, StGB, Vor §§ 283 ff. Rn. 58.

1154 *Radtke*, in: MünchKomm, StGB, Vor §§ 283 ff. Rn. 58.

1155 Vgl. BGH vom 10.2.2009, 3 StR 372/08, NJW 2009, 2225 (2227) Rn. 19 ff.

unbestimmt wie die an subjektiven Merkmalen ausgerichtete Interessentheorie. Eine eindeutige, aber zugleich notwendige Abgrenzung zwischen dem Handeln des Täters als Organ und dem Handeln des Täters lediglich „bei Gelegenheit" gelingt auch diesem Ansatz nicht.[1156]

Der Zurechnungstheorie wird entgegengebracht, dass nach dieser Auffassung eine Strafbarkeit von Organen juristischer Personen wegen § 283 ff. StGB über § 14 Abs. 1 Nr. 1 StGB davon abhängig gemacht werde, ob eine Zustimmung zu dieser Handlung erfolgt ist. Dadurch würde § 14 StGB jegliche eigenständige Bedeutung verlieren und es könne somit im Ergebnis zu einer Nichtanwendung dieser Vorschrift kommen.[1157]

Zu Recht zeigt der BGH die Schwächen seiner früheren Rechtsprechung auf. Ebenso verlagern die Befürworter eines objektiv-funktionalen Ansatzes die Abgrenzungsprobleme nur auf die objektive Ebene – eine einfachere Differenzierung wird dadurch jedoch gleichfalls nicht erreicht. Insofern ist dem BGH dahin gehend zuzustimmen, eine Zurechnung durch Anwendung der zivilrechtlichen Zurechnungsregeln vorzunehmen. Insbesondere unter dem Aspekt der Einheit der Rechtsordnung sollten Handlungen des Vertreters, die er für den Vertretenen erbringt, sowohl im Zivilrecht als auch im Strafrecht gleichermaßen zugerechnet werden.[1158] Dies führt zu einer größeren Rechtssicherheit. Ferner ist regelmäßig der Anwendungsbereich der Norm an deren Schutzzweck auszurichten. Die Interessentheorie wurde dem Schutzzweck der Regelungen der §§ 283 ff. StGB nicht in ausreichender Weise gerecht, da Strafbarkeitslücken für Vertreter oder Organe von Kapitalgesellschaften entstanden. Um gleichwohl den Schutzzweck aufrechtzuerhalten, wurden entsprechende Handlungen als Untreue gemäß § 266 StGB qualifiziert. Dadurch wurde gleichfalls der Schutzzweck dieser Regelung verwässert.

Aufgrund der unterschiedlichen Schutzrichtungen ist es jedoch keinesfalls schädlich, wenn ein Täter aus beiden Straftatbeständen bestraft wird. Schließlich stehen § 283 StGB auf der einen und § 266 StGB auf der anderen Seite auch nicht in einem strikten Exklusivitätsverhältnis zueinander.[1159] Insofern kann auch der Schutzzweck der Untreue wieder stärker betont werden.

Verstoßen die Handlungen des Geschäftsleitungsorgans gegen die Kapitalerhaltungsvorschriften i.S.d. §§ 30 ff. GmbHG bzw. §§ 57 AktG bzw. liegt ein existenzgefährdender Eingriff vor. In diesem Fall macht sich das Geschäftsleitungsorgan, bei Vorliegen der weiteren Voraussetzungen, neben der Untreue gemäß § 266 StGB auch gemäß § 283 Abs. 1 Nr. 1 1. Alt., Nr. 8 1. Alt. StGB strafbar, unabhängig von der Zustimmung der Gesellschafter.[1160] Denn diese können einer solchen Minderung

1156 So im Wesentlichen *Auer*, Gläubigerschutz, 41 ff.; *Radtke*, GmbhR 1998, 361 (368) sowie *Hager*, Bankrott 191 ff. m. w. N.

1157 Vgl. *Auer*, Gläubigerschutz, 45.

1158 Vgl. zur Begründung oben unter dem Aspekt der Akzessorietät bei der Untreue.

1159 Vgl. *Brand*, NStZ 2010, 9 (11) Fn. 33 m. w. N.

1160 *Brand*, NStZ 2010, 9 (11).

nicht wirksam zustimmen. Da das Geschäftsleitungsorgan jedoch für die Gesellschaft handelt und der Gläubigergemeinschaft so Masse zur Befriedigung ihrer Forderungen entzieht, entspricht es letztlich dem Willen des Gesetzgebers, eine Strafbarkeit des Geschäftsleitungsorganes gemäß der §§ 283 ff. StGB zu bejahen.

D. Die Tatbestandsmerkmale des § 283 Abs. 1 und 6 StGB

Im Folgenden ist zu untersuchen, ob im Hinblick auf Leveraged-Buyout-Transaktionen allein durch die Verwendung dieses Finanzierungsinstrumentes die Tatbestandsvoraussetzungen der Bankrottstrafbarkeit erfüllt werden.

Die Strafbarkeit gemäß §§ 283 ff. StGB knüpft objektiv neben den besonderen Merkmalen in den § 283 Abs. 1 Nrn. 1–8 StGB an allgemeine Voraussetzungen an. Dies sind zum einen die gesetzlichen Merkmale der Krise sowie die zusätzlichen objektiven Strafbarkeitsbedingungen gemäß § 283 Abs. 6 StGB.

I. Allgemeine Voraussetzungen

1) Die gesetzlichen Merkmale der Krise

Voraussetzung der Strafbarkeit nach § 283 StGB ist zunächst, dass sich der Schuldner in einer „wirtschaftlichen Krise“ befindet. Diese ist durch die Merkmale der Überschuldung, der drohenden bzw. eingetretenen Zahlungsunfähigkeit gekennzeichnet. In der Insolvenzordnung sind diese Begriffe in §§ 17 Abs. 2, 18 Abs. 2 sowie 19 Abs. 2 InsO legaldefiniert.

Hinsichtlich des Verständnisses dieser Begrifflichkeiten besteht Uneinigkeit, ob die insolvenzrechtlichen Definitionen aufgrund der Einheitlichkeit der Rechtsordnung entsprechend im Strafrecht zu verwenden sind. Dafür spricht zum einen der Wille des Gesetzgebers.[1161] Darüber hinaus werden dieselben Begriffe benutzt. Es erscheint kein Grund ersichtlich, warum dieselben Begriffe im Zivilrecht und im Strafrecht unterschiedliche Bedeutung haben sollten. Daher ist auch diesbezüglich von der bereits oben befürworteten strengen Zivilrechtsakzessorietät auszugehen.[1162]

Eine Überschuldung liegt vor, wenn durch das Vermögen des Schuldners die bestehenden Verbindlichkeiten nicht mehr gedeckt sind, § 19 Abs. 2 Satz 1 InsO.[1163]

Zahlungsunfähigkeit liegt nach § 17 Abs. 2 Satz 1 InsO vor, wenn der Schuldner nicht mehr in der Lage ist, die fälligen Zahlungsverpflichtungen zu erfüllen.[1164]

Drohende Zahlungsfähigkeit ist dann zu konstatieren, wenn der Schuldner aller Voraussicht nach nicht mehr in der Lage sein wird, die bestehenden Zahlungsverpflichtungen im Zeitpunkt ihrer Fälligkeit zu begleichen, § 18 Abs. 2 InsO.[1165]

1161 Vgl. zur drohenden Zahlungsunfähigkeit, BT-Drucks. 12/2443, 114.

1162 Vgl. zum Verhältnis von Insolvenzzivilrecht zum Insolvenzstrafrecht *Wohlers/Kudlich*, ZStW 118 (2006), 717 (733) sowie *Reichelt*, Bankrott und Untreue, 79.

1163 Vgl. zum weiteren Verständnis *Reichelt*, Bankrott und Untreue, 80 ff.

1164 Vgl. zum weiteren Verständnis *Reichelt*, Bankrott und Untreue, 85 ff.

1165 Vgl. zum weiteren Verständnis *Reichelt*, Bankrott und Untreue, 90 ff.

2) *Die Strafbarkeitsbedingung gemäß § 283 Abs. 6 StGB*

Zudem muss neben dem Vorliegen eines der Krisenmerkmale auch die Bedingung des § 283 Abs. 6 StGB erfüllt sein. Danach macht sich der Täter erst dann gemäß § 283 StGB strafbar, wenn der Schuldner seine Zahlungen eingestellt hat oder über sein Vermögen das Insolvenzverfahren eröffnet bzw. der Eröffnungsantrag mangels Masse abgewiesen wurde. Diese Voraussetzungen stellen eine objektive Strafbarkeitsbedingung dar, auf die weder der Vorsatz noch die Fahrlässigkeit gerichtet sein muss.[1166] Für eine Strafbarkeit gemäß § 283 Abs. 1 StGB ist es im Gegensatz zu § 283 Abs. 2 StGB nicht erforderlich, dass zwischen den Handlungen ein Kausalzusammenhang bestehen muss.[1167] In diesem Fall ist es ausreichend, wenn ein gewisser zeitlicher und tatsächlicher Zusammenhang zwischen der Tathandlung und der Strafbarkeitsbedingung besteht.[1168]

Eine Zahlungseinstellung ist dann eingetreten, wenn der Täter für einen Außenstehenden erkennbar aufgehört hat, seine fälligen Geldschulden gegenüber seinen Gläubigern aufgrund eines tatsächlichen oder angeblich dauernden Mangels an den zur Zahlung erforderlichen Mitteln zu begleichen.[1169]

Die Eröffnung des Insolvenzverfahrens sowie die Abweisung des Insolvenzverfahrens mangels Masse sind formale Akte der InsO. Entscheidend ist somit die Rechtskraft dieser Akte i.S.d. § 26 InsO bzw. § 27 InsO. Wird durch Beschluss des Insolvenzgerichts festgestellt, dass ein Fall des § 26 bzw. § 27 InsO vorliegt, so ist diese Feststellung für das Strafgericht bindend. Eine eigene Bewertung steht dem Gericht nicht zu.[1170]

II. Zeitpunkt der Handlungen

Gemäß § 283 Abs. 1 StGB macht sich der Täter strafbar, wenn er die in Abs. 1 genannten Handlungen während der Krise i.S.d. Gesetzes vornimmt.

Demgegenüber stellt § 283 Abs. 2 StGB darauf ab, dass die Krise durch die in § 283 Abs. 1 StGB genannten Handlungen kausal herbeigeführt wurden.[1171] Die Krise ist somit der Erfolg der in § 283 Abs. 1 StGB genannten Handlungen. Insofern darf die Zahlungsunfähigkeit auch nicht nur drohen, sondern muss bereits eingetreten sein.[1172]

1166 *Kindhäuser*, in: NK, StGB, Vor §§ 283 Rn. 101.

1167 *Reichelt*, Bankrott und Untreue, 92.

1168 BGH vom 30.8.2007, 3 StR 170/07, wistra 2007, 463 sowie *Fischer*, StGB, Vor § 283 Rn. 17 m. w. N.

1169 *Kindhäuser*, in: NK StGB, Vor §§ 283 Rn. 104.

1170 *Radtke*, in: MünchKomm, StGB, Vor §§ 283 ff. Rn. 101.

1171 Wobei diesbezüglich ausreichend ist, dass die in § 283 Abs. 1 StGB aufgezählten Handlungen mitursächlich sind, vgl. *Kindhäuser*, in: NK, StGB, § 283 Rn. 70.

1172 *Kindhäuser*, in: NK, StGB, Vor §§ 283 Rn. 104.

III. Katalog der Bankrottstrafhandlungen

Sofern nach Durchführung einer Leveraged-Buyout-Transaktion die oben genannten Voraussetzungen eintreten – sodass die Voraussetzungen des § 283 Abs. 2 sowie Abs. 6 StGB erfüllt sind – ist fraglich, ob die Verwendung des Finanzierungsinstruments an sich bereits als eine strafbare Handlung des § 283 Abs. 1 Nr. 1–8 StGB verstanden werden kann. Als relevante Tathandlungen kommen hierbei § 283 Abs. 1 Nr. 1 1. Alt sowie Nr. 8 StGB infrage.

1) § 283 Abs. 1 Nr. 1 1. Alt StGB

Gemäß § 283 Abs. 1 Nr. 1 1. Alt. StGB macht sich strafbar, wer Vermögensbestandteile, die im Falle des Insolvenzverfahrens zur Insolvenzmasse gehören, beiseiteschafft bzw. – im Sinne des § 283 Abs. 2 StGB – beiseitegeschafft hat.

a) Voraussetzungen

Der Insolvenzmasse ist gemäß § 35 Abs. 1 InsO das gesamte Vermögen des Insolvenzschuldners zuzuordnen, das ihm zum Zeitpunkt der Verfahrenseröffnung gehört und das er während des Verfahrens erlangt hat.[1173] Dazu zählen alle geldwerten beweglichen und unbeweglichen Sachen, alle obligatorischen und dinglichen Rechte sowie alle sonstigen vermögenswerten Positionen.[1174] Unpfändbare Gegenstände im Sinne des §§ 811, 850 ff. ZPO gehören nicht zur Insolvenzmasse gemäß § 36 Abs. 1 InsO.[1175]

Als Beiseiteschaffen wird ein Verhalten verstanden, wodurch der Gläubigerzugriff auf Vermögensbestandteile unmöglich gemacht oder erheblich erschwert wird.[1176] Unter dem Begriff des Beiseiteschaffens sind jedoch nicht nur faktische Vorgänge erfasst, sondern auch jede Veränderung der dinglichen Rechtslage. Der bloße schuldrechtliche Vertragsschluss genügt grundsätzlich nicht.[1177] Hingegen ist eine Absicht, die Gläubiger zu benachteiligen, nach überwiegender Ansicht nicht erforderlich.[1178]

Eine dem Wortlaut entsprechende enge Auslegung des Begriffes würde dazu führen, dass jedes Handeln, welches die Minderung des Vermögens zulasten der Gläubiger zur Folge hat, den Tatbestand erfüllen würde. Dies kann jedoch nicht dem Willen des Gesetzgebers entsprechen. Daher muss das Beiseiteschaffen ebenfalls – wie die anderen Tathandlungen des § 283 Abs. 1 Nr. 1 StGB – den Grundsätzen der ordnungsgemäßen Wirtschaft sowohl objektiv als auch subjektiv widersprechen.[1179]

1173 *Bäuerle*, in: Braun, InsO, § 35 Rn. 3.

1174 *Kindhäuser*, in: NK, StGB, § 283 Rn. 9 m. w. N.

1175 *Reichelt*, Untreue und Bankrott, 95.

1176 RG vom 8.10.1928 3 606/28, RGSt 62, 277 (278); RG vom 2.5.1930, 1 296/30, RGSt 64, 138 (140); OLG Frankfurt vom 18.6.1997, 1 Ws 56/97, NStZ 1997, 551.

1177 *Kindhäuser*, in: NK, StGB, § 283 Rn. 12 m. w. N.

1178 Vgl. *Pelz*, Strafrecht in Insolvenz und Krise m. w. N.

1179 *Kindhäuser*, in: NK, StGB, § 283 Rn. 13 mit einzelnen Beispielen.

Die Grundsätze der ordnungsgemäßen Wirtschaft umfassen die handelsrechtlichen Anforderungen an ein ordentliches kaufmännisches Verhalten. Der Maßstab, der dabei anzulegen ist, soll hingegen stets vom Einzelfall abhängig gemacht werden, sodass die konkreten Umstände, insbesondere der Unternehmensgegenstand, die Größe und die Branche in die Bewertung einzubeziehen sind.[1180]

Im Hinblick auf Austauschgeschäfte muss dem Schuldner für die Hingabe eines Gegenstandes ein wirtschaftlicher gleichwertiger Gegenwert zufließen. Dies ist zumindest dann der Fall, wenn der Gegenwert dem Verkehrswert entspricht,[1181] da dann nur die Vermögenszusammensetzung, nicht jedoch der Umfang der Vermögensmasse verändert wird.[1182] Wird ein Vermögenswert nur gegen eine Forderung aus der Vermögensmasse entfernt, so wird angenommen, dass für den Fall, dass die Forderung uneinbringlich ist und ein Ausgleich nicht stattfindet, ein Beiseiteschaffen vorliegt.[1183] Diese Ansicht folgt denselben Überlegungen, wie sie auch im Zusammenhang mit eigenkapitalersetzenden Darlehen im Rahmen des MoMiG gemacht wurden. Im Rahmen der Gesetzesberatungen zum § 30 Abs. 1 Satz 1 GmbHG hat der Gesetzgeber die gleiche Problematik gesehen. Gemäß § 30 Abs. 1 Satz 1 GmbHG sind Leistungen an Gesellschafter lediglich dann zulässig, wenn ihnen ein vollwertiger Gegenleistungs- oder Rückforderungsanspruch gegenübersteht.[1184] Die Übertragung dieser Grundsätze auf den vorliegenden Untersuchungsgegenstand wurde bereits dort ausführlich dargestellt. Insofern sei darauf verwiesen.[1185] Im Ergebnis kommt es darauf an, dass ein vollwertiger Gegenanspruch der Zielgesellschaft vorhanden ist. Dies ist jedoch bei den untersuchten Leveraged-Buyout-Modellen nicht immer der Fall.

b) Folgen für Leveraged-Buyout-Transaktionen

Im Hinblick auf die oben getroffenen Feststellungen ist zu konstatieren, dass im Hinblick auf Leveraged-Buyout-Transaktionen ein erhebliches Risiko besteht, dass die unterschiedlichen Modellvarianten als „Beiseiteschaffen“ qualifiziert werden. Wie bereits im gesellschaftsrechtlichen Teil festgestellt, ist typisches Charakteristikum einer solchen Transaktion eine Verlagerung des Vermögens hin zur Akquisitionsgesellschaft dadurch zu erreichen, dass ein Tausch der Liquidität oder des Anlagevermögens gegen bilanziell gleichwertige Forderungen vorgenommen wird, die jedoch tatsächlich nicht realisierbar und nicht werthaltig sind. Gerade diese Maßnahme

1180 *Bieneck*, in: Müller-Gugenberger/Bieneck, § 86 Rn. 11; *Radtke*, in: MünchKomm, StGB, § 283 Rn. 12; *Tiedemann*, in: LeipKomm, StGB, Vor § 283 Rn. 111 ff.

1181 *Reck*, Insolvenzstraftaten, Rn. 383.

1182 *Pelz*, Strafrecht in Krise und Insolvenz, 129 Rn. 278.

1183 *Heine/Schuster*, in: Schönke/Schröder, § 283 Rn. 4 mit Verweis auf *Radtke*, in: MünchKomm, StGB, § 283 Rn. 13.

1184 Im Zusammenhang mit dem § 283 Abs. 1 StGB verweist *Pelz*, Strafrecht in Insolvenz und Krise, 125 Rn. 268 ff. auf die Anwendung der Grundsätze der Kapitalerhaltungsvorschriften.

1185 Siehe dazu ausführlich: 2. Kapitel Teil 1 A. I. 5), Keine Kompensation der Auszahlung.

beinhaltet daher das erhöhte Insolvenzrisiko. Auch unternehmerisch ist eine solche Vermögensverlagerung aus Sicht der Zielgesellschaft nicht vertretbar, da positive Auswirkungen mit dem Ziel der Förderung des Unternehmens nicht ersichtlich sind.

2) § 283 Abs. 1 Nr. 8 1. Alt StGB

Ebenso wird gemäß § 283 Abs. 1 Nr. 8 StGB bestraft, wer „in einer anderen, den Anforderungen einer ordnungsgemäßen Wirtschaft grob widersprechenden Weise seinen Vermögensstand verringert". Diese Vorschrift ist als Auffangregelung für all diejenigen Handlungen konzipiert, die nicht von § 283 Abs. 1 Nrn. 1–7 StGB erfasst sind.

a) Voraussetzungen

Gemäß § 283 Abs. 1 Nr. 8 1. Alt. StGB macht sich strafbar, wer in einer anderen, den Anforderungen einer ordnungsgemäßen Wirtschaft grob widersprechenden Weise seinen Vermögensstand verringert. Voraussetzung ist daher, dass die Handlung in ihrer Sozialschädlichkeit den in § 283 Abs. 1 Nrn. 1–7 StGB gleichsteht.[1186] Hinsichtlich des Tatbestandsmerkmals des Verstoßes gegen die Anforderungen einer ordnungsgemäßen Wirtschaft gilt das oben Gesagte.[1187]

Die Tathandlung des Verringerns umfasst alle Handlungen, die darauf gerichtet sind, im Ergebnis eine einseitige Verminderung der Aktiva bzw. eine Erhöhung Passiva herbeizuführen, sofern dies nicht bereits durch die anderen Tathandlungen erfasst ist.[1188] Eine Verringerung liegt jedoch nicht bereits dann vor, wenn bilanztechnisch ein reiner Aktivtausch vorgenommen wurde. Hierbei fehlt es an einer Vermögensminderung.[1189]

Hinsichtlich der Anforderungen ist jedoch auch hier die Frage zu stellen, ob das Tatbestandsmerkmal „Verringern" nur bilanztechnisch bewertet werden soll, oder ob auch die tatsächliche Werthaltigkeit, insbesondere bei einem Aktivtausch, mit in die Betrachtung einbezogen werden muss. Diesbezüglich sind die entsprechenden Regelungen im GmbHG und AktG zu beachten, die insofern eindeutig die bilanzielle Sichtweise anordnen. Ausnahmsweise muss jedoch etwas anderes gelten, wenn die Gegenforderung nicht entsprechend werthaltig ist. Hinsichtlich dieser sei auf die oben erwähnte Problematik verwiesen.[1190]

1186 *Diversy*, in: Weyand, Insolvenzdelikte, 118; *Radtke*, in: MünchKomm, § 283 Rn. 65.

1187 Siehe dazu ausführlich: 3. Kapitel Teil 3 D. III. 1) a), Voraussetzungen.

1188 *Pelz*, Strafrecht in Insolvenz und Krise, 142 Rn. 318.

1189 *Wegner*, in: Achenbach/Ransiek, 2. Auflage 2008, 907 Rn. 182.

1190 Siehe dazu ausführlich: 2. Kapitel Teil 1 A. I. 5), Keine Kompensation der Auszahlung; 2. Kapitel Teil 2 B. I 1) c), Kopmensatorischer Gegenleistungsanspruch.

b) Folgen für Leveraged-Buyout-Transaktionen

Aufgrund der fehlenden Werthaltigkeit der Gegenansprüche bei einzelnen Leveraged-Buyout-Modellen machen sich die Geschäftsführungsorgane mangels entsprechender Vermögenswerte in den Akquisitionsgesellschaften, sofern sie eine solche Finanzierung durchführen, des Bankrottes strafbar. Gerade die Minderung des Gesellschaftsvermögens, ohne tatsächlich einen Gegenwert zu erhalten, ist charakteristisches Merkmal von Leveraged-Buyout-Transaktionen.

E. Risikobehaftete Modelle

Somit sind abschließend die einzelnen Modelle zu untersuchen hinsichtlich des Risikos für die Geschäftsführungsorgane, ob diese sich im Falle einer Krise i.S.d. § 283 Abs. 1 StGB strafbar machen können.

I. Upstream-Darlehen

Eine Darlehensleistung der Zielgesellschaft an die Akquisitionsgesellschaft verstößt nach der hier vertretenen Ansicht gegen die Kapitalerhaltungsvorschriften des § 30 GmbHG bzw. § 57 AktG. Ein Upstream-Darlehen stellt regelmäßig eine Verfügung dar, die in das geschützte Vermögen der Kapitalgesellschaft eingreift. Folglich kann dieses Vermögen auch nicht mehr zur Befriedigung der Gläubiger der Kapitalgesellschaft eingesetzt werden. Es besteht im Rahmen von Leveraged-Buyout-Transaktionen jedoch auch kein werthaltiger Gegenanspruch, der als Ausgleich in die Haftungsmasse aufgenommen werden kann. Somit ist in der Gewährung eines Upstream-Darlehens ein „Beiseiteschaffen“ zu sehen.

II. Upstream-Sicherheit

Das zur Bereitstellung von Upstream-Darlehen Gesagte trifft in gleichem Umfang auch auf die Bestellung einer Upstream-Sicherheit zu. Die Bestellung einer Sicherheit unmittelbar oder mittelbar zugunsten des Gesellschafters, der Akquisitionsgesellschaft, stellt einen Verstoß gegen die Kapitalerhaltungsregelung des § 30 GmbH bzw. § 57 AktG dar. Somit wird den Gläubigern gleichfalls auch durch die Bestellung von Sicherheiten Haftungsvermögen entzogen, ohne dass ein werthaltiger Anspruch diese Verfügung ersetzten könnte. Insofern ist auch die Bestellung einer Sicherheit im Rahmen eines Leveraged Buyout aufgrund der Vermögenslosigkeit als ein „Beiseiteschaffen“ zu qualifizieren.

III. Downstream Merger

Durch den Beschluss der Gesellschafter die Akquisitionsgesellschaft auf die Zielgesellschaft zu verschmelzen, wird regelmäßig aufgrund der besonderen Konstellation von Leveraged-Buyout-Transaktionen ein Schuldenüberhang auf die Zielgesellschaft verschmolzen. Durch diesen Schuldenüberhang wird in aller Regel die Kapitalerhaltungsvorschrift des § 30 GmbHG bzw. des § 57 AktG verletzt. Durch den Verstoß gegen die Kapitalerhaltungsregelungen und die Verschmelzung erfolgt ebenfalls eine Verminderung des Gesellschaftsvermögens. Auch dies kann als Beiseiteschaffen qualifiziert werden.

IV. Debt push-down

Bei einem Debt push-down ist hinsichtlich der Verletzung der Vermögensbetreuungspflicht nach den einzelnen Maßnahmen zu differenzieren. Bei Durchführung im Wege eines Upstream-Darlehens kann auf die obigen Ausführungen verwiesen werden.[1191]

Wird der Debt push-down mittels Abführung des Cashflow erreicht, so ist die Auszahlung im Rahmen einer Leveraged-Buyout-Transaktion aufgrund des zur Finanzierung notwendigen Kapitals als existenzvernichtender Eingriff zu qualifizieren. Die Ausschüttung des liquiden Vermögens verstößt demgegenüber nicht gegen Kapitalerhaltungsvorschriften. Sinn und Zweck des Bankrottstraftatbestandes ist es nicht, das gesamte Gesellschaftsvermögen zugunsten der Gläubiger und des wirtschaftlichen Verkehrs zu schützen. Der Gesetzgeber hat zugunsten der Gläubiger die Existenz von Haftungskapital angeordnet. Dieses ist durch die Kapitalerhaltungsregelungen des § 30 GmbHG sowie des § 57 AktG geschützt. Sind diese nicht verletzt, so ist auch der Schutzbereich des § 283 StGB nicht eröffnet.

V. Interner Asset Deal

Bei Durchführung einer Leveraged-Buyout-Transaktion mittels eines internen Asset Deal verstößt sowohl die Vereinbarung eines geringeren Kaufpreises als auch die Stundung desgleichen gegen § 30 GmbHG bzw. § 57 AktG. Hinsichtlich des generierten Cashflow gilt das oben Gesagte. Durch einen Beschluss der Gesellschafterversammlung, umgesetzt durch die Geschäftsleitungsorgane, die Vermögensgegenstände an die Akquisitionsgesellschaft als Anteilseigner zu veräußern und dabei entweder einen geringeren Kaufpreis bzw. die Stundung des Kaufpreises zu vereinbaren, liegt ein Beiseiteschaffen im Sinne des § 283 StGB vor.

F. Fazit

Es besteht ein Strafbarkeitsrisiko für die Geschäftsleitungsorgane der Zielgesellschaften im Rahmen von Leveraged-Buyout-Transaktionen. Dieses besteht insbesondere bei Modellen, die sich in der Bilanz als ein Aktivtausch darstellen, mangels Werthaltigkeit solcher Forderungen. Es wird ohne wirtschaftlichen Grund Vermögen an die Gesellschafter ausgekehrt.

1191 3. Kapitel Teil 3 E. I., Upstream-Darlehen.

4. Kapitel Gesamtergebnis

Das Leveraged Buyout wird vorliegend verstanden als der Erwerb eines Unternehmens durch einen einzelnen Investor oder eine Gruppe von Finanzinvestoren, regelmäßig mit einer mehr oder weniger starken Beteiligung von Management oder Arbeitnehmern der Zielgesellschaft, zum Zwecke der Geldanlage und mittelfristigen Desinvestition, bei dem der Kaufpreis überwiegend fremdfinanziert wird.

Zur Finanzierung des Fremdkapitals im Rahmen einer Leveraged-Buyout-Transaktion haben sich verschiedene Modellvarianten herausgebildet. Vorliegend beschränkt sich die Untersuchung auf das Upstream-Darlehen sowie die Upstream-Sicherheit, die Finanzierung im Wege des Upstream und des Downstream Merger sowie im Wege eines Debt push-down oder eines internen Asset Deal.

Soweit die Zielgesellschaft in der Rechtsform einer GmbH geführt wird, ergibt sich Folgendes:

Die Darlehens- wie die Sicherheitsleistungen der Zielgesellschaft verstoßen gegen die Kapitalerhaltungsvorschriften des § 30 GmbHG und lösen die Haftung des § 31 GmbHG aus. Außerdem sind diese Leistungen als Zahlungen im Sinne des § 64 Satz 3 GmbHG zu qualifizieren, sodass bei Eintritt der Insolvenz ebenfalls ein Haftungsanspruch des § 64 Satz 3 GmbHG gegen den Geschäftsführer besteht. Zudem sind diese Leistungen auch als sittenwidrige Eingriffe im Sinne eines existenzvernichtenden Eingriffes des § 826 BGB zu qualifizieren.

Die Verschmelzung der Zielgesellschaft auf die Akquisitionsgesellschaft ist aufgrund der gesetzlichen Lex-specialis-Regelung des § 68 UmwG zulässig. Daher ist dieser Verschmelzungsvorgang gesetzeskonform und verstößt nicht gegen die Kapitalerhaltungsregelungen des § 30 GmbHG. Der Geschäftsführer der Zielgesellschaft kann aufgrund einer Insolvenz gemäß § 64 Satz 3 GmbHG nicht mehr in Anspruch genommen werden, da die Zielgesellschaft nach dem Verschmelzungsvorgang nicht mehr existiert. Gleiches gilt für einen existenzvernichtenden Eingriff. Dieser kann aber als ein sittenwidriger Eingriff in die Zielgesellschaft zu qualifizieren sein. An der Insolvenz als weitere notwendige Tatbestandsvoraussetzung wird es regelmäßig sowohl hinsichtlich des Insolvenzverursachungsanspruchs als auch des existenzvernichtenden Eingriffes an einer solchen bei der Zielgesellschaft mangeln, da die Zielgesellschaft aufgrund des Verschmelzungsvorganges nicht mehr existiert.

Die Verschmelzung der Akquisitionsgesellschaft auf die Zielgesellschaft ist nicht durch die Regelung des § 68 UmwG erfasst. Insofern sind die allgemeinen Regelungen anwendbar. In der Folge führt die Verschmelzung der Akquisitionsgesellschaft auf die Zielgesellschaft im Fall von Leveraged-Buyout-Transaktionen regelmäßig zu einem Verstoß gegen die Kapitalerhaltung des § 30 GmbHG. Der Vorgang kann zudem zu einer Haftungsinanspruchnahme des Geschäftsführers gemäß § 64 Satz 3 GmbHG und zu einem existenzvernichtenden Eingriff i.S.d. § 826 BGB führen.

Im Rahmen eines Debt push-down verstößt die Durchführung im Wege eines Upstream-Darlehens gegen die Kapitalerhaltungsvorschriften. Zudem wird die

Haftung des Geschäftsführers nach § 64 Satz 3 GmbHG ausgelöst. Insoweit ist ein Debt push-down ist als ein existenzvernichtender Eingriff zu qualifizieren. Wird der Debt push-down durch Abführung des Cashflow erreicht, so wird die Auszahlung der liquiden Mittel regelmäßig nicht zu einem Verstoß gegen die Regelung des § 30 GmbHG führen, löst jedoch die Haftung des Geschäftsführers nach § 64 Satz 3 GmbHG aus und ist auch als existenzvernichtender Eingriff zu qualifizieren.

Die Durchführung eines internen Asset Deal sowohl bei Vereinbarung eines geringeren Kaufpreises als auch bei Stundung desgleichen verstößt gegen § 30 GmbHG. Es wird eine Haftung gemäß § 64 Satz 3 GmbHG ausgelöst, zugleich ist er als existenzvernichtender Eingriff zu qualifizieren. Hinsichtlich des generierten Cashflow gilt das soeben Gesagte. Ein Verstoß gegen § 30 GmbHG wird bei Beachtung des Stammkapitals nicht festzustellen sein, als eine haftungsauslösende Zahlung i.S.d. § 64 Satz 3 GmbHG und existenzvernichtender Eingriff wird die Auszahlung des Cashflow gleichwohl zu qualifizieren sein.

Wird die Zielgesellschaft in Form einer Aktiengesellschaft geführt, so sind die Kapitalbindungen durch § 57 Abs. 1 Satz 1 AktG und § 71a Abs. 1 AktG umfangreicher. Insofern ist Folgendes festzustellen:

Die Nutzung des Upstream-Darlehens wie auch der Upstream-Sicherheit zum Zwecke der Finanzierung des Erwerbs der Zielgesellschaft verstößt gegen die Regelungen des § 57 Abs. 1 AktG und die Regelung des § 71a Abs. 1 Satz 1 AktG.

Die Verschmelzung der Zielgesellschaft auf die Akquisitionsgesellschaft als ein Upstream Merger verstößt nicht gegen die Regelungen der §§ 57 Abs. 1, 71a Abs. 1 Satz 1 AktG und ist daher zulässig.

Die Verschmelzung der Akquisitionsgesellschaft auf die Zielgesellschaft durch den Schuldenüberhang der Akquisitionsgesellschaft verstößt regelmäßig gegen § 57 Abs. 1 AktG.

Die Übertragung der Verbindlichkeiten auf die Zielgesellschaft im Rahmen eines Debt push-down im Wege eines Upstream-Darlehens verstößt aus den oben genannten Gründen gegen die Regelungen der §§ 57 Abs. 1, 71a Abs. 1 Satz 1 AktG. Die Abführung der Liquidität durch Ausschüttung des Vermögens ist zulässig, soweit die Liquidität an die Aktionäre im Rahmen des formalisierten Verfahrens der §§ 174, 172, 58 AktG vollzogen wird.

Die Verminderung der Verbindlichkeiten in der Akquisitionsgesellschaft, im Wege des internen Asset Deal durch die Zahlung eines nicht marktgerechten Kaufpreises an die Akquisitionsgesellschaft als Aktionär, hält regelmäßig einem Drittvergleich nicht stand und verstößt gegen das Kapitalerhaltungsgebot des § 57 AktG. Wird hingegen eine Stundung des Kaufpreises vereinbart, so ist eine Werthaltigkeit des Anspruches i.S.d. § 57 AktG aufgrund der Vermögenslosigkeit der Akquisitionsgesellschaft nicht gegeben. Die Abführung der Liquidität durch Ausschüttung im Rahmen von Dividendenzahlungen ist im Rahmen des ordnungsgemäßen Ausschüttungsverfahren zulässig.

Die Geschäftsführungsorgane der GmbH und der Aktiengesellschaft sind aufgrund ihres Pflichtenumfanges vermögensbetreuungspflichtig.

Die Mitglieder des Aufsichtsrates sowohl der Aktiengesellschaft als auch der GmbH haben ebenfalls die Pflicht zur Betreuung des Gesellschaftsvermögens.

Die Gesellschafter sind aufgrund ihres Einflusses auf das Gesellschaftsvermögen vermögensbetreuungspflichtig, während die Aktionäre dieser Pflicht mangels entsprechender Möglichkeiten der Einflussnahme nicht unterliegen.

Die Dispositionsbefugnis der Gesellschafter und des Aufsichtsrates sowie die Handlungsbefugnis der Geschäftsführungsorgane sind durch die Kapitalerhaltungsvorschriften und bei der GmbH durch das Verbot eines existenzgefährdenden Eingriffes beschränkt.

Der Beschluss der Gesellschafterversammlung zur Gewährung eines Upstream-Darlehens, Bestellung einer Upstream-Sicherheit, Verschmelzung der Akquisitionsgesellschaft auf die Zielgesellschaft, die Abführung des Cashflow sowie die Stundung des Kaufpreises oder die Vereinbarung eines nicht marktgerechten Kaufpreises bei der Veräußerung des Anlagevermögens der GmbH stellen untreuerelevante Handlungen dar, durch die Gesellschafter ihre Vermögensbetreuungspflicht gegenüber der Zielgesellschaft verletzen.

Durch entsprechende Handlungen zur Umsetzung des Gesellschafterbeschlusses verletzen die Geschäftsführer der Zielgesellschaft ebenfalls ihre Vermögensbetreuungspflicht gegenüber der GmbH.

Die Gewährung eines Upstream-Darlehens, die Bestellung einer Upstream-Sicherheit, die Verschmelzung der Akquisitionsgesellschaft auf die Zielgesellschaft sowie die Stundung des Kaufpreises oder die Vereinbarung eines nicht marktgerechten Kaufpreises bei der Veräußerung des Anlagevermögens der Aktiengesellschaft durch den Vorstand stellen untreuerelevante Handlungen dar. Stimmt der Aufsichtsrat diesen Handlungen zu, so ist auch die Zustimmung der Mitglieder des Aufsichtsrates als untreuerelevante Handlung zu qualifizieren.

Sofern die Modellvarianten gegen die gesellschaftsrechtlichen Grenzen verstoßen, sind sie auch als erhebliche Vermögensverlagerungen im Sinne des § 283 Abs. 1 Nr. 1 1. Alt. StGB anzusehen.

Anhang - Begriffe

Zum Verständnis des Leveraged Buyout sollen hier wirtschaftliche Begrifflichkeiten erläutert werden, die dem „gewöhnlich strafrechtlich orientierten Juristen“ nicht zwingend geläufig sind.

Akquisitionsgesellschaft Die Akquisitionsgesellschaft ist die Gesellschaft, die neuer Eigentümer der veräußerten Gesellschaftsanteile wird. Diese wird in der Untersuchung Akquisitionsgesellschaft genannt.

Aktivtausch Ein Aktivtausch hat keine Auswirkungen auf die Bilanzsumme. So wird beispielsweise im Fall des Verkaufes von Anlagevermögen bei gleichzeitiger Stundung der Zahlung auf der Aktivseite die Summe aus der Position „Anlagevermögen“ ausgebucht und „Forderungen“ eingebucht. Die Bilanzsumme der Aktivseite bleibt unberührt.

Cashflow Der Begriff des Cashflow bezeichnet die Differenz zwischen Einzahlungen und Auszahlungen einer Periode. Die Kennzahl stellt eine Maßgröße für den aus dem leistungswirtschaftlichen (Realgüter-) Prozess erwirtschafteten Zahlungsüberschuss dar. Er kann direkt aus der Finanzrechnung oder indirekt aus dem Jahresabschluss ermittelt werden. Der Cashflow verdeutlicht, in welchem Umfang im betrachteten Zeitraum die laufende Betriebstätigkeit zu Einnahmeüberschüssen führt.[1192] Er ist ein Finanz- und Erfolgsindikator, der zeigt, in welcher Höhe ein Unternehmen aus eigener Kraft finanzielle Mittel erwirtschaftet hat bzw. erwirtschaften kann. Somit gibt er Auskunft über die unternehmensinterne Finanzkraft eines Unternehmens und damit über die Fähigkeit, die Fremdkapitalbelastung im Rahmen einer Leveraged-Buyout-Finanzierung tragen zu können.[1193]

Es ist möglich, den gesamten operativen Cashflow zur Rückführung des Fremdkapitalanteils zu nutzen. Dies erscheint jedoch nicht sinnvoll, da dann kein Geld mehr für Reinvestitionen zur Verfügung stehen[1194] und zudem der Wert des Unternehmens mangels Cashflow sinken würde. Dies erscheint kontraproduktiv.

1192 Vgl. zur Berechnung des Cash-Flows auch *Kussmaul/Tcherveniacki,* DB 2005, 2533 (2535).
1193 *Schwenkedel, MBO, 29.*
1194 *Schwenkedel, MBO, 29.*

Fremd- bzw. Eigenkapitalquote	Diese Begriffe sind betriebswirtschaftliche Kennzahlen, die den Anteil des jeweiligen Kapitals am Gesamtkapital angeben. Sie setzen das investierte Kapital in ein Verhältnis zu dem Gesamtkapital, d. h. dem gesamten Kapital, das einem Unternehmen zur Verfügung steht, und dienen dem Zweck, eine Beurteilung über die finanzielle Stabilität und Abhängigkeit des Unternehmens vornehmen zu können. So wird allgemein davon ausgegangen, dass bei einem größeren Eigenkapitalanteil die finanzielle Stabilität des Unternehmens höher ist. Dadurch wird eine größere Unabhängigkeit von den Gläubigern erreicht und darüber hinaus auch die Kreditwürdigkeit des Unternehmens verbessert. Infolgedessen ist ein solches Unternehmen in der Lage, zusätzliches Fremdkapital leichter aufzunehmen, sofern dies notwendig ist.[1195] Mit diesen dargestellten Kennzahlen eng verwoben ist sowohl der Verschuldungsgrad als auch der Leverage-Effekt.
Leverage-Effekt	Der Begriff des Leverage-Effektes ist den Kapitalstrukturregelungen zuzuordnen, die sich mit der idealen Zusammensetzung von Eigen- und Fremdkapital befassen. Der Begriff des Leverage-Effektes bezeichnet den Zusammenhang zwischen der Rentabilität des Eigenkapitals und dem Anteil des Fremdkapitals. Die Rentabilität des Eigenkapitals ist abhängig von der Fremdfinanzierung, da durch die Hebelwirkung bei vermehrtem Fremdkapitaleinsatz die Rentabilität des Eigenkapitals erhöht wird.[1196] Der Erwerber des Zielunternehmens nutzt die Hebelwirkung des Fremdkapitals für die Rendite seines eingesetzten Eigenkapitals. Dessen Rendite steigt mit wachsender Verschuldung, solange die Gesamtkapitalrendite größer ist als die des Fremdkapitals.
Rendite	Die Rendite bezeichnet den Erfolg einer Unternehmung. Hierzu werden das eingesetzte Kapital und der Gewinn der Unternehmung in Verhältnis zueinander gesetzt.
Unterbilanz	Diese liegt dann vor, wenn das Aktivvermögen der Gesellschaft in der Summe geringer ist als die Summe der Verbindlichkeiten und des Stammkapitals.[1197] In einem solchen Fall spricht man auch von der Unterdeckung.

1195 Vgl. den oben dargestellten Erwerb der Firma Grohe. Eben diese Situation traf bei Grohe zu.

1196 *Woll*, Wirtschaftslexikon, 487.

1197 *Wilhemi*, Grundsatz der Kapitalerhaltung, 102 ff.

Verschuldungsgrad Durch diese Kennzahl, die auf das Verhältnis zwischen Fremdkapital und Eigenkapital abstellt, wird eine Aussage über die Proportionierung der genutzten Kapitalquellen getroffen. Aus diesen Kennzahlen ist ersichtlich, in welchem Umfang Kredite möglicherweise noch aufgenommen werden und in welchem Umfang bei bestehenden Verlusten fällige Kreditraten noch zurückgezahlt werden können. Somit kann der potenzielle Kreditgeber Aussagen über die Kreditwürdigkeit treffen. Liegt lediglich eine geringe Verschuldung vor und besteht somit ein erhebliches Verschuldungspotenzial, so ist ein solches Unternehmen für Erwerbungen mittels Leveraged Buyout besonders attraktiv.[1198]

Zielgesellschaft/ Target Die Zielgesellschaft bezeichnet die Gesellschaft, die Gegenstand eines Unternehmenskaufes mittels Leveraged Buyout ist. Die Unternehmensanteile dieser Gesellschaft werden veräußert und dienen dann als Sicherheit.

1198 *Kussmaul/Tcherveniacki*, DB 2005, 2533 (2540).

Literaturverzeichnis

Achenbach, Hans/Ransiek, Andreas; Handbuch Wirtschaftsstrafrecht; 2. Auflage 2008 (zitiert als: *Bearbeiter*, in: Achenbach/Ransiek, 2. Auflage 2008)

–; Handbuch Wirtschaftsstrafrecht; 1. Auflage 2004 (zitiert als: *Bearbeiter*, in: Achenbach/Ransiek, 1. Auflage 2004)

Adick, Markus; Organuntreue (§ 266 StGB) und Business Judgment: Die strafrechtliche Bewertung unternehmerischen Handelns unter Berücksichtigung von Verfahrensregeln; 2010

Alwart, Heiner; Über die Hypertrophie eines Unikums (§ 265a StGB) – Die unbemerkte Straflosigkeit des Schwarzfahrens im Masserverkehr; JZ 1986, 563–569

Arends, Volker/Möller, Christian; Aktuelle Rechtsprechung zur Geschäftsführerhaftung in Krise und Insolvenz der GmbH; GmbHR 2008, 169–175

Arens, Stephan; Untreue im Konzern; 2010

Arloth, Frank; Zur Abgrenzung von Untreue und Bankrott bei der GmbH; NStZ 1990, 570–575

Arnold, Stefan; Untreue im GmbH- und Aktienkonzern; 2006

Arzt, Gunther/Weber, Ulrich (Begr.); Heinrich, Bernd/Hilgendorf, Eric (Fortgef.); Strafrecht Besonderer Teil; 3. Auflage 2015 (zitiert als: *Bearbeiter*, in: Arzt/Weber, Strafrecht BT)

Assmann, Heinz-Dieter/Schneider, Uwe H.; Wertpapierhandelsgesetz Kommentar; 6. Auflagc 2012 (zitiert als: *Bearbeiter*, in: Assmann/Schneider, WpHG)

Assmann, Heinz-Dieter/Schütze, Rolf-A.; Handbuch des Kapitalanlagerechts; 2007 (zitiert als: *Bearbeiter*, in: Assmann/Schütze, Kapitalanlagerecht)

Assmann, Heinz-Dieter; Der faktische GmbH-Konzern, in: Lutter, Marcus/Ulmer, Peter/Zöllner, Wolfgang: Festschrift 100 Jahre GmbH-Gesetz; 1992, 657–735

–; Gläubigerschutz im faktischen GmbH-Konzern durch richterliche Rechtsfortbildung; JZ 1986, 881–887, 928–938

Auer, Martin; Gläubigerschutz durch § 266 StGB bei der einverständlichen Schädigung einer Gesellschaft mit beschränkter Haftung; 1991

Bähr, Biner/Hoos, Jan-Philipp; Kreditvergabe an Gesellschafter als verbotene Auszahlung von Stammkapital auch bei Vollwertigkeit eins Rückzahlungsanspruches der GmbH; GmbHR 2004, 304–305

Bamberger, Heinz Georg/Roth, Herbert; Kommentar zum Bürgerlichen Gesetzbuch: BGB,
Band 1: §§ 1–610, CISG; 3. Auflage 2012;
Band 2: §§ 611–1296, AGG, ErbbauRG, WEG; 3. Auflage 2012
(zitiert als: *Bearbeiter*, in: Bamberger/Roth, BGB)

Bannier, Christina/Müsch, Stefan; Die Auswirkungen der Subprime-Krise auf den deutschen LBO-Markt für Small- und MidCaps; 2008

Bauer, Brigitte; Untreue durch Cash-Pooling im Konzern; 2008

Bauer, Markus; Gläubigerschutz durch eine formelle Nennkapitalziffer – kapitalgesellschaftsrechtliche Notwendigkeit oder überholtes Konzept?; 1995

Baumbach, Adolf/Hopt, Klaus; Handelsgesetzbuch, mit GmbH & Co., Handelsklauseln, Bank- und Börsenrecht, Transportrecht (ohne Seerecht); 36. Auflage 2014
(zitiert als: *Bearbeiter*, in: Baumbach/Hopt, HGB)

Baumbach, Adolf/Hueck, Alfred; GmbHG – Gesetz betreffend die Gesellschaften mit beschränkter Haftung; 20. Auflage 2013
(zitiert als: *Bearbeiter*, in: Baumbach/Hueck, GmbHG)

Beckemper, Katharina; Anmerkung zu BGH, Urteil vom 6.12.2001 – 1 StR 215/01 (LG Offenburg); NStZ 2002, 324–325

Becker, Ralph; Gesellschaftsrechtliche Problem der Finanzierung von Leveraged Buy-Outs; DStR 1998, 1429–1434

Bender, Hans-Udo; Das Ende klassischer Konzernfinanzierungen durch die jüngere BGH-Rechtsprechung?; BB 2005, 1492–1495

Benecke, Martina; Existenzvernichtender Eingriff statt qualifiziert faktischer Konzern: Die neue Rechtsprechung des BGH zur Haftung von GmbH-Gesellschaftern; BB 2003, 1190–1195

Berens, Wolfgang/Brauner, Hans U./Frodermann, Jürgen; Unternehmensentwicklung mit Finanzinvestoren – Eigenkapitalstärkung, Wertsteigerung, Unternehmensverkauf; 2005

Bezzenberger, Tilmann; Das Kapital der Aktiengesellschaft, Kapitalerhaltung, Vermögensbindung, Konzernrecht; 2005

Binding, Karl; Lehrbuch des gemeinen deutschen Strafrechts, Besonderer Teil I; 2. Auflage 1902

Birk, Dieter/Desens, Marc/Tappe, Henning; Steuerrecht; 17. Auflage 2014

Birkholz, Matthias; Untreuestrafbarkeit als strafrechtlicher „Preis“ der beschränkten Haftung; 1998

Birle, Jürgen (Bearb.); Beck’sches Steuer- und Bilanzrechtslexikon; 2012

Bittmann, Folker; Das Ende der Interessentheorie – Folgen auch für § 266 StGB – Zugleich Anmerkung zu BGH; wistra 2009, 275–277, wistra 2010, 8–10

–; Strafrechtliche Folgen des MoMiG; NStZ 2009, 113–120

–; Kapitalersatz, der 5. Strafsenat des BGH und MoMiG – zugleich Anmerkung zu BGH, wistra 2008, 379–381; wistra 2009, 102–104

–; Insolvenzstrafrecht: Handbuch für die Praxis; 2004

Blome-Drees, Johannes/Rang, Reiner; Private Equity-Investitionen in deutsche Unternehmen und ihre Wirkungen auf die Mitarbeiter – Eine konzeptionelle und empirische Analyse – Dokumentation auf der Grundlage von leitfadengestützten Interviews mit Aufsichts- und Betriebsräten der Peguform GmbH & Co. KG im Herbst 2005 im Auftrag der HansBöckler-Stiftung, www.boeckler.de; 2006

Bock, Volker; Institutioneller Gläubigerschutz nach § 30 Abs. 1 GmbHG beim Downstream-merger nach einem Anteilskauf?; GmbHR 2005, 1023–1030

Böcker, Philipp/Poertzgen, Christioph; Kausalität und Verschulden beim künftigen § 64 Satz 3 GmbHG; WM 2007, 1203–1208

Böhme, Andreas; Kapitalschutz und die Bestellung von Sicherheiten beim LBO in der englischen und deutschen Rechtspraxis; 2004

Bork, Reinhard/Schäfer, Carsten; GmbHG, Kommentar zum GmbH-Gesetz; 3. Auflage 2015
(zitiert als: *Bearbeiter,* in: Bork/Schäfer, GmbHG)

Böttger, Christian; Strukturen und Strategien von Finanzinvestoren, www.boeckler.de; 2006

Brammsen, Joerg; Strafbare Untreue des Geschäftsführers bei einverständlicher Schmälerung des GmbH-Vermögens?; DB 1989, 1609–1615

Brand, Christian, Abschied von der Interessentheorie – und was nun? -Besprechung von BGH, Beschluss vom 10.2.2009 – 3 StR 372/08 (NStZ 2009, 437); NStZ 2010, 9

–; Die Strafbarkeit des Vorstandes gem. § 266 StGb trotz Zustimmung aller Aktionäre; AG 2007, 681–689

–, *Petermann, Stefan;* Die Auswirkungen der „AUB-Rechtsprechung“ auf die Untreuehaftung des Aufsichtsrates; WM 2012, 62–67

–; Untreue und Bankrott in der KG und GmbH & Co KG – Zugleich ein Beitrag zum Gesamthandsprinzip; 2010

Braun, Eberhard; Insolvenzordnung Kommentar; 6. Auflage 2014
(zitiert als: *Bearbeiter,* in: Braun, InsO)

Braunschweig, von Philipp; Aktuelles zu LBO-Bankfinanzierungen Veränderungen der steuerlichen und haftungsrechtlichen Rahmenbedingungen; M&A Review 2004, 253–259

Brosius, Jan; Die finanzielle Unterstützung des Erwerbs eigener Aktien; 2011

Bruns, Patrick; Existenz- und Gläubigerschutz in der GmbH – das Vulkan-Konzept; WM 2003, 815–823

Büchel, Helmut/von Rechenberg, Wolf-Georg Freiherr (Hrsg.); Handbuch des Fachanwalts Handels- und Gesellschaftsrecht; 2. Auflage 2011
(zitiert als: *Bearbeiter*, in: HdB GesR)

Büning, Marc; Die strafrechtliche Verantwortung faktischer Geschäftsführer einer GmbH; 2004

Bunnemann, Jan/Zirngibl, Nikolas; Die Gesellschaft mit beschränkter Haftung in der Praxis; 2. Auflage 2011

Burger, Stefan; Untreue (§ 266 StGB) durch das Auslösen von Sanktionen zu Lasten von Unternehmen; 2007

Bürger, Tobias/Körber, Torsten (Hrsg.); Aktiengesetz; 3. Auflage 2014
(zitiert als: *Bearbeiter*, in: Bürger/Körber, AktG)

Busch, Dirk; Konzernuntreue; 2004

Bydlinski, Peter; Grundzüge der juristischen Methodenlehre; 2012

Cadus; Joachim M.; Die faktische Betrachtungsweise: Ein Beitrag zur Auslegung im Strafrecht; 1984

Canaris, Claus-Wilhelm; Die Rückgewähr von Gesellschaftseinlagen durch Zuwendungen an Dritte, in: Lutter, Marcus/Stimpel, Walter/Wiedemann, Herbert, Festschrift für Robert Fischer; 1979, 31-64

Christian Müller-Gugenberger/Klaus Bieneck; Wirtschaftsstrafrecht: Handbuch des Wirtschaftsstraf- und -ordnungswidrigkeitenrechts; 5. Auflage 2011

Corsten, Johannes; Einwilligung in die Untreue sowie in die Bestechlichkeit und Bestechung; 2011

Cramer, Peter; Vermögensbegriff und Vermögensschaden im Strafrecht; 1968

Dampf, Peter; Die Gewährung von upstream-Sicherheiten im Konzern; DK 2007, 157-173

Daum, Thomas; Die unkoordinierte Übernahme einer Aktiengesellschaft nach deutschem Recht; 1993

Dautel, Ralph; Steueroptimierte Finanzierungsstrukturen bei Private Equity - Änderungen nach Inkrafttreten des Korb II-Gesetzes; FB 2004, 475-479

-; Steueroptimierter Unternehmenskauf nach der Unternehm-enssteuerreform; FB 2001, 423-427

Dehne-Niemann, Jan; Ein Abgesang auf die Interessentheorie bei der Abgrenzung von Untreue und Bankrott - zugleich Anmerkung zu BGH, wistra 2009, 275; wistra 2009, 417-424

Diem, Andreas; Besicherung von Gesellschafterverbindlichkeiten als existenzvernichtender Eingriff des Gesellschafters?; ZIP 2003, 1283-1289

-, Akquisitionsfinanzierung, Kredite für Unternehmesverkäufe; 3. Auflage 2013

Dierlamm, Alfred; Der faktische Geschäftsführer im Strafrecht - ein Phantom?; NStZ 1996, 153-157

–; Neue Entwicklungen bei der Untreue – Loslösung des Tatbestandes von zivilrechtlichen Kategorien?; StraFo 2005, 397–404

Dittrich, Elisabeth; Die Untreuestrafbarkeit von Aufsichtsratsmitgliedern bei der Festsetzung von überhöhten Vorstandsvergütungen; 2007

Drygala, Tim/Kremer, Thomas; Alles neu macht der Mai – Zur Neuregelung der Kapitalerhaltungsvorschriften im Regierungsentwurf zum MoMiG; ZIP 2007, 1289–1296

Dunkel, Wolfgang; Erfordernis und Ausgestaltung des Merkmals „Vermögensbetreuungspflicht" im Rahmen des Missbrauchstatbestandes der Untreue; 1976

Ebenroth, Thomas/Joost, Detlev (Hrsg.); Ebenroth/Boujong/Joost/Strohn – Handelsgesetzbuch: HGB; 2. Auflage 2008
(zitiert als: *Bearbeiter*, in: Ebenroth/Joost, HGB)

Ecker, Martina/Schenk zu Schweinsberg, Moritz Freiherr/Heckemüller, Carsten; Der deutsche Leveraged Finance-Markt und die Beziehung zwischen Private Equity-Häusern und Anbietern von Akquisitionsfinanzierung; M&A 2005, 17–24

Eidenmüller, Horst; Leveraged Buyouts und die Effizienz des deutschen Restrukturierungsrechts; ZIP 2007, 1729–1737

Emmerich, Volker/Habersack, Mathias; Aktien- und GmbH-Konzernrecht; 7. Auflage 2013

Engisch, Karl; Würtenberger, Thomas/Otto, Dirk (Hrsg.); Einführung in das juristische Denken; 11. Auflage 2010

Enneking, Felix/Heckschen, Heribert; Gesellschafterhaftung beim down-stream-merger; DB 2006, 1099–1101

Fabricius, Dirk; Strafbarkeit der Untreue im Öffentlichen Dienst; NStZ 1993, 414–419

Fischer, Thomas; Strafgesetzbuch und Nebengesetze; 62. Auflage 2015

Fleck, Hans-Joachim; Der Grundsatz der Kapitalerhaltung – seine Ausweitung und seine Grenzen in: Lutter, Marcus/Ulmer, Peter/Zöllner, Wolfgang: Festschrift 100 Jahre GmbH-Gesetz; 1992, 391–419

–; Missbrauch der Vertretungsmacht oder Treubruch des mit Einverständnis aller Gesellschafter handelnden GmbH-Geschäftsführers aus zivilrechtlicher Sicht; ZGR 1990, 31–49

Fleischer, Holger/Goette, Wulf; Münchener Kommentar zum Gesetz betreffend die Gesellschaften mit beschränkter Haftung – GmbHG, Band 1, §§ 1–34; 2. Auflage 2014

Fleischer, Holger; Finanzielle Unterstützung des Aktienerwerbs und Leveraged Buyout – § 71 Abs. 1 AktG im Lichte italienischer Erfahrungen; AG 1996, 494–507

Flesner, Patrick, Die GmbH-Reform (MoMiG) aus Sicht der Akquisitions- und Restrukturierungspraxis; NZG 2006, 641–648

Flum, Joachim; Der strafrechtliche Schutz der GmbH gegen Schädigungen mit Zustimmung der Gesellschafter; 1990

Flume, Werner; Der Gesellschafter und das Vermögen der Kapitalgesellschaft und die Problematik der verdeckten Gewinnausschüttung; ZHR 144 (1980), 18–33

Fonk, Hans-Joachim; Zustimmungsvorbehalte des AG-Aufsichtsrats; ZGR 2006, 841–874

Forst, Martin; Struktur und Stabilität eines Leveraged Management Buy-out; 1993

Franzheim, Horst; Zur Strafbarkeit des Komplicen- und Dirnenlohnbetruges – Ein Beitrag zum Begriff des Vermögensschadens –; GA 1960, 269–277

Freitag, Robert; „Financial Assistance“ durch die Aktiengesellschaft nach der Reform der Kapitalrichtlinie – (k)ein Freifahrtschein für LBOs?; AG 2007, 157–165

–; §§ 30, 31 GmbHG, Bremer Vulkan Urteil und Limitation Language, (Ab-) Wege in der GmbH-Konzernfinanzierung?; WM 2003, 805–815

Fridrich, Johannes; Der Schutz des Kapitals der Aktiengesellschaft bei fremdfinanzierter Übernahme; 2010

Fuchs, Stefan/Steinmassl, Thomas; Konzernfinanzierung – Cash-Pool und Kapitalerhaltungsschutz; Business & Law 2007, 26–28

Fuhrmann, Lambertus; Kreditgewährung an Gesellschafter: Ende des konzernweiten Cash-Managements?; NZG 2004, 552–555

Geerds, Detlev; Untreue durch Schädigung einer GmbH im Einverständnis mit Alleingesellschafter; JR 1997, 340–341

–; Schadensprobleme beim Betrug; Jura 1994, 309–312

Gehrlein, Markus; Die Existenzvernichtungshaftung im Wandel der Rechtsprechung; WM 2008, 761–769

Geißler, Markus; Die Haftung des faktischen GmbH-Geschäftsführer; GmbHR 2003, 1106–1114

Gelhaar, Lars/Goland, Frank; Mezzanine-Kapital als Baustein einer Buy-out-Finanzierung – Vor- und Nachteile; Venture Capital Magazin „Buy-Outs“, 58–59

–; Die wachsende Bedeutung von Mezzanine-Kapital bei der Finanzierung von Buy-outs; Venture Capital Magazin 2002, 30–31

Geßler, Ernst/Hefermehl, Wolfgang/Eckhardt, Ulrich/Kropff, Bruno (Hrsg.); Aktienrecht Kommentar, Band 1, §§ 1–75, seit 1984
(zitiert als: *Bearbeiter,* in: Geßler/Hefermehl/Eckhardt/Kropff, AktG)

Geßler, Ernst; Zur handelsrechtlichen verdeckten Gewinnausschüttung, in: Lutter, Marcus: Festschrift für Robert Fischer; 1979, 131–148

Goette, Wulf/Habersack, Mathias (Hrsg.); Münchener Kommentar zum Aktiengesetz, Band 1: §§ 1–75 AktG; 3. Auflage 2008
(zitiert als: *Bearbeiter,* in: MünchKomm, AktG)

–; Das MoMiG in Wissenschaft und Praxis; 2009

Goette, Wulf; Leitung, Aufsicht, Haftung – Zur Rolle der Rechtsprechung bei der Sicherung eier modernen Unternehmensführung; in Geiß, Karlmann: 50 Jahre

Bundesgerichtshof: Festschrift aus Anlass des fünfzigjährigen Bestehens von Bundesgerichtshof, Bundesanwaltschaft und Rechtsanwaltschaft beim Bundesgerichtshof; 2000, 123–142

–; Der Stand der höchstrichterlichen Rechtsprechung zur Kapitalerhaltung und zum Rückgewährverbot im GmbH-Recht; DStR 1997, 1495–1500

Golland, Frank/Gehlhaar, Lars; Die wachsende Bedeutungvon Mezzanine-Kapital bei der Finanzierung von Buy-outs; Venture Capital 2002, 30–31

–; Mezzanine-Kapital als Baustein einer Buy-out-Finanzierung – Vor- und Nachteile; Venture Capital 2004, 58–59

Görg, Klaus Hubert; Zum Spannungsverhältnis zwischen § 30 Abs. 1 Satz 3 GmbHG und § 64 Satz 3 GmbHG, in: Binnewies, Burkhard/Spatscheck, Rainer: Festschrift für Michael Streck zum 70. Geburtstag; 2011, 823–832

Gottwald, Peter; Insolvenzrechts-Handbuch; 4. Auflage 2010

Greulich, Sven/Brunnemann, Jan; Geschäftsführerhaftung für zur Zahlungsunfähigkeit führende Zahlungen an die Gesellschafter nach § 64 II 3 GmbHG-RefE – Solvenztest im deutschen Recht?; NZG 2006, 681–687

Gribbohm, Günter; Untreue zum Nachteil der GmbH – Zur Harmonisierung zivil- und strafrechtlicher Pflichten des GmbH-Geschäftsführers und -Gesellschafters; ZGR 1990, 1–30

Grigoleit, Hans Christoph (Hrsg.), Aktiengesetz Kommentar; 2013
(zitiert als: *Bearbeiter*, in: Grigoleit, AktG)

Grigoleit, Hans Christoph/Rieder, Markus S.; GmbH-Recht nach dem MoMiG, Analyse – Strategie – Gestaltung, Mit Bezügen zum Aktienrecht und zum Insolvenzrecht; *2009*

Grunewald, Barbara; Cash-Pooling und Sacheinlagen: Was bringt das MoMiG, was könnte es bringen?; WM 2006, 2333–2336

Gübel, Nils; Die Auswirkungen der faktischen Betrachtungsweise auf die strafrechtliche Haftung faktischer GmbH-Geschäftsführer; 1996

Gummert, Hans/Beuthien, Volker; Münchener Handbuch des Gesellschaftsrecht – GmbH, Band 3; 4. Auflage 2012

Haas, Ulrich; Die Rechtsfigur des „faktischen GmbH-Geschäftsführers"; NZI 2006, 494–499

–; Die Gesellschafterhaftung wegen Existenzvernichtung; WM 2003, 1929–1941

Habersack, Mathias/Schürnbrand, Jan; Cash Management und Sicherheitenbestellung bei AG und GmbH im Lichte des richterrechtlichen Verbots der Kreditvergabe an Gesellschafter; NZG 2004, 689–696

Habersack, Mathias; Die finanzielle Unterstützung des Aktienerwerbs – Überlegungen zu Zweck und Anwendungsbereich des § 71a Abs. 1 Satz 1 AktG, in: von

Crezelius, Georg/Hirte, Heribert/Vieweg, Klaus: Festschrift für Volker Röhricht zum 65. Geburtstag; 2005, 155–179

Hachenburg, Max/Ulmer, Peter; Gesetz betreffend die Gesellschaften mit beschränkter Haftung (GmbHG); ab 1992 (zitiert als: *Bearbeiter*, in: Hachenburg/Ulmer, GmbHG)

Hager, Paul Sebastian; Der Bankrott durch Organe juristischer Personen – Zugleich ein umfassender Beitrag zur historischen Entwicklung des Insolvenzstrafrechts; 2007

Hanft, Christian; Strafrechtliche Probleme im Zusammenhang mit der Einmann-GmbH; 2006

Harbers, Nicolas; Zivilrechtliche Probleme beim Management Buy-Out; 1992

Hartmann, Christian; Der Schutz der GmbH vor ihren Gesellschaftern; GmbHR 1999, 1061–1069

Hauser, Christoph; Chance und Risiken einer Unternehmensakquisition durch eine Zwischengesellschaft als Finanzierungsmodell, dargestellt am Beispiel NewCo; 2008

Heidel, Thomas (Hrsg.), Aktienrecht und Kapitalmarktrecht; 4. Auflage 2014 (zitiert als: *Bearbeiter*, in: Heidel, AktR)

Heidel, Thomas/Schall, Alexander; Handelsgesetzbuch; 2. Auflage 2015 (zitiert als: *Bearbeiter*, in: Heidel/Schall, HGB)

Heitsch, Joachim; Zur Bedeutung des Urt. des BGH v. 16.7.2007 – II ZR 3/04 (TRIHOTEL) für die Organhaftung unter Einbeziehung der Englischen Ltd.; ZinsO 2007, 961–965

Hellmann, Uwe; Verdeckte Gewinnausschüttungen und Untreue des GmbH-Geschäftsführers; wistra 1989, 214–218

Helmreich, Kilian; Die Gewährung von Darlehen durch die GmbH in der Situation der Unterbilanz an ihre Gesellschafter nach der aktuellen Rechtsprechung des BGH; GmbHR 2004, 457–462

Helmrich, Jan; Eidam, Lutz; Untreue durch Verzicht auf Schadensersatzforderungen gegen (ehemalige) Führungskräfte einer Aktiengesellschaft; ZIP 2011, 257–262

Henze, Hartwig; Konzernfinanzierung und Besicherung – Das Upstream-Risiko aus Gesellschafter- und Bankensicht; WM 2005, 717–727

Herger, Florian, Private Equity – Die Entwicklung des Private Equity Marktes in Deutschland; 2005

Hermann, Nadine; Mezzanine-Finanzierung – Ein Überblick; 2004

Hillenkamp, Thomas; Risikogeschäft und Untreue; NStZ 1981, 161–168

Hitschler, Werner; Leveraged (Management-)Buyouts; BB 1990, 1877–1883

Hoerning, Andreas; Hybrides Kapital im Jahresabschluss; 2011

Höf, Julia; Untreue im Konzern; 2006

Hoffmann, Maike; Unternehmen und Unternehmensinteresse – Erläutert am Beispiel des Schutzes der Interessen von Gläubigern und Arbeitnehmern; 2010

Hoffmann, Peter/Ramke, Ralf; Management buy out in der Bundesrepublik Deutschland: Anspruch, Realität und Perspektiven; 1990

Hölters, Wolfgang (Hrsg.); Handbuch des Unternehmenskauf; 8. Auflage 2015

– *(Hrsg.);* Aktiengesetz – Kommentar; 2. Auflage 2014
(zitiert als: *Bearbeiter,* in: Hölters, AktG)

Holzapfel, Hans-Joachim/Pöllath, Reinhard (Hrsg.); Unternehmenskauf in Recht und Praxis: rechtliche und steuerrechtliche Aspekte; 15. Auflage 2015

Hölzle, Gerrit; Materielle Unterkapitalisierung und Existenzvernichtungshaftung – Das Phantom als Fallgruppe der Durchgriffshaftung; ZIP 2004, 1729–1736

Holzner, Florian; Private Equity – der Einsatz von Fremdkapital und Gläubigerschutz; 2009

Hommelhoff, Peter/Priester, Hans-Joachim; Bilanzrichtliniengesetz und GmbH-Satzung; ZGR 1986, 463–517

Hommelhoff, Peter; Konzernleitungspflicht: Zentrale Aspekte eines Konzernverfassungsrechts; 1982

Honert, Jürgen; Der deutsche Management Buy-Out: Bedingungen, Methodik und rechtliche Besonderheiten im Vergleich zu einem herkömmlichen Unternehmenskauf unter besonderer Berücksichtigung des GmbH-Rechts; 1995

Hopt, Klaus J./Merkt, Hanno; Bilanzrecht, §§ 238–342e HGB mit Bezügen zu den IFRS; 2010

Huber, Josef/Rohde, Gerhard; Verbesserung der Eigenkapitalquote bei kleinen und mittleren Unternehmen – Chancen von Mezzanine nutzen; Die SparkassenZeitung, 11.08.2006, Nr. 32, 17

Hüffer, Uwe (Hrsg.); Aktiengesetz: AktG; 11. Auflage 2014
(zitiert als: *Bearbeiter,* in: Hüffer, AktG)

Hug, Joachim/Ernst, Dietmar; Finanzierungsmodelle von Leveraged Buy-outs; M&A Review 2003, 441–446

Ihrig, Hans-Christoph; Einzelfragen zur Existenzvernichtungshaftung als Binnenhaftung; DStR 2007, 1170–1174

Ischebeck, Lars; Die Sorgfalt eines ordentlichen Geschäftsmanns und das Strafrecht in der Unternehmenskrise – zugleich Anmerkung zu BGH, Urteil vom 05.05.2008 – II ZR 38/07; wistra 2009, 95–101

Jakoby, Stephan; Erfolgsfaktoren von Management Buyouts in Deutschland: eine empirische Untersuchung; 2000

Jänisch, Christian/Moran, Kevin/Waibel, Nicole; Mezzanine-Finanzierung – Intelligentes Fremdkapital und deutsches Steuerrecht; DB 2001, 2451–2456

Jauernig, Othmar (Hrsg.); Bürgerliches Gesetzbuch: BGB, Mit Allgemeinen Gleichbehandlungsgestz (Auszug); 15. Auflage 2014
(zitiert als: *Bearbeiter,* in: Jauernig, BGB)

Jepsen, Thomas; Die Entlohnung des Managements beim (Leveraged) Management Buy–Out – Gestaltung aus ökonomischer und steuerlicher Sicht; 2007

Joecks, Wolfgang (Hrsg.); Münchener Kommentar zum Strafgesetzbuch, Band 5: §§ 263–358 StGB; 2. Auflage 2014
(zitiert als: *Bearbeiter,* in: MünchKomm, StGB)

Joecks, Wolfgang; Studienkommentar StGB; 10. Auflage 2012
(zitiert als: *Bearbeiter,* in: Joecks, StGB)

Johnen, Raffael; Schacht, Ulrich; Bewertung eines Leveraged–Buy–out – Eine Einführung, in: Fischl, Bernd, Alternative Unternehmensfinanzierung für den deutschen Mittelstand; 2. Auflage 2011

Joost, Detlef; Grundlagen und Rechtsfolgen der Kapitalerhaltungsregelungen im Aktienrecht; ZHR 149 (1985), 419–443

Kallmeyer, Harald (Hrsg.); Umwandlungsgesetz Kommentar, Verschmelzung, Spaltung und Formwechsel bei Handelsgesellschaften; 5. Auflage 2013
(zitiert als: *Bearbeiter,* in: Kallmeyer, UmwG)

Kalss, Susanne; Gläubigerschutz bei Verschmelzungen von Kapitalgesellschaften; ZGR 2009, 74–125

Käpplinger, Markus; „Upstream"–Darlehen an Akquisitionsvehikel: Sind diese wirklich mit § 30 GmbHG unvereinbar?; NZG 2010, 1411–1413

Karsunsky, Robert; Entwicklung eines funktionsorientierten „Leveraged Management Buy–Out" Modells und Beurteilung seiner Strukturierungs- und Finanzierungsalternativen in der Bundesrepublik Deutschland, Großbritannien und Frankreich; 1991

Kasiske, Peter; Existenzgefährdende Eingriffe in das GmbH–Vermögen mit Zustimmung der Gesellschafter als Untreue; wistra 2005, 81–86

Kaufmann, Jochen; Organuntreue zum Nachteil von Kapitalgesellschaften; 1999

Kerber, Markus; Das Urteil des OLG Düsseldorf vom 28.9.2006 in Sachen Bacock Borsig/HDW": Die Klärung der tatbestandlichen Reichweite von § 71a AktG wird bewusst vermieden; NZG 2007, 254–256

–; Die Übernahme von Gesellschaften mit beschränkter Haftung im Buy–Out–Verfahren – Überlegungen zum Spannungsverhältnis von Kapitalbindungsvorschriften und Buy–Out–Finanzierung – Teil 1; WM 1989, 473–480

Kessel, Bernd; Leveraged Buy–out der Aktiengesellschaft; 1998

Kientzy, Dieter; Der Mangel im Straftatbestand infolge Einwilligung des Rechtsgutsträgers – Auf Grund einer kritischen Betrachtung der Differenzierung in Einwilligung und Einverständnis; 1970

Kiethe, Kurt; Mezzanine-Finanzierung und Insolvenzrisiko; DStR 2006, 1763–1768

–; Die Unangemessenheit des Honorars – Haftungs"falle" für Unternehmensberater und -sanierer; BB 2005, 1801–1806

Kindhäuser, Urs/Neumann, Ulfrid/Paeffgen, Hans-Ulrich; Nomos Kommentar, Strafgesetzbuch; 3. Auflage 2010
(zitiert als: *Bearbeiter*, in: NK, StGB)

Klass, Tobias; Der Buyout von Aktiengesellschaften – Eine juristisch-ökonomische Untersuchung zu § 71 a Abs. 1 AktG und zur Gesetzesumgehung im Gesellschaftsrecht; 2000

Klein, Martin/Stephanblome, Markus; Der Downstream Merger – aktuelle umwandlungs- und gesellschaftsrechtliche Fragestellungen; ZGR 2007, 351–400

Kleindiek, Detlef; Geschäftsführerhaftung nach der GmbH-Reform; in: von Emmerich, Volker/Bitter, Georg/Lutter, Marcus/Priester, Hans-Joachim/Schön, Wolfgang/Ulmer, Peter: Festschrift für Karsten Schmidt zum 70. Geburtstag; 2009, 893–908

Kleindiek, Detlef; Zur Grundschuldbestellung als Leistung einer GmbH an ihren Gesellschafter, zum Zeitpunkt für die Beurteilung der Gesellschaftereigenschaft und zur Herbeiführung der Unterbilanz; NZG 2000, 483–485

Kloster, Anja Elisabeth, Steuerliche Fallstricke bei LBOs – Auswirkungen der Neuregelung der Vorschrift zur Gesellschafterfremdfinanzierung; Venture Capital Magazin „Buy-outs" 2009, 84

Knof, Bela; Die neue Insolvenzverursachungshaftung nach § 64 Satz 3, RegE-GmbHG; DStR 2007, 1536–1542 und 1580–1586

Kohlmann, Günter; Die strafrechtliche Verantwortlichkeit des GmbH-Geschäftsführers; 1990

–; Untreue zum Nachteil des Vermögens einer GmbH trotz Zustimmung sämtlicher Gesellschafter?; in: Hadding, Walther/Immenga, Ulrich/Mertens, Hans Joachim/Pleyer, Klemens/Schneider, Uwe H.: Festschrift für Winfried Werner; 1984, 387–402

–; Wider die Furcht vor § 266 StGB; JA 1980, 228–235

Koller, Ingo/Roth, Wulf-Henning/Morck, Winfried; Handelsgesetzbuch: HGB Kommentar; 8. Auflage 2015
(zitiert als: *Bearbeiter*, in: Koller/Roth/Morck, HGB)

Komo, Daniel; Vermeidung von Haftungsrisiken für Geschäftsführer bei der Gewährung von Upstream Securities; GmbHR 2010, 230–236

Kramer, Bernhard; Strafbewehrte Vermögensbetreuungspflicht des Alleingesellschafters und seiner Organe zu Gunsten der abhängigen GmbH?; WM 2004 305–309

Krause, Daniel M.; Strafrechtliche Haftung des Aufsichtsrates; NStZ 2011, 57–65

Kreft, Michael; Ausgewählte Problembereiche des § 8 a KStG n. F. bei fremdfinanzierten Buy-Out-Transaktionen; BB 2004, 1191–1197

Krey, Volker/Hellmann, Uwe/Heinrich, Manfred; Strafrecht Besonderer Teil, Band 2 (Vermögensdelikte); 16. Auflage 2012

Kubiciel, Michael; Gesellschaftsrechtliche Pflichtwidrigkeit und Untreuestrafbarkeit; NStZ 2005, 353–361

Kugler, Stefan; Die Anteilsbewertung beim Management Buyout: Eine rechtsvergleichende Studie zum Recht der Bundesrepublik Deutschland und der Vereinigten Staaten von Amerika; 1996

Kußmaul, Heinz/Pfirmann, Armin/Tcherveniachki, Vassil; Leveraged Buyout am Beispiel der Friedrich Grohe AG – Eine betriebswirtschaftliche Analyse im Kontext der „Heuschrecken-Debatte"; DB 2005, 2533–2540

Labsch, Karl Heinz; Die Strafbarkeit des GmbH-Geschäftsführers im Konkurs der GmbH; wistra 1985, 1–9

Labsch, Karl Heinz; Einverständliche Schädigung des Gesellschaftsvermögens und Strafbarkeit des GmbH-Geschäftsführers; JuS 1985, 602–607

Lackner, Karl/Kühl, Kristian; Strafgesetzbuch Kommentar; 28. Auflage 2014
(zitiert als: *Bearbeiter*, in: Lackner/Kühl, StGB)

Lamann, Matthias; Untreue im GmbH-Konzern; 2006

Lampe, Ernst-Joachim; Unternehmensaushöhlung als Straftat; GAS 1987, 241–260

Laufhütte, Heinrich Wilhelm/Rissing-van Saan, Ruth/Tiedemann, Klaus; Strafgesetzbuch Leipziger Kommentar;
Band 9/1: §§ 263–266b; 12. Auflage 2012
(zitiert als: *Bearbeiter*, in: LeipKomm, StGB)

Leipold, Klaus/Schaefer, Torsten; Vermögensverschiebung des GmbH-Geschäftsführers in der Krise – Bankrott oder Untreue?; NZG 2009, 937–939

Lenckner, Theodor; Zum Problem des Vermögensschadens (§§ 253, 263 StGB) beim Verlust nichtiger Forderungen; JZ 1967, 105–110

Lichtenwimmer, Andrea; Untreueschutz der GmbH gegen den übereinstimmenden Willen der Gesellschafter; 2008

Link, Jan; Droht dem Verkäufer von GmbH-Anteilen bei Leveraged-Buyout-Transaktionen eine Haftung für Verbindlichkeiten der Zielgesellschaft?; ZIP 30 (2007), 1397–1401

Lips, Jörg/Randel, Thierry/Werwigk, Claudius; Das neue GmbH-Recht – Ein Überblick; DStR 2008, 2220–2227

Livonius, Barbara; Untreue wegen existenzgefährdenden Eingriffs – Rechtsgeschichte?; wistra 2009, 91–95

Loeck, Hennig; Strafbarkeit des Vorstandes der Aktiengesellschaft wegen Untreue; 2006

Lüdike, Jochen/Sistermann, Christian; Unternehmensteuerrecht – Gründung, Finanzierung, Umstrukturierung, Übertragung, Liquidation; 2008

Ludwig, Rüdiger; Verbotene finanzielle Unterstützung im Sinne des § 71a Abs. 1 Satz 1 AktG ohne rechtsgeschäftliche Beteiligung der Zielgesellschaft?; in Liber amicorum Happ; 2006, 131–142

Lukas, Philipp; Zinsschranke und Leveraged Buy-Out – Eine Arbeit zur Anwendung der Zinsschranke auf Leveraged Buy-Out-Strukturen; 2012

Luthmann, Walter; Zur Frage der Untreue im Rahmen rechts- oder sittenwidriger Abmachungen; NJW 1960, 419–420

Lutter, Marcus/Hommelhoff, Peter (Hrsg.); GmbH-Gesetz Kommentar; 18. Auflage 2012
(zitiert als: *Bearbeiter*, in: Lutter/Hommelhoff, GmbHG)

Lutter, Marcus/Krieger, Gerd; Rechte und Pflichten des Aufsichtsrates; 4. Auflage 2002

Lutter, Marcus/Wahlers, Henning W.; Der Buyout – Amerikanische Fälle und die Regeln de deutschen Rechts; AG 1989, 1–17

Lutter, Marcus; Umwandlungsgesetz (UmwG); 5. Auflage 2014
(zitiert als: *Bearbeiter*, in: Lutter, UmwG)

Maurach, Reinhard/Schroeder, Friedrich-Christian/Maiwald, Manfred; Strafrecht Besonderer Teil, Teilband 1; 10. Auflage 2009

Maurenbrecher, Patrick S.; Sanierung mittelständischer Unternehmungen durch Private Equity-Gesellschaften – Fallstudienuntersuchungen, Modellentwicklung, Gestaltungsempfehlungen; 2008

Menke, Ulrich; Der Management Buy-Out als Konzept der Unternehmensübernahme unter besonderer Berücksichtigung rechtlicher und steuerrechtlicher Gestaltungsmöglichkeiten; 1993

Mertens, Kai; Aktuelle Fragen zur Verschmelzung von Mutter- auf die Tochtergesellschaften – down stream merger; AG 2005, 785–792

Merz, Ludwig; Langenscheidt Routledge Fachwörterbuch Kompakt Wirtschaft, Englisch; 2012

Meyer, Daniel; Die Besicherung der Akquisitionsfinanzierung bei Leveraged-Buy-out einer GmbH; 2010

Michalski, Lutz; Kommentar zum Gesetz betreffend die Gesellschaften mit beschränkter Haftung (GmbH-Gesetz); 2. Auflage 2010
(zitiert als: *Bearbeiter*, in: Michalski, GmbHG)

–; Ungeklärte Fragen bei der Einlagenrückgewähr im Aktienrecht; AG 1980, 261–269

Mihm, Asmus; Strafrechtliche Konsequenzen verdeckter Gewinnausschüttungen; 1996

Mitsch, Wolfgang; Strafrecht Besonderer Teil 2, Teilband 1 (Vermögensdelikte); 2. Auflage 2001

Mittendorfer, Roland; Praxishandbuch Akquisitionsfinanzierung – Erfolgsfaktoren fremdfinanzierter Unternehmensübernahmen; 2007

Mohr, Randolf; Bankrottdelikte und übertragende Sanierung; 1993

Müller, Welf/Winkeljohann, Wolfgang; Beck'sches Handbuch der GmbH, Gesellschaftsrecht – Steuerrecht; 2009

Müller–W, Nils; Leveraged–Buy–Outs – Die Bedeutung fremdfinanzierter Übernahmen für den Kapitalmarkt im Rahmen der Agency Theorie; 2007

Näher, Christian/Florian Kreitmeier; Fremdkapital bei Buyout–Transaktionen – Das breite Angebotsspektrum erweitert den Gestaltungsspielraum; Venture Capital Magazin 2006, 34–35

Nelles, Ursula; Untreue zum Nachteil von Gesellschaften; 1990

Neudecker, Gabriele; Die strafrechtliche Verantwortlichkeit der Mitglieder von Kollegialorganen: Dargestellt am Beispiel der Geschäftsleitungsgremien von Wirtschaftsunternehmen; 1995

Nietsch, Michael; Rechtsschutz der Aktionäre der Zielgesellschaft im Übernahmeverfahren; BB 2003, 2581–2588

Nussbaum, Peter; Besicherung durch die Aktiva der Zielgesellschaft im Leveraged Buyout – Eine Untersuchung zu den fradulent conveyance laws und den §§ 30, 31 GmbHG; 1995

Oechseler, Jürgen; Das Finanzierungsverbot des § 71a I 1 AktG bei Erwerb eigener Aktien – Schutzzweck und praktische Anwendung; ZIP 2006, 1661–1666

–; Die Änderung der Kapitalrichtlinie und der Rückerwerb eigener Aktien; ZHR 170 (2006), 72–89

Offermann, Susanne; Nachruf auf einen Meinungsstreit – Zur strafrechtlichen Erfassung des Scheck– und Kreditkartenmissbrauchs; wistra 1986, 50–58

Otto, Hans–Jochen; Fremdfinanzierte Übernahmen – Gesellschafts– und steuerrechtliche Kriterien des Leveraged Buy–Out; DB 1989, 1389–1396

Otto, Harro; Die neuere Rechtsprechung zu den Vermögensdelikten – Teil 2; JZ 1985, 69–77

–; Die Struktur des strafrechtlichen Vermögensschutzes; 1970

Paefgen, Walter G.; Existenzvernichtungshaftung nach Gesellschaftsdeliktsrecht; DB 2007, 1907–1912

Palandt, Otto; Bürgerliches Gesetzbuch; 74. Auflage 2015
(zitiert als: *Bearbeiter,* in: Palandt, BGB)

Peltzer, Martin/Bell, Martin; Besicherung von Gesellschaftskrediten mit dem GmbH–Vermögen?; ZIP 1993, 1757–1758

Pelz, Christian; Strafrecht in Krise und Insolvenz; 2. Auflage 2011

Picot, Gerhard; Unternehmenskauf und Restrukturierung; 4. Auflage 2013

–; Unternehmenskauf und Restrukturierung; 3. Auflage 2004

–; Unternehmenskauf und Restrukturierung; 2. Auflage 1998

Plankensteiner, Dirk/Rehbock, Tobias; Die Bedeutung von Mezzanine-Finanzierungen in Deutschland; Kreditwesen 2005, 790–794

Poeseck, Roman; Die strafrechtliche Haftung der Mitglieder des Aufsichtsrats einer Aktiengesellschaft; 1997

Poguntke, David; Anerkennungsprämien, Antrittsprämien und Untreuestrafbarkeit im Recht der Vorstandsvegütung; ZIP 2011, 893–901

Pott, Oliver/Pott, Andre; Entrepreneurship; 2012

Puccinelli, Steven; Private Equity-Gesellschaften spielen bei Entflechtung der Deutschland AG zentrale Rolle – Markttrends und Wachstumspotenzial in Deutschland und Europa; M&A Review 2006, 267–270

Radtke, Henning/Hoffmann, Maike; Gesellschaftsrechtsakzessorietät bei der strafrechtlichen Untreue zu Lasten von Kapitalgesellschaften? – oder – „Trihotel" und die Folgen; GA 2008, 535–551

Radtke, Henning; Einwilligung und Einverständnis der Gesellschafter bei der sog. GmbH-rechtlichen Untreue; GmbHR 1998, 311–317, 361–369

Ransiek, Andreas; Anerkennungsprämien und Untreue – Das „Mannesmann"-Urteil des BGH; NJW 2006, 814–816

–; Untreue im Konzern; in: Hirsch, Hans Joachim/Wolter, Jürgen/Brauns, Uwe: Festschrift für Günter Kohlmann zum 70. Geburtstag; 2003, 207–223

Reck, Reinhard; Insolvenzstraftaten und deren Vermeidung; 1999

Reichelt, Silvia; Untreue und Bankrott: Zum Problem einer strafrechtlichen „Doppelhaftung" des Geschäftsführers der GmbH in der Insolvenz; 2011

Reiß, Wolfram; Verdeckte Gewinnausschüttungen und verdeckte Entnahmen als strafbare Untreue des Geschäftsführers?; wistra 1989, 82–86

Rengier, Rudolf; Strafrecht Besonderer Teil I, Vermögensdelikte; 13. Auflage 2011

Rhein, Tilman; Der Interessenkonflikt der Manager beim Management Buy-out – Zugleich ein Beitrag zu den organschaftlichen Treuebindungen in GmbH und Aktiengesellschaft; 1996

Richter, Hans; Der Konkurs der GmbH aus Sicht der Strafrechtspraxis; GmbHR 1984, 113–121, 137–150

Riegger, Bodo; Kapitalgesellschaftsrechtliche Grenzen der Finanzierung von Unternehmensübernahmen durch Finanzinvestoren; ZGR 2008, 233–249

Rixecker, Roland/Säcker, Franz Jürgen/Oetker, Hartmut (Hrsg.); Münchener Kommentar zum Bürgerlichen Gesetzbuch: BGB, Band 3, Schuldrecht Besonderer Teil I §§ 433–610, Finanzierungskauf, HeizkostenV, BetriebskostenV, CISG; 6. Auflage 2012
(zitiert als: *Bearbeiter,* in: MünchKomm, BGB)

Rödder, Thomas/Hötzel, Oliver; Perspektiven für die steueroptimale Form des Unternehmenskaufs – Das Umwandlungsmodell nach dem Regierungsentwurf eines neuen Umwandlungssteuergesetzes; FR 1994, 285–289

Rosarius, Stephan; Bewertung von Leveraged Buyouts; 2007

Roth, Günter/Altmeppen, Holger (Hrsg.); Gesetz betreffend die Gesellschaften beschränkter Haftung: GmbHG, Kommentar; 8. Auflage 2015
(zitiert als: *Bearbeiter*, in: Roth/Altmeppen, GmbHG)

Rothley, Oliver/Weinberger, Franz; Die Anforderungen an Vollwertigkeit und Deckung nach § 30 I 2 GmbHG und § 57 I 3 AktG; NZG 2010, 1001–1006

Rowedder, Heinz/Schmidt-Leithoff, Christian (Hrsg.); Gesetz betreffend die Gesellschaften mit beschränkter Haftung: GmbHG; 5. Auflage 2013
(zitiert als: *Bearbeiter*, in: Rowedder/Schmidt-Leithoff, GmbHG)

Roxin, Claus; Strafrecht Allgemeiner Teil, Band 1, Grundlagen, Der Aufbau der Verbrechenslehre; 3. Auflage 1997

Saenger, Ingo/Inhester, Michael (Hrsg.); GmbH-Gesetz, Handkommentar; 2. Auflage 2013
(zitiert als: *Bearbeiter*, in: Saenger/Inhester, GmbHG)

Saenger, Ingo/Koch Raphael, Kreditgewährung an Gesellschafter aus gebundenem Vermögen als verbotene Auszahlung auch bei vollwertigem Rückzahlungsanspruch; NZG 2004, 271–273

Satzger, Helmut/Wessels, Johannes/Beulke, Werner; Strafrecht Allgemeiner Teil; 44. Auflage 2015

Sauermann, Martin; Übernahmen deutscher Aktiengesellschaften durch Finanzinvestoren: Theorie, Empirie und Fallstudien; 2010

Schaefer, Franz W./Steinmetz, Markus; Neue Haftungsgrundlage für den existenzvernichtenden Eingriff; WM 2007, 2265–2272

Schäfer, Carsten; Die Binnenhaftung von Vorstand und Aufsichtsrat nach der Renovierung durch das UMAG; ZIP 2005, 1253–1259

–; Zur strafrechtlichen Verantwortlichkeit des GmbH-Geschäftsführers (II); GmbHR 1993, 780–793

Schäfer, Dorothea/Fisher, Alexander, Die Bedeutung von Buy-Outs/ Ins für unternehmerische Effizienz, Effektivität und Corporate Governance, unter: http://www.diw.de/sixcms/detail.php?id=diw_01.c.78830.de; 2008

Schäffler, Frank; Finanzierung von LBO-Transaktionen: Die Grenzen der Nutzung des Vermögens der Zielgesellschaft; BB 2006, Special 9, 1–12

Schall, Alexander; Kapitalgesellschaftsrechtlicher Gläubigerschutz: Grund und Grenzen der Haftungsbeschränkung nach Kapitaldebatte, MoMiG und Trihotel; 2009

Scherer, Mirko; Interne leveraged buyouts: Strategien zur Verbesserung des Shareholder-Value; 1999

Schilmar, Boris, Kapitalerhaltung versus Konzernfinanzierung? – Cash Pooling und Upstream-Besicherung im Lichte der neuesten BGH-Rechtsprechung; DB 2004, 1411–1416

Schimansky, Herbert/Bunte, Hermann-Josef/Lwowski, Hans-Jürgen; Bankrechts-Handbuch; 4. Auflage 2011

Schmid, Helmut; Leveraged management buy-out: Begriff, Gestaltungen, optimale Kapitalstruktur und ökonomische Bewertung; 1994

Schmidt, Karsten/Ebke, Werner F; Münchener Kommentar zum Handelsgesetzbuch: HGB Band 4: Drittes Buch. Handelsbücher § 238–342e HGB; 3. Auflage 2013
(zitiert als: *Bearbeiter,* in: MünchKomm, HGB)

Schmidt, Karsten/Lutter Marcus (Hrsg.): Aktiengesetz: Kommentar Band 1 (§§ 1–149); 2. Auflage 2008
(zitiert als: *Bearbeiter,* in: K. Schmidt/Lutter, AktG)

Schmidt, Karsten; Gesellschaftsrecht; 4. Auflage 2002

–; Zum Haftungsdurchgriff wegen Sphärenvermischung und zur Haftungsverfassung im GmbH-Konzern; BB 1985, 2074–2079

Schmidt, Reinhardt H./Spindler, Gerald; Finanzinvestoren aus ökonomischer und juristischer Perspektive – Eine Betrachtung der Risiken, der Notwendigkeiten und Möglichkeiten einer Regulierung von Private Equity und aktivistischen Hedgefonds aus ökonomischer und gesellschafts-, kapitalmarkt- und arbeitsrechtlicher Sicht; 2008

Schmitt, Joachim/Hörtnagel, Robert/Stratz, Rolf-Christa (Hrsg.); Umwandlungsgesetz, Umwandlungsteuergesetz; 6. Auflage 2013
(zitiert als: *Bearbeiter,* in: Schmitt/Hörtnalge/Stratz, UmwStG)

Schmolke, Klaus Ulrich; Bericht über die Diskussion der Referate Rudolph, Fleischer und Riegger zu Funktionen und Regulierung der Finanzinvestoren; ZGR 2008, 225–232.

Schnauder, Franz/Müller-Christmann, Bernd; Durchblick – Der zivilrechtliche Schutz des GmbH-Vermögens vor dem Zugriff der Gesellschafter; JuS 1998, 980–985

Schneider, Eberhard; Die Untreue nach dem neuen Aktienrecht; 1972

Schneider, Uwe H./Burgard, Ulrich; Übernahmeangebote und Konzerngründung – Zum Verhältnis von Übernahmerecht, Gesellschaftsrecht und Konzernrecht; DB 2001, 963–969

Schneider, Uwe H.; Missbräuchliches Verhalten durch Private Equity; NZG 2007, 888–893

–; „Kapitalmindernde Darlehen" der GmbH an ihre Gesellschafter in Handelsrecht und Steuerrecht, in: Knobbe-Keuk, Brigitte/Klein, Franz/Moxter, Adolf: Festschrift für Dr. Dr. h.c. Georg Döllerer; 1988, 537–551

Scholz, GmbHG, Kommentar zum GmbH-Gesetz,
I. Band: §§ 1–34; 11. Auflage 2012
II. Band: §§ 35–52; 10. Auflage 2010
(zitiert als: *Bearbeiter,* in: Scholz, GmbHG)

Schön, Wolfgang; Kreditbesicherung durch abhängige Kapitalgesellschaften; ZHR 159 (1995), 351–374

Schönke, Adolf/Schröder, Horst; Strafgesetzbuch, Kommentar; 29. Auflage 2014 (zitiert als: *Bearbeiter,* in: Schönke/Schröder, StGB)

Schramm, Edward; Untreue und Konsens; 2005

Schrell, Thomas K., Kirchner, Andreas; Fremdfinanzierte Unternehmenskäufe nach der KBV-Entscheidung des BGH: Sicherheitenpakete als existenzvernichtender Eingriff; BB 2003, 1451–1456

–; Mezzanine Finanzierungsstrategien; BKR 2003, 13–20

Schriever, Marc; Sicherheiten für Akquisitionskredite – Das Untreuerisiko bei Leveraged Buyout einer GmbH; wistra 2006, 404–410

Schroeder, Ulrich; Das Verbot der finanziellen Unterstützung des Aktienerwerbs, Der § 71a Abs. 1 AktG und sein Vorbild im englischen Gesellschaftsrecht; 1995

Schulte, Theo; Strafbarkeit der Untreue zum Nachteil einer KG?; NJW 1984, 1671–1672

Schulze, Reiner/Heinrich, Dörner/Ebert, Ina/Hoeren, Thomas/Kemper, Rainer/Saenger, Ingo/Schreiber, Klaus/Schulte-Nölke, Hans/Staudinger, Ansgar (Hrsg.); Bürgerliches Gesetzbuch: BGB – Handkommentar; 8. Auflage 2014
(zitiert als: Bearbeiter, in: NK, BGB)

Schumacher, Juha Martin; Vermögensbetreuungspflichten von Kapitalgesellschaften; 2010

Schünemann, Bernd; Die „gravierende Pflichtverletzung" bei der Untreue: dogmatischer Zauberhut oder taube Nuss?; NStZ 2005, 473–528

Schüppen, Matthias/Schaupp, Bernhard; Münchener Anwaltshandbuch Aktienrecht; 2. Auflage 2010

Schwark, Eberhard; Die Haftung des herrschenden Unternehmens im qualifizierten faktischen GmbH-Konzern – BGHZ 95,330 („Autokran"); JuS 1987, 443–451

Schwenkedel, Stefan; Management Buyout – Ein neues Geschäftsfeld für Banken; 1991

Seibt, Christoph; Gläubigerschutz bei Änderung der Kapitalstruktur durch Erhöhung des Fremdkapitalanteils (Leveraged Recapitalization/ Leveraged Buy Out); ZHR 171 (2007), 282–314

Semler, Johannes/Volhard, Rüdiger; Arbeitshandbuch für Unternehmensübernahmen – Unternehemnesübernahme, Vorbereitung, Durchführung, Folgen, Ausgewählte Drittländer; Band 1; 2001

Sieger, Jürgen J./Hasselbach, Kai; Konzernfinanzierung durch Cash Pools und Kapitalerhöhung – Im Blickpunkt: Probleme der Kapitalaufbringung im Lichte internationaler betrieblicher Liquiditäts-Management-Systeme; BB 1999, 645–651

Söhner, Matthias; Leveraged-Buy-outs und Kapitalschutz; ZIP 2011, 2085–2091

Sollanek, Achim; Die Aktivitäten von Finanzinvestoren in Deutschland am Beispiel der A.T.U. Auto-Teile-Unger-Gruppe, www.boeckler.de; 2006

Sonnenhol, Jürgen/Groß, Wolfgang; Besicherung von Krediten Dritter in Konzernunternehmen; ZHR 159 (1995), 388–417

Spindler, Gerald; Stilz, Eberhard (Hrsg.); Kommentar zum Aktiengesetz, AktG; 3. Auflage 2014
(zitiert als: *Bearbeiter*, in: Spindler/Stilz, AktG)

Stapelfeld, Ait; Zum Schutzgesetzcharakter der §§ 266, 266a StGB in bezug auf Untreuedelikte der GmbH-Geschäftsführer; BB 1991, 1501–1505

Staudinger, Julius, von (Begr.); Kommentar zum Bürgerlichen Gesetzbuch: Staudinger BGB – Buch 2: Recht der Schuldverhältnisse §§ 433–480 (Kaufrecht); 15. Auflage 2014
(zitiert als: *Bearbeiter*, in: Staudinger, BGB)

Stein, Ursula; Das faktische Organ; 1984

Stiller, Dirk; Unternehmenskauf im Wege des Asset-Deal; BB 2002, 2619–2625

Stimpel, Walter; Zum Auszahlungsverbot des § 30 Abs. 1 GmbHG, Die Befreiung vom handelsbilanziellen Denken und die Unzulässigkeit von Vermögenszuwendungen an Gesellschafter gegen hinausgeschobene schuldrechtliche Ausgleichsverpflichtungen, in: Lutter, Marcus/Ulmer Peter/Zöllner, Wolfgang: Festschrift 100 Jahre GmbH-Gesetz; 1992, 335–361

–; „Durchgriffshaftung" bei der GmbH: Tatbestände, Verlustausgleich, Ausfallhaftung, in: Havermann, Hans: Bilanz- und Konzernrecht, Festschrift für Reinhard Goerdeler; 1987, 601–621

Stoye-Benk, Christina/Cutura, Vladimir; Handbuch Umwandlungsrecht; 3. Auflage 2012

Streit, Georg, Schäffler, Frank; Vermerk: Rechtliche Grenzen der Nutzung des Vermögens der Zielgesellschaft zur Finanzierung von LBO-Transaktionen für die IG Metall; 2005

Strohn, Lutz; Faktische Organe – Rechte, Pflichten, Haftung; DB 2011, 158–167

Tcherveniachi, Vassil; Strukturierung eines fremdfinanzierten Unternehmenskauf; M&A Review 2008, 351–358

Theusinger, Ingo/Kapteina, Matthias; Upstream-Sicherheiten und Limitation Language; NZG 2011, 881–887

Thomas, Peter; Untreue in der Wirtschaft in: Hanack, Ernst-Walter: Festschrift für Sven Rieß zum 70. Geburtstag; 2002, 795–810

Tiedemann, Klaus/Otto Harro; Wirtschaftsstrafrecht (Teil IV); ZStW 111 (1999), 673–700

–; GmbH–Strafrecht; 4. Auflage 2002

–; Grundfragen bei der Anwendung des neuen Konkursstrafrechts; NJW 1977, 777–783

–; Untreue bei Interessenkonflikten – Am Beispiel der Tätigkeit von Aufsichtsratsmitgliedern; in: Jescheck, Hans–Heinrich/Vogler, Theo: Festschrift für Heribert Tröndle; 1989, 319–335

Tillmann, Tobias; Upstream–Sicherheiten der GmbH im Lichte der Kapitalerhaltung – Ausblick auf das MoMiG; NZG 2008, 401–404

Tröger, Tobias/Dangelmeyer; Stephan; Eigenhaftung der Organe für die Veranlassung existenzvernichtender Leitungsmaßnahmen im Konzern*;* ZGR 2011, 558

Ulmer, Peter (Hrsg.); HGB Bilanzrecht, Großkommentar, 1. Teilband, §§ 238–289; 2002 (zitiert als: *Bearbeiter,* in: Ulmer, HGB)

–; Gesellschafterhaftung gegenüber der GmbH bei Vorteilsgewährung unter Verstoß gegen § 30 Abs. 1 GmbHG, in: Lutter, Marcus/Ulmer, Peter/Zöllner, Wolfgang: Festschrift 100 Jahre GmbH–Gesetz; 1992

–; Schutz der GmbH gegen Schädigung zugunsten ihrer Gesellschafter?; in: Freiherr von Gamm, Otto Friedrich/Raisch, Peter/Tiedemann Klaus: Strafrecht, Unternehmensrecht, Anwaltsrecht – Festschrift für Gerd Pfeiffer; 1988, 853–871

Ulmer, Peter/Habersack, Mathias/Winter, Martin; Gesetz betreffend die Gesellschaften mit beschränkter Haftung,
Band I, Einleitung; §§ 1 bis 28; 2. Auflage 2013
Band II, §§ 29 bis 52; 2. Auflage 2014
(zitiert als: *Bearbeiter,* in: Ulmer/Winter, GmbHG)

Vetter, Jochen; Rechtsfolgen existenzvernichtender Eingriffe; ZIP 2003, 601–612

Volk, Klaus; Münchener Anwaltshandbuch Verteidigung in Wirtschafts– und Steuerstrafsachen; 2. Auflage 2013

Von Tirpitz, Renate; Die Pflichten der GmbH–Manager gegen den Altgesellschaftern beim Management Buy–Out; 2001

Vonnemann, Wolfgang; Strafbarkeit von GmbH–Geschäftsführern wegen Untreue zu Lasten der GmbH bei Zustimmung der Gesellschafter?; GmbHR 1988, 329–334

Vornbaum, Peter; Die strafrechtliche Beurteilung des Scheckkartenmissbrauchs – OLG Köln; NJW 1978, 713

Wackerbarth, Ulrich/Eisenhardt, Ulrich; Gesellschaftsrecht II – Recht der Kapitalgesellschaften; 2013

Wagner, Tobias; Die Untreue des Gesellschafters in der einfachen und konzernierten Einmann–GmbH – Zugleich eine strafrechtliche Bestimmung des existenzvernichtende Eingriffs; 2005

Waitz, Benjamin; Existenzvernichtender Eingriff bei der GmbH durch Leverage-buy-out-Transaktionen; 2009

Waßmer, Martin Paul; Untreue bei Risikogeschäften; 1997

Wehleit, Burkhard; Die Abgrenzung von Bankrott und Untreue, zugleich ein Beitrag zur strafrechtlichen Vertreterhaftung; 1985

Weitnauer, Wolfgang; Die Akquisitionsfinanzierung auf dem Prüfstand der Kapitalerhaltungsregeln; ZIP 2005, 790–797

Weller, Marc-Philippe; Die Existenzvernichtungshaftung im modernisierten GmbH-Recht – eine Außenhaftung für Forderungsvereitelung (§ 826); DStR 2007, 1166–1170

Wellkamp, Ludger; Organuntreue zum Nachteil von GmbH-Konzernen und Aktiengesellschaften; NStZ 2001, 113–120

Wessels, Johannes/Hillenkamp, Thomas; Strafrecht Besonderer Teil/2; 37. Auflage 2014

Wessels, Peter/König, Claas-Dietrich; Bestellung aufsteigender Sicherheiten beim Leveraged Buy-out; M&A Review 2005, 312–317

Wessing, Jürgen/Krawczyk, Lucian; Untreue zum Nachteil einer konzernabhängigen GmbH; NZG 2009, 1176–1178

Weyand, Joachim; Interessenausgleich und Sozialplan in der arbeits- und sozialrechtlichen Praxis: Leitfaden zu Betriebsänderungen, Interessenausgleich und Sozialplan sowie den personellen Folgemaßnahmen des Arbeitgebers; 2009

Wicke, Hartmut; Gesetz betreffend die Gesellschaften mit beschränkter Haftung (GmbHG); 2. Auflage 2011
(zitiert als: *Bearbeiter*, in: Wicke, GmbHG)

Widmann, Siegfried/Mayer, Dieter; Umwandlungsrecht Kommentar Umwandlungsgesetz, Umwandlungsteuergesetz; ab 1998
(zitiert als: *Bearbeiter*, in: Widmann/Mayer, UmwG)

Wiedemann, Herbert; Reflexionen zur Durchgriffshaftung; ZGR 2003, 283–297

Wilhelm, Jan; Die Vermögensbindung bei der Aktiengesellschaft und der GmbH und das Problem der Unterkapitalisierung in: Jakobs, Horst Heinrich/Knobbe-Keine, Brigitte/Picker, Eduard/Wilhelm, Von Jan: Festschrift für Werner Flume; 1978, 337–397

–; Rechtsform und Haftung bei der juristischen Person; 1978

Wilhelmi, Rüdiger; Der Grundsatz der Kapitalerhaltung im System des GmbH-Rechts – Eine Untersuchung anhand des Auszahlungsverbotes des § 30 I GmbHG; 2001

Winkler, Christoph; Rechtsfragen der Venture Capital-Finanzierung; 2004

Winnefeld, Robert; Bilanz-Handbuch, Handels- und Steuerbilanz, Rechtsformspezifisches Bilanzrecht, Bilanzielle Sonderfragen, Sonderbilanzen, IAS/IFRS/US-GAAP; 5. Auflage 2015

Winter, Martin; Eigeninteresse und Treupflicht bei der Einmann-GmbH in der neueren BGH-Rechtssprechung; ZGR 1994, 570-594

-; Mitgliedschaftliche Treuebindungen im GmbH-Recht; 1988

Winter, Michael; Upstream-Finanzierung nach dem MoMiG-Regierungsentwurf Rückkehr zum bilanziellen Denken; DStR 2007, 1484-1491

Wittkowski, Lutz; Haftung und Haftungsvermeidung beim Management Buy-Out einer GmbH - Eine Bewährungsprobe der Kapitalsicherung im GmbH-Recht; GmbHR 1990, 544-552

Wodicka, Josef M.; Die Untreue zum Nachteil der GmbH bei vorheriger Zustimmung aller Gesellschafter; 1993

Wöhe, Günter/Döring, Ulrich; Einführung in die Allgemeine Betriebswirtschaftslehre; 2010

Woll, Arthur; Wirtschaftslexikon; 10. Auflage 2008

Zech, Susanne; Untreue durch Aufsichtsratsmitglieder einer Aktiengesellschaft; 2007

Zeyher, Stefan; Einlagenrückgewähr und finanzielle Unterstützung im Falle erwerbsfinanzierte Fusion: Merger Buyout einer Aktiengesellschaft; 2011

Ziemons, Hildegard; Die Haftung der Gesellschafter für Einflussnahmen auf die Geschäftsführung der GmbH; 1996

Zöllner, Wofgang/Noack, Ulrich; Kölner Kommentar zum Aktiengesetz: Kölner Komm AktG;
Band 1: §§ 1-75 AktG, 4. Auflage 2015
Band 2: §§ 76-117, MitbestG, DrittelbG; 4. Auflage 2014
(zitiert als: *Bearbeiter*, in: KölnKomm, AktG)

Zöllner, Wolfgang; Gläubigerschutz durch Gesellschafterhaftung bei der GmbH, in: Dauner-Lieb, Barbara/Hommelhoff, Peter/Jacobs, Matthias/Kaiser, Dagmar/Weber, Christoph: Festschrift für Horst Konzen; 2006, 999-1021

www.ingramcontent.com/pod-product-compliance
Ingram Content Group UK Ltd.
Pitfield, Milton Keynes, MK11 3LW, UK
UKHW021912290926
8980IPUK00015B/1204

9 783631 672969